西洋児童美術教育の思想

ドローイングは豊かな感性と創造性を育むか？

要 真理子・前田 茂 監訳

東信堂

はしがき──なぜ子どもに描画させるのか

　ドローイング（Drawing）とは、「線を引く行為」ないしその行為の産物としての「線描」、「素描」、「描画」を指す言葉である。そこから発展して「何かを引き出す」という意味で用いられることもある。私たちは旧石器時代と呼ばれる大昔からこの行為を実践してきた。そしてこの行為がいつしか学ぶべき項目として学校教育に取り込まれ、今日にいたっている。日本の初等教育では、「図画工作」の授業名のもとで子どものグラフィックな制作物が図画と呼ばれ、素描もそのなかの一つに含まれる。初等教育において生徒にドローイングを学ばせる傾向は国際的にも普及しており、この翻訳集のなかで明らかなように、近代以降、ドローイングの教育はいくどとなく自らの理念と方法を修正変更しつつも継続されてきた。しかしここに私たちを本稿の翻訳へと向かわせた素朴な疑問がある。
　子どもにドローイングを学ばせる意味とは何だろうか？　振り返ってみれば、すでにルネサンスの時代から、ドローイングは美術アカデミーで教えられ、画家に限らず造形芸術家になるための専門的な訓練として位置づけられてきた。現代においては、私たちは芸術家を目指しているわけでもない子どもに「お絵かき」をさせているわけだが、それが一般的に「よい」こととされるのはなぜだろうか。とりわけ美学・芸術学を専門とする本書の編者・訳者たちの立場からすれば、この「よい」という形容詞は、論理的な「よい」（つまり「真である」）ということを指しているのか、あるいは倫理的な「よい」（つまり「善である」）を指しているのか、それともやはり美的な「よい」（つまり「美である」）を指しているのか、さほど明確には区別されていないようにも思えたのである。というのも、本書において訳出した文章を読んでいただければお分かりのとおり、子どもにドローイングを教えることの利点として、子どもに正しい観察力を身に付けさせるという論理的な「よい」にかかわる口実も、また子どもに忍耐力を身に付けさせるという倫理的な「よい」にかかわる口実も、そして──今日の児童美術教育において一般的となっ

ている──子どもに豊かな感受性を身に付けさせるという美的な「よい」にかかわる口実も、すべてそれぞれの時代の児童美術教育の大家たちによって唱えられてきたからである。そこから、現代の私たちにはもう一つの問いが生じる。すなわち、このように理念も方法も曖昧な児童美術教育において、そもそも子どものドローイングを正しく評価し、その評価にもとづいて子どもの発達を正しく導くことは可能なのだろうか？　そしてまた、もし現代の私たちが考えているように児童美術教育の目的が子どもの感受性を育むことにあるのだとすれば、そもそもそうした美的な能力を体系的に教育するということは本当に可能なのだろうか？

　ドローイングを教育するということのためには、乗り越えねばならない複数の課題があり、それぞれの時代の先達がこれらに対処するための方策を練り上げてきた。先述のとおり、児童美術教育の最初のモデルは西洋の美術アカデミーであり、それは1563年にジョルジョ・ヴァザーリ（Giorgio Vasari, 1511-74）がミケランジェロを副総裁に迎え、また36人の芸術家を会員に選出してフィレンツェに設立したアッカデミア・デッレ・アルティ・デル・ディゼーニョ（Accademia delle arti del disegno）に端を発するとされ、そこでは伝統的に自然観察を出発点とした科学的な方法論が推奨された。ところが、18世紀以降、大人とは区別される子どもの特性なるものが広く議論されるようになると、今度は子ども向けに特化された教育法が考察されるようになる。すなわち、子ども本来の内的自然や能力を、その特性を損なうことなく引き出す方法が重視されたのである。英国ではジョン・ラスキンが、その産業革命に対する批判とヴィクトリア朝時代特有のキリスト教的道徳観を背景に、ドローイングに関する自己陶冶的な道徳教育の観点を決定的に強調することになった。このように近代以降、市民革命や産業革命、戦争など大規模な社会変動も背景として、そのつど、ドローイングの教育は「技術」、「道徳」、そして今日の「感受性」や「創造力」といった観点から見直されてきた。往々にして「技術」は「工学」と「芸術」の二つの領域を横断する課題を示し、「感受性」と「創造力」は「豊かな人間性の獲得」と「芸術家養成」の二方向にまたがる要因とされるため、いっそラスキンのようにドローイングを「道徳」

教育の一環とみなしてしまえば問題はずっと単純だったのかもしれない。しかし、そのつど異なる目標や目的のもとで教育内容を修正し続けながら、なお「子どもらしさ」を重視する児童美術教育は、子どもが「主体的」に、言い換えれば「自由」かつ「自発的」に線を引くことに執着する。

　周知のとおり、教育であれ美術であれ、そこでなされる行為や産物は簡単には数量化しがたいものであるがゆえに、その体系化も極めて困難である。ここに訳出した原稿は――あるときは心理学の力を借りたり、またあるときは進化論や社会学を援用したりしつつ――子どもにドローイングを教育する方法をめぐる試行錯誤の軌跡である。この試行錯誤は過去のものではない。子どもの自発的な「感受性」を教育するという目標が内包する逆説は、例えばピーマンを食べるのが嫌いな子どもに、いくらピーマンの栄養価を教えようが、いくら好き嫌いをなくすことの重要性を説こうが、「自発的に」ピーマンを美味しく感じるよう教育することはできない、ということからも明らかである。私たちはピーマンの嫌いな子どもが自然にいつの間にかピーマンを好きになるよりも前に、教育を通じて「ピーマンは美味しい」と感じさせられるというのと同様のことを、どういうわけか児童美術教育においては信じているのである。当然ながら、そうした信念にもとづく限り、児童美術教育は独善的な方法か、あるいは経験則に依拠した場当たり的な方法しか採用することができない。本書がこうした困難を少しでも解消するための手立てとなるよう、訳者一同、心から願っている。

　なお、原註に挙げられた文献については、その日本語訳がある場合はその書誌を併記している。ただし、前後の文脈を考慮して、必ずしも既存の翻訳のとおりにはなっていないことを断っておく。また現代から見れば非科学的、あるいは差別的な文章が現われることもあるとはいえ、児童美術教育の思想史をたどるという本書の意図に鑑み、それらの文章も修正することなく訳出した。

平成 29 年 2 月

要　真理子／前田　茂

西洋児童美術教育の思想：ドローイングは豊かな感性と創造性を育むか？／目次

はしがき——なぜ子どもに描画させるのか……………………………………………ⅰ
凡例………………………………………………………………………………………ⅸ
監訳者序文………………………………………………………………………………3

第1章　リチャード・セント・ジョン・ティリット
　　　　——道徳教育としてのドローイング

解説…………………………………………………………………………………23
『絵画技術の手引書』………………………………………………………………26

第2章　コッラード・リッチ
　　　　——美術史による「児童美術」の発見

解説…………………………………………………………………………………46
『子どもの芸術』……………………………………………………………………49

第3章　ベルナール・ペレ
　　　　——子どもの認知能力とドローイング

解説…………………………………………………………………………………89
「子どもにおける芸術：素描」……………………………………………………92

第 4 章　トーマス・アブレット
　　　——ドローイングの「一般教育」化

解説 ……………………………………………………………………………… 118
『初等学校における素描教授法』 ……………………………………………… 122

第 5 章　スーザン・ブロウ
　　　——子どもの神的な想像力への寄り添い

解説 ……………………………………………………………………………… 142
『象徴教育』 …………………………………………………………………… 146

第 6 章　エベニーザー・クック
　　　——外なる自然から子どもの内なる自然へ

解説 ……………………………………………………………………………… 167
「美術指導において見過ごされてきた諸要素」 ……………………………… 170
「幼児教育におけるいくつかの実験」 ………………………………………… 197

第 7 章　ジェイムズ・サリー
　　　——「プリミティヴ」としての原始・未開・子ども

解説 ……………………………………………………………………………… 207
『児童期の研究』 ……………………………………………………………… 211

第8章　フランツ・チゼック
　　　――子どもの無垢なる創造性を拓く

解説……………………………………………………………………………242
「オーストリアの産業教育機関における自由デッサンの教授法」……………246
フランチェスカ・ウィルソン『チゼック教授の講演』……………………252
フランチェスカ・ウィルソン『チゼック教授の教室（主題：秋）』…………265

第9章　ロジャー・フライ
　　　――モダンアートによる児童美術の再定義

解説……………………………………………………………………………275
「ブッシュマンの芸術」……………………………………………………278
「子どものドローイング」…………………………………………………291
「芸術を教える」……………………………………………………………299

第10章　マリオン・リチャードソン
　　　――観察（外的自然）と自由（内的自然）の間で

解説……………………………………………………………………………304
1925年第2回ロンドン市評議会講演………………………………………308
「子どもの描画とデザイン」………………………………………………324
「マリオン・リチャードソン女史による解説」……………………………334

第11章　リチャード・シフ
——社会史のなかの子どものドローイング

解説 ……………………………………………………………… 337
「原始的系統発生から形式主義的個体発生へ
　——ロジャー・フライと子どものドローイング」…………… 340

あとがき ………………………………………………………… 409
人名索引 ………………………………………………………… 413

凡例

- 本書では原註、編注、訳註を区別した。原註は、訳文に付されているものについては元の著者が付けたものを「原註」として踏襲し、その際に脚註となっていたもの等をすべて各章の末尾に収録した。特に部分訳の場合は、註番号を1から振り直している。また、序文と各章の解説にある註はすべて本書の訳者によるものである。また、編注は第9章にのみ現れるが、これはロジャー・フライの論文を収録した『Vision and Design』の編者J・B・ブリンが付けたものである。最後に訳註は各章の訳者が適宜挿入したものである。
- 第2章と第3章の原典では、各セクションは数字のみで区別されていたが、読者の理解を促すために監訳者が内容に即してタイトルを補足した。
- 原註で挙げられた文献等については、原文での表記法にもとづきつつ訳出した。例えば、第2章の原註でコッラード・リッチが言及しているチャールズ・ダーウィンの表記は、原文に即して「Carlo Darwin」のままにした。また訳者の確認した範囲で和訳があるものは、その代表的なものをあわせて掲載した。
- 原文での引用は「　」、原文での挿入は（　）、原文を補足するために訳者が挿入した文は〔　〕で示した。ただし、第11章では、著者のリチャード・シフが引用した文章内にシフによる補足説明の挿入があったので、これを［　］で示している。また書名は『　』、論文名等は「　」、作品名は《　》で表記し、一般的な和訳名がある場合はそれを優先した。
- 訳文内の強調はすべて原著者によるもの（イタリック体）であり、傍点で表わした。ただし第4章に限り、原著での強調の意味合いを汲んでゴシック体とした。
- 訳出した文章と関連する図版はすべて収録したが、サイズは本書の紙面にあわせて変更し、またカラー図版はグレースケールに変換した。図版に付したキャプションは、原則として原文のとおりに訳出しているが、原文においてキャプションのないものについては訳者が補足して付した。

西洋児童美術教育の思想：
ドローイングは豊かな感性と創造性を育むか？

監訳者序文

はじめに

　本書は、19世紀後半から20世紀にかけて刊行された欧米の美術教育論のなかで、とくに英国における児童美術教育の展開にとって重要で、かつ頻繁に名前が取り上げられるものの日本では定まった訳稿のない著作や小論を選び、日本語に翻訳したうえで編纂したものである。

　19世紀後半からヨーロッパ各地域で非常によく似た美術教育理論が現れ出てくるなかで特に英国に着目したのは、近代の教育思想に特徴的なジレンマがそこに見られたからである。英国の児童美術教育は、その本来の文化的特性に加えて、同時代の外来の教育思想を受け入れることによって、そして同時に同時代の内発的な社会的要請を受け入れることを通じて、このジレンマを様々な実践のなかで顕在化させてきた。すなわち、一方では、ジャン＝ジャック・ルソー（Jean-Jacques Rousseau, 1712-1778）以降の教育理念において、子どもの自然性（豊かな感受性・創造性、純真無垢さ）を保つことが重視された。他方では、この自然性を産業革命以降の社会に貢献できるものに馴致することが要請されたのである。ルソーは、『エミール』（1762）第一巻を「神はあらゆる事物を善なるものにつくり給うが、人間が手を加えて、悪くしている」という言葉から始め、子どもを自然になぞらえながら、その純真無垢さを強調し、それに即した教育法の必要性を主張した[1]。このように子どもと自然を同一視するルソーの教育観は、フリードリヒ・シラー（Friedrich Schiller, 1759-1805）の「遊戯衝動にもとづく人間の美的教育」の思想を取り込みながら、ヨハン・H・ペスタロッチ（Johann H. Pestalozzi, 1746-1827）、フリードリヒ・フレーベル（Friedrich Fröbel, 1782-1852）といった大陸の児童教育の基礎を築いた人々に継承され、とくに美術教育という点では、それまでの職工ギルド内部の徒弟制度や美術アカデミーにおける専門教育とは異なる教育形態、すなわち子どもが生得的に備えている内的な自然（感受性・創造性）を育みつつ、しかし同時にこの自然を成人らによって構成される人間社会へとスムーズに適応させる訓育としても機能する教育システムの必要性が認識された。こう

した大陸から始まる近代の児童美術教育をめぐる思想の変化は、言うまでもなく具体的・個別的な教育実践内容の掘り起こしと検証だけでは十分には理解できないものであり、またそれが英国に与えた影響についても美学的な観点からの考察が必要である。

功利主義から社会進化論へ

大陸由来の教育思想を受容する一方で、とりわけ英国においては、産業革命以降の近代国家がその国富を増大させるために必要な訓練という観点から児童美術教育が着想されたことも事実であり、デザイン改革者ヘンリー・コウル（Henry Cole, 1808-1882）やリチャード・レッドグレイヴ（Richard Redgrave, 1804-1888）らによって職業訓練的な性格をもつデザイン教育が推進された。そこで目指されたのは、とくに工芸に携わる職人たちを再生産するための特殊かつ限定的な教育ではなく、付加価値を備える工業製品の大量生産に従事できる工場労働者を大規模に供給するための一般的かつ体系的な教育システムである。この運動にとっては２つの契機──すなわち、第１に18世紀の英国美術界を支えてきたロイヤル・アカデミーの堕落、第２に1851年に開催されたロンドン万国博覧会──が重要な役割を果たした。

18世紀のジョシュア・レノルズ（Joshua Reynolds, 1723-1792）の時代、ロイヤル・アカデミーは美術学校の役割を少なからず誠実に果たしていたが、19世紀に入ると教育機関としての機能を失い、「一握りの選ばれた貴族社会」へと変わり果てていたと批判される[2]。1835年の秋に立ち上げられた「芸術と製造業に関する特別委員会（The Select Committee on Arts and Manufactures）」は、現状調査をしつつ専門家の意見を聴取したうえで、職工にこそ芸術を教えるべきである、と結論づけた。この委員会は、デザインの技術と原理の知識を国民（とくに製造業に従事する人々）の間に広めるために設けられたもので、英国において国家が美術教育に介入したのは、これが初めてのことであった[3]。

> 我々は、一般的な製造業において諸外国に優っているが、しかしデザインの技術においては大いに劣っている〔……〕。ロンドンの家庭教

師たちは、聴いたところでは、〔……〕製造業のために芸術家を教育するというよりも画家や彫刻家を目指して人々を教育している〔……〕。いくつかの大きな町にはデザイナーと呼ばれる人がいるにもかかわらず、彼らはそれ自体としての教育を受けてもいなければ、芸術の原理も知らないのだ[4]。

　一連の美術教育改革を働きかけたベンジャミン・ヘイドン（Benjamin Haydon, 1786-1846）ら画家や彫刻家たちは、ロイヤル・アカデミーが再び美術教育の中心となることを望んでいたが、英国政府の出した結論は実用的なデザイン学校の設立であった。後のクェンティン・ベル（Quentin Bell, 1910-1996）によれば、当時、教育機関の設立は国家的な課題からは外れており、文部省も教育委員会も存在していなかった。国家による美術教育への介入がデザイン学校の設立へと帰結したのも、この問題が商務省の管轄とされたからである。かくして1837年、商務省は「職工のために製造業と等しく造形美術のための十分な知識を身に付ける機会を提供すること」を目的として、ロンドンのサマセット・ハウスに官立のデザイン学校を開校する。やがて1852年までには、マンチェスター（1842年）、ヨーク（1842年）、バーミンガム（1843年）、シェフィールド（1843年）、ニューカースル・アポン・タイン（1843年）、グラスゴー（1844年）、ノッティンガム（1844年）、コヴェントリー（1844年）、ノリッジ（1845年）、リーズ（1846年）、ストウク（1847年）、ヘンリー（1847年）、ペイズリー（1848年）、コーク（1849年）、ダブリン（1849年）、マックルズフィールド（1850年）、ベルファスト（1850年）、ストアブリッジ（1851年）、ウースター（1851年）、セント・マーティン（ロンドン、1852年）、ウォーターフォード（1852年）といった、国内21のデザイン学校が、サマセット・ハウスを中央校とするならばいわば地方の「分校（branch）として」英国政府により認可された[5]。

　もう一つの契機となった1851年のロンドン万国博覧会は、それ自体としては国内外から600万人を超える人々を呼び寄せた大規模な祭典となったものの、そこで英国の製品や工芸品と他のヨーロッパ諸国のそれとが並べら

れたことによって、英国の美術・工芸・デザインの遅れを国際的に露呈してしまった。この頃すでにサマセット・ハウスのデザイン学校は求心力を失っていたのだが、そこに次なる課題が与えられることとなった。1852年に実用美術局の設立が商務省の付属機関として承認されると、その管理局長に任命されたヘンリー・コウルと美術部局長に任命されたリチャード・レッドグレイヴらによって、既存のデザイン学校の改善ならびに美術教育者のための教育施設が構想されるようになる。1852年11月に「実用美術（Practical Art）」と題して二人が行なった連続講演では、最初にコウルが、商務省の新しい部局は「1837年に創設されたデザイン学校に由来するもの」であるとしたうえで、その改良が必要であることを訴えた。彼によれば——

　この学校は、製造パターンの改良という商業的な目的で特別に創設され、純粋美術の教育を職工にのみ提供することによってこれを遂行しようとした。しかし〔入学対象を地域内の職工に限定した〕、こうした学校の活動を制限する試みは、なされるべき仕事についての誤った見方や不完全な見方から生じたものであり、結局成功しなかった[6]。

　当時、リーズの学校には本来対象となるべき職工もデザイナーも在籍していなかったし、マンチェスターでは対象外のはずの芸術家の入学も許されていた。また、ダブリンでは相当数の女学生が受講していた。であるならばデザイン学校の入学対象や条件をもっと拡大すべきであり、それは製造技術の芸術性を改良するためだとコウルは主張したのである。一方、ロイヤル・アカデミー出身のレッドグレイヴは、デザイン学校の授業科目や専攻などを実践的な面から改良するよう求めた。彼は、ドローイング能力を高める方法論を検討し、人々の「認知能力と芸術を楽しむための趣味を改良しようとした」[7]。「趣味の改良（improvement of taste）」というフレーズは、もともとデザイン教育の功利主義的な傾向が強かった英国にはなじまないようにも見えるが、他国に比べて見劣りのする英国デザインの品質を芸術的に向上させるためには、その消費者である国民全体の趣味や美意識もまた

洗練させることが必要だという考えに由来する。そうしたレッドグレイヴらの問題意識は、一般大衆に対して「よき趣味」に対する反面教師の役割を果たすことを目的に企画された1852年の悪名高き展覧会、「装飾における誤った原理の実例（Examples of False Priciples in Decoration）」展に見ることができる。こうした試みを通じてデザイン品質の向上した英国の工業製品は、他のヨーロッパ諸国の工業製品に対抗できる競争力をも備えるだろうと目論まれたのである。

　コウルとレッドグレイヴの改革によって、デザイン学校のカリキュラムにおいては、ドローイング、絵画、彫塑、デザインと4つあるコースのなかでドローイングが最も基礎に据えられることとなった。そしてそれは、最初に単純な直線から装飾的な曲線などの平面的な要素を描く訓練、次に石膏像などの立体を描く訓練、というように基礎から応用へと段階が設けられていた。そこでは外形線（outline）の描き方や透視図法（perspective）の知識も必要とされ、レッドグレイヴが考える基本描画の根底には──いかにも当時のアカデミー画家らしく──模写があるとされた。こうしたレッドグレイヴの考えは、1852年にサマセット・ハウスや地方のデザイン学校において正式に採用されることとなる。学校の名称も、サマセット・ハウスのデザイン学校はメトロポリタン男子装飾学校、地方の学校は実用美術学校と改められた。その一方で、各学校を管理する役目にあるコウルたちが所属する実用美術局の拠点はサマセット・ハウスからペル・メル街のマールボロウ・ハウスへと移転し、そこで実用デザインの教室を開設するとともに、それまでサマセット・ハウスに埋没していた所蔵品やロンドン万博の展示品を一般に公開し、製造業に役立てるための産業博物館を開館する。1853年になると美術教育を監督するための科学・芸術局が商務省から独立して発足し（1899年まで続く）、産業博物館は装飾美術館へと名称変更される。先述の「装飾における誤った原理の実例」展が開催されたのもこの場所であった。さらに1857年に科学・芸術局と装飾美術館はサウスケンジントンに移動し、後者はサウスケンジントン博物館と呼ばれるようになる（後に1899年に同博物館はヴィクトリア＆アルバート美術館と改称され、現在にいたる）。模写やフリーハンド描画を

基本とするコウルとレッドグレイヴらの教育法は、当時「サウス・ケンジントン・アプローチ」と呼びならわされていたが、それはまさにこの場所を拠点として実施されたのである。後に、英国ロイヤル・アカデミーの会長となるエドワード・ポインター（Edward Poynter, 1836-1919）が、「サウス・ケンジントン・アプローチ」と同様の練習項目を収録したドローイング・ハンドブックを編集し、職工やデザイナーを志す青年だけでなく、子どもをも対象として刊行される（図版）。本書第1章に登場するセント・ジョン・ティリット（St. John Tyrwhitt, 1827-1895）の『絵画技術の手引書』が刊行されたのも、まさにこうした状況下のことであり、やがて19世紀後半からは批判されることになる科学・芸術局の指導法の理念を代表するものとして、本書の冒頭を飾るにふさわしいものと言えよう。

　コウルやレッドグレイヴの計画は、一般児童が実用的なデザイン技能を習得するための教育プログラム、ならびにその実践の場としてのデザイン学校や美術館の設立へと展開していった。そのことが意味しているのは、大陸においてルソーの提唱した教育理念、ならびにペスタロッチならびにフレーベルらドイツ語圏の教育学者が考案した教育実践が、とりわけ英国においては社会的な要請と緊密に結びつく結果をもたらしたということである。そのための土壌を用意した代表的な事例としては、ロバート・オーウェン（Robert Owen, 1771-1858）や、さらに彼に共感したサミュエル・ウィルダースピン（Samuel Wilderspin, 1791-1866）、ならびにジョセフ・ランカスター（Joseph Lancaster, 1778-1838）といったクェーカー教徒らが推進した幼い子どものための教育普及が挙げられる。しかし、フレーベルの幼稚園がドイツ・ロマン主義の哲学に立脚しつつ、神から子どもへと与えられた神性を発展させることを目的とし、恩物（教育玩具）でもってその人間性を伸ばそうとしたのに対し、オーウェンらは人間に生得的に具わる能力を、労働を模した教育科目を通じて発展させようとした。この場合の労働とは、産業革命の結果として台頭したような労働であり、ルソーの『エミール』が念頭に置いていたような徒弟制度における「手技（manual skill）」としての労働とも、またペスタロッチが想定していた家内制手工業を基礎とする前期資本主義社会の労働とも異なっ

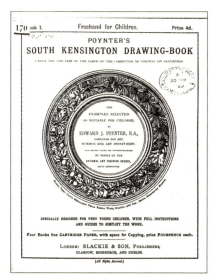 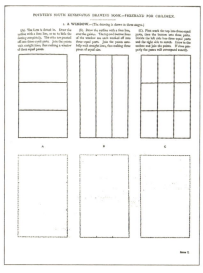
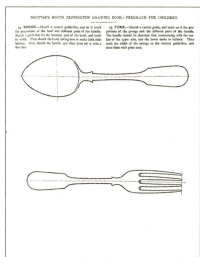 

図版 ロイヤル・アカデミーの画家エドワード・ポインターによって作成された子ども向けのドローイング・ハンドブックの例。レッドグレイヴの構想どおり、単純なものから複雑なものへ、平面から立体へと段階を踏んで練習できるようになっている。*Poynter's South Kensington drawing book*, the examples selected as suitable for children by Edward J. Poynter..., Blackies & Son, c.1893.

ている。言うまでもなく、それは工場制機械工業における労働であった。オーウェンらが目指したのは、こうした工業主体の産業社会において、全体の幸福を最大にする目的をもって生活する個人からなる合理的な共同体を組織することであった。オーウェンは次のように述べる——

　　経営の当初から、私が人々を——工場の機械ならびに他のあらゆる部分と同様に——多くの部分から構成された一つのシステムと考えていたということ、そしてバネやテコや歯車が工場所有者にとって最大の金銭的利益を生み出すように効果的に共同させられるべきであるのと同じように、すべての人々をも結合させることが私の義務であり関心であったということが理解されよう[8]。

　こうしたオーウェンの考え方は、カール・マルクス（Karl Marx, 1818-1883）によって次のように評される。「ロバート・オーウェンを詳しく研究すればわかるように、工場制度から未来の教育の萌芽は芽生えたのであり、この未来の教育は、社会的生産を増大させるための一方法としてだけでなく、全面的に発達した人間をつくるための唯一の方法として、一定の年齢以上のすべての子どもに対して、生産的労働を知育および体育と結びつけるであろう」[9]。自然と子どもの同一視を前提とするヨーロッパ大陸の美術教育が英米圏へと移入される過程において、ちょうど資本主義が自然財から最大の利益を上げるのを目指すのと同じようにして、児童教育もまたその産業的な効率が重視されるようになったのは、けだし必然であった。
　次に、児童教育と社会・産業的な要請とをいっそう密接に結びつけた事例としては、ペスタロッチの方法論を英国に紹介したハーバート・スペンサー（Herbert Spencer, 1820-1903）の業績が挙げられる。彼は、オーウェンと同様の功利主義的な思想で知られる一方で熱心な進化論者でもあり、子どもの発達と人類の歴史とを並行視する考え方を採用して、以降の児童教育論に影響を及ぼすと同時に、そこに子どもの教育が人間社会全体の進化に直結するという独自の思想を導き入れた。

子どもの教育は、その方法においても順序においても、歴史的に考察された人類の教育と一致しなければならない。換言すれば、個人における知識の発生は、種族における知識の発生と同様の過程をたどらなければならない。両者はともに進化の過程なのだから、前に主張したのと同一の進化の一般法則に一致しなければならず、それゆえに、相互に一致しなくてはならない[10]。

　子どもに施された教育は、ただ対象となった子どもの発達を促すだけでなく、そのまま次世代の子どもに引き継がれ、社会全体の利益につながるとスペンサーは考えた。このような功利主義的な教育観は、当時駐英大使を務めていた森有礼、すなわち日本の初代文部大臣にも大きな影響を与えたと言われている。また、こうした人類史と子どもの発達段階とのアナロジーからは、もう一つの重要なテーマが導き出される。このアナロジーがとりわけ19世紀後半になって頻繁に言及されるようになると、そこから子どもと西洋以外の「未開」との同一視が美術教育にもたらされたからである。例えば、本書第7章で取り上げた英国の心理学者ジェイムズ・サリー（James Sully, 1842-1923）は、「周知のとおり、人類の最も低級な民族は動物界にほぼ近似したところにある。これと同じことは文明化された民族の幼児にも当てはまる」と述べる[11]。やがて、子どもと人類史の初期段階と「未開民族」の三者に共通するとされた状態は、「プリミティヴ（primitive）」という形容詞で包括されるようになった。19世紀後半の英国の美術理論が子どもの図画・造形上の制作物をプリミティヴなものとみなすようになったことは、ドイツにおいて当初は子どもの創造性が神性と結びつけられて論じられがちであったこととは対照的である。しかしこれ以降、英国のみならず、イタリア、フランス、オーストリアにおいても、児童美術をめぐる言説には、19世紀から20世紀の転換期における進化論の影響を多かれ少なかれ見出すことができるのである。

　このような背景のもとで、20世紀になって登場したモダンアートの一部、すなわちアンリ・マティスやポール・ゴーギャンらに代表される近代画家た

ちの作品が「プリミティヴ」と形容されたとき、彼らの着想法と制作が子どもの美術教育に影響を与えたのは至極当然のことであった。事実、1910年と1912年にポスト印象派展を組織し、上記のモダンアートを英国に紹介した美術批評家ロジャー・フライ（Roger Fry, 1866-1934）もまた、児童画を人類の発達の初期段階になぞらえて語る。ただし、こうしたアナロジーに含まれる複雑な構成を見逃してはならないだろう。フライの批評においても、子どもの芸術は独自の性格を持つとされている。そもそも、子どもの制作物を、「プリミティヴ」という概念を介して古典や伝統の呪縛から解き放たれたモダンアートと結び付け、これを自発的創造性の観点から肯定的に評価する美術教育の素地は、まさに上記のアナロジーのなかに用意されていたとも言える。そこで働いた複雑な力学については、現在のアメリカを代表する美術史家の一人リチャード・シフ（Richard Shiff, 1943-）が本書第11章で詳細に読み解いている[12]。

神秘主義的な児童観から児童心理学へ

　シフの論稿が扱っているのは主として20世紀前半の英国の状況であるが、アメリカの児童美術教育についても本書の関心に即して触れておくと、ヨーロッパから流入してきたフレーベルやペスタロッチの理論は、英国の場合と同様に共通の特徴を有する人々をして幼児教育の専門機関への設立へと駆り立てることとなった。すなわち、それは裕福な慈善家（フィランソロピスト）たちであり、英国では18世紀から19世紀にかけて既述のオーウェンのような資本家やクェーカー教徒の尽力が目立ったが、アメリカではとくに知的教養を身につけた女性たちが中心となって幼稚園設立運動を推進した。その一人がスーザン・エリザベス・ブロウ（Susan E. Blow, 1843-1916）である。ブロウは長くカント、フィヒテ、シェリング、ヘーゲルらのドイツ観念論哲学を学んだ後、フレーベルの神秘主義的かつ象徴主義的な色合いを持つ教育思想に傾倒することとなった。1890年代に出版された彼女の手になるフレーベルの英訳は、英語圏では初めて手がけられたものである。英国において、子どもの神性を憧憬するフレーベルの教育論は、「無垢なるもの」を強

調しつつ前近代的な手仕事を賞揚したラスキンの道徳教育にも似たものへと変更を加えられつつも長く影響力を保った一方で、アメリカでは「象徴」や「生の合一」に代表される彼の中心的な思想が後にジョン・デューイ（John Dewey, 1859-1952）らによって批判されることとなる。周知のとおりデューイは1896年にシカゴ大学附属小学校を開設するなど、児童教育にも大きな影響力を持っていた人物である。遊具が子どもらの想像力を喚起することによって象徴として機能し、子どもらをして現実世界を超えた精神世界へと導くとするブロウの考え方がいまだドイツ観念論に深く根ざしたものであるのに対して、プラグマティズムを代表する思想家であるデューイは端的に「象徴される現実というのもまた、子ども自身の認識能力の範囲を超えるものであってはならない」と主張する[13]。そこから、ブロウが信奉するフレーベルの「恩物」ではなく、自然で直接的な身の回りの事物こそが子どもの身の丈にあった想像力の育成にも役立つと主張するデューイの態度は、ペスタロッチの唱えた実物教育への回帰のようにも見える。フレーベルの思想を引継ぐ際にも、子どもを中心に置くロマン主義的な教育観は保持されつつも、その神秘主義的な色合いは払拭された。『『遊戯』が示しているのは児童の外面的な振る舞いではなくその心理学的な態度であるという事実が意味しているのは、すでに与えられていたり予め定められていたりする〔フレーベルの〕恩物や遊戯、〔ペスタロッチの〕仕事の体系や順序に従わねばならないという必然性から児童が完全に解放されているということである」[14]。ここでデューイは子ども一人ひとりの心理学的な態度を強調することによって、子どもに内在する発達原理に即した教育というフレーベルの理念は引き継ぎながらも、その発達の動因を観念的な理想世界から現実生活に直結する共同性や社会性に求めようとしたのである。

　デューイによる転換の中核をなすのは新たに19世紀後半を通じて発展していった近代の実証主義的な心理学である。その発展において重要な役割を果たした人物としてしばしば挙げられるのが、ドイツのヴィルヘルム・ヴント（Wilhelm Wundt, 1832-1920）とアメリカのウィリアム・ジェイムズ（William James, 1842-1910）であるが、さきほど登場したサリーは後者のジェイムズと

知己を得ていた人物でもある。サリーの人間関係の詳細は本書第7章の解説に譲るとして、まさにサリーこそ、英国において子どもによるドローイングを彼らの心理学的な発達をうかがい知るためのいわば「覗き窓」として体系的に分析した最初の人物であろう。もちろん、ヨーロッパ全体において、子どもの内面の発達度合いをそのドローイングから推量するという試みそのものを最初に行なったのはサリーではない。すでに、英国出身で後にドイツで活動したウィリアム・T・プライヤー（William Thierry Preyer, 1841-97）の1882年の著作『子どもの魂：幼年期における精神的発達に関する観察（Die Seele des Kindes: Beobachtungen über die geistige Entwicklung des Menschen in den ersten Lebensjahren）』では、プライヤー自身の息子の出生後から3年間にわたる成長の様子が綿密に観察され、そこにはドローイングの観察も含まれている。さらに数年後、奇妙なことにほぼ同時期に、一定数の子どものドローイングから子どもの現実認識の発達を読み取ろうとする試みが現れる。1つはイタリアの美術史家コッラード・リッチ（Corrado Ricci, 1858-1934）が1887年に発表した『子どもの芸術（L'Arte dei Bambini）』であり、本書第2章で訳出した冒頭部分にも書かれているように、リッチは1,250点にのぼるドローイングを美術史の知見にもとづいて分析し、それらの作例の背後にある子ども独自の認識形式を引き出し分析している。もう1つは1888年にフランスの教育者であったベルナール・ペレ（Bernard Pérez, 1836-1903）が刊行した『子どもの絵と詩（L'art et la poésie chez l'enfant）』であり、1878年に刊行されたペレの最初の著作である『児童期の最初の3年間（Les trois premières années de l'enfant）』で展開された児童心理の観察手法を、さらに子どもの造形的ならびに文学的な表現形式へと応用したものである。本書第3章では紙幅の都合もあってとくに造形表現に重点を置いて同1888年に学術誌に発表された「子どもにおける芸術：素描（L'art chez l'enfant: le dessin）」を訳出して紹介した。

　これらの先行研究を1895年に専門の実証主義的な心理学の立場から集大成したのがサリーの『児童期の研究（Studies of Childhood）』なのだが、本書第7章に訳出した子どもの造形表現に関わる部分で展開される心理学的な考察に数多くの資料体を提供するとともに、その考察をただ発達心理学上の成

果としてだけでなく児童美術教育の方法論を再考する手立てとするのに貢献したのは、サリーよりも5歳年長であったエベニーザー・クック（Ebenezer Cooke, 1837-1913）にほかならない。本書第6章の解説でも紹介している1904年から翌年にかけて発表された論文「発達は内側からなのか？：フレーベルの発達概念はダーウィンのそれと異なっていたのか？」の冒頭において、クックは「30年以上にわたって私は、まさしくこの発達と有機的形態という立脚点からフレーベルとフレーベル主義者たちを批判しようと試み、子どもの発達の観察にもとづいた実践的な応用を行なっ」たと振り返る[15]。実際、フレーベルの教育理念の中心にあった児童心理の発達に関する観念論的な理解を排し、これを心理学にもとづいた理論で置き換えることによって、いっそう実践的な教育の方法論を打ち立てようとしたことは、もちろんその手順はデューイのものほどには学術的な確からしさに欠けるものの、デューイにまさるクックの先駆性と言っても過言ではなかろう。本書第6章では、こうした19世紀までの理想主義的な教育論を20世紀の実証主義的な教育論へと橋渡ししようとしたクックの試みを示す他の2つの講演原稿を訳出した。

　かくして、やがて20世紀アメリカの美術教育では、心理学や生理学を組み入れた科学的な方法論が追求されるようになる。具体的には、アーサー・ウェズリー・ダウ（Arthur Wesley Dow, 1857-1922）の構図の研究とアルバート・マンセル（Albert Munsell, 1858-1918）の色彩体系が、アメリカ国内外の美術・デザイン教育に大きな影響力を持った。後者のマンセル表色系は、第2次世界大戦後の日本においても図画・工作の道具の1つである水彩絵の具と一緒に箱に収められた解説書に必ず書き添えられており、日本の生徒たちにもなじみ深いものだったと言える。20世紀の児童美術教育における科学的な制作指導と客観的な評価基準は、以降も引き続き追求された。その代表的な人物としては、子どもの創造活動の年齢に応じた変化を心理的要因に求めることによって子どもの発達段階のなかで捉えようとしたヴィクター・ローウェンフェルド（Victor Lowenfeld, 1903-1960）がいる。オーストリア出身の教育学者でペンシルヴェニア大学の教授を務めたローウェンフェルドの実験には、20世紀の英国の美術教育界を主導したハーバート・リード（Herbert Read,

1893-1968）も注目しており、リードの『芸術による教育』でもたびたび言及されている[16]。日本でも美術・デザインの理論のみならず美術教育学の分野においても名前の知られているリードだが、もともと明確な評価基準を容易に確立できない美術に対して、その教育における客観的な指標として彼が導入したのもやはり心理学であった。ところで、リード以前には、本書第10章で取り上げた美術教師マリオン・リチャードソン（Marion Richardson, 1892-1946）を支援したフライが、理系出身でありながらも心理学や精神分析に疑念を抱いていたという事実は興味深い。そこからフライは人間の感受性や「美的なエモーション」といったものは「心理学の領分」であるとして美学や美術批評からは切り離したのだが[17]、リードはフライの態度が曖昧であると批判し[18]、ローウェンフェルドやカール・ユング（Carl Gustav Jung, 1875-1961）の学説を援用しながら、子どもの成長に応じて変化していく創造活動を客観的に評価しようとしたのである。この両者のいずれが正しいかを判断することはできないものの、やがてフライの批評態度は——作品の「心理的ヴォリューム」にも配慮するとはいえ[19]——出来上がった作品が備える造形的な質を重視するフォーマリズム美術批評の道を用意し、他方でリードの態度は創造活動を人間一般の基本的な活動とする現代の美術教育理論へと継承されていった。

　ところで、子どもの内面の発達を重視する立場からは、児童美術教育に関する重要な問いが生じてくる。すなわち、子どもの内面の発達は完成を迎えることがあるのか、もし完成を迎えることがないのだとすれば、芸術家を養成するための教育とは区別される「児童」美術教育を「児童」に限定する根拠はどこにあるのか、またもしどこかの時点で完成を迎えるのだとすれば、その時点の内面の状態をもって完成とすることの根拠はどこにあるのか、という問いである。とはいえ、この問いに対しては、興味深いことに本書で取り上げた人々のなかでも特に児童美術教育の現場で経験を積んだ美術教師であったフランツ・チゼック（Franz Čižek, 1865-1946）とリチャードソンによって、むしろ子どもたちの側から答えが出されていたことが報告されている。チゼックはオーストリアで児童美術教室を開設し、そこでの実践が偶然にも

第一次世界大戦後のオーストリアの窮乏のおかげで広く知られるようになった人物である。オーストリアの貧窮した子どもらを救済しようという活動が英国で興った際、チゼックの教育実践が活動メンバーの一人であった女性篤志家フランチェスカ・ウィルソン（Francesca Wilson, 1888-1981）の目に留まる。ウィルソンはチゼックの児童美術教育の理論と実践を紹介する3冊の小冊子を出版するとともに、チゼックの生徒たちの作品を英国で展示し、大きな反響を呼んだ。第8章で訳出した小冊子『チゼック教授の講義』のなかで、ウィルソンは次のようなチゼック自身の言葉を紹介している——

　子どもの生涯における危機はたいてい14歳の頃に訪れます。この時期こそ知性の目覚めの時期なのです。そして子どもはしばしば自分自身の行ないについて批判的になるあまり、完全に硬直して創造的な作業を続けられなくなってしまいます。その頃までは子どもは完全に感情に促されて、自意識に囚われることなく自発的に、自己の内側にある衝動につき動かされながら作業してきました。もちろん知性が創造にとって必ずや足かせになるというわけではなく、創造の助けになるべきです。しかしたいていそうはなりません〔……〕。いずれにせよこの時期に大きな中断、休止が訪れ、それ以降は大人の芸術が現われるか、あるいは2度と創造的な時代は現われないかのどちらかなのです（本書254ページ）。

ところがリチャードソンの方は、リードに宛てた書簡のなかで、こうした考えに異議を唱えている——「パターンを作ることと、絵を描くことという2つの活動は学校生活を通して平行して行なわれるということ、そして相互に溢れかえっているということ。幼児から中学生までの作品には紛れもない連続性が見出せるのです。そして創造的な活動が13歳くらいまででピタッと終わってしまうという、よく知られた考えは、思うに、ほとんど間違っています」[20]。とはいえ、このように反論するリチャードソンもまた、子どもの思春期の始まりが美術教育にとって決定的な時期であることは認めていたのであり、彼女が自身の美術教育実践において重視した「パターン」とは、

こうした決定的な時期を乗り越えつつ一貫した方法論を確立するための方策の1つでもあったと考えるべきであろう。他方で、リチャードソンの書簡に応えるかのように、リードは『芸術による教育』のなかで次のように述べている——

　　子どもの芸術は11歳以降、減退していきます。なぜなら、それがあらゆる方面から攻撃を受けるからです〔……〕。思春期の心を、このように歪めてしまった代価は、莫大なものです。私たちの文明は、忌まわしい物体や歪んだ人間、病んだ精神と不幸な家庭、分裂した社会と大量破壊兵器に満ちています。私たちは、この滅亡の過程を知識と科学、発明と発見とで助長しているのであり、私たちの教育制度は、この破局と歩調を合わせようとしています。ところが、心を癒やし、環境を美しくし、人間と自然、国家と国家を結びつける創造的な活動については、私たちはそれを無駄で無関係で無意味なものとして捨て去ってしまうのです[21]。

そこから、リードは成人と子どもという区別のみならず、さらに年齢や発達段階に応じた教育の内容の区別をも主張することによって、この決定的な時期を回避しようとしたのであり、結果としてリードは1934年の著作『インダストリアル・デザイン（Art and Industry）』において、リチャードソンの実践を低学年児童向けのものに限定し、それ以降は、天賦の才能が見出された子どもに限っては芸術家になるためのいっそう高度な造形教育へ、他方でそうした才能が見出されなかった多くの子どもはむしろ洗練された審美眼を備える消費者になるための教育へと、すなわち多様な素材の組み合わせから得られる感覚の吟味を中心に据えたバウハウスでの実践の応用へと、美術教育を分化させたのである[22]。しかしそれは、美術教育の生涯教育化という道筋を示唆しつつも、美術アカデミーの専門家教育とは別に消費者の趣味をも洗練させることによって英国デザインの品質を向上させようとしたレッドグレイヴらの試みへの回帰にほかならない。目指すところこそ経済的な発展とエコロジカルでさえある調和的社会というように異なっているとはいえ、

英国の児童美術教育は100年弱の期間を経てただ大きな円弧を描いただけだったのだろうか。そして当初の問いに立ち返るなら、現代の高度な資本主義社会において、「児童」という限定を取り払って生涯にわたる美術教育を制度化することは本当に可能なのだろうか。

おわりに

さて、本書の各章を横断するとともに本書のテーマにとって重要な役割を果たした事項として、「ドローイングと美術教育の発展およびそれらの産業への応用のための国際芸術会議（International Art Congress for the Development of Drawing & Art Teaching & their Application to Industries）」を最後に紹介しておこう。この国際会議は、1900年に第1回がパリで、1904年に第2回がベルンで、そして1908年には第3回がロンドンで、さらに1912年には第4回がドレスデンで開催された[23]。第1回の参加国は15カ国、参加者は会員と講演者を合わせて546名であったが、第2回の参加国は21カ国で参加者が995名、第3回になると参加国38カ国で参加者1819名と、回を重ねるごとに規模を拡大していった。本書第8章に訳出したチゼックの講演原稿は第3回会議のために用意されたものである。チゼックは1912年の第4回にも参加しているが、第3回の会議に対する感想は手厳しく、本書第8章の解説で紹介しているように、とくに会議に合わせて開催された展覧会にはよい印象を持たなかったようである。とはいえこの第3回の会議参加者のなかには、チゼックの他、先述のダウやクックの名前を見つけることができる。ダウの講演では、2次元の幾何学図形のドローイングから抽象絵画と装飾デザインの2方向への訓練が可能であることが主張されていた。また、先のフライもアメリカのメトロポリタン美術館の学芸員として参加しており、収蔵品の保管方法などについて質問をしている。さらに日本からも一人、「Sannosuke Ozawa」と表記された人物が参加している。おそらくは、当時、東京美術学校（現東京芸術大学）図案科の建築専攻の教授であった大澤三之助（1867-1945）のことであると思われる。講演や討論の主題として、幼児や青少年に向けた美術指導法だけでなく、ドローイングと他の領域を組合せた制作や機械素描の記号論

的解釈、新しい素材への応用などの9つが用意された。注目すべきは、同国際会議の名称が、美術とデザインの教育ではなく、美術とドローイングの教育とされているところである。この名称は同時に、純粋美術であれ装飾美術であれ、手作業であれ機械素描であれ、職工教育以来、20世紀初頭においてもなお、ドローイングを基礎として美術・デザイン教育が取り組まれていたということの証左となろう。

他方で、本書において、そうした様々な活動にとっての基礎的な性格を備える「ドローイング（drawing）」という言葉を一つの訳語に固定することはほぼ不可能であった。訳者たちは適宜、これを「素描」や「描画」、あるいは「線描」といった具合に訳し分けている。また、そうした多義的な性格を持つドローイングが児童美術教育の基礎に置かれているということは、ここまで紹介した2つの傾向、すなわち成人たちの社会の一員となり、この社会の経済的な発展に寄与するための能力を子どもに授けるという傾向と、極めて個別的な美的能力を涵養することによって調和した人格を子どもに授けると同時に、ひいては調和した社会を構築するための実践主体に育てるという傾向が、不可分のまま児童美術教育において同居するという結果にいたりかねない。本書第4章で訳出したトーマス・アブレット（Thomas R. Ablett, 1848-1945）は、まさにこうした2つの傾向を1つの児童美術教育において折り合わせようとした人物である。その試みは決して成功したとは言えないものであったが、生徒一人ひとりの感受性や感性的な認識能力を対象にしながら、これをクラス単位で構成された学校制度のなかで育成することの難しさは、現代においてもいまだ解決していない課題である。

註

1 Jean-Jacques Rousseau, *Émile, ou de l'éducation*, Jean Néaulme, 1762, p.1; 今野一雄訳、『エミール（上）』、岩波書店、1991年、23ページ。
2 John Evan Hodgson, *The Royal Academy and its Members*, John Murray, 1905, p.341.
3 Quentin Bell, *The Schools of Design*, Routledge and Kegan Paul, 1963, p.52.
4 *Select Committee, 1835-6*, I. James Morrison, pp.166-71.
5 Bell, *op.cit.*, pp.101-2.
6 Henry Cole and Richard Redgrave, *Addresses of the Superintendents of the Department of*

Practical Art, Chapman and Hall, 1853, p.10.
7 　*Ibid.*, p.42.
8 　Robert Owen, *A View of Society, or, Essays on the formation of the human character, preparatory to the development of a plan for gradually ameliorating the condition of mankind*, Macmillan, 1817/1972, pp.71-72; 楊井克巳訳、『新社会観』、岩波書店、1954 年、16-17 ページ。
9 　Karl Marx, *Capital*, Friedrich Engels（ed.）, Encyclopædia Britannica, c.1952, p.238; 向坂逸郎訳、『資本論Ｉ』、岩波書店、1972 年、609 ページ。
10 　Herbert Spencer, 'On Education', *Essays on Education and Kindred Subjects*, Everyman's Library, 1862/1976, p.60; 島田四郎訳、『教育論』、玉川大学出版部、1981 年、115 ページ。
11 　James Sully, *Studies of Childhood*, Longmans, Green, and Co., 1985, p.5.
12 　翻訳に関しては、2005 年にテキサス大学で編者が直接本人と交渉し、承諾を得た。実現まで 10 年の歳月がかかったが、本プロジェクトを手がけるにあたって、シフ教授の研究はもちろん個人的な示唆に富む助言は、広範な考察対象を整理する大きな指針となった。
13 　John Dewey, *The School and Society*, Jo Ann Boydston（ed.）, *The Middle Works of John Dewey* 1899-1924, Vol.1, Southern Illinois University Press, 1976, p.83; 市村尚久訳、『学校と社会』、講談社、1998 年、187 ページ。
14 　*Ibid.*, p.86; 同書、194 ページ。
15 　Ebenezer Cooke, "Is Development from Within? - Did Frobel's Conception of Development Differ from Darwin's ?", *Child Life*, vol.VI, p.185.
16 　Herbert Read, *Education through Art*, Faber and Faber, 1943, pp.132-4, 147-153; 宮脇理ほか訳、『芸術による教育』、フィルムアート社、2001 年、113-4、159-165 ページ。
17 　Roger Fry, "Retrospect", *Vision and Design*, 1920, p.211; "Sensibility", *Last Lectures*, Cambridge University Press, 1939, pp.28, 30-31. フライ自身、「知性の論理」とは異なる「感覚の論理」の存在は認めているものの、これを自らのヴィジョンの理論や批評には用いることはなかった。
18 　フライの 1924 年の著作『芸術家と精神分析（The Artist and Psychoanalysis）』に対するリードの批判は、フライとリードの態度の違いを明確に示している。Herbert Read, "review of Fry: *The Artist and Psychoanalysis* (Hogarth Press, 1924)", *The Criterion*, vol. III, 1924-5, pp. 471-2.
19 　「心理的ヴォリューム」については、以下の拙著のなかで解説している。要真理子、『ロジャー・フライの批評理論――知性と感受性の間で』、東信堂、2005 年、95-100 ページ。
20 　Marion Richardson, 'Letter to Herbert Read, June 13th', MR3373, p.2. リチャードソンに関して「MR」で始まる書誌は、バーミンガム市大学附属マリオン・リチャードソン・アーカイヴにおける資料番号を指す。
21 　Herbert Read, *op.cit.*, 1943, p.166; 前掲書、2001 年、194-5 ページ。

22 Cf. Herbert Read, *Art and Industry: the Principles of Industrial Design*, Indiana University Press, 1961 (Midland Book edition), pp.106-8; 勝見勝・前田泰次訳、『インダストリアル・デザイン』（第3版からの邦訳）、みすず書房、1957年、130-1ページ。

23 本書では、本国際会議に関連する文献資料のうち2種類を参照した。そのうちの1つが第3回国際会議全体の記録である。*Third International Art Congress for the Development of Drawing & Art Teaching & their Application to Industries The Transactions of the Congress*, C. Myles Mathews (ed.), 1908. もう1つが第6章の訳稿、「幼児教育におけるいくつかの実験（Experiments in the teaching of young children）」の原著が所収された、アート・ワーカーズ・ギルドの機関紙で編まれた2回に及ぶ本会議特集号である。"Papers and extracts of papers read at the Third International Art Congress for the Development of Drawing & Art Teaching & their Application to Industries The Transactions of the Congress", W. G. Paulson Townsend (ed.), in two special numbers of *the Art Workers' Quarterly* (Aug. 1908, Dec. 1908).

第1章
リチャード・セント・ジョン・ティリット
―― 道徳教育としてのドローイング

解 説

　本章で訳出したのは、リチャード・セント・ジョン・ティリットの『絵画技術の手引書（A handbook of pictorial art）』（第2版）である。初版は1868年、第2版は1874年に刊行された。「第2版への序文」にも書かれているように、原著はサウスケンジントンの科学・芸術局によって数年にわたり教科書として採用されたため、当時の美術・デザイン教育に関心のある人々のみならず、そうした教育を受けていた人々によっても広く読まれた。

　ティリットは、ロンドンの警察裁判所判事を父として生まれ、1845年にオクスフォード大学クライストチャーチ・カレッジに入学した。その後、1859年まで在籍する間、49年にBA、52年にMAを取得、52年から56年まではチューターを、また56年には修辞学の准教授を務めた。その一方で、1851年には聖職者にも任命され、58年から72年まで同じオクスフォードにあるイギリス国教会所属の聖マグダラのマリア教会の牧師を務めた。ロンドンのナショナル・ギャラリーには、同じクライストチャーチ・カレッジ出身のルイス・キャロル（本名チャールズ・ラトウィッジ・ドジソン）が撮影した、この当時のティリットの肖像写真が収蔵されている。ティリットはまた、2点の水彩画がロイヤル・アカデミーに出展されたほどの画家としても業績を残しており、現在でもクライストチャーチ・カレッジの談話室には彼の作品が展示されている。原著初版が刊行された翌年の1869年にはスレード美術学校の最初の教授職候補となるが、序文からも分かるとおりジョン・ラスキンの熱烈な信奉者であったティリットは、これを辞退し、その職にはラスキンが就くこととなった。1876年にはラスキンがアーツ・アンド・クラフツ運動の拠点の1つとして設立したセント・ジョージ・ギルドのメンバーとなり、また長年にわたりロンドンのセント・ポール大聖堂の装飾委員会のメンバーを務めた。

　ここに訳出した『絵画技術の手引書』の書かれた目的は「初版への序文」からも明らかなように、英国の職工たちのデザイン能力の向上である。1867

年の第2回パリ万博がもたらした危機意識、すなわち英国がフランスおよび他のヨーロッパ諸国の熟練工に技術的に遅れを取っており、また英国内の建築と装飾の仕事がフランスやドイツに奪われてしまっているという自覚と反省は痛切なものであった。当時の英国の有識者たちは、とりわけ職工たちの素描訓練を強化しつつ、そこにラスキンの道徳的な美術教育とデザイン教育を加味することによって、こうした問題を克服しようとした。ここには訳出しなかった箇所で、ティリットは次のように主張している——「労働者階級の全員がただちに素描に取り組み、そして強い酒を完全に断つだろうなどと期待する人はいない。〔しかし、この階級の〕かなりの割合が、むしろ下品な物理的刺激の代わりに、ずっと上品な心理的刺激を身近に保つことによって、行き過ぎた〔飲酒への〕誘惑から部分的にも救われるだろうとは希望してもよかろう」(Tyrwhitt1874:14)。ここには、同じく19世紀半ばの敬虔なキリスト教信者であったトーマス・クックが、労働者階級を飲酒の習慣から救うために団体旅行を企画したのと類似の動機を見出すこともできる。そこから、ティリットが説く素描教育の必要性は初等学校の生徒よりも労働者階級に対するものであり、その主眼がサウスケンジントンの科学・芸術局も推奨していた手と眼の訓練に道徳性を加えることにあるというのは、ここに訳出した次の文章からも明らかであろう——「縫い物ができるなら素描もできます。ピアノが弾けるなら素描することもできるのです。これら3つの事柄のいずれを学ぶにしても、目と手、そして目的意識だけがあればよいのです。しかし目的意識は道徳的なものです」(本書35ページ)。

　他方で原著には、これもラスキンの『素描の諸要素（Elements of Drawing）』や『ヴェネツィアの石（The Stones of Venice）』などで説かれている児童美術教育の理念も垣間見ることができる。例えば初版序文では、14歳未満の児童には体系的な素描を教えるよりも、あらゆるものを好きなように描かせるべきだと説かれている。それに続くティリットの文章には、子どもが芸術表現へといたるまでの発達心理学の萌芽を見て取ることもできよう。また、ここに訳出した第12章——これはオクスフォード大学付属の女子師範学校であるフェルステッド・ハウスで行なわれた講演原稿である——においても、子どもの道徳教育の一環としての美術教育の役割と重要性が説かれている。もちろん、そこには、ヴィクトリア時代に特有の宗教的・道徳的な説教臭さと、さらに1854年の『ハード・タイムズ（Hard Times）』のなかでディケンズが風刺した科学・芸術局の推進した美術教育との近さが見て取れる。そこに登場する紳士が言うには——「我々は近いうちに事実にもとづく委員たちで構成された、事実にもとづく委員会を持ちたいと思っている。彼ら委員は、人々が事実にもとづき、事実以外の何物にもよらない人々になるように強制する

だろう。『空想』などという言葉はすっぱり捨てねばならない。君は空想などとは何の関わりも持たないのだ。実用品にせよ飾り物にせよ、事実と矛盾するものを持つべきではない。事実上、君は花のうえを歩いたりはしない。だからカーペットの花のうえを歩くことは許されない。外国の鳥や蝶々が君の持っている陶器にやって来て、止まったりするのを見ることはない。だから陶器に外国の鳥や蝶々を描くことは許されないのだ。四足獣が壁を上がったり降りたりするのに出会うことは決してない。したがって四足獣を壁に再現してはならない。こうしたことすべてのために、君は証明や立証が可能な数学図形を（それも原色で）組み合わせたり、修正したりせねばならない。これが新しい発見だ。これが事実だ。これが趣味というものなのだ」(Dickens1911: 8; ディケンズ 2000: 15-6)[1]。そして、ここで風刺されている科学・芸術局の児童美術教育とさほど変わりのない理想を、ラスキンの信奉者であったティリットが実際の教育現場で掲げていたという事実は、やはり本書の出発点として確認しておく必要があろう。

註
1 　ステュアート・マクドナルドが紹介する説によれば、このくだりに登場するグラッドグラインド氏はリチャード・レッドグレイヴ、また名前を持たない紳士の１人はヘンリー・コウルの風刺だとされる。２人はともにサウスケンジントン・サークルの一員として科学・芸術局の美術教育システムの開発と普及に大きな影響を及ぼした。

参考文献
Dickens, C. *Hard Times: For Three Times*, Chapman & Hall, 1911; 山村元彦ほか訳、『ハード・タイムズ』、英宝社、2000 年。
Frost, M. *The Lost Companions and John Ruskin's Gild of St George: A Revisionary History*, Anthem Press, 2014.
Macdonald, S. *The History and Philosophy of Art Education*, University of London Press, 1970; 中山修一・織田芳人訳、『美術教育の歴史と哲学』、玉川大学出版部、1990 年。
Ruskin, J. 'Elements of Drawing', E. T. Cook & Alexander Wedderburn (eds.), *The Works of John Ruskin vol.XV*, George Allen & Longmans, Green & co, 1904;［抄訳］内藤史朗訳、『ラスキンの芸術教育』、2000 年、明治図書。
Ruskin, J. *The Stones of Venice*, D. Estes & co., 1911; 福田晴虔訳、『ヴェネツィアの石』（第１巻〜第３巻）、中央公論美術出版、1994-6。
Stephen, L. *Dictionary of National Biography, 1885-1900*, Vol.57, Smith, Elder & Co., 1899.

リチャード・セント・ジョン・ティリット『絵画技術の手引書』

初版への序文

　芸術に関する実践的な論文に初見の情報が豊富に期待できるとか、また私のような者がそうした情報を持っていて提供することができるとか、およそありえないことかもしれない。もちろん私はこの手引書のいたるところでいくつかの新鮮な情報と教訓が見つけられるものと確信してはいるが──。この序文の主たる目的は、個人的に、あるいはこれまで書かれた著作を通じて、私を支援してくれた様々な方々に謝意を表明することにある。

　ラスキン氏の業績が参照ないし引用され、ほとんど本書全体を通じて私の見解に示唆を与えている。私は一切を彼の著作と個人的な教示ならびに指導に負っている。彼の美術指導は、現代の最も有能な画家ならびに批評家が備えている心的な道具立ての大部分をなしていると私は考えている。

　スミス氏とエルダー氏の両名に対しては、彼らの著書を気前よく使わせて下さった好意について、さらにはいくつかの非常に独創的な木版画の電胎複製版を提供して下さったことについて、感謝申し上げねばならない。彼らにはどんなに強く感謝してもしすぎるということはない。

　クロウ氏とキャヴァルケイゼル氏の著書にも大いに貢献してもらった。おそらく、その著書を出版するに際して彼ら著者たちも気づいていただろうが、この著作はその参考書としての価値ゆえに必然的に広範な引用の対象となった。いずれにしても、この著作に含まれる数多くの興味深い情報には触れることがないままになってしまった。とはいえ、私自身はそれらの情報を読まねばならなかったし、そのことは私の仕事に好ましい結果をもたらしてくれた 訳註1。

　しかしオクスフォード大学附属〔アシュモリアン博物館の〕ランドルフ・ギャラリーのオクスフォード美術学校師範であるアレクサンダー・マクドナルド氏の協力がなければ、本書が世に出ることは決してなかったと認めねばなら

ない。本書の実践的な箇所はもちろんのことながら、最も重要な部分であり、なかでも透視図法に関する章と、さらに水彩に関する章の大部分はともに彼によるものである。初めの2つの章は実質的にその大部分が彼の教程に由来している。彼には本書全体を読んでもらって、その助言を盛り込んだ。彼の好意的な意見のおかげで、私は大いに自信をもって執筆を進めることができたのであり、彼の承認なしには間違いなく何一つとして表現することはできなかったはずである。私たちは本書が進歩的かつ筋の通った教程体系になっており、そこでは一つの歩みが正しく次の歩みへと導かれ、そして初期の工程ないし実習が後のずっと手の込んだ工程ないし実習のための一貫した準備作業になることを願っている。立像の解剖図と3段階の水彩風景画はマクドナルド氏による仕事である。こうした方法による訓練は新しい考えではないが、思うに、これらの実例においてこそ、現時点の可能性は個人指導によらずともほぼ限界まで伸ばせるのである。

　本書全体の見取り図は、見取り図というものがあるとすればだが、フィレンツェの流派ないし巨匠たちに追随しているのが見て取られることだろう。まず歴史的な概略とそれについての論及があり、読者は学生による作品とラファエッロとミケランジェロのスケッチを見ることになる。次いで第2部においては、いくつかの練習課題が定期的に課せられるので、現代の生徒であっても、大学やロンドンにあるコレクションで見つけられるような上記2人の巨匠による初期の未完作品を研究できるようになっていると考えてもよかろう。著名な作者の完成した絵画作品を複写するのは、生徒よりも巨匠がする仕事である。というのも、いずれにせよ、そうしたことは私たちの力量を超えているのだから。ラファエッロの素描を正確に複製した一揃いのうち最良のものはオクスフォードのランドルフ・ギャラリーの館長であるジョセフ・フィッシャー氏の手による。彼に対してもまた、本書の写生に関する章に追加されたいくつかのエッチングの教程について感謝申し上げねばならない。

　ヴェネツィア派はこの世界で最も偉大な彩色の実例を擁している一方で、フィレンツェ派は偉大な素描の一派である。正確な形態に関する堅実な研究

が最初に行なわれねばならない。なぜならそれこそがどんな人にでも教えることのできるものだからである。そして正確な形態が学習されたならば、彩色の歓喜と興奮が訪れてもよいだろう。彩色とは他人に伝えることのできない能力であり、それだけを取り出してみれば、単なる酩酊状態でしかなかろう。まさにフィレンツェにおいてこそ、ゴート族ないしランゴバルド族の、つまり西洋の絵画彫刻の最初のルネサンスが興ったのであり、そこでこそ、ビザンティン時代や古代ギリシア後期の一派とは区別される、ニコラ・ピザーノの古代もしくは古典期のギリシアの模範に関する研究、ならびに古代ギリシア式の自然研究が始まったのである。13世紀から14世紀にかけてルネサンスが復元した古典古代の文物は、偉大なフィレンツェ人の精神ないし手に対して、決して支配的ではなかったけれども霊感を与えた模範であった。ミケランジェロといえども、ヴァチカンにあるトルソを自分の師と呼んではばからなかったのである。ピザーノからミケランジェロにいたる体系的な研究の進歩は――もちろんヴェネツィアにおける彩色と形態の至上の栄光を熟考することによって私には思いいたらない何ごとかを獲得している巨匠もいるだろうが――フィレンツェにおいて、しかもそこにおいてのみ、容易にたどることができる。昼間の明瞭さと熱気、労働と重責は、日没の輝きと物思いよりも前に過ぎ去らねばならない。確かに画家にとっては、その日没の時刻が他の時刻すべてと同じほどの価値があるように思えるとはいえ。ゆえにこのことは中世の偉大なゴシック美術の時代にあっても同様である。そのフィレンツェにおける進歩は、それがアドリア海で完成するよりも前の段階で理解されなければならない。

　本書は、大きな町の教会区の世話役をするなかで私が見つけることのできた不定期な合間を縫って少しずつ書かれたものであるが、有能な校閲係に目を通してもらっている。ここで掲げられている課程にとって望ましい技法が、油彩と水彩において、どれくらい多様にあるのかは見当もつかないが、この課程を真面目に進んで行く者は、途中で間違いに気づいたり引き返したりすることが少なくてすみ、いずれ最終的には十分に遠くまで進むことによって自分自身の方向性を定め、自分なりの方法で私たちの規則を修正したり捨て

去ったりするまでにいたるだろうと確信している。そのとき、本書は彼に対する役目を果たしたのであり、このたぐいの著作がそうなるべきであるように用済みになるのである。

　英国の水彩画はここ 20 年で素晴らしい進歩を遂げ、大きく変化してきた。今ではあまりに多くの白色がそれとはかけ離れた色合いと混ぜられ、またあまりに多くの透明な溶材がそれにずっと近い色と混ぜられるため、水彩だと言われている多くのドローイングは実際にはテンペラ画になっている。もちろんそれらのドローイングはしばしば非常に美しい。とはいえ最初の着彩習作と、自然を対象とするスケッチには、透明色を使うよう学生に教えるのが正しいことだと思われる。固形水彩絵の具の使い方、そしてそのような水彩でドローイングを「塗りつぶす」プロセス全体は、おそらく油彩での実習によって最もよく学習されるものである。テンペラとフレスコに関する短い章は、油彩絵の具と他の溶剤との組み合わせについて少なからず参考になるだろう。

　仮に本来の知性と感情が、正確さを本当に求めるのに十分なほどの熱意と従順さを生徒のうちにしかるべく生み出すというのでなければ、13、14 歳に達するよりも前に体系的な素描をまるで法則のようにして押しつけるべきだとは思わない。まずはすべての子どもにあらゆるものを素描するよう促し、彼らの好きなように塗らせてやった方がよい。そうして彼らは自分のやりたいことを何でもやってみるだろう。私が見てきた限りでは、およそ兵隊とサクランボが幼児の芸術で最も好まれる出発的であるが、それは部分的には連想と愛国心によるところもあり、また主としては双方の主題とも赤い顔料を使うことになるのが理由である。私たちの幼い巨匠による初期の作業は押しつけがましくなく推奨されるべきであり、さらにまた「羽目を外さない」ように矯正されるべきであるが、ただしそのことはあまり口うるさく言わない方がよい。両親、女家庭教師、兄もしくは姉が、子どもたちに鉛筆で事物の外形線を描いてやり、それを真似するように促してやれば、子どもたちの進歩はほぼ確実となり、もっと上手になりたいという望みはもれなく正規の教程によってすぐに叶えられてしかるべきである。どんなときであれ素描によって自己表現したいというほんの微かな感情が子どものなかで刺激された

なら、もうすべきことはほとんど残っていない。というのも、その日以降、子どもは観察と模写の精神の影響下に置かれ、独創性と活発な内面生活の源泉に近づけるようになるのだから。

　自身の精神的な生活を自覚しているすべての者に対して芸術が与えてくれる不思議な安らぎについては、私たちの大半が多くのことを語ることができた。芸術が、近頃かくも饒舌に私たちに推奨されてきた柔和ならびに文化を促進する重要な手段となるべきでない理由など私には理解できない。

　本書の導入的な章は先のフランスの万国博覧会（1867 年のもの）の開催よりも前に書かれた。思うに、これらの章では利益に関する避けがたい問いにいくらかでも回答を試みるべきだったろう。我が国においては、それがいずれ見返りをもたらしてくれるとわずかでも約束できるのでなければ、いくら芸術に専念するよう推奨しても無駄である。そして個々の芸術家に対してそのような約束をすることは困難であるけれども、この年の交易万博〔第 2 回パリ万博〕は、深刻な実情を私たちに理解させてくれたのであり、そのことは一般向けの学習にとって、さらには素描と着彩の高等分科にとってすら、有利に働いたのである。少なくとも非常に広く認められ、これまで否定されたこともないように、建築業と装飾業の全般において、フランスおよび他の大陸国家の熟練工に対しては我が国の職人は大きく水をあけられているが、そのことは一般向けの美術教育を通じて獲得されるデザインの技量に端を発しているのである。もし彼ら熟練工がこうした優位性を持っており、そして保ち続けるなら、その先は明らかである。言ってみれば、英国のデザインがフランスおよびドイツのデザインと互角になる、あるいはそれらを越える時には、英国からフランスおよびドイツへと流出してしまった取引と雇用、そして利潤が戻ってくるに違いない。今では繰り返し指摘されており、とりわけラスキン氏による 1859 年 3 月のブラッドフォードでの講演（「二つの道（The Two Paths）」、90 ページ）において指摘されたことだが、これまで実在したなかで最良の装飾的なデザインはすべからく、広く知られた最高の形態を素描においてしっかり訓練され、人体像とあらゆる種類の動物の形態を線で描く技量を備えた者のものであった[訳註2]。ラスキン氏はまた、人工の

ものであれ自然のものであれ、美しいものを目にする機会に恵まれてない者には、美しい装飾などほとんど望むべくもないことも示している。それゆえ、高等芸術においても一般向けの指導方法を推奨すること、要するに自然を対象とする素描の優れた教育を職人たちも受けられるようにすべきだと提唱することは、職人に真のデザイン能力を提供する最善の方法を推奨するということなのである。全般的な文化、あるいは教育と発展は言わずもがな、良質で独創的なデザインには見返りがあり、交易のためにもなる。そして確かなことは、良質で独創的なデザインを手に入れるためには、第1に正しい素描のための高度な訓練がなければならず、第2に職人が本当の長所を備えた絵画と彫刻に、そして地理的に可能なら美しい自然の情景に、自由に接することができるようにしてやらなければならない。ターナーとブレイクの特質を生まれつき備えた画家は、その双方を何かしら独力で見つけ出すことだろう。しかし巨人の息子でない者たちにとっては、熟練工のために開かれた美術館と学校、そして制作期間は短くとも誠実に仕上げられた大がかりな壁面絵画こそが、我が国のすべての大規模な都市において強く求められているのである。もちろん、良質な初等学校はそれ以上に求められていると言わねばなるまい。しかし先に述べたような教育がこれらの初等学校と競合する必要はなく、特殊な事例を除けば、熟練工の子弟が学校を卒業する歳になるまでにこの教育を始める必要もないのである。よき色彩と形態を備えた光景は少年よりも成人によってこそ、ずっとよく理解される。パリの熟練工たちがコンコルド広場の立像群をスケッチしているのを目にした方もおられよう。高い技量を備えた職人が、正しく素描ならびに着彩された絵画に容易に接することができるようになれば、その職人はきっとすぐにそれらから家具の装飾模様のデザインや柱頭の彫刻に関するヒントの発見法を理解するようになると考えて間違いなかろう。実際には、大衆文化が持つ偉大かつ収益性の高い手段は、我が国において長い間、いわば見失われていたのであり、これを公共の利益のために利用することが切望されてきた。そうした手段を活用されないままにしないのが賢明というものであろう。

クライストチャーチ、1868年4月

第 2 版への序文

『絵画技術〔の手引書〕』の今回の出版には、いくつかの加筆と修正が含まれている。また、図解については以前のものと比べて目覚ましい改善が見られるはずである。

これまで何度も十分なくらいに述べられてきたように、本書が目指しているのは、芸術を勉強するために読むことのできる入門書であり、風景画——我が国においてはその主題に対する愛着ゆえに自由に選ばせたなら最も人気が高くなりがちな部門——を出発点としている。芸術を追究するうえでのそれ以外の原則については強調するまでもない。例えば、その通商上の動機については間違いなく十分なくらいに理解され評価されている。

フランスの風景画に対する流行りの趣味についてはひとまず脇におくとして、やがて英国の写実主義と自然主義の一派が力を増し、どんな学生であれ誠実でありさえすれば苦労が報われるようになると言っても間違いではなかろう。そしてもし、そうした人物が風景画から歴史画へと進みたいと願ったなら、いずれ本書が力の及ぶ限り助けになると言っても過言ではなかろう。

この第 2 版はオクスフォード大学のスレード教授〔ラスキンのこと〕の承諾を得て再版された。本書は〔出版と成功が〕予定されている教授自身の『芸術序説（Introduction to Art）』を先取りできるものでは決してなく、さほど遅延なく出版されると私が確信しているこの著作を助けてその下準備をするものである。本書は数年にわたってサウスケンジントンの科学・芸術局によって副賞ならびに教科書として使用されてきた。

オクスフォード、クライスト・チャーチ
1874 年 11 月 1 日

〔中略〕

第 12 章　講　演

この章を本書に追加するにあたっては、オクスフォード大学フェルステッド・ハウ

スのミラー女史（以下の講演は彼女の生徒らのために書かれた）の許可を得た。

　この講演の聴衆は皆、他の女性たちを訓練すべく、あるいは女学校で多岐にわたる職務を果たすべく準備をしつつある女性だと思います。皆さんは自分を待ち受ける責務の難しさ、その責務を完璧にやり遂げることの難しさ、そして自分の理想に見合うだけの目に見える成功を収めるのが不可能であることをいずれ理解するでしょう。教育に従事するすべての誠実な労働者たちの悲鳴は、知識をやりとりする人々とは違って、あいかわらずです。こうしたことを満足にこなせる人などいるのでしょうか。そして少なくとも女性教師には、ただ知識を与える（to inform）というだけでなく、多くの場面で教え育む（to educate）ことも求められています。男性の作り出す高等教科課程は、年を追うごとにますます狭い専門科目へと細分化しています。それというのも労働の細分化が過度に進んでいるからであり、人々は、学生としては枝分かれした知識のいずれか一つに誇らしげに人生を捧げ、そして教師としては当然のことながら自分の学問分野においてできる限りすべてのことを生徒に教えようとのみ考えているからです。彼らは科目のことは考えても生徒のことは考えていませんが、彼らに対する異議申し立てもありません。しかしながら私は、とりわけ女性信徒の指導においては、子どもの道徳教育が常に子どもの学業の科目説明に混入することになるのだと気づきました。皆さんはただ様々な科目を子どもに教えるだけでなく、彼らを善良な子どもにしたいと思うでしょう。やがて皆さんの生徒たちがいっそう高度な訓練へと進んでいくにつれ、彼らは自分が強さを獲得するほどにだんだん無理をしなくてもよくなったことに気づき、皆さんの手の中で変化を遂げていくでしょう。次いで彼らが男性たちの手に委ねられるようになれば、自分の性格と人生における義務について考えることはますます少なくなり、ついには最も高度な教科において、そして好結果を上げる勉強の見返りが追求されるすべての競争的なテストにおいて、自分が評価されるのは、自分の人柄によってでは決してなく、自分のできる作業によってであることに気づくでしょう。そしてこのことはあらゆる観点からも、しかしとくに宗教的な観点からすれば、完

全に正しく公正なことなのです。というのも、世界一善良な人々が最良の立場を占めるとか、あるいは最も有能な人々が最大の成功を収めるといったことすら、どこにも書かれていないし、約束されてもいないからです。私たちの考える性格の善良さは精神的な動機によるのであり、世俗的な出世を当然のこととみなしながら、あるいは当てにしながら追い求めてはなりませんし、そんなことをするのは間違いなく堕落なのです。いずれにせよ、道具というのはそれを使うことのできる者にこそ与えられねばなりません。

　少なくとも皆さんの多くは年少の人々の勉強を一般的な方法で導いてやるよう求められるでしょう。そうしたことのためには、彼らの学ぶ科目全般について大まかな心得、ある程度までは堅実な知識が伴うだろうと予想します。きっと皆さんはここでそれらを習得されることでしょう。しかしその一方では、私たちはみな生い立ちが違いますし、皆さんの中には自分の性格と趣味に応じた得意分野、自分の好きな教科がある人もいるはずです。ここではとくに美術（Fine Art）に関して、少なくとも素描が好きであるくらいには、特別な才能を持つ人々に向けて話しをしようと思っています。そして一度だけはっきり申し上げたいのは、子どもたちによい素描を指導するプロセスは、実際のところ彼らに善良な子どもになるべく指導するプロセスと間違いなく不可分だということなのです。人間はすべからく道徳的な行為者たるべきだと考える人々は、決して技術（Art）を道徳から切り離すことはできないでしょう。性格というものは、素描家が本当に素描できるようになるや否や、その指先に現われてきます。指図どおりの初歩的な課題においてさえ、誠意あふれる従順な精神は常に誠実な作業をするでしょうし、地道で粘り強い性質を備えることでしょう。そして技術に応じた手の動かし方（manual language）を学び、主題と作業を自分で選んでもよいようになるとすぐに分かるのは、凡庸な計算高い人々が褒賞のために努力しようとし、そして慎ましく寡黙な人々が控え目な主題を選んで小さな物事に備わる偉大な美を見出し、さらに鋭敏で聡明な人々が多くのことを試みすぎて迷走するとともに変則的な進歩を見せてはいないか、またすべての個人が自身の性向ないし自我の欠点によって素描を邪魔されるけれども自身の良き素質に助けられてはい

ないか、ということです。私はすべての人が〔素描を〕学習できることを知っています。ここにいる全員が、時間、視力、忍耐力、1本の鉛筆、滑らかな紙、コンパス、T型定規、小さな消しゴムさえあれば、技能的な意味では芸術家になれるでしょうし、標準的な長所をもつ作業をこなすことでしょう。そこからさらに成功するかどうかは道徳的な事柄です。なぜなら忍耐力が十分にあれば成功は確実だからです。素描の天性のようなものは、他のすべてのことについて天性と言えるものがあるくらいには存在していますが、それがすべての学生にとって意味するのは、自分の主題に対して苦労を惜しまないという超越的な資質のことなのです。しかも技術においては私たちはみな常に学生なのであって、例えば80歳代のミケランジェロでさえなお「何かを学ぶため」に素描学校に通っていました。生まれつきの強い適性は重要ですが、作業はそれ以上のものであって、生まれつきの適性は誠実な作業によってこそ現われ出るのです。

　縫い物ができるなら素描もできます。ピアノが弾けるなら素描することもできるのです。これら3つの事柄のいずれを学ぶにしても、目と手、そして目的意識だけがあればよいのです。しかし目的意識は道徳的なものです。さらに今日、これらの学習の初めの部分では、素描については間違いなく、独創性に左右される事柄は少ないように思えます。なぜなら最近では教程がかなり改善されていますし、その原理も隅々まで賛同を得ているからです。〔新しい教程は〕古い教程に劣らず教師を当てにしていますが、それ以上に生徒を当てにしています。いずれにせよ我が国の科学・芸術局の練習システムは、そのすべてが、苦労することによって習得できる、ただし苦労することがなければどれ一つとして習得できないような、進歩的な教材と技法からなる優れた課程を定めてきたのです。問題はどれくらいの苦労なのかということですが、まさしくここで生まれつきの資質の違いが登場します。皆さん全員が素描を勉強するかは分かりませんが、しかし素描を勉強する者がやがて気づくのは、自分たちがまったく異なる進歩を見せるということ、つまりある者は他の者より上達が早く、また同じ人物でも時が違えばかなり異なるペースで前進するということです（ここで言っているのは本物の進歩のことであって、

反復によって時間を浪費する悪しき作業についてではありません）。ではなぜ等しく勤勉な人物どうしでも技術においては上達の速さが異なるのでしょうか。

　そう、すべては精妙さと集中力しだいです。少なくとも私は、受身的な意味を持つ感受性や敏感さよりも精妙さという言葉の方を好みます。目の精妙さというものがあります。つまり、模写においてずっとよく形態を見、距離をずっと精密に計測し、後ろにひかえる脳に対して模写におけるすべての筆致が生み出される様子、一つの形態が生まれる様子を示してくれる目があります。しかも、最初の出だしから他の目よりもこうしたことをずっとよくこなす目があるのです。しかしいずれの目であれ、その持ち主の忍耐力に応じて無限に教育できる素地を備えています。虫眼鏡といったものの助けを借りれば、皆さんの誰でもが、ターナーのいずれの水彩画においてもすべての筆致を見ることを学べるでしょう。ということは、皆さんの手は別としても目だけはその水彩画を模写するのに十分なほど精妙なのです。皆さんの生徒もみな同じです。ですから生徒たちを指導するなかで、時間の許す限り、彼らが見ているものを見ようとし、そして彼らの視力がどこまで彼らを導いていけるのか、彼らの知性がどこまでそれに付き添っているのかを判断するよう常に心掛けてください。

　次に手の精妙さがあります。神経の接続、筋肉の形状、〔筋〕繊維の構造は、当然ながら人によって完全さの度合いに違いがあり、それらが他の人々よりも完璧な人にあっては、目から脳へのメッセージが、必要とされる方向と力加減の、言ってみれば必要とされる筆致についてのずっと完璧な判断を生み、それゆえ手は初めからよりよい筆致を生み出したり、あるいはよりよい筆致をいずれは学んだり、ずっと容易によい筆致を学んだりしているようです。けれども、集中力に応じて、目と脳は実践を通じて命令を下すことを学び、同じように手は実践を通じて従順であることを学んでいきます。これが第3の力の要素であり、この集中力という力は努力、忍耐、自尊心、そして義務感に左右されます。しばしば私は、天性とか、神がかり、資質、すばやさといった言葉が発明されなければよかったのにと思っています。これらの言葉は、どんなときでも学校では禁止されるべきです。学校というのは、全力を

尽くす気構えを持った飾り気のない自尊心と、正しく物事を行なおうとする根気強い欲望以外には何ものも重視されるべきではない場なのです。いずれにせよ次のことは信じておきましょう。すなわち、距離を着実に見積ろうとする者は、そうしようとしない者よりもずっとよい作業をするでしょう。また、感受性が強く明敏な生徒は、〔筋〕繊維がずっと硬直した生徒よりも早く作業をするでしょうが、一生懸命に作業することがめったになく、しばしば誘惑に負けて怠けたり失敗したりしがちです。そして他のすべての勉強と同じように、この部門でも「頑張り一つが成否を分ける」のです。

　集中力というのは、学ばなければならないとはいえ教えることのできない資質です。しかし、素描の最中に集中力があればこそ、自分が次に何をしようとしているのか、事を終えるにあたって自分は最終的に何をしたがっていたのかが分かるのです。最終的に自分は1枚の葉を模写したいのだと分かっていれば、まず光の当たっている部分を除いて全体に薄い濃淡をつけなければならず、〔葉の〕暗い側に向かってほんの少しずつ筆に絵の具を足していかねばならないことが分かります。ですから集中力があれば、外形線、筆に含ませる色味の正確な分量、必要とされる筆圧の正確な度合い、さらに正しい位置に筆を置く動作へとこれらすべてを同時に調整することに気を配れるようになるでしょう（もちろん技量が上がるにつれ最終的には無意識のうちに行なうようにはなりますが）。

　以上が技術における学習方法、言わば技能的訓練の心身合一したプロセスです。技術はテクネーであり、何かを制作したり生産したりするために最良であると確実視される方法のことです。科学は知識であり、エピステーメーです。しかしそれは何についての知識なのでしょうか。究極の法則や原理について、自然法則について、あるいはどうして実際にはこれこれのとおりになっているのか、どうして技術の法則はこれこれの効果を生み出すのかといった理由についての知識です。科学とは事物を構成している諸元素、およびこれらの元素の結合とそれに応じた多様性ならびに変化についての知識なのです。科学にもとづくすべての技術は、諸々の事物が本当は何から出来ているのかについて、素材の性質について、複数の事物を一緒にするとどうな

るのかについて、どうしてそうなるのかについての、科学が確証してきた限りでの知識に立脚しています。そして可能な限り確証された時、その最終的な根拠が法則（law）と呼ばれ、まさしくその名前によって私たちを一人の神（law-giver）へと差し向けるのです。建築学は重力の法則に立脚し、この法則を応用して私たちの頭上に恒久的に屋根をかける方法を思いつく限りすべて考えるよう促します。建築の技術もしくは手腕とは、重力の法則を最も厳格に順守する限りでの造営に関する法則の科学なのです。造営という意味では建築は技術もしくは手腕であって、いまだ美術ではありません。さもなければ、どうして私たちは重心を見定めつつ上手にレンガを積む方法を知っている有能なレンガ職人を芸術家とは呼ばないのでしょうか。それは私たちが芸術家という言葉を使うのは、美術（Fine Art）と呼ばれるものにおいて熟達した人物に対してだからです。レンガ職人は職工だと言われます。では「Fine」という言葉の良い意味と悪い意味とはどのようなものであり、それらはどれくらいの数があるのでしょうか。これは皆さん自身の授業で扱う方が望ましい話題だと考えるべきでしょうが、ここでは手短かに、かつ部分的に、私なりの方法でこれを説明したいと思います。ご存知のとおり「Art（技術）」というものは、多かれ少なかれ確証済の自然法則にもとづいた規則によって何かを行ないます。技術、技能的といったような言葉の第一の一般的な意味においては、科学的な基礎を伴なう技法についての知識以上のことは含意されていません。皆さんはこうした基礎を意識していないかもしれません。お茶を淹れることも化学的な操作なのですが、その基底にある温浸の法則に関する知識はなしに行なわれているかもしれません。肉屋の勘定書を計算することは、意識はせずとも数学の科学を参考にしなければできませんし、力学なしには女中も階段の掃き掃除はできません。さて、美術は何か立派な（fine）事柄を行なったり作ったりしています。それは規則によるのか、そうでないのか——。概してそうでないと言えます。つまり多くの規則を用いなくはないけれども、決して唯一の規則によるわけではありません。「Fine」とは何でしょう。ここでは「Fine」という言葉の悪用と反語的な使い方はすべて締め出してしまいます。なぜならそれらは転用であって、常に変化するから

です。ある男について立派な紳士（fine gentleman）だと言えば、今ではこれは馬鹿にしていることになります。しかし『古老』の註のなかでウォルター・スコット卿は、ウィリアムⅢ世が究極の褒め言葉のつもりで、クレーヴァーハウスについてどんな職務にも適した勇敢な士官であり、立派な紳士であると述べたと語っています訳註3。「Fine」が意味するのは、洗練された、繊細な、微妙な、といったことです。そしてこの言葉が「Art」に適用されるのは、この意味においてだと思います。そのことは、美術の本質であるもの、すなわち美、「いわくいいがたいもの」を言い当てるには、言語は私たちにとって役立たずだと告白することでもあります。「Art」において「Fine」であるものは、あまりに繊細かつ微妙すぎて定義できないのです。そこには偉大で高尚な技術も含まれます。なぜなら技術における偉大さと高尚さ、つまりそれらを構成しているものということですが、それらは互いに見分けるにしてもあまりに繊細かつ微妙すぎるのです。厳密な意味での美術作品とは、偉大さ、美しさ等々を備えた作品のことですが、この作品を説明することはできません。その作者にも説明できないのです。作者は自分がその作品をどんなに熱望し、そのためにどんなに作業し、どんなに祈ったかを皆さんに語るでしょうが、どうやってその作品が出来たのかは語れません。それは作者のもとに到来したのです。そしてここで私は、今現在の私たちには立ち入ることのできない高み、すなわち人間が霊感と呼んでいるもの、人間の心に与えられた才能（gift）もしくは恩寵に関わる問いに近づいています。これら人間の精神に与えられたよき贈り物（gift）は、霊魂の父であり一切のよき贈り物の与え主〔である神〕からもたらされているのだと考えることでよしとしましょう。そして技術と道徳の間には非常にしっかりした結び付きがあることを確認するだけで十分なのです。皆さんは将来の労働のなかで、ほぼ毎日のように実務的なやり方で、こうした結び付きが確かに皆さんのために用意されているのを実際に知ることでしょう。なぜならたいていの場合、善良な子どもは最良の作業をし、彼らの善良な道徳心、振る舞い、あるいは性格は、確実に彼らの勤勉さによって示されることになるからです。そしてこれは余談ですが、私は子どもの天才というものについてあえて若干の憂慮の念を表明し

たいと思いますし、少なくとも技術において、私はそれがどんなに例外的なことであるかを常に忘れないように、そうしたものがあるなどとはできる限り信じないように、そして可能ならばできるだけ長い間それを気にしないようにしてきました。早いうちに子どもに素描を始めさせる理由とは、初歩的な作業の大事さを伝え、皆さんの天才〔生徒〕たちに初めのうちから労働における誠実さを指導できる点にあります。そしてそれは、適切な基礎付けによって、終わりのない失望と生涯に及ぶ欠陥を減らすことを可能にもするのです。あるいは他の生徒たちについては、もしかすると——私は決してそんなことはないと信じているのですが——素描をうまく学べないということではなしに、他の作業の方が上手にやれるということを発見できます。というのも、距離を測って正しい外形線を引くことを学ぶのが本当にできないからといって、この子どもには何をやらせても上手にできないということにはならないと思うからです。

　さらに以上のことは、私たちの多くにとってはどちらかといえばうんざりする事実を思い出させます。すなわち私たちが今こうして技術を学んでいるのは、技術の諸要素を指導するためであって、つまりは自分自身で絵を描くためではおそらくなくて、年少の人々に正しい外形線、明暗、さらにおそらくはいくつかの簡単なたぐいの色彩を得るにはどうすればよいのかを示すためだということです。だとしても、そのことを不満に思う必要があるかは私には分かりません。そして実際、いっそう高度な芸術的作業に本当に携わる予定の人々は、そこへと到達するための自分なりの道筋を見つけ出せるものと信頼されているようです。現時点では、この道筋はむしろ多くの学生で溢れていますし、彼らはみな多かれ少なかれ絵画に取り組む段階へと進級しようという希望を持っています。かつてホルマン・ハント氏が私に言ったことですが、いったい彼ら全員はいずれ何になるつもりなのでしょうか。私は彼に、まったく見当がつかないと答えました。皆さんは現在、丸一日の誠実な作業の一部として芸術に取り組めるという特典を与えられていますが、ただし将来はロイヤル・アカデミーに進学するという計画を立てているわけではおそらくないでしょう。実際、その方がずっとよいのです。仕事があまりに多い

のでないなら、皆さんはとても初歩的な作業でも楽しむことができなければなりませんし、皆さんの生徒たちにその作業を好きになるよう心を込めて堂々と教えられるくらいまで好きにならねばなりません。「技量は好みに勝る（skill wins favour）」という言葉の意味を考えたことがありますか。後援者たちからだけでなく、賞賛してはくれるけれども大半が愚か者である大衆からだけでなく、評価してはくれるけれども大半は凡庸な売文家であるジャーナリズムからだけでなく、物事を首尾よく行なう際の皆さん自身の精神の内なる喜び〔が重要だ、ということです〕。今でもラスキン教授の教室では、どちらかといえば上級にあたる課題の一つとして何の変哲もないジャム壺があるのをご存知でしょうか。ある日、私はオクスフォード大学スレード美術学校で彼の生徒の一人によるジャム壺の素描を見ましたが、それは私を喜びで貫いてくれました。形態は正確で、陰影は微か、明暗は繊細で、最も光の当たっている部分が輝き、最も影になった部分でも光を帯びており、それが真っ白な紙に描かれていたのです。このようなジャム壺を仕上げた者であれば、それが誰であろうと一人の熟練工であると世界中で保証してもらえたでしょうし、それを見るすべての熟練工に少なからぬ、あるいは並々ならぬ喜びを与えたことでしょう。

　ですから、皆さんとその生徒たちにあっては、技術指導はなお教育の一部であることでしょう。つまり、高望み、成功をめぐっての情熱と悲嘆、虚しい空騒ぎなどとごちゃ混ぜになったりはしないでしょう。それは修練であり続けるでしょう。つまり、勤勉な者は規律正しい勤勉さを身に付け、その報酬を見つけ出すことでしょう。他方で軽はずみで器用な者は転んでは起きを繰り返し、そして残りの者は、少なくともそこそこは静かで、しばらくは他のことを止めておとなしく自分の画板と紙に取り組むでしょう。そこでは、皆さんが従事することになる初等教育の他のすべての分野と同じく、女性であるという特権を皆さんは持っており、それは今日ますます大きなものになっています。なぜなら、あまりに多くの男性は特殊な学習に沿って権利を教えることしかしていないように見えるからです。これは皆さんに請け負ってもよいのですが、子どもたちに彼らの義務を教えるなかで、たとえジャ

ム壺においてでさえ、義務というものに対する構えを身に付けさせることは、風俗画や粗悪な風景画、あるいは家庭内の戯言や人騒がせな悪ふざけを勝手に繰り返す習慣を身につけさせるよりもずっと高向でよいことなのです。

　けれども教師として、皆さんは技術の技能的な部分だけに関わることになるでしょう。というのも、それだけが教えることのできるものだからです。そしてもちろん、忍耐強くなればなるほど、その力も増大していきます。今皆さんは諸々のプロセス全体を学んでいますが、その学びにおける徹底さこそが、やがて皆さんが教えることのすべてとなるのです。教室全体が教師のことを信頼しているときに授業がどれほどはかどるのかは、皆さんには思いもよらないほどです。そして授業がはかどっている際に、彼らが皆さんの手の動かし方、そしてそれが生み出す筆致にどれほど注目するのか、そしてそこからどんなに多くのことを得るのかは、皆さんには思いもよらないほどです。先ほどホルマン・ハント氏についてお話ししました。私がかつて油彩画において教わった最も重要なことは、彼が豚毛の絵筆に2色の絵の具を含ませ、それを常に2倍たわませながら、親指と絵筆の側面を使ってすべての筆致で完璧な2色のグラデーションを塗るという並外れた方法を観察したことでした。生徒たちは、自分には難しいと感じている仕事が巧みに仕上げられた際、その美しさを理解できますし、皆さんが生徒たちを導いていく先にある芸術的な霊感の最初の段階とは常に、熟練工が自身の高い技量を駆使しているときの喜びに他なりません。彼らは単純な模写から、そして何かを彼らの主題に似せることから始めなければなりません。ですから技術における彼らの喜びと同様に、技術における彼らの最初の判定もまた、技能上のものでなければなりません。それは似ているのか、それは上手に仕上がっているのか——。生徒たちは自然の美しさ、そしてそれに似た色彩と形態に感嘆する素質を内面に備えているかもしれません。2つのうちでは前者〔自然の美しさに感嘆する素質〕の方が〔形態と色彩に感嘆する素質よりも〕早くから現われがちな本能であることは言うまでもありません。しかし双方とも非常に幼い間だけの本能であり、ゆえに模写から始めることで美しさの技能上の条件を学ぶようにしなければならないのです。彼らは美しい対象に感嘆しはしま

すが、その対象の何に感嘆しているのかを説明したり、美しさの構成要素を模写を通して描き留めて置けるほど、その対象を完全に分析したりすることはなかなかできません。

　美に対する愛情は、他の愛情と同様、初めは知的な意味において盲目です。完全な視野は堅実な作業と訓練の後に到来するのであり、生徒自身が上手に模写に成功したと、つまり何であれ似ているものを作り出すことができたと、おぼろげながらも感じ取るときにはすでに、目覚ましいかたちではなくとも、教師と生徒にとっての報酬がもたらされ始めているのです。生徒の資質と注意が模写へと集中すればするほど、その生徒は可愛らしい物事を可愛らしく転写しようとは思わなくなり、つまりはずっとよくなります。大目に見ることはほとんどいつも必要になりますが、とはいえ真実こそが本当の対象なのです。言いかえれば、私は子どもに色彩を使うのを許してもよいと思っていますし、好きなだけ鮮やかな絵の具を用意してやって、それを一塗りで滑らかに塗ること、そして異なる2つの絵の具による塗り面の端をつなげることを学ばせてやってもよいと思っています。それ以降は、13、14世紀の彩飾写本のような、鮮やかな色彩と、そして良質な曲線を伴なった伝統的な単純な線を特徴とする主題を制作させることで、年少の生徒たちを上手に操縦するというのが、技術指導につきものの問題になるでしょう。単純かつ良質な線がまず強調され、色塗りはその後になって許されるようにしましょう。ラスキン教授が貝殻や魚だけを描いた手本は、生徒たちにとってと同じくすべての教師たちにとっての手本でもあります。そしてまた、その大部分は、組み合わされた文字と色彩の並外れた力強さによって、そしてそれらが結果的にすべての敏捷で感受性の強い子どもたち、ということはつまり大多数の子どもたちのうちにかき立てる興味関心によって際立っています。私は子ども向けの予備的な指導体系に反することは何一つ言っていません。言ってみれば、訓話やそれに類した飾り文字を大きく塗らせようということです。ただし、それらの文字は善良な教師たちによって選別ないし用意されるべきであり、そこで用いられる曲線には細心の注意が払われるべきです。さらに色彩は、最善の対比を教えられるように、その結果ある程度は最善かつ最も鮮明

な調和を教えられるように、慎重に選ばれるべきです。少年がサクランボを赤く塗ったとすれば、そこに緑の葉をいくらか加えることによって赤をずっと綺麗に見せられることも理解させてやらねばなりません。

　スレード教授^{訳註4}の初級絵画課程は、豊富な数の進歩的な図解とともに、現在、出版が計画されており、おそらく予定から大きく遅れることもないと私は確信しています。おおよそ終わりに近づいたこの講演が収録される本〔この『絵画技術の手引書』のこと〕は、彼の承諾を得て、彼の仕事を先取りしようという考えのもとにでは決してなく、むしろその準備をすることを期待されつつ再版されます。というのも私には、この本を最大限に活用する者はそれだけで満足するということが最も少なくなるだろうと、そして教師と学生の双方がこの本から特別な苦労なしに十分に学んだのならば、いっそう多くを、言ってみればいっそう正確な作業といっそう精妙な成果を、望みたくなるだろうと期待するだけの理由があるからです。これらすべては絵画技術〔の手引書〕の現行版が品切れになる前に大学出版局を通じて彼らの手元に届くことと信じています。

　何より技術こそが出発点です。そしてすべての真正なる学生は常に原理へと立ち返り、最初の頃の新鮮な線を取り戻しています。ラスキン教授がオクスフォード大学での指導と今後の著作を通じて、これまでと同様に初等美術教育を取り上げてくれるはずだということは、書画能力の涵養に関心を抱くすべての人々に最も深い満足を与えてくれるでしょう。成人たちに対しては立証することしかできません。聴衆は多いのですが、それ以外の成果はわずかです。少なくとも目に見える成果はすべて、教師の目には自分が教えたことに対する不正解や誤解であるように、あるいは単なる乱用であるように見えます。または、いずれにしても、彼が言わんとしていていたこと、彼が教えようとしていたこととは何か違うものになってしまいます。しかし年少の人々には、とにかくその一定数に対しては、指導することができるのであって、年少の生徒たちにおいて自分の仕事が2、3年のうちに実を結ぶのを目にしているのがほかならぬラスキン教授なのです。彼は生きているうちに英国絵画の一派〔が誕生するの〕を目にするでしょう。そしてそれは〔良き〕目

と手だけでなく、〔良き〕魂と性格の一派であることでしょう。加えて彼は英国の批評家の一派〔が誕生するの〕を目にするでしょう。それは真実の技能を備えつつ一般にも普及した技量にもとづいており、早いうちから真実の原理とともに教育され、良心と自尊心とに導かれる一派であるでしょう。

我が国の中流および上流の階級のための初級美術学校を監督するということは、次の世代の趣味を導いてやるということです。そして商業的な国において絵画を購入できる階級の趣味を導いてやるということは、美術に携わる者たちの軍団の支配者になるということです。我が国において、いっときだけでもそうした地位につくことができたのは、たった一人しかおらず、彼〔ラスキン〕はその地位を占めることにやぶさかではないようです。そのことは不思議に思えますが当たり前のことでもあります。ある意味では単純なことですが思いがけなかったことでもあります。彼自身にとっては喜びや直接の利益は少ないでしょうが、間違いなく私たちと私たちの子どもたちの利益にとってはそうではなく、そして彼自身もそれを褒美として納得しているのです。

以上。

訳註

1　J. A. Crowe & G. B. Cavalcaselle, *A History of Painting in Italy from the Second to the Fourteenth Century*, J. Murray, vol.1-3, 1864-66 のこと。
2　邦訳として、小林一郎訳、『二ツの道』（ラスキン叢書第 2 巻）、玄黄社、1912 年など。
3　『古老（Old Mortality）』はスコットランドの詩人・小説家ウォルター・スコットの 1816 年の小説であり、ここで言及されている「クレーヴァーハウス」とは、スコットランドの貴族・軍人初代ダンディー子爵ジョン・グラハム・オブ・クレーヴァーハウス（1648-1689）のこと。
4　オクスフォード大学の他、ケンブリッジ大学、ロンドン大学に付属するスレード美術学校の教授職を指す名称であり、ここではラスキンのこと。

第 2 章
コッラード・リッチ
──美術史による「児童美術」の発見

解　説

　本章では、1887 年に出版されたイタリアの美術史家コッラード・リッチの『子どもの芸術（L'Arte dei Bambini）』を全訳した。さほど分量の多くない原著は、1894 年に彼の『聖人と芸術家たち（Santi e artisti）』という著作にいったん再録された後、1919 年にはもとの『子どもの芸術』そのものも 4 版を重ねている。その間、1895 年にはアメリカ合衆国の教育学者アール・バーンズが本著作の英語による抄訳を、自身の簡単な解説を付け加えて「The Art of Little Children」というタイトルで『教育学セミナリー（The Pedagogical Seminary）』誌（第 3 巻・第 2 号）に掲載している。また、1906 年にはドイツにおいて『Kinderkunst（児童芸術）』というタイトルで翻訳され、訳書の序文を書いたライプツィヒ大学のカール・ランプレヒト教授は、イタリアの小学生の児童画に限定されていたリッチの研究対象を世界中の児童画に拡大したと言われている人物である。さらに 1911 年には『Дети художники（子どもの芸術家）』のタイトルのもとでロシア語にも翻訳された。

　リッチは、1858 年にラヴェンナで生まれ、地元の美術学校を経てボローニャ大学に入学し、1882 年には法学部で学士を取得した。1882 年 12 月から政府機関や大学の図書館で、1892 年からは美術館や博物館で経歴を重ね、その間に複数の書物を出版した。1899 年から 1901 年にかけてはイタリア書誌学会の委員を務め、1929 年には、イタリア美術評議会（Consiglio superiore delle belle arti）の会長になった人物である。リッチが出版した書籍から垣間見られる彼の業績は、主として 4 つに大別できる。

　まず 1 つ目に、美術館・博物館学者としての美術館所蔵品目録の編纂といった仕事がある。リッチは、イタリア国内では、ナポレオンの征服後に開館したいわゆる近代的な意味での美術館において所蔵品目録を体系的にまとめあげる方法論を樹立した。これは言ってみれば、現代のアート・ドキュメンテーションに匹敵する偉業であろう。

2つ目に美術史家としての業績が挙げられる。リッチはエミリア゠ロマーニャの画家たちを中核とした質の高い作品を扱っただけでなく、20世紀初頭に盛んになるアメリカやオーストラリアの先住民族や素朴派の作品など、それまで周縁的なカテゴリーとされていた美術を研究対象として取り上げた。そこから彼をプリミティヴ・アート研究の先駆と位置づけることができる。2008年には、ラヴェンナの国立美術館でリッチの生誕150年を記念して開催された「美への気遣い コッラード・リッチにとっての博物館、歴史、景観（La cura del bello: musei, storie, paesaggi per Corrado Ricci）」展は、美術史家でもあり博物館学者でもある彼の仕事に焦点が置かれており、今もなお、その功績が讃えられていることが分かるだろう。

3つ目に、1878年の『ラヴェンナとその周辺地区（Ravenna e i suoi dintorni）』、1884年の『ボローニャ案内（Guida di Bologna）』、1904年の『ラヴェンナ案内（Guida di Ravenna）』などに代表される郷土史研究が挙げられる。例えば『ボローニャ案内』は、ボローニャの名所旧跡を網羅的にまとめたもので、今日の旅行ガイドのような性格を持っており、この街で美術史を学ぶ者にとっては今でも参照すべき本とされているようだ。2002年にも新版が出ており、一般層にも広く普及している。そのため、イタリアでは、こうした一般書がとりわけ若手研究者の間ではリッチを知るきっかけとなっている。

4つ目に、児童美術教育に関して。リッチの方法論では子どもの対象年齢が明確に定められていない、彼の考察に当てはまらない作例の有無についての言及がないなどの問題点も少なくないが、1887年という時期を考えると子どもの制作を「芸術」として見ようとする態度は、画期的だったと言えるだろう。また、「聖書によれば、天の父なる神は、天地創造の労働の最後に人間を造った。ところが子どもたちは、人間の創造からその労働を開始する！」の一文は（本書50ページ）、ユダヤ・キリスト教的な世界観と相容れないのみならず、さらに進化は下等なものから高等なものへと進むと考えていた当時の進化論者たちに少なからぬ衝撃を与えたとされる（Macdonald1970: 325; マクドナルド1990: 435）。とはいえ興味深いことに、本章でリッチ自らが言及している次章のベルナール・ペレ、それから第7章で紹介するジェイムズ・サリーは、両者ともに進化論から大きく影響を受けていたにもかかわらず、子どもの素描の発展に関するリッチの見解は彼らの進化論的な考えとよく似ているのである。「子どもの描く人間が完全な姿になるまでには、いくつかの段階を経る必要がある。この原始の形態から、一足飛びに完全な身体的特徴へと変化することを期待してはならない。ここでは忍耐強く、徐々に移行していくのに満足することが必要だ。というのも、子どもたちは少しずつ発達して、頭と両足に加えて、両腕や胴体を描くようになるからである」（本章51ページ）。

リッチが児童美術教育に関して与えた後代への影響としては、哲学者ジョヴァンニ・ジェンティーレと雑誌を共同出版したロンバルド・ラディチェによる研究があり、児童画を言語獲得以前の人間のコミュニケーション手段と捉え、子どもの知性の発達と関連付けて絵を論じたラディチェの研究は、1920年代にリッチの立場を引き継いだ仕事として評価されている。こうした流れを前提として、イタリアでは1948年からローマのバッソ財団（Fondazione E. Basso）が国際児童画展を手がけるようになったり、近年では、おとぎ話の挿絵に児童画を用いたり、子どもに音楽を聴かせたり詩を読ませてから彼らが感じ取った世界を表現させる絵画コンクールを開催したりと、イタリア国内で新しい児童画の表現の場を提供する出版社やラジオ局などのメディアが次々と登場している。また、レッジョ・エミリア市の地域一体となった表現教育の試みも記憶に新しいところであろう。先に紹介した英文抄訳の冒頭で、バーンズは自身が児童美術について導き出した結論は、すでに5年以上も前にリッチがたどり着いていたものであったとやや自嘲気味に明言していた。本書が焦点を当てている20世紀の児童美術教育の変革の源流の一つが紛れもなくリッチのこの著作にあったことは疑いようのない事実なのである。

参考文献

Barnes, E. "The Art of Little Children", *The Pedagogical Seminary*, vol. 3, no.2, 1895, pp.302-306.

Dal Piaz, R. *Linguaggio grafico ed arte infantile nelle scuole materne ed elementari*, S.E.I., 1956.

Emiliani, A. & Spadoni, C.（eds.）, *La cura del bello: musei, storie, paesaggi per Corrado Ricci*, exh. cat., Electa, 2008.

Macdonald, S. *The History and Philosophy of Art Education*, University of London Press Ltd., 1970; 中山修一・織田芳人訳、『美術教育の歴史と哲学』玉川大学出版部、1990年。

Radice, G. L. *Athena fanciulla: Scienza e poesia della scuola serena*, Bemporad, 1925.

Ricci, C. berechtigte Übersetzung aus dem Italienischen von E. Roncali ; mit einem Vorwort von Karl Lamprecht, *Kinderkunst*, R. Voigtländers Verlag, 1906.

Ricci, C. Betty Lark-Horovitz (trans.), *Children's Art*, Manuscript, 1941.

Ricci, C. & Zucchini, G. *Guida di Bologna*, San Giorgio di Piano, 2002.

Valeri, F. M. & Ricci, C. *Catalogo della R. Pinacoteca di Brera*, Bergamo, 1908.

Volpicelli, L. *Il fanciullo segreto*, La Scuola, 1951.

Риччи, К. пер. Л.Г. Оршанского, Дети художники, В.М. Саблина, 1911.

コッラード・リッチ『子どもの芸術』

1. 無垢な芸術との出会い

1882年から83年にいたる冬のある日のこと、ボローニャのカルトジオ会修道院からの帰り道、私は激しい雨のためにやむをえず、メロンチェッロ門へと通じるアーケード〔屋根付き柱廊〕の下で雨宿りをした。

その時、このアーケードの下で、文学と美術に関する常設展示が行なわれていたことに、私は初めて気づいた。それは美的に価値のあるものではなく、とりとめのない内容であったが、一方で、近年に珍しく控え目で、ゆったりとした展示であった。

これらの作品のほとんどには作者の署名がないために、イタリア美術や文学の歴史のなかで常に見落とされてきたのは実に残念なことである。

その詩句やドローイングは、概して自由奔放な自然主義から発想を得ているため、これらに比べると、マリーノのソネットやカスティの小説が、説教くさい論文のように感じられるほどである。

最年少の出展者たちの作品だけは、当然のことながら低い位置に配されていたが、たとえ技術の面で劣っていたり、論理的でなかったりしたとしても、それらは上品さにおいて、他のすべての出品作を凌いでいた。のみならず（称讃すべきこととして強調しておきたいのだが）、それらには詩情がこれっぽっちも感じられないのだ！

じめじめした天気、わびしい展示場所、そして憂鬱な気分にとっては、高い位置に展示されていた作家たちの醜悪で下品な風刺は、胸がむかついて耐え難いものであった。しかし、子どもたちの無垢な芸術は、私の心を和ませ、この研究のアイデアが浮かんだのである。

2. 作例の収集

手始めに、私はいく人かの友人の子どもたちで仕事に取りかかった。しかしほどなくして、これが、長い時間のかかる大変な作業であることに気づいた。

もっと他の作例を集めるために、常にチャンスをうかがわねばならなかったからである。実際、5ヵ月間に集まった美術資料は100点に満たないほどであった。

そこで私は方針を変え、小学校に協力を求めることにした。ここならあらゆる条件の子どもたちが集まっている。これは素晴らしい思いつきであった。友人のラファエーレ・ベルッツィや教諭たちのおかげで、1ヵ月も経ないうちに、男女あわせて1,000点ほどの作例について調査を開始できる状態になった。また、作品収集はこれにとどまらず、さらに、著名な美術批評家で〔モデナの〕エステンセ美術館の監督官を務めるアドルフォ・ヴェントゥーリ博士が、モデナの学校から250点のドローイングを集めて、私に提供してくれた。

より困難だったのは彫塑作品の収集であったが、これについては画家のコリオラーノ・ヴィーギが手を貸してくれた。〔彼が紹介してくれたのは、古代ギリシアの彫刻家〕フェイディアスの技術に輝きをかけながら、今もなお「キリスト降誕像（プレセピオ）」訳註1の偉大な影響を示すために、2つの製陶工場で働く20人以上の子どもたちである。

全幅の信頼を寄せる多くの資料に後押しされて、私はいよいよ研究に着手した。

3. 子どもによる人物表現

聖書によれば、天の父なる神は、天地創造の労働の最後に人間を造った。ところが子どもたちは、人間の創造からその労働を開始する！

一般的に3歳までは、鉛筆が白い紙の上に痕跡を残すことすら理解できないと考えられている。それが4歳になる頃には、紙の上にぐるぐると線を走らせたり、殴り描きをしたりして、様々な手段で落書きを楽しむようになるものの、そこには何かを再現しようとする意図はまったく見受けられない。

しかし、こうした意図がひとたび芽生えると、100回のうち99回は四角形や不恰好な円、2本の垂直線で、人間を表現しようと試みて、頭と両足を描きはじめる（図1、2）。このように人間を極端に簡略化して描くのは、幼児ばかりではない。分別のしっかりした7歳や8歳までの子どもたちでも、とて

も頻繁に見られる事例である。この小さな芸術家たちが、どういうわけでかくも不完全な人物表現に満足しているのかを理解するのは、難しいことではないだろう。というのも、その絵は、ことによると、極めて実用的な側面を表現したものかもしれないのだから。

　頭と両足しかないとは？　何ということだ。見て、食べて、気晴らしに歩けば十分ということか！　両腕と胴体がなければ、さらによいではないか。頑張って働く必要もなければ、胸が苦しくなったり、お腹が痛くなったりすることも決してないのだから！

　ところが幸いなことに、子どもたちはこうした思考法で絵を描いたりはしない。もしそうだとしたら、勉強をしなくてもすむように、頭を消し去ってしまうだろう。

　子どもの描く人間が完全な姿になるまでには、いくつかの段階を経る必要がある。この原始の形態から、一足飛びに完全な身体的特徴へと変化することを期待してはならない。ここでは忍耐強く、徐々に移行していくのに満足することが必要だ。というのも、子どもたちは少しずつ発達して、頭と両足に加えて、両腕や胴体を描くようになるからである（図3、4、5）。しかし、その両方を、同時に描くようになることは滅多にない。

　〔子どもの描く人間が〕人体の最も単純な構成要素を満たすようになるのは、ずっと後のことであり、それは神の采配である。なぜなら、子どもたちは平然と、頭や首、足の根元から両腕を生やしてしまうからである（図6、7、8、9）。彼らにとって、身体の各部がどこにくっついているかは、大した問題ではない。重要なのは、人間がついに両腕を獲得することなのだ。

　だがここで、彼らが、生活のために頻繁に用いる生まれつき必要なものとして両腕を描いたのだ、などと考えてはならない。まったくそうではないのだ。

　例えば、絵の中の人間は、その両手を口や鼻、あるいは頭部のどこかに添えることは決してないだろうし、胸に置くこともないだろう。なぜなら、両脚に膝がないように、両腕の肘を曲げる発想が最初からないのである。

　しかし、間もなくすると、人体の動きを通して、両脚と両腕の関節も意識されるようになる。初めてその必要性が理解され、小さな芸術家はそれを

受け入れるのだ。それは、ときに度を超してしまうほどである。というのも、子どもは、肘や膝をただ曲げるというよりも、両腕、両脚をありえない柔軟さで、小さな蛇のように表現するので、その手足は羨ましいほどの曲線を描いて、身体のどんな場所にも届くのである（図10）。

このように子どもの芸術においては、人物表現は合理的な体形に達するまでに、いくつもの段階を経なければならない。

4. 記述としての芸術

しかし、この〔描かれた〕人間は、ひとたび完全な姿になると、たとえ大きな障害物の背後に置かれたとしても、鑑賞者の視線から、自身の肢体を何一つ遮られることはない。もし、彼が馬に乗っていたとしても、両足は表わされるのだ。また、舟に乗っていたとしても、船体から全身が透けて見えるし、同様のことは他の状況においても起こりうる。

そうなると、子どもたちの芸術は、どんな規範に従っているのだろう？技術的な問題（だとすれば誰にでも理解できる）ではなく思考法の問題だとすれば、こうしたお絵かきの遍歴すべては、何に起因するのだろう？

その答えは単純である。子どもたちは人間や事物を線で記述しているのであり、それらを芸術的に表現しているのではない。彼らはそれらを、独自の理解にもとづいて再現しようとしているのであり、視覚的なものに置き換えているわけではない。つまり、彼らはそれらを身振りの記号として描き表わしているのであり、それはまさに「言葉」で事物を指し示すことに他ならない。

子どもたちは、人間には足が2本あることを知っているから、そのすべてに2本の足を描き込むのだ。たとえ、どちらかの足や、あるいは両足がまったく見えない体勢であっても、2本足の人間を描かなくてはならないのである。

今回集めた作品全体には、このことを証明するドローイングが数多くある。小舟に乗る2名ないしはそれ以上の人間を描いた子どもたちは、わずかな例外を除いて、身体の大部分が舟の縁に隠れてしまうことは気にもとめないで、頭髪からつま先までの全身像を描ききっている。彼らは、こんな解説やもっともな屁理屈をこねるだろう。「舟に乗ってる人間には、手も足も全部あるで

しょ。だったら、なんで半分しか描いちゃいけないの？」と。

　人間を完全な姿で描くために、子どもたちはどんな工夫をしているのだろう？　彼らは、小舟を単純な曲線で表わして、内部の人間をまったく隠れないように表わしたり（図11）、あるいは、小舟を透明なクリスタル製のように表現したり（図12、13）、そのほかにも、人間を小舟より上の高い位置に描いたりする（図14）。この人間たちは、あたかも高く飛び跳ねて、芸術家に全身像を披露しているかのようである。

5.　視覚的な障害物

　要するに、いかに視覚的な障害物を排除するかという1つの問題を、子どもたちは3つの異なる方法で解決しているのだ。

　数は少ないが、現実の事物に対して曖昧で不完全な知識しか持っていない子どもたちのなかには、現実そのものをまったく考慮しない子どもより、いっそう重大な過ちに陥ってしまう者もいる。彼らは不確かながらも、小舟に乗った人間は腰から上だけが見えるものだと記憶しているため、上半身のみの人間を描くのだが、彼らの描く人間は、現実のように舟の縁から姿を現すのではなく、あたかも小舟に乗り込んだとたん、両足を失ってしまったかのように、舟底にまで沈み込む（図15）。換言すれば、こういう子どもたちは、舟から上半身が見えたことは記憶しているが、残りの身体が障害物によって見えなくなっていたことは覚えていないというわけだ。

　だが、こうした少数の例外も含めて、個々の人間を全身像で描くという原則に従って、その任務をまっとうしたいと望む子どももいる。そうした場合、彼らは舟底まで占めるように、胸から上の人間を描き（なぜなら繰り返しになるが、こうした子どもの勘違いに従えば、舟には上半身以外存在しないことになるからだ）、両足を舟底の外へと突き出してしまう。こうして乗船員たちは座骨神経痛や、他の苦しい体勢に悩まされることもなく、心穏やかに水の中を漂うのである（図16、17）。

　子どもたちが人間を描く際のあらゆる記号表現をじっくり見るならば、同様の事実に気づくだろう。

周知のとおり、馬に乗った人間は横から見ると、一部が視界から妨げられた状態になる。ところが子どもたちは、人間はたとえ馬に乗ろうとも、その身体の一部はなくなったりせず、いつもと変わらない全身であると考えるので、あらゆる手段を用いて、その全身像を描ききろうとする。

そこで、たいていの子どもは、両足を馬の同じ側に示してしまう（図18、19）。そうでなければ、ちょうど透けた小舟の中に人間の姿を表わしたり、舟の外側に飛び出させたりしたように、馬の上で直立させたり、飛び跳ねているかのように表わすのだ（図20）。

この場合にも、現実に対する児童期の不完全な見方が反映されている作例がいくつかある。子どもたちのなかには、馬の胴体が障害物であることを覚えていて理解する者もいるのだが、それでもやはり、彼らは人間の身体の一部を隠すべきではないと信じているのだ。こうした難題に、彼らはどのように対処するのだろうか？　彼らは、馬の上に人間の上半身を描き、その腹の下に人間の両足をくっつけてしまう（図21）。かくして、馬はすべてを見えなく隠してしまうような堅固な障害物として登場し、人間の方は、愛らしい芸術家のいつものやり方で、完全な姿は保たれたまま、ただ上下二つに分断される。

このお絵かきの確固とした原則を証明する作例は、ほかにもある。

横向きの人間を考えた場合、大人であればさほど賢くはなくとも、身体全体の3分の1ほどは視界に入らないために、絵でも省略されることに気づくだろう。それゆえ（常識的に考えて）、片腕の大部分（あるいはすべて）と顔のおよそ半分はまったく見えないので、描く必要がない。

しかし、一般に子どもたちは、彼ら自身の原則に従ってこう考える。「人間は好きなように、横を見たり正面を向いたりする。でも、それでその人の身体が減っちゃうことはないんだ。人を片側から見たり、その反対側から眺めたりしてごらん。その人には（腕のない人や、目のない人じゃない限り）必ず腕が2本あって、目が2つあるからさ」。

私の集めたドローイング例から、横向きの人物表現をすべて検討した結果、分かったのは以下の2点である。

第 1 に、そこではほとんど常に、2 本の腕が描き込まれる。ある場合は、胸の中央に高さを違えてくっつけられ、別の場合には、スカーフの両裾のように首からぶら下がっている。最も頻繁に見られるのは、両腕がどちらも体の同じ側に配されるもので、この場合、片腕は肩のあたりに、もう一方の腕は腰のあたりに描き加えられる（図 10、11、**22**、**23**、**24**、**25**、**26**、**47**）。

　第 2 に、子どもが完全な横顔を描いた場合、100 回のうち 70 回は、両目は真正面を向いたままになる（図 4、5、11、13、18、22、26）。

6. 完全性の原則

　幸運なことに、人間には鼻と口が 1 つずつしかないので、単純な横顔を適当な記号表現によって表わすことができる。しかし、〔横顔の中で〕両方の目を見せるためには、どちらか一方の目の位置を移動させなくてはならない。

　ここで、前述したお絵かきの原則が、いかに強力なものであるかを考察してみよう。この場合も、現実に対する児童期の乏しい知識が、過ちを助長してしまう。子どもたちのなかには、人間には目が 2 つあるのだから、横顔にも 2 つの目を描かなければならないと心得ている者がいて、ありがたいことに、2 つの目の間には、必ず鼻が 1 つぶら下がってることを思い起して、時には大サービスしてしまう。――そんな時、子どもたちはどうするかって？　――まず、横向きの鼻がついた顔を描いて、正面から見た 2 つの目を描き込む。その後、少し考えてから、両目の間に第 2 の鼻を描き加えるのである。これは児童期の思考体系における「おまけの鼻」とでも呼ぶべきものであろう。というのも、この鼻はまさに、あらゆる子どもの芸術を支配している完全性の原則によって生み出された、極めて独創的な産物だからだ（図 11、13、22、26）。

　さらに論じるならば、風景さえもこの規範の例外ではない。子どもたちはしばしば、家屋に 3 つの壁を描く。すなわち、正面と両側の壁を併せた 3 つである（**図 27**、**28**）。なぜそこに 3 つの面を描くのか？　彼らが 4 つすべての壁面を描く方法、いわば記号を持ち合わせていないためである。

　こうして、子どもたちは元気に宣言する。「お家は、4 つの壁で出来てるの

だから、4つをすべて描かなくちゃね。」しかし、それを慌てて大げさに批判する必要はない。もし遠近法をいまだ完全に体得していないなら、3つの壁だけで満足すればよいことなのだ。

　このような家の絵を考察してみると、しばしば壁の向こうに部屋を歩きまわる人物の姿が透けて見えることがある（図28）。鐘楼の内部には鐘を鳴らす寺男の姿が見えるし（図29）、電車内には乗客の姿が見える（図30）。つまるところ、子どもたちは、そこにあるものは目に見えるように描かねばならないと思い込むか、むしろ、そのように考えているので、自然のものも人工物も、どんな障害物が立ちはだかったとしても、まったく意味がないのだ！

　子どもたちは、「小さな人物」を抜きにして、単純に家や塔や教会を描くことの方がずっと多いのではないかという反論もあるだろう。それはもっともな指摘である。しかし、その場合の彼らは、家や塔や教会のことしか考えてはいないのだ。もし、彼らがひとたび、家の絵の中に、部屋を歩きまわる人間や、昼食の準備をする料理人がいることを思いつき、彼らの身振りを表わそうとしたなら、私が再三確認してきたことが実証されることだろう。子どもたちはきっと、家の中の人物や料理人は外からは見えないという（大人なら当然の）見方を受け入れないはずである。なぜなら、歩きまわる人物や料理人がたとえ家の中にいようとも、子どもの論理に従えば、それは見えてしかるべきものなのだから。

7. 立体と平面

　こうした考察から、子どもたちの芸術について、ほかにどのようなことが言えるだろうか？　子どものドローイングで明らかとなった誤りの多くが、彼らの彫塑作品に当てはまらないことは、すぐさま説明がつくだろう。

　子どもの彫塑の作例を注意深く眺めてみると、そこで明らかとなる落ち度は、技術上の問題である。ドローイングの線を引くたどたどしい手先は、塑像においても同様に、あるいはなおさら不器用なものになる。

　人間の頭部は、粘土のお団子で作られ、その鼻の位置には、不格好にとんがった突起が付けられる。1つの切れ込みは口のつもりで、2つの穴は両目を

表わす（図31）。もう少し大きめの別のお団子は、胴体になり、その側面にくっつけられた2本のソーセージは両腕、下側の2本のソーセージは両足である。こうして、実に不格好だが、ほぼすべてがあるべき場所におさまった人間像が完全する。これなら、素描でしでかしたように、身体の各部をすべて見せるためにその位置を移動させる必要はない（図32）。

　丸みを帯びた小さな人物像は、あらゆる面から眺められるようになっており、手足も難なく判別しうる。横向きの顔を描いて2つの目を表わそうとするとき、子どもは顔半分の見える側だけに両目を位置づけなくてはならない。しかし、粘土に2つの目をあけるなら、鼻のおおむね両側にそれらを置くだけでよいのである。

　すでに見たとおり、馬に乗った人間を描くときも、子どもはしばしば乗り手の両脚を同じ側に描いてしまった。それ引きかえ、塑像の場合だと、彼は実際に馬に人間を乗せることができる。なぜなら、馬を回転させれば完全な姿が現れるし、そうすることで〔馬の胴体の向こう側にある乗り手の脚をどう表わすかという〕遠近法上の問題に直面することもないからである（図33）。

　子どもたちの芸術が、彫塑作品において、原始時代の美術や中世美術、さらに未開人の美術と多くの点で似通っているのは、まさにこのためである。しかし、絵画のこととなると、この種の比較は徒労に終わるようである（図34、35、36、37）。

8.　未開美術との比較

　未開人の美術や衰退期の〔中世〕美術に欠けているのは、おもに技術である。それらの造形表現は、ある種のナイーヴさを示しているが、子どもたちのもののように無垢で微笑ましいものでは決してない。絵画において、子どもたちのドローイングに見られた誤りは、まったく見出すことができないが、ごくわずかな例外として、北米先住民、とりわけコマンチ族の美術が挙げられる。ヘンリー・スクールクラフトは、アメリカのミズーリ州ミシシッピ川沿岸やニューメキシコ地域で集めたインディアンの絵文字のいくつかを出版している。そのなかには、ちょうど子どもたちの作例のように、馬に乗った人間が

両足を片側に寄せて全身で表わされていたり、あるいはまったく足のない騎手が描かれたりしている（図38および39）[原註1]。

しかし、こうした例は極めて特殊なものであり、単なる描き損ないにすぎない。身体の同じ側に腕が2本ある人物像や、顔の片側に目が2つある人物像を表わした唯一の作例を探し求めるのは、時間の無駄だろう。

芸術家であれば、どれほど悲惨な貧困社会や苦悩の時代に生きたとしても、ほとんど無意識のうちに自然に分別を身につけ（5歳や6歳の子どもには、これができないのだが）、日々の暮らしのなかで才能を開花させていくはずである。ところが、〔描写の〕技術というものは、明確に定められた特殊な習練なくしては、まったく上達しないか、したとしてもわずかである。ドローイングをまったく学んだことのない者を見れば、私の言わんとするところがよく分かるだろう。〔美的な〕経験は、世界と向き合って思索を積み重ねることで培われるものであり、それによって批評眼もまた磨かれていく。ゆえに、ある1枚の絵を前にして、なにか不可解な点があれば、誰でも作者に進言してよいのである。

それに引きかえ、技術に関しては、30歳の大人でも何らかのレッスンを受けなければ、10歳だった頃と大差ない。こういう大人は、子どもと同じような、均整のとれていない不格好な人間像を生み出してしまう。彼らの作品は、子どもたちのものより少しはましに見えるかもしれない。なぜなら、それらは常識外れというわけではないし、目に見えるものだけを各々見た目どおりに表わしているからだ。しかし、実際の仕上がりは大して褒められたものではない。

要するに、子どもの彫塑作品における落ち度は、思考力の不足（これはドローイングにおける思い違いの原因である）というよりも、手を使った技術の経験不足から生じるものであり、彼らの作品は原始時代や未開人の美術に見られる他の稚拙な制作活動とは極めて対照的である。

ゲイキー[原註2]やラボック[原註3]が出版した原始時代の書画（グラフィッティ）（それらは、明らかにドローイングとみなしうるものである）は、子どもたちのドローイングをはるかに凌ぐものである。その一方で、この時代の彫刻は、子どもたちの作品と似たりよったりである。第3回先史考古学国際学会の報告書には、人間、馬に乗った人物、鳥や犬などをかたどった小像が紹介されているが、いずれ

も現代の子どもたちが昨日作ったばかりのもののように見える^{原註4}。

同じことは現代の未開人たちについても言えるだろう。彼らの環境のもとで描かれた絵は、子どもたちのものよりも常に合理的である。なぜなら、未開といえども、大人の芸術家ならば、子どもよりも理性的な判断ができるからだ。当然のことながら、彼らの共同体には、子どもの社会では考えられないような規範や因習が定められている。もし、子どもたちだけの社会があったなら、そのメンバーは納得のいく理由も分からないうちに、みな飢え死にしてしまうだろう。

ドローイングの技術をまったく持たない部族も確かに存在する[原註5]。しかし、子どもと同じような思い違いで、線描の芸術を生み出す部族はどこにも存在しない。

以上の事実から次のようなことが分かる。すなわち、諸民族のなかには、絵画や芸術一般の存在にまったく気づかず、ものを再現するという発想すら持たない者たちがいる。しかし、芸術というものを何らかの偶然によって発見したり、外部の者から教わったり、あるいは自発的に始めることになったとしても、彼らの理性的な判断によって、これまで見てきたような子どもが必ず陥っていた誤解にはいたらないのである。

ここでもまた、技術上の問題に限るならば、論理的な勘違いをしなくなった段階の子どもの芸術は、未開美術に通じるものがある。

一例を挙げると、ヴェガ号が立ち寄ったアジアのチャウン湾という海岸には、チュクチ族が作った木彫りの人形や骨細工があった[訳註2]。いずれも子どもの作った粘土の像と非常に似通ったものである（図40および41）[原註6]。チュクチ族はまた、翼も足もなく、目を彫り込んだだけの小さなガチョウの像を作る。平らな顔に鼻の突き出た木製の像は、ドール族やネアム＝ナム族、クルメン族といったアフリカの部族が作るものと酷似している（図42および43）[原註7]。

9. 中世美術との比較

子どもたちの芸術は、衰退をきわめた中世美術とは、あまり接点がない。過ぎ去った昔の文化が、その痕跡として残した芸術を否定することはできない。

それら〔中世の文化遺産〕は今も、中間の時代〔中世〕という厳しさを和ませ続けている。この歴史的恩恵に満ちた影響力は、ことによると弱々しく繊細なものだが、確かに感知しうるものだ。それは、すでに消滅してしまった星の輝きが、時間と空間を超えて人類の目に届けられているような、弱々しい光にもなぞらえうる。古代ギリシアとローマの美術は、その慎ましい顔や外衣の襞の表現に控えめに隠されてはいるが、確かにその姿をのぞかせている。それは極めて時代遅れのビザンティン彫刻やヴェローナのサン・ゼーノ聖堂 訳註3、ピストイアのサン・ミケーレ・ア・グロッポリ教区聖堂 訳註4、アレッツォのサンタ・マリア・デッラ・ピエヴェ聖堂 訳註5、そしてアンコーナのサンタ・マリア・デッラ・ピアッツァ聖堂の中世彫刻群 訳註6 にも見出される。また、ペーザロ司教館のニンファエウムと呼ばれる聖域 訳註7 や、ファーノのサンタ・マリア・アッスンタ大聖堂に所蔵される男性の踊り手を表わした浮彫彫刻 訳註8、さらにはロマネスクおよびグレコ＝ビザンティン絵画のすべてに認められる。それらはすべて稚拙な芸術であるが、子どものものとは違う。

　人は年をとると、幼児返りして馬鹿げたことをつぶやき、愚行に走る場合もあると言われるが、概して老人の戯言は、子どものそれと決して同じものではない。同様に、〔中世美術という〕衰退し瀕死の状態にある芸術の造形上の間違いは、〔子どもの〕生まれたての芸術のそれと必ずしも似ているわけではないのだ！

　極めて粗野な中世の作品でも、その制作は、子どもや未開人のものより一般的に優れている。中世美術において最も残念なことは、主題の圧倒的な貧しさと単純さであり、常識的判断の欠如ではない。しかし、中世美術と児童美術がまったく違うものだと考えてはならない。中世の作り手と子どもたちは、それぞれの作法で淡々と制作を続けるだけで満足しており、人間の手足や事物の形態が現実にどうなっているかは気にも留めない。その結果、両者はほとんど似たような、不完全な表現にいきつくのだろう 原註8。とはいえ、これらの共通点はわずかなものであり、完全に同一の特徴と決めつけるには十分ではない。

　技術面においても合理性においても、この２つの芸術の接点はせいぜい良

くできた子どもの作品と、出来の悪い中世の作品の比較から生ずる、わずかなものである。

　子どもたちが、小舟に乗った2人以上の人物を描くとき、どんな工夫をしているかについては作例を検討した。彼らは全身をくまなく見えるように描くのである。優秀な子どものなかには、下半身が隠れて見えなくなると理解する者も稀にいるが、すると今度は櫂を持った2人の人物を、舟の同じ側で漕がせるという勘違いを犯してしまう（図44）。実際にこんな漕ぎ方をしたら、舟はくるくると回るだけで少しも前に進まないだろう。子どもたちのなかで、このような絵を描くのは本当に頭の良い子どもたちだが、もしこれが中世の画家だとしたらお粗末な話である。パルマ大聖堂の説教壇[訳註9]には、他の主題に混じって「キリストの十字架降下」が〔浮彫りで〕表わされている。そこでは1人の男が、キリストの右手に打ち付けられた釘を抜こうと、梯子に登って腕を伸ばしている。この時、梯子の脚は十字架の根元付近に置かれ、梯子のてっぺんは、十字架のまっすぐ伸びた横木の端にかけられている（図45）。こんな梯子を登ることができないのは明らかなのだが、極めて利発な子どもでもそうとは気づかず、同じ主題を描けば、これより下手ではないまでも、やはり同じ誤りに陥るであろう。

　中世美術、児童美術、原始美術、この3者に共通する点が1つだけある。それは、比率に対する関心の欠如である。そのため、木にとまる鳥は牛のように大きく、人間は建物より巨大で、馬は人間の半分か同じぐらいの大きさといった事態が起こる。これに加えて子どもの場合は、垂直線に対する感覚が著しく欠けている。彼らは朝から晩まで、斜めに傾いた線を熱心に引くのが習慣となっていて、あらゆるものを斜めに描いてしまうのである。

10. 色彩感覚

　着彩法に関しては、かの〔ウィリアム・E・〕グラッドストンや〔ヒューゴ・〕マグナスの学説が科学分野から度重なる批判を受けて論破された今日では、論じられることはほとんどないだろう。グラッドストンは、ホメロスの文学作品の読解を通じて、限られた色彩しか言及されていない点に注目し、古代

人が感知していた色彩の数は〔現代人よりも〕少なく、人間の色覚は何世紀もかけてゆっくりと完成されていったと考えるにいたった。このイギリスの首相〔グラッドストン〕が文献学によって証明しようとしたことを、マグナスは科学的に立証しようとした。

　この論争すべてを要約するのは冗長であろう。しかし、この「色覚異常」が古代人や未開の人々、そして子どもに特有のものと当時考えられていたことは強調に値する。

　古代の人々に関しては、「〔知覚される〕光（色）の量的発展〔色数の増加〕に伴って、色彩感覚も発達したという仮説を文献学的調査から歴史的事実として結論づけることはできない」と、現在でははっきりと断言されている[原註9]。

　一方、未開の人々に関しては、実験が慎重に繰り返され、色彩に対する彼らの感覚にまったく欠陥はないということが証明されている。残る議論は、子どもの色彩感覚についてである。

　かのプライヤーは、子どもの色彩感覚について「マグナスが進化の歴史で説明を試みたような発達をたどる」と唱えた最初の研究者、あるいはその代表格であった。彼によれば、子どもは最初、黄と赤の色しか認識できず、灰色と混同していた緑と青が識別できるようになるのは成長してからのことであると言う。こうした見解は、マグナスにとって極めて重要なものだった。彼は自説を補強してくれる貴重なテーマと生理学的な根拠に出会ったと確信したのである。

　プライヤーは、色彩感覚が最初の発達段階を迎えるには、少なくとも生後3年かかると見込んでいた。一方、〔ドイツの〕ハレ大学のゲンツマーは、古代人にとっては赤が最も強く感じられた色であることを強調し、ランドルトやシャルパンティエ、シャフハウゼンの学説を支持しながら、生後4ヵ月には赤色を認識できるようになると考え、発達年代をかなり繰り上げている。

　ところが、G・B・ボーノはためらうことなく、これらの学説に理路整然と反論する。「もし、このような学者たちが、型どおりの調査ではなく実際に自然体〔の子ども〕を検証しようと考えたなら（……）かなり異なる結論になったはずだ！　（……）子どもたちに、キルティング・クッションのスミレ色の

第 2 章　コッラード・リッチ　63

綿入部分の色と、青色の下地部分の色を尋ねてみたまえ。彼らは『緑』と答えるだろう。しかし、彼らにスミレ色と青、緑色の糸束を与えて、色分けするよう指示してみると、それらの色彩に関する言語表現力の欠如とは裏腹に、彼らが実際には色を識別している様子が分かるだろう。彼らは、まだ色を表現する言葉を使いこなせていないだけなのだ」。

　子どもたちの絵に関する語彙は極めて乏しく、芸術そのものについても、たいていの場合「お絵かき」〔絵描き＝画家(ピットーレ)〕という言葉の派生語しか用いない。ただ線で描く場合も、着彩で描く場合も同じように「お絵かき」である。線で描いてから、彩色をする制作行為も、子どもたちは「お絵かき」すると言う。しまいには、この言葉で芸術全般を表わそうとするので、彼らが普段、雑貨屋で絵の具を買い求める際にも、どのような言葉を使うか想像してみてほしい。もし彼らがお店に入って、失礼にも「お絵かきのやうを1ソルド分ください！」と言っても、大人の芸術家〔絵かき〕たちは、この無邪気な生き物を大目に見てあげよう。

　こんな調子で、色彩の階調(カラースケール)に関わる言葉遣いを完璧にできるかどうかを想像してみたら、できるわけがないだろう！

　先に言及したボーノは、306名の子どもを研究したのち、次のように結論付けている。子どもが色覚異常であるという迷信は、未開人や古代人の場合と同じく、彼らの〔色彩を表現する〕語彙の乏しさから生じたものであり、罪のない美しき誤解である、と。

　子どもたちに優れたドローイングの描き方を教えてやるように、もちろん彼らの色感も鍛えてやる必要がある。というのも、彼らに正確さが足りないのは、色彩を見ていないからではない。彼らは〔目の前の〕現実に対して、色彩の合理的な調和を見つけているのである。彼らは最初から、事物をしっかりと見ているのに、それをどのような筆致で描き表わせばよいかが分からないように、色彩を完璧に感じていても、それをパレット上でどのように配色すればよいのか分からないし、それに心を砕くこともない。絵の具の微妙な色調や〔音楽で言うところの〕半音は、子どもの網膜には伝わるが、芸術的な知性に対して働きかけるわけではなく、子どもは概して、より原色に近い派

手な絵の具を選んで満足してしまう。人間の顔にはけばけばしい赤を、家には重たい黄色を、空には深い青を、そして木には鮮やかな緑を、といった具合である。

　学校の先生や親たちが、子どもたちにできることといえば、今までに見たものについてよく考えさせ、表現の的確さと再現の正確さをより高めるよう、彼らを促すぐらいである。なぜなら、〔色彩にまつわる〕子どもの誤りは、絵の具の色調が原因であって、それは絵の具の量とはまったく関係がないからだ。例えば一定の音階の高低を外して歌ってしまう人は、音符の調べが読めなくて間違えてしまうわけではない。それと同様に、多くの子どもは色彩を認識してはいるものの、往々にしてその認識は階調を違えていたり、調子外れだったりするものなのである。

11. 細部(ディテール)への執着

　子どもの芸術には、もう一つ別の特徴がある。それについてだけでも有益で興味深い著作が一冊は書けるだろう。しかし本稿の性質上、ここでは少し触れれば十分である。

　私は「細部(ディテール)」(この表現をご容赦いただきたい)について語りたい。なぜなら、子どもたちの精神は、崇高なものよりも、ディテールの細かさに強烈な印象を受けるからである。

　つい最近のことだが、私はボローニャのサン・ペトロニオ聖堂[訳註10]であることに気づいた。聖堂に入ってくる大人の兵士や農民たちは、聖堂内のアーチやヴォールトの壮大さに感嘆しているというのに、子どもたちはといえば誰一人としてそれを仰ぎ見たりはしないのである。子どもの興味を惹いていたのは風変りな人や、その個々の特徴であった。例えば、卵の入った籠を提げている羊飼いや、消灯器を持って通り過ぎる聖職者、火鉢を持った老婆や、朱色のコートを着た物乞いなどである。

　子どもの目はこうした小さなものに釘付けになっていたため、「その歩みはゆっくりと前へ進むのに、その視線は後ろへ流れる」という具合であった[訳註11]。その一方で、子どもは荘厳な聖堂の内部空間を鑑賞することも、それに気づくこと

もないのである。

　子どもは家を描くと、窓を描き忘れてしまうことはあっても常に大量の煙が吹き出している煙突を忘れることはあまりない。屋根からモクモクと立ちのぼる煙の生き生きとした面白い様子は、小さな芸術家に強い印象を与えるに違いない。子どもは教会や鐘楼の上にさえ煙突の煙を描くことを厭わないのである（図27および28）。

　それでは、〔やはり煙の出る〕パイプや、〔煙突と形状の似た〕シルクハットについてはどうだろう？

　パイプは男の子にとって一番の憧れであり、大人世界の始まりを強く体現するものだ。やや成長して青年になると、一人前の男とみなされるためには洗練された衣服を身にまとい、女性と恋愛しなければと思うようになる。しかしそれ以前は、パイプこそ彼にとって大人の男の理想像なのである。そしてこっそりパイプを手に入れたりすれば、少年は必ずや落ち着き払って口元へパイプを運び、鼻持ちならない得意気な態度で煙を吐き出すのだ。

　それゆえ、パイプは幼児の絵も含めてほとんどすべてのドローイングに登場する（図5、7、9、10、18、21、22、23など）。

　考えてみると、子どもの描く最初の人間は頭と脚だけだった。腕も胴体も欠けていた。それが一体どうして、パイプを手に入れるという幸運に恵まれるのだろう？

　また、馬に乗った人や、小舟で潮風を受けている紳士たちは？　全員パイプをくわえている。

　シルクハットを被るようになることももちろん幸運である。拙い紳士の頭上にもシルクハットが聳えている（図10、18、24、27、44など）。

　子どもの絵の細部についてこれ以上語ることは控えるが、興味深いものはたくさんある。例えば、万国旗は子どもの絵に無数に登場する。船や水蒸気、木や家、そして鐘楼などから伸びてはためき（**図46**）、馬に乗った人や通行人が振り掲げる。小銃や剣については言うまでもなく、シルクハットを被り大きなパイプに気品を漂わせた人物が脇に携えている（図10）。

　以上のことから分かるのは、子どもは誰しも自分の興味のあるものや、欲

しいものを描くということである。女の子が描くものもおおかた男の子と同様で、花束の活けてある花瓶やマフ、扇子や日傘など——つまり、女性を上品に飾り立てるもの全般——を写生することに余念がない。彼女たちの描く女性は、流行を取り入れた装いをしている。極めて簡単な人体のプロポーションの原則に従うことができず、2本の腕を片方の側に描いてしまっても、ファッションの最新流行には敏感なのである（図47）。

12. 強烈な印象の影響

　こうした現実からヒントを得た特殊なもの、換言すれば子どもがいつも欲しがる目立つ細部のほかに、ある特別な出来事や強烈な印象を反映した細部もときに注目に値する。

　例えば、数人の子どもたちが舗道で倒れる馬を見たとする。もし同じ日にその子どもたちが絵を描くことになると、彼らは8割の確率で転ぶ馬を描くだろう。

　また、私が手に入れた児童画のなかには、鉛筆で全体に点描を施した風景画がある。これらは雪の降っていた日に描かれたものだ。

　もう一つ素晴らしい例を示そう。私が集めたある女子児童のクラスのドローイング群に、手紙を持った1人の若紳士が登場していた（**図48**）。多くの少女がその紳士を繰り返し描いていたのである。1つのクラスだけでこうした特殊なものが描かれるということは、子どもたちの印象に残るような何がしかの事件があったに違いない。その原因を深く探る必要はなかった。というのも、1通の手紙（しかも自筆の署名入りのもの）が押収されたのである。わずかな飾りが施こされたその手紙の内容は以下のようなものであった。

　　愛しのペッピーナへ

　　　僕の君への愛はとても大きなものだ。君は美しい。僕にとっては天使のようだ。
　　　ああペッピーナ！

君は分かってくれるだろうね。僕は君のことを思っていろんな贈り物をしてきたのだから。
　僕が君を愛しているってこと。
　何度も繰り返そう。君が信じてくれるように。
　僕たちはきっと幸せになれるよね。
　愛を込めて、

君の恋人より

　このあとに名前が続く。手紙には5枚のカードが添えられていた。ロザリオの聖母、守護天使、聖心の聖母マリア、そして2枚の善き羊飼いである。
　子どもの絵が時としてこんなことを明らかにしてしまうとは！
　似たような例で、ボローニャ大学の著名な教授がこんな話を聞かせてくれた。
　7歳の女の子が、ある晩テーブルのそばで父親の膝に座っていた。彼女は父親に言われていくつか人物の絵を描いた。
　そのなかに剣を携えた男がいて、女性にキスをしている。哀れな父親は、このときふと娘に尋ねようなどという気を起こしてしまった。
「この女の人は誰だい？」
「ママ！」
「この男の人は？」
「アドルフォ隊長よ！」

13.　美と共感

　美に対する子どもの感受性は、当然、大人ほど発達してはいないが、より純粋である。一条の流れに始まる川の水が、他の激しい急流とぶつかり合い悪臭を放つ下水にまみれる河口付近の水よりも澄んでいるのと同様だ。
　子どもが注意を向けるのは、自分たちの目の前で日常的に起こることだけである。ごく稀に、珍しいほど細やかな直観によって道徳的な考えにいたる、年齢のわりに大人びた子どももいる。しかし、そうした子どもたちの感覚は一瞬のひらめきにすぎない。もしそれが強い印象を与えるとすれば、それは

子どもの普段の純粋さとの予期せぬ対比によるものである。本来、考えたりしない子どもでも思惟にふけることはあるし、いつも笑っている子どもでも不安を抱くことがある。そうしたつかの間のひらめきは、謝肉祭(カーニバル)の夜、仮装した人混みの中を道を横切っていく葬列が心を揺さぶるように、子どもたちの魂を揺さぶるのである。

　要するに、美に対する子どもの感受性は、より純粋なものであると思われる。

　子どもは美に感嘆するが、深く考察することでその美を変えてしまうことはない。一方、大人は美そのものより、それに対する深い考察を重視する。子どもにとっての美はより素朴で単純、まじりけのない純粋なものだ。しかし、子どもがより熱く濃厚な感情を持つようになり、新たな快への扉が開くと、その美は変化の兆しを見せる。

　少年期が終わり、青年期が始まろうとする中間の年頃は何とひどいものだろう！　歓びに満ちた、しかし不確かな愛が、あたかも熱き血潮にみなぎる生気のように、この時期の青年を常に緊張状態にさせる。彼は深刻になりたがるのだが、たびたびそれを馬鹿馬鹿しく思う。洗練された人になりたいと思うのに、往々にして薄汚れた自分に気づくのだ。あるときはふさぎこんで憂鬱になり、またあるときは落ち着きなくはしゃぎまわり、母親のことを気にかけ、父親には不信感を抱く。ほとんど常に無気力で、疲れてぐったりとしているのに、何でもやりたいと言う。しかし実際は、あたかも見えない鎖に縛られているかのごとく何一つやろうとしない。もっと広い場所に行きたいと望んでいたところが、袋小路に入っているのである。一方の側からは、遊ぶ子どもたちの騒がしい声が聴こえ、別の方からは、働く大人たちのささやく声が聴こえる。この時期は、子どもに戻るには成長しすぎており、大人の仲間入りをするには若すぎるのだ。

　〔母親の〕優しい愛撫を求めても、それは小さな子どものためのものだ。また、際限のない愛を切望しても、それは〔より年齢を重ねた〕大人のためのものなのである原註10！

　子どもの美的判断に、新たな芸術的要素と詩的要素が入ってくるのもまさにこの時期である。最初は、田園や海での静寂をただ楽しむことから始まり、

空を流れる雲の形を怪物や川、雪山の姿に見立てたりする。やがて人間の顔にはその人の内面の感情が無意識のうちに表れ出ることを発見し、あるいはそれが分かるようになる。そして共感や反感といったあらゆる感情を覚え始めることによって美的感覚は変化し、相対的なものとなるのである。

　とはいえ、美しさには、大人をも強く魅了するような天賦の価値が確かに備わっている。しかしそれと同時に、内面的な省察によって美がおおむね相対的なものとなっているおかげで、その影響力が決して過度になり過ぎないこともまた同様に確かだ。もしそうでなければ、世の男性たちはたった一人か、あるいは数人の美女しか愛することができなくなってしまうだろう！

　実際、美に関するものは、共感に関するものほど多様性に満ちてはいない。というのも、美を生じさせる要因の数は少なく、またそれらは即時的なものだからだ。

　それに対して、共感を生じさせる要因（これは芸術的嗜好に左右されることは滅多にないが、しばしば道徳的な立場に左右されるものだ）が私たちの情感に訴えてくる範囲は限りなく広い。例えば、純粋な肉体美を表現した古代ギリシアの彫刻は、どれも似通った女性の像となっている。

　要するに、美とは正確に整った完璧な（あるいはほぼ完璧な）形態のみを指すが、共感とは美も凡庸も、そして時に醜をも含むものだということである。

　ところで、共感が様々なことを細やかに考慮して生じたものであり（その思考は時として表現したり留めたりすることのできないものだ）、美がそれとは逆に、はっきりと明確に限定されたわずかなことを考慮して生じたものだとすれば、子どもが共感を理解するはるか以前に美を理解し、味わうようになるのは当然のなりゆきである。あるいはまた、共感が私たちの好みを決定づけるような様々な要素を含んでいるとするならば、子どもの美的感覚は大人ほど発達していないとしても、大人より劣っているわけではなく、より純粋で誠実なのもあたりまえのことなのである。

14. 穢(けが)れなき感受性

　これもまた自然なことだが、感受性の強い子どもは、ときにかんしゃくを

起こし、人前で泣いてしまう。しかし、そうした現象は一時的なもので、嫌悪感というよりも、漠然とした説明のつかない不安な感覚によって引き起こされるものだ。その証拠に、1時間もすれば、その子どもはいらだちを覚えていた人物に対して優しく微笑みかけ、愛情を込めてキスをするのである。

　不安も愛情表現も、いらだちも喜びも、子どもが好意的な誰かの前で覚える感情であり、想像力がすばやく様々に反応することで引き起こされるものだ。なぜなら、人が微笑んでいるのを見て自分も笑い、泣いているのを見て泣く子どもは、何かを予感したり考えたりしてそうするのではなく、生まれつきの本能や、遺伝的な無意識に従っているためである。この無意識は、その後長じて意識的な感情へと変化する^{原註11}。

　特筆すべきは、こうした驚くべき想像力が、かなり成長した子どもにもたびたび残っていることである。それどころか、他者の感情をその表情から知覚しうるほど発達しきっていても、情熱的で想像力豊かな若い青年の心に、ほんの一瞬こうした本能が蘇ることは珍しくない。

　私たちは他者のなかに、とりわけその顔のなかに多くのものを見出す。そして、それらを総合して相手に対する愛情や無関心、嫌悪を決定する。物事をよく観察している人なら、さらに顔の表情からその人のあらゆる気質や全人生を読み取ったりすることもある。その人生が長きにわたる苦痛に満ちているのか、あるいは幸運が微笑んでくれているのかを読み取るのである。

　多様な感情が引き起こす〔顔面の〕筋肉の収縮は、もっぱら平穏な精神状態にあっても長い時間をかけて様々な痕跡を刻んでゆく。

　マンテガッツァが述べているように、人はわずかでも喜びを感じると「上唇の筋肉に自然と皺が寄り、微笑みが生まれる」。この〔微笑みを生み出す〕表情をしばしば繰り返すような羨ましい状況にある人の顔には、最終的に微笑のしるしが残ることになる。それとは逆に、悩みの種がいくつもあるような不幸な境遇に置かれた人は、眉の部分の筋肉や下唇の筋肉に皺が寄り、最終的にその顔には苦労の跡が残ってしまう^{原註12}。

　芸術において、人間の表情を描き出すのは無論、極めて難しいことであった。少数の例外を除けば、画家たちがまったく何気ない人の顔に自然な心の状態

を描き出すことができるようになったのは、レオナルド・ダ・ヴィンチが現れてからのことである。彼に続いてコレッジョやラファエッロが感情を描き出す名手であった。穏やかな喜びに満ちたコレッジョの《スコデッラの聖母》訳註12 や、深い哀しみに満ちたラファエッロの《大公の聖母》訳註13 は、いずれも人間の内面性を描き出した傑作だ！

　しかし、芸術において表現の困難なものだからといって、そのすべてが鑑賞者の知性や関心から常に忘れ去られているわけではない。ただ話が、コロンブスの卵になってしまうのだが、世の中には、目に見えているのに理解できないことの何と多いことか！　また、理解しているのに表現できないことの、何と多いことか！

　人はしばしば他者の顔に様々な性質を見出し、そこから各々の感情を育む。もし悲観的な性向の人であれば、少数の例外を除いて、憂鬱で悲しそうな顔を好むであろう。逆に楽しいことを好む陽気な性向の人であれば、目に見えて幸せそうな顔を好むであろう。

　それでは、顔の表情とそれが引き起こす感情の問題は、美の相関性や芸術的嗜好において本質的に重要ではないと考えてよいのだろうか？　もし美の相対的な価値が道徳的立場に大きく左右されるものだとすれば、子どもの感性が大人に劣るのは不自然ではなかろうか？　さらにまとめるならば、美が相対的なものでなくなるほどその感覚はより簡素で純粋なものとはならないのではないか？

　ここではっきりさせておこう。私は子どもの美に対する感受性がより純粋なものだと結論づけるが、それがより優れていると言いたいのではない。一方で、それがときとして極めてささやかなものであることには誰もが気づいている。〔しかし、大人と子どもの感性の〕違いは明らかである。誰にでも分かることだが、年齢を勘案すれば、6歳の子どもの感受性は30歳の大人よりも強い。そして、すでに述べたように、川の水は水源に近い小川の方がより澄んでいて、海に近づくほど荒れてくるのである。

15. 本能としての美的感覚

　美に対する感受性は人間のうちにごく早いうちに芽生える。そこに知的能力はあまり必要ではないからだ。

　近年、美を感じるのはもはや人間に限らないと考えられている。実際、鳥のオスがメスの前でその豪華な羽を広げ、求愛の季節に甘美な歌声を奏でるとき、メスはそれにうっとりと心を奪われるに違いない！ ^{原註13}

　ニワシドリやハチドリは、美的感覚を芸術表現にまで高めている。さらにこうした鳥たちは色の付いた物体をあちこちから探してくることも知られている。ニワシドリはお見合い用の場所を、そしてハチドリは自分たちの巣をそれぞれ飾り立てるのである。

　ダーウィンは次のように記している。「もし、オスの鳥の体色や飾り羽、そして声の美しさを解する能力がメスになかったら、メスの前で立派に見せようとするオスの努力も配慮も、すべて無駄になってしまっただろう。そんなことは絶対にありえない！」

　生後2ヵ月までの乳幼児は、目の前に鮮やかな色の付いたものを差し出し、それを揺らすと喜ぶ素振りを見せるという。赤ん坊はまずその物体をじっと見つめ、それから微笑む。そして腕を伸ばし、その小さな体をじっとさせて注視する^{原註14}。これはもちろん、感覚器官によって引き起こされるものだ。感覚器官が刺激や快を感じるのは、種のなかに存続し、受け継がれてきた遺伝子のおかげであり、それが洗練されるにつれて様々な感覚が完成に向かって研ぎ澄まされてゆく。そしてこうした感覚こそがまさしく人間の知能の働きに最初の刺激を与えるのである。

　やや成長して、赤ん坊の身体がより活気にあふれ軽やかになってくると、子どもは足を踏み鳴らして喜びを表現したり、歓喜のあまり身もだえするようになる。

　この時期の子どもにとっては、美と美味は入り混じっている。なぜなら、母親を求めるのも、おっぱいを確認するのも、同じ身振りなのだから。しかし、こうしたもっぱら身体的な原初的知覚というものは、徐々に変化して心へと歩み寄る。実際、1歳を少し過ぎたくらいの子どもでも、新調の靴によそゆ

きの服で着飾るのをとても喜ぶ場合がある。私自身、前髪を後ろへ持っていかれるとかんしゃくを起こして泣いてしまう幼女を知っている。

一日中お気に入りの服でいれば、子どもたちの機嫌はよくなるか、少なくともいつもどおりうまくいくし、自分の髪の毛を優しくなでつけてくれる手にはむかうこともなく大人しくしていることを思えば、これがささやかではあるが間違いなく本物の美的感覚であると分かるだろう。

こうした感情はごく早い段階で生まれるが、子どもの心のなかで育まれてゆくのはやや後のことである。ゆえに、生まれたばかりの赤ん坊はあらゆるものに驚き、可愛い動物にも可愛くない動物にも見とれる。これはよく分かることだろうが、美的感覚が外的要因によって変化するためではなく、その差異を認識するにはいまだ弱いためなのだ。

4歳にもなると、子どもの美的感覚はかなり発達しており、2つのおもちゃのどちらかを選ばせると、極めて洗練された趣味や特別な知覚に恵まれていなくとも、一般的によりよいものを選ぶようになる。

16. 美と善のアナロジー

子どもの中で美的感覚が育まれてゆくのには時間がかかるが、一方で美に対する愛は若い時期に急速に発達し、その後、深く考えたり経験を重ねたりすることで和らいでゆく。

当然のことながら、美しい女が悪女であることもあれば、醜い女が善良である場合もありうる。古代の詩人たちが語った「健全なる精神は、健全なる身体に宿る」という放言は、最もたちの悪いものである。しかし、これが格言でないとすれば、まさしく子どもの願望そのものをあらわした言葉である。彼らはしばしば「醜い（brutto）」という形容詞を、本来の意味よりも〔道徳的に〕「悪い（cattivo）」という意味で使うのである。

例えば、近年イタリア各地で出版された子どもに親しまれている物語集などを読んでごらんなさい。どんな物語でも、善良な女は必ず美しく、悪女は醜く描かれている。「美しい（bella）」という形容詞は、童話の題名に繰り返し登場する。美しきジョヴァンナ、美しきカテリーナ、美しきオステッシーナ、

美しきジュディッタとその娘マリア、美しきファンタギーロ、といった具合である^{原註15}。どんなときも一番の美女は最も徳の高い人物であり、物語の最後に悪に勝利するいけにえなのだ。

　子どもたちは読みきかせをしてくれる人の周りに座り、黙って注意深く聴いている。まるで見つめることで物語を理解しようとでもするかのように、その目を大きく見開きながら、もうおもちゃにはまるで関心がない。木製の馬もブリキの兵隊もセルロイドの人形もみな子どもたちに無視されて部屋の隅に追いやられ、黙りこくっている。どうして突然こんなに静かになってしまったのか、誰かが説明してくれるのを待っているかのようだ。

　読みきかせはこんな決まり文句で始まる。「むかしむかし、あるところに……」

　物語が進むにつれて、幼い聴衆はそれに惹きこまれ、飛び交う物語のまぼろしに、胸を高鳴らせてついてゆく。

　あるところに百姓の女がいました。この女にはふたりの娘がおりました。ひとりは見たこともないほど美しく、善良な心の持ち主でした。もうひとりは醜く、言葉にできないほど意地悪でした。母親は醜い娘のほうを愛し、美しい娘に対するいじめを助けていました。

　これはトスカーナ地方のある寓話の冒頭である。子どもたちは言葉少なに聴いていたが、興味津々であった。美女と醜女がいれば、物語は成り立つのである。

　ある朝、母親は醜い娘と結託して、美しい娘カテリーナに妖精のふるいを借りに行かせました。なぜなら妖精たちにその顔を引っかかせ、もう彼女のことを見つめたり、求愛したりする者がなくなるよう醜くするためでした。頼りになるカテリーナは、いやいやながらも出かけてゆきました。

　しばし小さな聴衆に目を向けてみよう。女の子はため息をついている。男の子は膝の間で震える手を握りしめながら、女の子たちを見つめている。どうしてこの悪い母親は娘の美しさを奪おうとするのかしら？　それより、殺しちゃったらいいんじゃないの？　可哀想なカテリーナは、顔をめちゃくちゃにされて帰ってくるかしら？　その瞳は美しいままかしら？

こうした疑問が子どもたちの心のなかに押し寄せてくる。控えめな身振りと雄弁なまなざしが、物語を進めてくれるよう懇願している。
　とうとうカテリーナは森にたどり着く。そこでひげの生えたぼさぼさの白髪頭の老人に出会う。老人はカテリーナを問いただし、彼女がここへ来た経緯を知ってこう言った。「わしの頭をごらん。真珠と黄金で出来ているのだ。もしわしの言う事をしてくれたら、真珠も黄金もあなたにあげよう。まず、妖精たちの宮殿に入るのだ。ある広間にたくさんの猫がいるのが見えるだろう。猫たちは繕いものをしたり、糸をつむいだり、編み物をしたりしている。つまり自分たちの仕事に勤しんでいる。その猫たちに、お仕事を手伝いますと申し出て、そのようにしなさい。すると、一番年老いた猫がこうたずねてくるだろう。『黒パンとたまねぎか、白パンとチーズ、どちらがいい？』そこで黒パンとたまねぎと答えなさい。そしたら、美しい水晶製の階段を上らされるでしょう。どんな小さな足跡も残さないよう注意するのですよ」。老人はこう言って姿を消す。
　語り手はここで話を止めるわけにはいかない。そんなことをすれば、聴衆は猛抗議し、へそを曲げてしまうだろう。彼らの予想では、カテリーナは妖精たちの宮殿へゆき、老人の言ったことをうまくやるだろう。そして妖精に歓迎され、ふるいを手に入れるのだ。でも、そのことを語り手にはっきりさせてほしいのだ。どんなことが起きるか分からない！
　さて、物語はそのとおりに進む。カテリーナの美しさと優しい心に打たれた妖精たちは、ふるいを貸したうえに、カテリーナの額に空にあるような輝く星をつけてあげるのである。
　カテリーナの善良さという美徳の勝利に、聴き手の心は高揚する。大声で叫ぶ子どももいれば、微笑む子ども、思ったとおりだと言う子どももいる。美しい人は苦しんではならないし、苦しむはずがないのである。それゆえ、子どもたちの穏やかな顔には物語がこのように成就したことへの安堵の色が浮かぶ。
　でも……そう、「でも」。カテリーナは家へ帰らないといけないのである。賢い小さな聴衆は、物語がまだ終わっていないことに気づく。ふたたび静寂

と緊張状態に戻る。物語は佳境へ向かう。

　母親と醜い娘は、カテリーナを迎え入れるなり殴りつけて、額に輝く星をはぎとろうとする。しかし、星はどんどん大きく、美しくなってゆく。そこで醜い娘はこう考える。自分も妖精たちのところへ行ってふるいを返し、この輝く星をもらって帰ってこよう。そして出かけてゆく。

　娘は老人に会うが、失礼なふるまいをする。猫の広間に入り、猫たちを馬鹿にして叩く。質問には白パンとチーズと答える。水晶の階段には深い足跡を残してきてしまう……つまり、考えられる限りの無作法をはたらき、迷惑をかけてきたのである。

　さて、彼女の額についたものは何だろうか？　ロバのしっぽである！

　これを聞いた子どもたちの喜びようといったらない。激しい身振りをする子どもや、手をたたく子ども、無邪気な感想を言う子ども……こうしたものはすべて、最後の言葉を聞くとにぎやかな笑い声に変わる。醜い娘は走って家に帰り、こうわめいたのだった。

　　「ママ、ママ、
　　ロバのしっぽがついちゃったのよ！」

　このように、醜い娘は悪行のために蔑まれ、美しい娘は善良な心によって勝利を収める。子どものおとぎ話の永遠のテーマ！　いまだ人生を知らない者の永遠の希望！

17.　美しいものの力

　美に対するこうした子どもの関心について、より身近な証拠が、お菓子を与えられたときに子どもが行なう選別に見出されるのではないだろうか？　普通の砂糖菓子のなかに、例えば犬を連れた猟師のいる風景が描かれた砂糖菓子を混ぜておくとしよう。子どもたちは何も考えることなく普通の砂糖菓子を食べてしまうが、猟師の美しい砂糖菓子に対しては食い意地に打ち勝ち、それを大事に取っておくよう自らに言い聞かせる。しかし、猟師と犬から漂っ

てくるリキュールの甘い香りに、食欲は抗うことができない。そこで子どもはまず地面と木を、それから犬を食べてしまう。人間はなんとかいたわりたいという思いもむなしく、最後に猟師も跡形もなく姿を消す。美しいものは美味しいものに勝てないが、美味しいものの勝利を遅らせることはできるというわけだ。

18. 無垢のはかなさ

　子育ての最初の時期は大変だが、それを過ぎた子どもは愛らしいものである。この時期の子どもは美味しいものや美しいものに無意識に歓喜し、人生にもこれまた無意識に信頼を寄せているためだ。

　「女とガチョウがいれば市場が出来る」ということわざがあるが、「子どもがいれば春が来る」、と言うこともできるだろうか。子どもの可愛い叫び声、玉を転がすような笑い声、そして歌声。こうしたものほど、5月の鳥のさえずりを思い出させてくれるものはない。子どものバラ色の笑顔ほど、4月の花々のみずみずしさを思い出させてくれるものはない。

　もし100歳まで生きたとしても、私はある日の真っ昼間、マッジョーレ湖〔イタリアのロンバルディア州およびピエモンテ州、スイスの国境をまたぐ湖〕を取り囲む山々の頂上で見たある光景を決して忘れないだろう。遠くに氷と根雪に覆われたアルプス山脈が太陽の光をうけて輝いていた。より手前のふもとは、草木に覆われたプレメーノとトルニッコの斜面が見える。そして一番近くの眼前には、背が高く濃い緑の茂る小さな草原が広がっていた。その草むらのなかで、5人の小さな愛らしい子どもたちが、頭だけのぞかせて騒いでいた。私が彼らのそばの小道を通りかかったとき、動きを止めてじっとしていた子どもたちのうちの1人が不意に蝶々を解き放ち、ほかの子どもたちとそれを向こうの方まで息せき切って追いかけて行った。蝶々はバラの花のなかを舞っていた。あれはスウェーデンのおとぎ話に登場する麗しい夢のようなシーンだった。

　子どもにとっては、悲しみよりも優しい感情が、そして憂鬱よりも楽しい感情の方が強く湧き上がる。それゆえ、子どもたちの屈託のなさや落ち着き

のなさを、怠惰や意地悪と混同しないようにしっかり用心せねばならない。6歳から10歳までの暮らしで、突然こうした感情が芽生えるとしたら、まだ気質が未形成のときに強烈なショックでも受けたに違いない。この年代を苦悩を感じることもなく過ごした子どもたちが10歳頃になると裁判官のような厳格さと薬剤師のような生真面目さを獲得する。病にかかったか、あるいは心をなくしたのか……いずれにしても同じことだ！　彼らはもしかしたら故郷の栄えある市長になるかもしれないが、精神的、肉体的葛藤なくして栄光を手にすることはないだろう。

　そんな半ズボンをはいた老人たちは母親に任せておこう。こんな子どもの母親ときたら、生暖かいサロンの数々に子どもを引きずり込み、取り入らせることにけちな満足感を覚えるのである。だがそれとは逆に、真昼に学校をさぼるような連中も大勢いる。そのなかにこそ未来の偉人がいるのだ。彼らは半ズボンの老人たちには目もくれない。数えきれないほど多くの遊びや計画、プライドが、彼らの小さな魂をおしゃべりへとかき立てているからである。

　にぎやかに小道を駆け下りてゆくほかの子どもを羨みながら、先生の声に促されてようやく家路につく子ども。母親が美味しい昼食を作って優しく迎え入れてくれることを楽しみに家へと急ぐ子ども。父親に失敗を咎められる不安に、すすり泣きながら重い足取りで家へ向かう子ども……そのすべてが言わば取るに足りないが、面白く愉快な逸話のようなものだ。

　しかし、いつの日かこうした子どもたちが、何らかの悲劇や犠牲の立場にならないとも限らない。

　あの青ざめて寒さにふるえる哀れな少女は、失意と貧困のうちに人生を終えるだろう。かつては生き生きとした瞳の持ち主だった少女も、やがて執拗な愛と憎しみに目覚めるだろう。また、明るく、誠実な顔をしたあのたくましい少年は、英雄の素質を隠し持っている。陰気で嫉妬深いあの少年には、犯罪者の気質が眠っている。今、子どもたちは屈託なく笑ったり歌ったりしながら元気に生きているが、いつの日か彼らの人生は混乱の激流のなか、血に染まるだろう。今、慎ましく汚れのない子どもたちの人生は、やがて栄光に満ちた、しかし危険を孕むものとなるのである。

19. 幼き天才という幻想

　今回調べた子どもたちのなかに、早熟の気配をみせる芸術家がいないか探してみたが、未来という未知なるスフィンクスからの答えを受け取ることはできなかった。

　偉人の伝記作家には、まるで検事のように被告人が幼少期から誰かのリンゴやパンを盗んでいたことを立証しないと気がすまないようなところがある。そういう伝記作家は、将来名を成す人物が幼少期から早熟の才によって何かしら感嘆すべき逸話を残しているはずだと強く信じており、もしそのような逸話がなければ、自分でそれを作り上げてしまうのである。

　ジョットは、羊飼いだった少年時代に、板の上に小石を使って羊を描きあげ、〔師の〕チマブーエを驚かせたという。

　マザッチオはごく小さいときに、サン・ジョヴァンニ・ディ・ヴァルダルノで（誰も見たことがないような）見事な人物像を描いたという。

　タッデオ・ツッカロは10歳にして、自分の息子は偉大な芸術家であるという確信を父親に抱かせたという。

　フィリッポ・リッピやペルジーノ、モントルソリなど、ほかにも幼年時代から驚くべき芸術的手腕を示した者たちがいる。

　こうした話は、すべて作り話か、あるいは単なる偶然の出来事にすぎない。なぜなら、いずれ偉大な人物となる10人の芸術家が、子どもの頃から頭角を示していたことが本当だとしても、同じぐらい立派になるはずの他の1,000人の芸術家が、子どもの頃はまったく見向きもされなかったということも、また真実なのだから。さらに付け加えるならば、幼い頃の神童が愚かでうぬぼれの強い凡人へと成長した例は、今も昔も枚挙にいとまがないだろう。

　この論考はすでにかなり長いものになってしまったが、これは子どもの知的発達について調べたり、模倣の才能から後年どのようにして物を産み出す豊かな才気が溢れ出るのかを論証するものではない。

20. 絵の上手な子どもと芸術家

それゆえ、私の研究に関して、それとは別の最終的な所見を述べる必要があるだろう。

数々の作例から分かったのは、子どもは最初、芸術的に対象を再現することはないが、多かれ少なかれ記憶によってそれを補いながら描写するということである。一方で、対象そのものを部分的に描くこともある。

子どもにとって、芸術としての芸術は未知のものである。そのため、彼らは何とか対象を描きながら、自らの記憶にあるものを事物の完全な姿へと少しずつ近づけてゆく。

しかしその再現が、子どもの絵のような単なる記憶の産物ではなくなり、美的感覚、視覚の完成とその洗練、手の軽やかさ、そして一般的な技術の習得といった、記憶に依存しない能力の成果となるときが来る。そのとき優れた芸術家とは、必ずしも記憶力に優れた者のことではなくなるのである。

実際、私は多くの学校の子どもたちを見て、最も絵の上手い者は、少数の例外を除いて学業の優等生でもあることに気づいた。こうした子どもは観察力にも記憶力にも優れ、学校の授業で教わるのと同様に学んだことをうまく創意工夫するタイプなのである。

やがてそれとは逆に、学校では落ちこぼれだった子どもが、強烈な個性を持つ芸術家として姿を現すことになるかもしれない。

原註

1 ヘンリー・スクールクラフト、『アメリカ合衆国のインディアンの歴史と境遇に関する情報と調査』（Henry R. Schoolcraft, *Information respecting the history, condition and prospects of the indian tribes of the United states*, Lippincott, Grambo & Co., 1854）、図31、32、33、34および35を参照。

2 ジェイムズ・ゲイキー、『先史時代のヨーロッパ：その地質学的スケッチ』（James Geikie, *Prehistoric Europe: A Geological Sketch*, Stanford, 1881）。

3 ジョン・ラボック、『先史時代：古代遺跡と現代の先住民の風俗や習慣に関する図解』（John Lubbock, *Pre-Historic Times as illustrated by Ancient Remains and the manners and customs of Modern Savages*, Villiams and Norgate 1869）。

4 『先史考古学国際学会：第3回報告書』（*International Congress of Prehistoric Archaeology: Transactions of the third Session (1868)*, Longmans, Green and Co. 1869）。206と256ペー

ジを参照。

5 『時代遅れの人間たちと未開の人間たち アルマン・ド・カトルファージュによる人類学的調査』(Hommes fossiles et hommes sauvages. Études d'anthropologie par A. de Quatrefages, Baillière 1884)、342、454 ページ。

6 A・E・ノルデンショルド、『ヴェガ号航海誌 第 2 巻』(A. E. Nordenskjold, La Vega. Viaggio di scoperta del passaggio Nord-Est tra l'Asia e l'Europa narrato dal barone, Treves, 1882. Vol. II)、101、105、117 ページ（小川たかし訳、『ヴェガ号航海誌』、フジ出版社、1988 年）。

7 J・G・ウッド、『人間の自然史』(Rev. J. G. Wood , The Natural History of Man, George Rontledge 1884)。500、615 ページ参照。

8 G・B・トスキ、『天国の門』(G. B. Toschi, Le porte del Paradiso, Nuova antologia Vol. XV, 1879)、458 ページ。.

9 G・B・ボーノ、「色彩感覚の歴史的進化」(G. B. Bono, "L'evoluzione storica del senso cromatico", Gazzetta delle cliniche, Vol. XX, 1884)。19 ページ参照。

10 このように書きながら、エドモンド・デ・アミーチスの『フーリオ』を思い出した。おそらくこの作家の最も優れた作品である。

11 ベルナール・ペレ、『幼少期の教育：実験教育学に関する試論』(Bernard Perez, L'Education dès le berceau. Essai de pedagogie experimentale, German Bailliere et C. 1881)、第 3 巻、77 ページ。

12 パオロ・マンテガッツァ、『人相と身振り』(Paolo Mantegazza, Fisonomia e mimica, Dumolard, 1881)、第 9 章、115 ページ。

13 チャールズ・ダーウィン、『種の起原と性別に関する選択』(Carlo Darwin, L'origine dell'uomo e la scelta in rapporto col sesso, Unione tip. 1871)、第 2 章、51 ページ。

14 ペレ、前掲書、122 ページ。

15 ゲラルド・ネルッチ編纂、『モンタレージ（ピストイアの周辺）の有名な 60 の物語』（raccolte da Gherardo Nerucci, Sessanta Novelle Popolari Montalesi, circondario di Pistoia, Le Monnier 1880）。

訳註

1 キリストの降誕場面を表わした模型。伝承に則り、洞窟やあばら家の中に幼子キリストと聖母マリア、父ヨセフ、東方三博士、羊飼いなどの人物を配する。カトリックの家庭ではクリスマスの時期から東方三博士がキリストを拝みに来たエピファニア（御公現）の祝日である 1 月 6 日まで飾られることがある。

2 スウェーデンの蒸気船ヴェガ号は、1878 年から 1880 年にかけて、冒険家アドルフ・エリク・ノルデンショルドの指揮により、当時極めて困難とされていたヨーロッパからベーリング海へといたる北東航路の開拓を成し遂げた。一行は 1878 年 9 月にチュクチ族の居住するシベリア北東に到達し、彼らの風俗を伝えている。

3 4 世紀のヴェローナ司教、聖ゼノに奉献されたロマネスク様式の聖堂。ファサード

には北部イタリアで活動した 12 世紀の彫刻家、工匠（マエストロ）ニコロによる旧・新約聖書の諸場面を表わした浮彫が残る。以下に列挙される作品は、いずれも中世建築の一部として残された彫像群であり、人体の解剖学的正確さや空間認識の欠如を進歩史観的な立場から批判した内容となっている。

4 　ピストイアのロマネスクの聖堂のこと。
5 　アレッツォに位置する 12 世紀創建のロマネスク様式の聖堂。
6 　11-12 世紀にかけて建設されたロマネスク様式の聖堂。ファサード部分は工匠レオナルドの浅浮彫で装飾されている。
7 　ペーザロ司教館内の 12 世紀のニンファエウムのこと。
8 　12 世紀創建のロマネスク様式の聖堂。ファサード部分に創建時の浮彫彫刻が残るほか、内部にもキリスト教主題の場面を表わした説教壇をはじめ、ロマネスクの様式が各所に認められる。
9 　ベネデット・アンテラミの作品で、大理石に「十字架降下」の場面が浮彫で表わされている。図 45 参照。
10 　ボローニャの守護聖人、聖ペトロニオに献堂された 14 世紀創建の聖堂。身廊部分には 19 メートルにおよぶベイが 6 つ連なり、世界でも有数のスケールによって知られる。
11 　イタリアの文学者、ヴィンチェンツォ・モンティの叙事詩『Bassvilliana』からの引用。
12 　現在、パルマ国立絵画館所蔵。画中のモチーフであるスコデッラ（スープ皿）からこう通称されるが、画題としては新約聖書の「エジプト逃避」を描いたものである。1893 年より同館の研究員となったリッチは、本作の由来を示す銘文の組み込まれた画枠を特定し、復元的考察を行なっている。
13 　フィレンツェ、パラティーナ美術館所蔵。1505 年頃に制作され、トスカーナ大公フェルディナンド 3 世（在位 1790-1801, 1814-24）が所有していたことからこう呼ばれる。

第2章　コッラード・リッチ　83

図1　　　図2

図3　　　図4　　　図5

図6　　　図7

図8　　　図9　　　図10

図 11

図 12

図 13

図 14

図 15

図 16

図 17

第 2 章　コッラード・リッチ　85

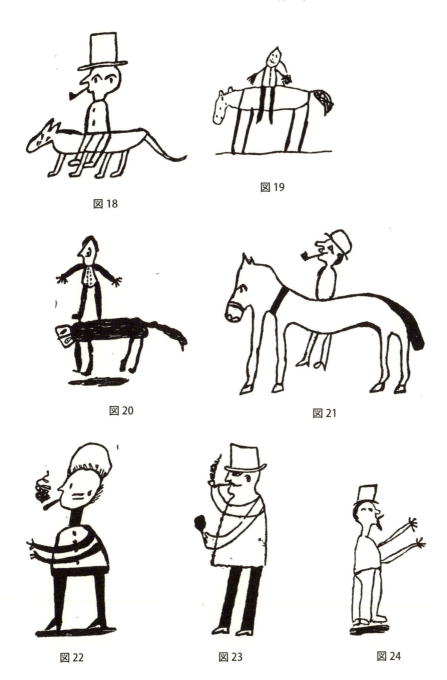

図 18

図 19

図 20

図 21

図 22

図 23

図 24

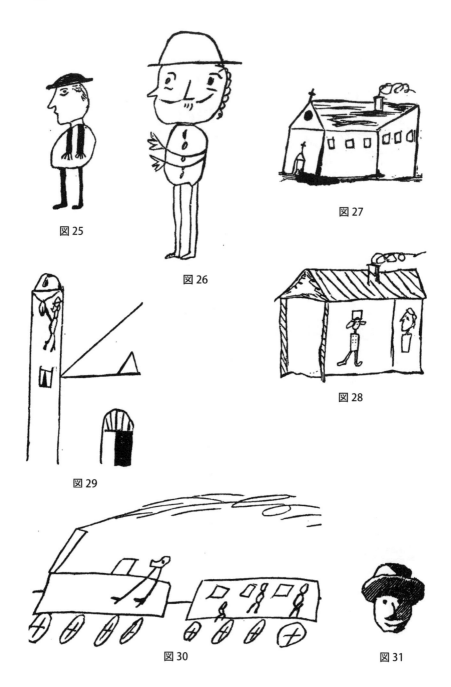

図 25

図 26

図 27

図 29

図 28

図 30

図 31

第 2 章　コッラード・リッチ　87

図 32

図 33

図 34

図 35

図 36

図 37

図 38

図 39

図 40

図 41

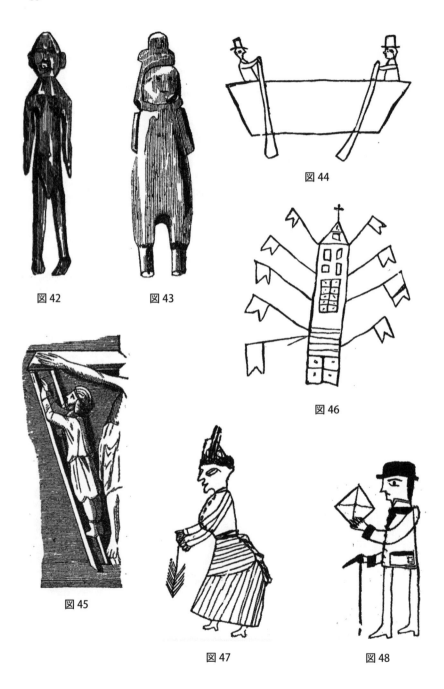

図42　　　図43　　　　　　　図44

図45　　　　　　　　　　　図46

　　　　　　　図47　　　　　図48

第 3 章
ベルナール・ペレ
―― 子どもの認知能力とドローイング

解 説

　本章では、フランスの児童心理学者ベルナール・ペレが 1888 年に『哲学評論 (Revue philosophique de la France et de l'étranger)』誌（第 25 号）に発表した論稿「子どもにおける芸術：素描 (L'art chez l'enfant: le dessin)」を訳出した。この雑誌は、ペレの友人であったパリ大学教授テオデュール・リボーが代表を務める学術誌であり、フランスにおける近代的な心理学の始まりに大きく寄与したとされる。
　1836 年、フランス南西部の町タルブに生まれ、その後、パリで自由教師となったペレは、膨大なテーマに着手する上で対象の観察を重視した点に特徴があり、事象の分析にあたっては、生物学、人類学、社会学による多様なデータを用いはしたものの、それらを理論としてより以上に乱用することはなかった。ペレは教育者としての立場から心理学に関心を寄せるようになり、1878 年の最初の著作である『児童期の最初の 3 年間 (Les trois premières années de l'enfant)』は、あくまでも観察にもとづいたその方法が批評家に高く評価された。例えば、本書 7 章で扱ったジェイムズ・サリーは、この本の英訳版に序文を寄せており、また第 2 章のコッラード・リッチの論稿にもペレへの言及が見られるなど、児童美術に関する多くの著作においてペレの研究が参照された。ペレの著作は心理学者というよりも文学者や教育者によるそれのようであって、手法は分析的であると同時に描写的で、些細な事実や描写、逸話にも富んでいる。そうした特徴もまた、ペレが「リボー派」に属するフランス最初期の心理学者であることを物語っている。他方で、1886 年の『児童心理学 (la psychologie de l'enfant)』における 3 歳から 7 歳の子どもの心理の分析には、19 世紀末の最後の 10 年をかけて発達する厳密な実験的手法との並行関係を見出すこともでき、その後、1890 年代を通じてペレは真の教育心理学 (psycho-pédagogie) を発展させていった。
　ペレは総じて言語能力を基準に人間の成長を考えており、言語を習得した子どもには表象の把握や表現の変化、さらにはそれに付随して生じるエモーションの複雑化が起こると論じている。『児童期の最初の 3 年間』と名付けられた著作が

あることからも分かるように、彼の議論においては、大きな節目の時期として3歳という年齢が重視され、この時期を境に子どもは文化的社会的なコードを身に付けていくとされる。1888年に発表され、こちらも多くの研究者によって参照された『子どもの絵と詩（L'art et la poésie chez l'enfant）』は、最も幼い時期の芸術活動を子どもの発達の重要な段階と位置づけ、その研究意義を強調している。一方、本章で訳出した論稿においてペレは、子どもの素描に焦点を当てながら、素描を通して子どもの成長と、これに応じて表象把握が変化する様子を観察している。本書第11章で紹介するリチャード・シフの論考においても指摘されているように（本書393ページ、註14）、その冒頭部分はラカンの鏡像段階を思い起こさせるような記述から始められ、そのとき引き合いに出されるのが動物と未開人の例である。子どもと動物は、生後まもなくは鏡に対する反応に関して違いは見られないが、数ヵ月経った頃、子どもにおいては知的にも情緒的にも成長の度合いの違いが顕著になる結果、動物は鏡に見向きもしないままであるのに対して、子どもは鏡に映る映像に関心を持つようになるとされる。

　ペレによれば、こうした変化は言語の習得と関係があるとされ、10ヵ月を過ぎ話し言葉を獲得し始めた子どもは、犬やライオンをひっくるめて「ウアウア」と呼ぶなど、現象やイメージを自分なりの記号と紐付けて理解しようとする。しかしこの段階では、彼は大人の社会で使われている共通の言語（概念）を知らず、これを獲得するのは14ヵ月以降だとされる。さらに、ペレが設定した3歳を過ぎると、現象やイメージを今度は記号ではなく物語と結び付けて、特定の心情と関連付けるようになる。素描を取り上げるときにペレの考察対象となったのは、このように記号や物語をイメージと結び付けることのできる3歳以上の子どもたちであった。目で捉えた対象の部分を言葉で言い表すことができるなら、理論上はそれらの部分をイメージにおいても区別できるはずである。もしも対象と表現されたイメージが似ていないとすれば、それは「技術的であると同時に論理的な」未熟さに由来しているとされるのである。本稿では、人間を描くときの「人体の同一の側でなされる、腕あるいは脚、あるいは眼や鼻、耳も含めた〔……〕不器用な重複複写」、いわゆる不格好な産物のことが挙げられている（本書105ページ）。ペレは、子どもの絵の未熟さが原始美術の特徴と共通性を持つとみなしており、そのことは、19世紀の知識人のほとんど誰もがそう考えたように、彼もまた人類史の発展と個体の成長を同一視していることを明らかにしている。

　また、ペレの子どもの知覚に対する捉え方はやや図式的であり、その発達段階についても、単純なものから複雑なものへ、粗雑なものから緻密なものへといった具合に、子どもの成長過程を一直線の時間軸に重ねているところでは、明らかに、自然の観察を出発点とし、対象の完全なる把握をゴールとする「自然模倣」のルールと正解が念頭に置かれているようにも感じられる。さらにペレは、3歳

以降の成長は個人差があるという点を踏まえつつ、年齢ではなく発達段階に対応した教育の必要性を強調している。

　最後に、ペレと同時代の反応や影響関係を確認しておく。一般的に知られているのは、『児童期の最初の 3 年間』における記述が、イポリット・テーヌによる論文「乳児期における言語の発達」とよく似た主題を扱っているという点である。テーヌの論文は 1876 年に発表されてダーウィンとの論争で話題を呼んだが、ペレの方は自著においてダーウィンの進化論的な観点こそ導入しはするものの、テーヌの生得論的な主張までは採用していない。にもかかわらず、彼の考察対象が文明化されたヨーロッパ人の親を持つ子どもに限定されているため、同時代の書評によれば、観察された主題の一切は特定の身分と文化の人間の子どもであって、彼の心理学が――「進化論」や「系統発生論」にもとづいた画期的な考えと称賛される一方で――後天的な可能性や環境的な影響を顧みていない点も指摘されている。また、ペレと同様の立場から系統発生論的な児童心理学を提唱したウィリアム・プライヤーの 1882 年の著作、『子どもの魂』をフランスの出版社アルカンに紹介したのはペレであり、そのフランス語版である『L'âme de l'enfant』が刊行された 1887 年には、先の『哲学評論』誌に寄稿した論文の中で、このプライヤーの著作を高く評価している。

参考文献

Levelt, W. *A History of Psycholinguistics: The Pre-Chomskyan Era*, Oxford University Press, 2013.

Nicolas, S. 'Les debuts de la psychologie de l'enfant vue a tràvers les monographies: l'œuvre de Bernard Pérez (1836-1903)', *Bulletin de psychologie*, vol.53, issu.5, 2000, pp.553-560.

Pérez, B. *Les trois premières années de l'enfant*, Félix Alcan, 1876.

Pérez, B. *L'Art de poésie chez l'enfant*, Félix Alcan, 1888.

Pollock, F. 'Reviewed Work: *Les trois Premieres Annees de l'Enfant.* by Bernard Perez', *Mind*, vol.3, no.12, 1878, pp.546-548.

Preyer, W. *Die Seele des Kindes, Beobachungen über die geistige Entwickelung des Menschen in den ersten Lebensjahren*, Grieben, 1882（1884 年の第 2 版は H. de Barigny によって仏訳され、Alcan から出版された）.

Taine, H. 'Lingual Development in Babyhood french', *The Popular Science Monthly*, June 1876, pp.129-137.

ベルナール・ペレ「子どもにおける芸術：素描」

第1部　イメージへの関心と認知

　まだ美を生み出すことのできない子どもは、美について無知で、その状態は、多かれ少なかれ、ずっと変わることはないが、彼らは自分たちなりのやり方で芸術的な作品を享受するのである。ゆえに、鉛筆を握ったことのない幼い子どもが、事物の表象や素描、絵画といった、いわゆるイメージを理解し、感じ取る方法を探ることには関心がつきまとう。

　子どもに差し出される最初の表象とは、鏡の映し出すそれである。鏡による表象は、それ自体のうちにも、その効果にも、何ら美的なものを伴っていない。それというのも、それはまったく出来上がったかたちで私たちの精神にもたらされるものであるから。鏡による表象は現実の単純な写しである。私たちはこれを知覚するのであり、解釈をすることはほぼなく、これを創造するということもない。しかしながらその完全な印象には、認知という知性的な要素、そして、認知の驚きや喜びといった情緒的な諸要素が含まれている。そこにあるのは、自然に生じる表象、人間や事物を描き出す表象が私たちにもたらす印象に共通してみられる様々な特徴なのである。

　生後数ヵ月の子どもが、ガラス面や鏡を前にしたとき、類人猿や犬、猫、あるいは未開人と比べても、まったく別様に振る舞う。眼の前に鏡を置かれた猿は、そこに自分たちと同種の個体を認知して、それをつかもうとするかのように、手を鏡の額の後ろへとやる。ここで猿は、他者を見て喜ぶことはなく、すぐに腹を立てて見ることを拒むようになる。生後5ヵ月から6ヵ月の犬や猫の場合は、鏡面に映し出される自分たちの姿に注意することなく通り過ぎることが多い。他方、年齢の進んだ者はとくにそうだが、彼ら〔犬や猫〕はそこに自分たちの同類を見て、つかのま驚きを見せることもある。そのとき、彼らは注意深く見つめ、遊ぶか攻撃するかのように、手足を動かす。しかし、これらのイメージは、彼らにとっては同類のものであり、すぐに関心

がなくなってしまう。しかしながら、愛の情熱を燃やしているときのみ鏡像に興味を示す、ある雌猫についての風変わりな事実を記しておかねばならない。このようなとき、雌猫は執拗に鏡面を引っ掻くのであるが、観念連合の働きにより、窓のガラスや暖炉の大理石にも同じことをするのである。これらの動物よりわずかながら優れていると言うべき未開人については、鏡を見せると、とたんに笑い始め、ある種の驚きを示しもする。しかし、それもつかのまのことで、そこに知的な好奇心が混じることは一切ない。

　では、同じような状況で人間の子どもの振る舞いがどのようなものか、見てみよう。ダーウィンの息子のひとりは、生後4ヵ月の頃、鏡の中に自分の姿を見るのがとても好きだった。7ヵ月頃になると、父親によれば、そこにある姿がイメージでしかないことを完全に理解するようになった。それというのも、〔それまでは〕そのイメージが何らか表情を変えると、子どもはそれを見ようとすぐさまそちらへ向いていたのである。はじめは、彼は鏡の前で、あたかも誰かを認知したかのように、「アー」と驚きの声をあげていた。それが9ヵ月を迎える前には、自分の名前に関する記憶と鏡に映る自分の姿を結び付けるようになった。名前を呼びかけられると、彼は鏡面の方へと向いたのである。

　プライヤーは彼自身の息子にみられた同様の現象を記録している。生後5ヵ月を迎える前に、その子どもが笑うのは、イメージの輝きによって引き起こされる場合に限られているようだった。知覚は、生後5ヵ月から6ヵ月でよりいっそう明確に現われるようになる。彼はひとりの人に対するように、自分のイメージに笑いかけるのだ。6ヵ月の頃、父親のイメージを見たときは、大変に注意を示した上で、プライヤー曰く、明らかに「オリジナルとイメージ」を「比べ」ようと、突然、父親の方へ顔を向けたのだった。7ヵ月、そして10ヵ月を迎えてもなお、彼は自分のイメージに笑いかけ、興味をもって見つめ、それに向かって手を伸ばし、手につかめないことに驚く。14ヵ月を経て、彼が鏡面に母親を目にしたとき、「ママはどこかな？」と尋ねられると、彼は鏡面に映ったイメージを指差し、そして笑いかけながら母親の方へと顔を向けるのだ[原註1]。

というわけで、生後 14 ヵ月目にして、イメージはこのようなかたちで確かに認知されるのである。驚きは姿を消した。喜びが減ることはないが、その性格は変化した。子どもは色彩の鮮やかさをさほど楽しまず、それはおそらく、表象された様々な形態を見ることについても同じであろう。鏡面の前で彼はいろいろな仕草をして、両親にもそれをやらせる。鏡に映ったイメージは、彼にとってはもはや二次的な現実でしかない。現実の幻影はもはやそこにはなく、理想の幻影はまだそこにはないのである。

　夫人と生後 18 ヵ月になる娘を連れてポー市〔フランス南西部〕に滞在した私の友人が、朝早く、アンリ 4 世広場に面して建つ宿屋の食堂へと降りて行った。すべての窓が開いていた。それは 5 月の最も美しい朝のひとつだった。彼はガーヴの美しい谷とピレネーのすばらしい眺めにしばし感嘆した後、不意に振り返ったとき、仰天して立ち尽くした。たった 6 歩ほど離れたところに、山並みの風景が色彩のみずみずしさと限りのない色調の繊細さとともに輝く大きな絵画を眼にしたのだった。彼はそこへ近づくと、偉大なる芸術家とは鏡面であったことを解し、すぐにその眼をイメージから現実へと向け直した。幼い娘はというと、この魅惑的なイメージの前で嬌声が止まず、ずっと手をそちらに伸ばし続けていた。食堂に着いても、彼女は他のものを見てはいなかった。彼女が飽きることなくこのイメージに興じ続けられるよう、父親は日に 2 度、3 度と窓を開けねばならなかった。もうひとつの現実にほかならない、表象された現実に興じるように、再現された現実を楽しむことができる段階には、その子はまだ遠い。

　鏡面の中にイメージを認知するようになると、子どもは絵画や素描のうちにもそれを認知できるようになる。困難がより大きく思われるのは、小さな画面の素描で、彩色されておらず黒のみで刷られている場合である。しかしながら、対象に帰する属性としてみなす距離や規模が、知覚的な判断にさらに付け加えられる判断によっているということを、私たちは知っている。こうした判断は、現実的、あるいは観念的な、しかし実に多様な感覚与件にもとづいており、これらの感覚与件は、私たちにとって通約的な単位として機能する。私たちはこのようにして、持ち合わせている基準点に沿って、空間

に浮かんでは消えていくひとつの黒い点の網膜イメージを解析しようとして、蠅を鳥と、あるいは鳥を蠅と取り違えるのである。鏡の中にひとりの人を認知する子どもは、それゆえに絵画や素描、写真のうちに同じく人を認知できる。色彩に関しては、ここでは最も重要度が低い。対象についての心的な表象が主要な要素とするのは、動的な印象の記憶であり、それは黒や白、あるいはバラ色、茶色などであれ、色彩を帯びた印象の記憶へと結び付く。心的なイメージの拡張や縮小は、すぐに変化する判断の影響であり、純粋に想像力や意志の扱う事柄なのである。チェゼルデンによる手術を受けた盲人に対し、「懐中時計に仕込まれたその父親の肖像を、そこに表わされている人がどのようであるかを伝えながら」見せたとき、「その盲人は類似性を認知しながらも心の底から驚き、どのようにしてこれほど大きな顔があんなに小さな空間に収まっているのかと尋ねた」[原註2]。この驚きは、幼い子どものそれではない。子どもの驚きは、主観的な縮小ないし拡大を伴うかたちで、無意識のうちにこうした認知をもたらすのである。

　複数の同じようなイメージを解釈する能力が、幼い子どもにおいてほとんど発達していないのは、当然のことである。しかしながら私は、生真面目な著者たちが生後6ヵ月か7ヵ月の乳幼児にこの能力があるとするのを見てきた。「まだ喋ることのできない女の子だが、生後7ヵ月で、多大な興味をもってイメージに目を凝らす。その小さな人差し指で、人間を表わしているイメージの頭のところを示すのである」[原註3]。漠としたものであれ、そこに認知が生じていたとは、私には考えにくい。そして、何かを示そうとする動作は、そうしたイメージにその子の興味を惹こうとする周囲の動作の、とくに意味のない真似であるよりほかありえないだろう。そうでないと、テーヌ氏により報告された事実に納得できないのである。「彼女は毎日、祖父と顔をあわせると同時に、鉛筆で描かれた、とても小さいながらもよく似たその似顔絵を頻繁に見せられていた。それは2ヵ月ほど前から続けられ（彼女は現在、生後10ヵ月）、「おじいさんはどこ？」とはっきりと尋ねられると、彼女はこの似顔絵の方へ顔を向け、それに笑いかけるのだ」。この卓越した哲学者は以下のように付け加えているが、私はいくばくかの困惑を隠せなかっ

た。「より似ていない祖母の似顔絵を前にしては、いかなる同様の身振りも、知性の働きの表われもうかがえなかった」。もしこれら2つの経験が同一の条件下でなされたのであったなら、この結論はあまりに明瞭に過ぎるように私には思われる。同じような事実を説明しようとして、同じ著者がやや離れたところで語っていることに留意することが、いっそう適切ではないということがあろうか？

「この冬（12ヵ月目）、この子どもを毎日、その祖母の家に連れていき、ルイニ〔盛期ルネサンスの画家ベルナルディーノ・ルイーニのこと〕の絵の複製をいくどとなく見せた。そこには裸の幼いイエスが描かれており、これを見せながら彼女に言い続けたのだった。「ほら、赤ん坊だよ」と。そして、8日目になると、別の家の一室で、今度は彼女自身のことを話しながら「赤ん坊はどこかな？」と言うと、彼女は、それがどんなものであれ、絵画や版画の方へと顔を向けるのだ。「赤ん坊」という語はつまり、彼女にとっては何か一般的なもので、人物像や風景を描いたあらゆる絵画や版画に共通してみられるもの、言い換えると、私が間違っていなければ、輝きを帯びた額の内側で渾然となったものを意味している。実際、枠の中で色と形を与えられた対象はすべて、彼女にとってちんぷんかんぷんなことは明らかである。反対に、艶と輝きを放ち、塗りたくられた内部を囲い込む四角形は、彼女に強い印象を残したに違いない」原註4。

これぐらいの年齢の子どもだと、「赤ん坊」が何なのかよく知らず、また、鏡面では認知できたその自然な大きさを絵画において認知できなくても、不思議には思わない。動作や話し言葉による助けなしでは、まだ無理だろう。私たちが認知行為としてしばしば把握するものとは、子どもに向けて示される言葉や態度の連なりの効果にほかならないのである。数ある例のなかから一例として、生後10ヵ月の女の子、ブランシュちゃんの例を引こう。彼女に「おじいさんをごらん」と言いながら、壁に掛かったヴィクトル・ユゴーの肖像画をしきりに見せたのである。結果、「おじいさんはどこ？」と言われると、彼女はその版画の方へと向くのであった。私が請け合うが、その善良な人物は偉大なる詩人とはおよそ似ていない。同じ図像を見せながら、「お

ばあさんを見てごらん」と言ったとしても、彼女はまったく同じように振る舞ったことだろう。

しかしながら認めねばならないのは、生後 12 ヵ月から 15 ヵ月の子どもが、少しでも人の助けがあれば、小さな素描のうちに、人の姿、おそらくは近しい動物さえも判別しうるということである。この認知そのものには、興味を大いに惹くものは何も含まない。2 歳半や 3 歳でさえも、子どもが人間のこうした人工的な複製を眼にして覚える喜びは、鏡面の映すイメージのもたらすそれには遠く及ばない。特に、話し言葉をすでに獲得した子どもが表象された人間や事物について抱く観念は、まだ極めて不完全なものである。

ある 2 歳半の子どもについて、私は別のところで語ったことがあるが、その子は、祖父の飼い犬である「カンボ」を除き、あらゆる犬を「ウアウア」と呼んでいた。彼はカンボの名前を呼ぶことはできなかったのだが、その子にとってカンボとは、ありふれた「ウアウア」ではなかった。彼はほかにも、自分の集めている木製の小さな動物たち、犬、山羊、オオカミ、ハイエナ、ライオンなども、「ウアウア」と呼んでいた。しかし、ライオンのはく製を前に、私がそれを「ウアウア」と呼ぶと、彼は驚きを見せ、私が間違ったかのようにこちらを見るのだった。彼はロバと馬、そして特に水牛を、日常では識別できたとしても、彼の〔空想の〕動物園ではそれらはすべて「モー」（水牛）と呼ばれていた。私はある夜、彼をテーブルにつかせて、手に鉛筆を握らせ、白い紙をその前に置いた。私が大雑把に、四つ足の動物を紙に描いたところ、彼は「モー」と言う。私は彼に、例えば小さな円など、何か簡単な素描をするように頼んだ。彼がそれを「チチ」と、ずっと前から乳母のおっぱいの呼び名として彼が習い覚えた名で呼んだときは、私たちを心から笑わせた。「チチ」は彼のなかで正確には乳首を意味しており、乳房の意ではなかったことを、私たちは知った[原註5]。

ポロック氏によると、14 ヵ月を迎えた彼の息子は、「習慣で『ジェー、ジェー』と言いながら馬を指差していた。また、絵のなかに描かれたシマウマを認知していた。『ジェ、ジェ』と言うことで、それが何であるか理解していることを示した」[原註6]。——プライヤーの証言によると、ジギスムント

の息子は、生後 2 年目の終わり頃、「円形を皿として、四角形を飴として解釈していた。21 ヵ月目になると彼は、当初はそれが何かのイメージであるかのように怖がっていた父親の影を認知するようになった。その証に、彼はその影を示しながら、楽しそうに『パパ』と叫ぶようになったのだ。より年齢が進んでも、私の息子は四角形を窓、三角形を屋根、円形を輪、そして 4 つの点を小鳥と呼んでいた」原註7。

第 2 部　空想力の発達

　もう少し後、4 歳頃になると、最も素朴な観念形成と感情の領域にとどまるとはいえ、イメージの知的な解釈と、その成り行きとしてイメージの情動面への作用が大変に発達してくる。この発達にはしかしながら、心理学者、そしておそらく少数の美学者の関心を引きつけるだけのものがある。ここでは、この問題にはわずかにしか触れることはできないが。

　好奇心と共感が互いの作用を結合させる一方で、子どもは早い時期からイメージの意味を探そうと躍起になる。彼らは、知性によってよりもむしろ、心によってイメージを解釈する。子どもはこのように、夢想と魔法の働きを受け、現実の世界と同時に、表象からなる世界へと分け入るのである。子どもはそこで、わずかに周囲の反応のおかげもあって、自分の家の人々や動物たちの間で生じる、慣れ親しんだ情景を見出す。寝台のカーテンは、その口当たりのよい絵模様を空想の物語に提供するのだ。

　子どもはまもなくすると、現実のものであれ空想のものであれイメージを、人が聞かせてくれた様々な物語と結び付ける癖を持つようになる。エレーヌにおいては、この癖が昂じて幸福ながらも強迫的なものへと化したのだった。おもしろそうな話であれば続きを聞きたがり、心に響いた話は絵に描かせる、そして部屋の壁という壁に、それらの話を素描で表わすといったことが恒常的であるのは、感受性のある種の高揚を示している。思うに、5 歳の男の子たち、かつて多くの女の子がそうであったように半ば孤独のなかで育った子たちにおいてさえ、ベニヤミンに生命を与えて亡くなった貧しいラケルに心

動かされたり^{訳註1}、トランプに描かれたその図像を涙ながらに見つめるといった感受性は、まれにしか見出されない。この話は弱冠 5 歳の幼いエレーヌのことだったが、彼女に母親はこの感動的な話を聞かせていたのだった。

　男の子の場合はまた、例えば壁の染みや樹木、雲、暖炉の炎や燠など、様々な対象に人や動物の形態を見つけ出すことも好む。しかし、自分を感動させ、あるいは魅了した物語の挿絵を、こうした空想上の素描のうちに探していたような男の子は聞いたことがない。この行ないは男の子にとって、ほんのいっとき楽しむ遊びなのである。こうした感受性の鋭さは、はじめは様々な現実やその表象に私たちを共感させるにはとても役に立つ一方で、方向付けがまずいと、現実離れした風変わりな方へと向かってしまうものであるが、幼い女の子にうかがえることがより多く、その時期も早い。例外的に、他者とはやや距離を置き、想念よりも感情の面で発達の進んだ幼い男の子にも当てはまる。ロラン夫人〔の著作〕には、こうした種類の追憶を私はひとつとして見つけられない。8 歳の頃の、そのいくらかの孤独は、趣味に属する事柄、あるいは熱の入った気晴らしだったのだ。しかし、孤独のもたらす苦い思いや陶酔感を人よりも知っていたジョルジュ・サンドは、その幼少期に視覚や想像の幻想へと身を委ねることが多かった。

　同じく注目したいのは、幼少期から顔をのぞかせるようになるこうした癖が、芸術の実践のなかで、描写の正確さや迫真性を犠牲にすることによってしか、画家の想像の働きに役立たないということである。このことについてボッティチェッリはレオナルドから批判されているが、風景についての掘り下げた研究は無駄と断じていた。「それというのは、ある風景を見分けることができる染みを壁面に得るには、様々な色彩に浸した海綿をその壁に投げつけるので十分であるからだ。この画家はまた、非常に暗く沈んだ風景も描いた。確かに、レオナルドが言い足しているように、風景を探し求めているこの画家は、この染みのうちに、列挙すれば、人の頭部や様々な動物、戦闘、暗礁、海、雲、森、他のそういったものなど、様々な着想を見出すのである。それはあたかも、相違した様々な意見の中から、各々が自分の意に適った発言を識別できるようなものだ。しかし、このような

染みは様々なモチーフをもたらす一方で、どこかでそれにけりをつける術を持っていないのである」原註8。周知のとおり、ギュスターヴ・ドレの作品には、自然のここかしこに神を見出そうとするこうした趣向が明らかで、時に並外れて象徴的な想像力と共存しているが、その想像力は常に、創造的であるよりもいっそう空想的である。

　子どもにおける、いたるところで生命の諸表象を想像しようとする性向は、早い時期の読書にも当てはまる。それというのも、この性向はまず、耳で物語を聴く時に生じていたからである。加えて、これらの親しみある様々なイメージが絶えず感動的な悲劇を演じる劇場を拡大し、それを美しく飾り立てようとする欲求へと目を向けよう。様々なイメージと熱中して戯れることにより、興奮とともに、描写の正確さや美しさ、紋切型の夢についても、増幅した効果が得られるのである。例えば、魔法のかけられたような庭や、豪奢なタピスリーや希少な調度、金箔の額縁や感じの良い絵画で満たされた夢幻的な室内をそなえた見事な邸宅（8歳になるエレーヌの想像によってそのように変貌した田舎の普通の家）の様子など。

　肖像画のたぐいは、親や友だちが描かれたものでない場合、子どもはまったくと言っていいほど関心を示さない。

　描かれているのがそもそも誰なのかを解していない一方で、しかし子どもはときにそれらを注意深く見る。過度に見とれることはなく、衣装の目立った細部に目をとめる。しかしながら、子どもが肖像画に要求するものを、肖像画は子どもに与えないのである。それは動きであり、話し言葉であり、生命である。執拗な視線で彼らに迫ってくる眼、動きの硬い所作、平然とした顔つきを前にして彼らが驚き以上に、ある種の苦痛を覚えるのを、私は見たことがある。そもそも、子どもは肖像画の見方を知らない。彼らはそれを、あまりに近くから、あるいは離れすぎたところから見る。最も知性の発達した動物と同じく、子どもは、この平板で光沢のある画布を前にして、自分の多様で矛盾を含んだ印象から抽象的なものを引き出すということができないため、現実のイリュージョンを得られないのである。

第3部　素描の言語

　子どもがどのようにイメージを解釈し、いかにして素描の言語を理解するのかを見たところである。よりいっそう興味深いのは、その固有の観察力に導かれて、そして注意の働きには向かない活発さで模写されるその場限りの手本にはほとんど左右されずに、どのようにして子どもが素描の言語を学び、語るのかを知ることである。

　一緒にいることの多い人間と動物、あと、おもちゃやなじみの物、子ども（3歳から5歳の間の）にとってはこれらが表象の最初の主題となる。しかし、子どもは人間に対してはまったく特殊な偏愛を示す。最初のうちの試みで、子どもはすばやく人間と動物とを識別する。人間の場合は、とりわけ四角か丸い形の頭部（人間の頭部はわずかながらこの二重の外観を呈する）、長い2本の筋による両脚で特徴付けられる一方で、動物はとりわけ、4本の垂直線により表わされる足の上に横たえられ、傾けた体を表わす円柱形あるいは長方形により、特徴付けられる。3歳から5歳の子どもの創り出す胚芽状態の人間と動物とは、このようなものである。付け加えたいのは、双方において個別の「顔つき」はしばしば、1つ、2つ、3つ、あるいは4つの点で特徴付けられ、それらが1つの眼、両眼、1つの口、もしかすると1つの鼻を自在に意味するのである。〔しかし〕それらの点によって何を意図しているのかは常にははっきりと示されない。

　私たちが頭部と呼んだところの、雑に作られたこの四角形もしくは円形が、同時に胸も表わしているのかどうかは分からない。頭と胸とは実際、両腕も含めて、離れて一体として見れば、明確ではない一個の塊でしかない。子どもはより目立つものにしか注意を払わない。子どもにとってそれが本質的なのであり、また人を特徴付け、動物と識別するには十分なのである。しかしながら多くの子どもは、おそらくは模倣により、これほどまでに単純化された人間の形態に甘んじることはない。4歳の子どもでさえ、丸かったり四角だったりする人の横顔を鼻の形を際立たせて表わしたり、下の方では、直線で頭に結び付けるか、単純に頭に近づけて、四角でも長細くもなく、ときに

は円錐形、あるときは洋梨形をとる袋状の形態を、胸部として表わすのを目にする。この歳の子どもだと、横顔か正面像のどちらかの素描しかやらない者もいるが、それを除くと、両方ともできる子たちばかりである。

　発達は多かれ少なかれ自然発生的なものであって、規則的な成長線をたどることは決してない。発達は細部にわたりあたかも偶然のように、あるときはこちら側、またあるときはあちら側、という風に生じるのである。それでもなお、こうした発達はやはり一般的な諸条件に従うのであり、それらの条件によって、子どもの技術的な無知、そのおざなりな観察、それに気まぐれな記憶と注意、そしてとくに子どもの論理の分別と誤謬とも呼びうるものが、すべて説明される。

　その美しさと表現がすぐさま子どもの関心をとらえたのは頭部であり、あらゆる部分の中で最も重要な細部により充実させられる。様々な横顔像において、眼をまず表わしている黒い点は、小さな円で囲まれている。このようにして、瞳、眼の白い部分、瞼が区別される。眼の素描が完全なものとなって見られることが、正面像においてはめったにないのは、2つの接近した点によって識別に十分な顔立ちが作り出されている場合もあれば、完全化に長い時間を要する作業が幼い素描家に嫌気を覚えさせることによる場合もあるからだろう。しかしながら、私はいくつもの正面像において、1個の点と真っすぐな、またはほぼ湾曲していない2本の描線で両方の眼が表わされているのを目にする。ところが、片側だけをとらえた顔の中の眼は、常に入念に描かれるのだ。その眼はときに円錐を横に倒した形態をとり、その基底部は鼻の軸線へと寄り添う。いっそうまれではあるが（7歳から8歳の子どもにおいて）、黒い点を囲むひとつめの円が、それ自体、より大きな円にくるまれることがある。眉はこの形象化のうちに含まれているに違いない。それというのも、眉が特別な描線で表わされているのを決して見ないからである。

　鼻の描かれ方は、8歳から10歳の子どもの手によってさえも大変ひどい。彼らは鼻を実にしばしば鷲鼻や獅子鼻の方向で誇張する。それはとてもグロテスクであるが、そうした意図はないのである。家族の鼻もときにそのように描かれるのは、おそらく経験の浅い素描家の眼にはその形態がよりなじみ

であるからで、子どももまた想像力や勘、芸術家が語るように、いわゆる主要な印象に従って、仕事をするのである。

　子どもが口を気にするようになると、横からとらえられた頭部に見られる、鼻の少し下で湾曲した、または折れ曲がった線が、その部分をはっきりと示すことが多くなる。モデルの口が閉じられると、この線はあまり目立たないので、子どもが口を再現しようと考えるようになるのはずっと後になってからである。正面の頭部像においては、水平あるいは斜めの描線が、口を十分に描き出している。なかには、この描線に沿って点を2つ3つ、ひどく不器用に付け加える者がいるが、彼らにはおそらく歯を示す意図があるのだろう。歯をのぞかせる閉じた口、それは子どもの論理を不安にさせるものではない。要するに、方法論的に素描を学んでこなかった子どもが、模倣を重ねることで、おおむねきちんとした、そしてとりわけ表現豊かな口を、つまり厳密な描写と精彩に富んだ感覚を同時にうかがわせる口を描けるようになるにはとても時間がかかるのである。このような風にして私は、自在な素描と大変な観察力をそなえた、ある9歳半の子どもが、その叔父をモデルに、まずは閉じられた口を（横から）、真っすぐな線の終わりに1本の短い斜めの描線で（真摯な雰囲気をもたらす）、それから笑おうとして開かれた口を（唇が上向くとともに横に広げられ、不揃いの歯が2本並んだ様子をのぞかせる）、そして不安を示すべく、唇が突き出てこわばった口を（その叔父はパリとコレラから大急ぎで逃げ去った）描くのを目にするのである。

　耳は、人の顔においてさほど本質的な、こう言ってよければさほど目立った器官ではない。子どもが耳の存在に気づくようになってからでさえ、描かれていないこともしばしばある。他の角度と比べ、横から描かれる場合はいっそう、耳が描かれることは珍しい。

　子どもは早い時期から、頭部のとても重要なアクセサリー、頭を覆うもの、あるいは飾るものや、頭髪、帽子や縁なし帽に関心を持ち始める。頭髪は大雑把に表わされる。すなわち、頭頂部の周囲で逆立った真っすぐな線による場合、あるいは額から後頭部へといたる短い曲線の連続による場合、または使い古しのかつらのような見た目をもった、不規則な黒い斑を作り出す膨大

な黒い線による場合、そして花飾りか煙突を模したような不定形の何らかの繁茂、要するには凝集した真っすぐの線、またはカールした曲線による場合など。そうした描写のなされた部分が見出されるなら、それは必ずや頭髪を表わしているにちがいない。それまで素描の経験のなかったある8歳の女の子が、私の導きによって男性と女性を2人ずつ描いたのだが、彼女はいずれの男性の頭にもひどく風変わりな縁なし帽を被せるとともに、頭部の左側からふさふさと垂れ下がった放射状の直線により、女性の頭髪を示したのだった。

人間の頭部についてはこれで終わりにするとして、私がかつて確認したのは、横顔が描かれるとき、ほとんど常に、左向きに描かれるということだった。〔身体の中心軸の〕内側に向かう動きは、外に向かう動きと比べ、鉛筆やペンを取るのに慣れた手にはよりいっそうなじんでいる。おそらくはこれと反対のことが、同様の頻度で、文字をまっすぐに、あるいは時計回りに書く国の子どもに生じているとみられる。

最終的に私は、とても大きな類似した事象に気づいた。まだ素描を学んだり、多様なイメージを模写したりしていない時点だと、4年か5年の間隔をおいて、同じ子どもたちによって描かれた頭部には、似通った雰囲気が生じるのである。これはおそらく、観察の不足よりもむしろ、手の習慣に起因するものと考えられる。私は子どもたちに、同じ頭部を常には繰り返し描かないよう頼んだ後、眼の前で素描をさせたが、彼らが異なった頭部の形を見出すのに苦労はなかった。

両腕の付け足しは、子どもの芸術についての最も興味深い事実の1つである。早い時期の素描では、しばしば両腕は描かれない一方で、たった4歳の子どもが、その描写のとても重要な要素として腕に関心を示すことがときにある。そうした場合、子どもはまず、真っすぐな2本線であれ、折れ曲がった2本線であれ、人体の両側から伸ばして腕を表わす。それらの線の幅は、そのとき用いられる鉛筆の種類による。鉛筆が太ければ、引かれる線も太くなるが、二重線で両腕が描かれることは決してない。これはもっと後になって、7歳や8歳、9歳頃にならないと見られない発達である。そのとき、個々の腕は、はっきりとしない長く伸びた管状の形で表わされるだろう。しかし早

い時期にすでに、乳幼児の関心でさえ強く引きつける動きの多い手の先端は、人物像の描写にも姿を現わす。指状の突起は2本の手とほとんど同様である。それは3本から5本、6本、7本まで様々な短い線で、腕の終わるところで広がっている。8歳か10歳の子どもが必要な本数の指をきちんと描くのをみるのはまれで、決まって多すぎるのである。細部が重要であることは、皆がそれを示すとおりである。しかし、これはあまりに込み入った作業で、皆、そこに気を留めるということはない。

　両腕を付け加える箇所は極めて多様で、年齢、そして観察力や技術的な熟達の程度によって異なる。頭部と胴体がひとつに合わさっている場合、四角形か不出来な楕円形の真ん中、あるいは下部から、上肢が生えているのが自然である。胸部が頭部から分かれている場合は、両腕は胸を表わす四角形や袋形から、首から、あるいは脚の付け根、さらには脚の途中から生える。

　腕を左右に分かれるように描きながら、多くの子どもは、9歳や10歳の子でさえ、2本の腕を胴体の同じ一方の側から出ているように描く。これは技術的な未熟さ、そして視覚的な効果についてよく分かっていないことに由来するのではないか？　いずれも当てはまるだろう。2本の腕が同じ箇所から生えていないことを、子どもたちはよく分かっている。しかし、人間を横から見てどちらか片側しか描けないとき、彼らは、自らにとって腕が自然に現われ出る部分にほぼあたる胴体のある一箇所へと、腕を配するのである。その手順は、技術的であると同時に論理的なある種の誤りに起因しているのであり、それはずっと先に問題となる。ともかく、6歳頃の子でさえ、賢い子どもであれば、2本の腕を極めて接近した2箇所から生えているようには、ほとんど描かない。先入観を持っている者は、人間に2本の腕をあてがうだけでなく、正しい箇所に配する。2本の腕を十分に離して、おまけに宙に置かれているかのように遠近感をつける子もなかにはいくらかいる。ほかには、まるで魚のヒレのように、背中の真ん中から腕を生やさせる子もいる。

　人体の同一の側でなされる、腕あるいは脚、あるいは眼や鼻、耳も含めた、こうした不器用な重複複写は、素描の先史的な試みのなかで、長らく続いてきたに違いない。その行ないは、今日まで集められてきた未開芸術の数々の

見本のうちにはその痕跡を残してこなかった。そのことは驚きではない。それというのも、そうした見本はすでに、長い伝統をその背景にもった、正真正銘の芸術家による作品だからである。しかしながら、脚部の重複描写は、〔民族学者の〕スクールクラフトによりミズーリ州やニューメキシコで採集されたいくつかの碑文のうちに認められる原註9。プリミティヴな芸術家によるこうした例外的な創作物が、まるでギリシアの芸術家がギリシア神話をより完全なものにしようとする動きと協働したように、プリミティヴな神性の象徴的な擬人化に影響を及ぼさなかったのか、ここに問うことができるだろう。

　両腕を分節する術を子どもが見つけたとき、折れ曲がっているにせよ、湾曲しているにせよ、例えば上げた右手に何かを、下げた左手に別の何かを持たせて、このより完全な形態をいくつもの仕方で用いる。知性では最も劣る部類の子どもたちの場合、確かに、注意されなければ、同じ役割へと適用された2本の腕の向きは長い間、同じままで変わらない。そういうわけで、何人かの男の子にとっての「男」は、1つ目の手を杖かサーベルの上に、2つ目をパイプか楽器をくわえた口の方へとやっている。同じく何人かの女の子たちにとっての「女」は、片方の手で犬の首ひもを、もう一方で日傘を持っている。そのうちの1人は、賢い子であるのだが、その描くあらゆる「男」と「女」が、まず片手に杖を持ち、もう1つの手で「Louvre」と書かれている風船のひもを握っていた。

　足は当初、2本の垂直線だったが、時々、一方が左へ（左脚）、もう一方が右へと（右脚）向けられた水平方向の2本の短い横線が仕上げに加えられた。足を目にするときは通常、何か履いた状態であるので、子どもがそれを単純な形で表わすのは自然に思われる。しかしながら、7歳か8歳の子でさえ、おそらく手との類比に導かれて、脚の描き終わりに何本もの分散するまっすぐな描線を施す。2本の脚があたかも腕のように、また同じ時期に、概して平行をなす2本の細長い管と化したとき、それらの丸みを帯びた末端は、明らかに2つの足の前への突き出しを示している。同じ例が多くの素描のうちに認められる。大半の時期、横からとらえた像においてさえも、2本の足はあたかも中世の彫刻のように互いに反対向きに描かれる。最も賢い部類の子

どもたちは、足に一番良い向きをもたらす。一方で忘れてならないのは、腕の関節と比べると脚のそれに関する理解の不十分な子どもが、長い期間、あらゆる下肢をただ直線で描くということであり、走る人、馬に乗った人、テーブルについている、あるいはボートに乗っている人などがそれにあたる。

　これらは申し分のない人間であるように私たちには思われる。ところが、そんなことはなく、一部の子どもは芸術的な論理を極端な要求にまで押し進め、その創造物に付属器官を付け加えて飾り立てていく。側面像を描くことに慣れている子どもは、いわゆる基本線、左側の線を、最初から最後まで手放さない。子どもはこの線を、鼻の突起とともに、閉じた眼にする。口の線もたいてい一緒である。顔を正面から描くのがお気に入りの場合、その子どもは常に左側の線から描き始め、その線は自然に鼻を伴って現われる。仮に注意していても、無視して続行する。というのも、見返して手を加え直すことを学んでいないのである。子どもは、自分が描きたいと思った顔を難なく見せてくれもする。それは申し分のないもので、眼が2つ、口が1つ、あとは時々、両眼の間に1本か2本の描線で鼻が1つ示される。唐突に現われる最初の鼻は残念なものであるが。

　しかし、ここにある、あるいは現われるものは、もはや不注意どころでなく、1つの欠陥、あるいは言うなれば、論理の行きすぎである。横顔を描こうとして、円形に線を引き終わると、その空間に眼を1つ配する。この眼はその片割れについて想起するよう働きかけ、子どもは悪びれずそれを対にする。そうなると、ここでは横顔と鼻が忘れられてしまうのだ。このように、子どもの論理は後ろを見返すことなくひたすら前へと進む。その姿は、過ぎ去るつかのまについての思索者、生起する細部を扱う職人である。

　このうかつな論理、対称性と正確性の場違いな要求は、例えば4本足の鳥のような、図示に関するほかの誤りの数々を説明づける。このことに関し、子どもの素描はいくつものサンプルを提供してくれた。1羽の鳥に2本しか足がないことを子どもは知っている。しかし、この二足動物らしきものが何らかの動物のイメージを連想させ、そしてこの鶏の足を表わす2本の線の見え方が四足動物の2本の足を想起させることで、この幼い芸術家はその傑作

に欠けている 2 つのパーツを付け加えるのだ。

　子どもの素描は、ほかにも興味深い不完全性や変則性を示してくれる。これらの主要な例を書き留めたのは、5 歳から 6 歳の何人かの子どもに、私の前で以下の対象を表わしてもらったときのことである。1 人の男性、1 人の女性、馬に乗った人、テーブルについている人、舟に乗っている人、自宅の前にいる人、自宅の庭にいる人、テーブル単体、一輪の花、などである。このあらゆる試みが、様々な仕方で、そして度合いを異にしながら示したのは、技術的熟練と視覚に関する知識の不足、遠近法と比率の不在であった。これらの観察の成果すべてを、いくつかの一般的な特徴へと要約してみよう。

　不貫入性と不透明性は、無邪気な素描家にとっては存在していないようである。頭髪は帽子の布地を通して生え立っていたり、カールしていたりする。髭を表わそうと顎や頬に殴り書きが加えられるも、顔立ちを描き出す線はそのままである。上半身の前側の線が、両腕を直角に切断している。杖や傘、サーベルなどが、着衣や脚の線により切断される。馬に乗っている人の平行に描かれた 2 本の足が、馬の背中側の線、腹側の線によって切断される。小舟に乗っている人の両足は、それが舟の上にすっかり出てはいない、あるいは小舟の下に伸ばされていない場合、船体を表わす線の交差とともに、船体を横切るかたちで現われる〔本書第 2 章の挿図を参照できよう〕原註10。

　賢いのだが未熟な子どもは、そうした誤りについて、改善はできないが、自ら気づくということはある。ある 8 歳の子は、先に触れた様々な素描を行なったことはなかったが、馬に乗った人を描きながらこう叫んだのだ。「ほら！　僕の方に向かって座っている彼を描いたよ」。そして苦闘の末に、彼は私に向かって言ったのだった。「もちろん、脚の描き方はわかるよ。だけどほかが分からないから、そのままにしたんだ」。私が、これがそれを描く正しいやり方だということを見せたとき、その子は大いに笑った。この教えは、その子がボートを描くのに役に立った。その子は、人の上半身の下に 2 本の短い直線を示して、次のように言った。「これは脚ではなくて、長椅子だよ」。しかし、素描のなかで何が現われねばならず、逆に何が隠れていないといけないのか、その子はまだ十分に教えられていなかった。脚と同じで、長椅子

はボートの仕切り壁を通しては見えないということを、その子は知らなかったのだ。ボートを黒で塗らせながら、この重要な点について、私は一度限りながら彼を指導した。

　人間がテーブルに対して斜めに座っている程度のことなど、今さら付け加えても無駄であるが、同じぐらい驚くべきことといえば、その脚も上半身も、その後ろか前に置かれた椅子をかすめてすらいないのである。つまり、2つの事物の接着した状態がそこに存在するなら、相互間の浸透や交差もまた存在するのである。とすると、家の主人が半透明の壁を透過して姿を見せたとしても、極めて自然というよりほかない。庭で、同じくこの男が木々の前に飛び出していても、それはもっともなことである。いっそう奇妙であるもの、それは後景に配された樹木や植物（それはよくあちらこちらへと離して示される）が、前景のそれらと同じ大きさをとる場合である。遠近法についての無知はまったくこの上ない。同じように、子どもは短縮法をまったく顧みない。もしそれを笑いたければ、美的な教育をまだ受けていない様々な年頃の子どもに、単純なテーブルひとつを描かせてみればよい。天板と同じ面に脚の付いた四角いテーブルから、この親しい家具をほぼ正確に描写したものまで、不貫入性や遠近、比率の諸法則を破る方法は、子どもにとっていくらでもあるのである。

　最後に、趣ある、興味を惹く細部の探求、いや、愛着を指摘しておこう。関心というものは、描き手の年齢や性別、性格や知性によって、そして人生における出来事や、身を置く環境、季節によっても変わってくる。マフや襟巻、大きな縁なし帽、ボア付きコートが、8歳から12歳の子どもの手による冬にまつわる素描にあふれているのは、そういうわけである。通りがかりに人を見とれさせる着飾った軍人や婦人は、何日も、何週も、ときには何ヵ月もの間、感性豊かな芸術家を楽しませる。友達や知人の病気や死（自分の親についてはさほどではなく、子どもは親を扱おうとしない）は、薬を入れるガラス瓶、その場にふさわしい花瓶であったりするが、そして当然ながら、ピュルゴン氏〔モリエールの喜劇『病は気から』に登場する医者〕の手で完璧にされた〔医療〕器具によって暗示される。女性という性に通常、あるいは偶然的に付与され

る属性は、それと一致した性に属する芸術家たちの独占物ではない。女の子がパイプや上着、杖やサーベルを描けば、男の子もスカートやレース、ボンネット帽や日傘を手掛けるのである。これは一般的な法則とはいえないが。しかし、2つの性、そしてあらゆる才能のレベルを通じて共通して見られるもの、それは、パイプ、暖炉、機関車、蒸気船、そして素朴な形をした胸（四角形か円形）の上に1組か2組の連続する点で表わされる男性用コートのボタンで、女性の最上の衣装のひとつを表わすシースドレスにも同じように表わされる。

　子どもの芸術はこのように、子どもの論理や感受性と同じく、単純なものから複雑なものへ、全体から細部へ、最も際立った細部からより繊細なものへと移行する。その推移を特徴付けているのはまず、諸形態の縮小あるいは集中、線の簡潔さ、完全さへと向かう動きである。そして、体系的な方向の不在のうちに、ときにはそれに逆らうかたちで、そこに君臨しているもの、それは、形態の完全さと相互干渉、類型の統一性と面の統一性である。

第4部　子どもの成長と素描

　芸術家を形作っている特別な資質、観察眼、正確さ、比率に関する感覚、表現に関する感覚、理想に関する感覚さえも、多くの賢い子どもにおいては、まとまったかたちでみられるか、早い時期にかなりの程度まで成長が見られる。少しでも何らかの助言を受けるよう仕向けられたり、模倣の容易ないくつかの手本に熱を入れて打ち込んだりすると、ときには驚くほどまでに巧みな腕前へと達することがある。芸術に関する生来の適性を決して感じさせなかった、まさに並の実践家たちの中から選んだ2,3の例を引けば十分であろう。

　ポールは4歳で素描を始めた。彼が最初に表わしたがったものとは、ヴァカンスの時に彼を浜へと連れてきたロワイヤンの小舟だった。彼は長い期間にわたり、ボートや蒸気船、帆船を、5歳や6歳の子どもにはまれな完成度をもって描いた。手本に倣うこともあれば、実物に従ったり、あるときは記憶がもとにされた。これらの素描のうち最もうまくいった試みにおいてさえ

も、常に何らかの重要なものが欠けていた。それは例えば綱や櫂で、また、背後と手前が必要もなく入れ替わることも時にあったが、それらは紛れもなくボートと大型の船だった。今では、船体の最も些細な線や器具にいたるまで観察し、注意を働かせるようになり、真の才能で自身の小さな海景画をいくつも描き、着彩まで行なっている。明るく晴れた、あるいはいくらか雲を混じえた空を背景に、波の上の船を描く手さばきは、皆が感嘆するところである。リセの素描教師は、彼が最初の授業で遠近法を理解するのを見て、驚嘆させられたのだった。ペンか鉛筆による2、3本の描線だけで、彼は波の上に大気や光を表わすのである。

　彼の安易で楽しげな想像力は、その偏愛の対象にとどまらず、あらゆる種類の対象を、とりわけ人間と動物を表わすよう鍛えられた。大型の船を描く作業でものにした腕前は、ほかの対象を描くうえでも大いに役立った。彼は手紙を書くとき、そこに戯画や空想的なスケッチを散りばめる。その観察力（彼は11歳だった）は、そこでは表層的であることが多く、気の利いた狙いもときに台無しになっているか、ほとんど示されていない。しかし、それですべてなのだろうか？　叔父の1人の手になる親しみやすい素描が、表現の秘密を彼に露わにしたのだった。ある手紙のなかで、彼は教師の目を盗んで級友とおしゃべりをする自分の姿を描いている。彼の存在は、声をひそめようとして手を使うやり方により、すぐ分かる。その友だちは、確かにほとんど気にとまらないし、教師にもそれらしい表情は何ら見られない。別の手紙では、彼は宛先の相手にお祝いの気持ちを告げているが、その祝意にはラインワインの瓶が添えられている。彼の傍に両親や兄弟が並び、皆が手にグラスを持って丸い食卓を囲む様子も、忘れずに描いている。皆がそっくりなのに対し、彼のみ、ひとり楽しそうに描かれていた。彼は、ほかの人間の楽しげな様子など考えもしなかったのだ。まさに愛すべき粗忽者！　付け加えておきたいのは、ときに創意に富んだ数々の発明において、類似性や表現性が達成されている場合にさえも一番欠けているもの、それは、素描の正確さと均等さだということである。ただし、海景画を描こうとしてそこにいたったのであるから、ほかの対象を描く場合でも、気をつけていても同じようにな

るだろうことは、自ずと予想がつく。
　素描に関して、比率の正しい感覚や厳密な正確さは、7〜8歳の子どもはおろか、10歳の子どもにさえ要求できるものではない。より軽率さの少ない子どもでさえ、多様な細部を全体のもとに完璧に秩序付けること、そして多数の線の方向に注意を払うことはできない。子どもは、多かれ少なかれ目立った細部にこだわる。それというのは、そうした細部が彼らに強い印象を与えるから、あるいは単純に、描き出した箇所がそこだったという理由による。もしくは、おおよそある程度の出来で満足を覚えて、全体にさっと眼を走らせるだけなのである。これらの欠陥は、観察や判断についての生まれながらの矯正できない欠陥を示しているのではない。それらは往々にして実践の不足に由来するのであり、知性よりはむしろ性格に依存するところが大きい。活き活きとして開放的な性分だと、対象を前にして自分の知覚を固定することや、対象のない状態で知覚をはっきりさせることに苦労する。そうした子たちの表わすものは、精彩に富み、創意溢れるものだが、他方、一様ではない。活発ではないながら、注意深く、観察力に富んだ精神は、より多くの正確さと節度をそなえている代わり、生気と類似性、あえて言えば本物らしさには乏しい。情熱に跡付けられ、始終、真剣になされる実践をもってすれば、こうした欠陥は減じられるし、それぞれの子どもの間の資質に均衡をもたらすことができる。
　今、私が語らねばならない子どもは、ほかとは正反対の子である。彼の欠点は、想像力の放埓さよりむしろ、その鈍さにある。それは、良識と几帳面さが実質をなす精神である。まだ幼い時期から彼は、言葉に正確なうえに、書き文字は美しく、まさに論理の世界を生きていた。彼が最初の頃に手がけた素描は、半ば自発性をそなえながら、厳格で表現性には乏しかった。7歳の頃、彼は、鉄道技師であった叔父の1人が描いた機関車を目にした。とりわけ、その1枚がものの数分で描かれるのを目の当たりにしたときの驚きは格別だった。子どもはその紙を取っておいてくれるようせがみ、一日中、それから眼を離さなかった。翌日、お昼どきに、彼はその素描のだいぶ下手な模写を見せた。「初めてにしては本当によく出来ている」、と叔父は彼に言っ

た。「私ならその歳では、とても同じようには描けなかっただろう」。子どもは喜び、叔父に別の手本を求めた。そして長い時間をかけて、それらの模写を練習したのだった。彼は機関車を注意深く研究し、記憶でそれを描くことに慣れていった。というのも、叔父がそうするのをかつて眼にしていたからだ。9歳で彼はそれを見事に描くようになった。しかし、機関車から彼を引き離してはならなかった。彼は機関車よりほかのものを好まず、描きもしなかったのである。ある日、彼の祖母が戯れに、自分の似顔絵を描いてくれるよう彼に頼んだ。彼が描いたものには、いつもの機関車の一等車の扉のところに彼女の頭部がのぞいていた。祖母は、「車両は本当にそっくりね」、と彼に言った。「でも、私は今ひとつぱっとしないし、実際よりもみっともなくはないかしら？　私を一等車に乗せるなんて、無駄なことをしたものね！」彼は落胆して、機関車を描くことさえなくなったのだった。

　それからしばらくして、叔父が助けを差し伸べに来て、その子を心ならずも苦しめてしまったことの償いをした。その叔父は彼を何度も通りへ連れていき、人の顔や服装、樹木、動物、家などのなかで何か特殊なものを折にふれて観察させた。夜にはそうした観察の報告を聞かせるよう求め、次の日には、そのいくつかを鉛筆で粗書きして自分の中で思い返すように頼んだ。その子はこのようにして、様々な顔つきや姿勢の表現、事物の特徴的な形態を、通りがかりに眼にした光景の構図にいたるまで、自分の記憶のうちに再び見出すことに慣れていった。彼は最初、これは言っておかねばならないが、自分の目には拙く見える素描に対して叔父が惜しみなく与える賛辞に驚いていた。その頃、彼は規則的で対称的な線しか理解していなかったのだ。かつての素朴な描写は、定規を用いてなされているかのようだった。「これがふざけた木なのはよく分かっているよ」と彼は叔父に言った。「この兵士の姿は、僕たちが前に見たことのあるそれによく似ている。でも、これはサーベルなのか、杖なのか？　これはケピ帽なのか、それとも古びたキャスケット帽なのか？　よく分からない」。──「手を動かして描いたのなら、そんなことはたいしたことではないよ」。気に入ろうが入るまいが、子どもは、おおよそ重要とされるものの価値を理解した。可愛い幾何学者は、素描家に道を

譲ったのだ。素描家は、事物の独特な見かけを見てそれを模写すること、それを仕上げ、全体を的確に示しながら重要な細部を明確にすること、創造し、模倣しながら変化させること、現実と幻想をひとつにすること、霊感の命ずるがままに仕事をすること、つまり鉛筆と戯れること、を学んだのであった。「もっとうまくなるよ」と、1年後、叔父は彼に言った。「学校で念入りに素描をやりなさい。それは課題だ。でも、家では楽しみのためにやるように。怒っている人、楽しそうにしている人の口や腕、足、家の形や木の形、自分の心に響いたものをそのとおりに再現し続けなさい。そして、残りのものに余り注意を向けすぎないように。最初に一瞥したとおりに事物を表わすことを厭わないように。あるいは自分の考えるとおりに、いや、むしろ自分の望むとおりの見方で。よく見て、選び、作り上げ、想像しなさい。そうすれば常に、十分に正確で誤りのないようにできる」。

読者にはおなじみのエレーヌは、イメージへの熱狂からそれを模写しようとする欲求へと、すぐさまたどりついた。彼女の進歩の物語はさておき、それにまつわる秘めた逸話について興味深いいくつかの点に目を向けるとしよう。

彼女が言うには、「9歳から10歳の頃、眼の前で美について話がされているとき、私は多くのことを聞いていた。私はこの会話により、その後長く存続することになった理想さえも手に入れたのだった。白い肌の上のとても黒い髪、黒く大きな、深みのある眼、丸い唇をした口の上でやや傾いた鼻。スペイン人やイタリア人のようである。この歳の頃、服装と歩き方の優雅さ、装いの細部、流行の移ろいへと目を向け始めたのだった。私の素描はそういったものすべてを、可能な限りの真実味をもって再現するものであった」。

「これらの素描は、私の好みに合っていた人たちを大雑把に似せて描いた肖像で、ノートに殴り書きしたものの繰り返しだったが、それよりわずかながら趣きがあった。私の目には美の典型として映った2人の淑女は、何とおりかの装いのもとに素描に表わされた。私はあまりにのめりこんでいて、彼女たちが道を通るであろうとき、窓のところまで行くほどだった。偶然の引き合わせがあったことで、何人かの美しい農夫も私を喜ばせた。教会では、

手にしている祈祷書を読むことよりも周りの顔を見ることに没頭して、始終、同じページを開いたままだった。ある日、母親と一緒に市場へ行ったところ、私はある女性の姿に、まるで彼女のことを愛しているかのように、強く惹きつけられた。その美しさは、これまで見たことのないかのようだった。私は口を開いたまま、しばらく動けなかった。母親は、私がついてこようとしないのを見て、『じゃあね、置いて行くわよ』と告げた。私はそれでも動こうとはしなかった」。

　幼い女の子においては大変早くにみられる、男の子にはなかなかまれな、美の理想を手に入れる欲求に着目しよう。まだ幼かったジョルジュ・サンドは、愛、美、力、徳についてのそのあらゆる息吹を、そのコランブ（Corambe）と呼ぶところの偶像（半神、神人）のうちに呼び集めたのであり、彼女は長くその思惟のなかで神秘的な物語を追い続けた。現実を夢と結び付ける術をよく知り、観想的であるに劣らず活動的なエレーヌは、単純に人間的な、あるいは芸術的な美の理想を自分の中で育んだのだった。彼女はどちらかといえば、この理想に近く似通った、自分の目にその理想を実現しているように映る人間を描いている。この理想とはおそらく、こうした人間の何人かについての、純化され、美化された記憶以外の何ものでもない。たぐいまれな美しさをそなえた女性を前に歩みを止めさせるこの強烈な印象について言うと、そこにあるのは女性らしい性質や弱点ではない。芸術家に固有の性質でもなく、美的な印象にやや敏感な人、つまり、人間的な美、ほかの何より卓越した美によってときおり自分の体が打たれるのを感じるという人のそれでもない。美しい行ないを考察する喜びに次いで、美しい顔立ちを観想する喜びよりも偉大なものや純粋なもの、そしておそらく普遍的なものは存在しない。

　人間の顔と容姿、動物は、子どもがひいきとする対象である。風景は子どもを無関心にさせ、ほとんど心を駆り立てることがない。それはつまり、風景の素描は、大きなまとまりから小さなまとまりを抽象する力、遠近法を図画的に解する力とともに、綜合する力、視覚の繊細さ、描線の巧みさが前提となるということである。一個の生物は、植物、とくにその集合した状態と比べて、輪郭においてずっと単純で限定された形態をとる。その形態の翻訳、

私の言っているのはおおよその翻訳であるが、それは比較的、容易である。これ以上は能力的に難しいという人、そしてそれに費やす辛抱を多くは持ち合わせていない人が満足するくらいの翻訳である。翻訳は即興と下絵の支えとなる。先史時代の芸術家たちもまた、人間や動物の姿を彫り刻むことから始めた。しかしながら、入れ墨の盛んだった時代、自然の総体の色彩を再現するにあたって、この芸術家たちが色彩に事欠くということは決してなかった。

　人体を覆う衣服の、より大雑把で、眼で知覚しやすい形態が、線形的な形象を著しく単純化していることにも留意してほしい。子どもも、少なくとも思春期までは、素描にせよ絵画にせよ、裸体を愛好することはない。調和的な諸均衡を裸の体躯に与える術を知っているにせよ、子どもにとって衣装は人間に本質的なものなのである。衣装を欠いては、子どもは人間の容姿を完全な状態とはみなさないだろう。それに、裸体を眼にしたら、教育のおかげで、子どものなかで非常に大きなエネルギーとともに発達させてきた羞恥の感情を、傷付けてしまう。裸の人間は子どもにとって例外にあたり、奇妙さ、倒錯にほかならない。それは普通の人間、正常な人間ではないのである。この普通の人間とは、服を着た人間のことであり、それが真の人間、現実の人間なのである。一方、裸の人間とは、いわば抽象的な人間である。子どもが崇めた人間的な美は、服で飾られているのである。子どものために書かれた小話や小説では、衣装は関心の極めて大きな部分を独り占めしている。子どもとは、ロマン主義風の現実主義者である。衣装とは子どもにとって熱狂であり祝祭なのである。ディドロの理想主義的な理論は、そのことを避けてとおっている。曰く、「生来の衣服、それは皮膚である。この衣服を離れれば離れるほど、趣味に対していっそう罪を犯しているのだ。仮に一様に服を着ていたとしても、ギリシア人は芸術においては衣服に我慢がならなかったのだろう。それも、体に無造作にかけられた1、2枚の布切れでしかなかったにもかかわらず(……)。どれほどそれがうまく構想されようとも、登場人物に服を着せたり、フランス風の身繕いをさせておいて、価値を貶められないような巨匠の絵画など存在しない。偉大な事象や行ないが、不自然に着飾っ

ている輩のためになされることはなく、一方でその服があまりにみすぼらしい人たちは、大きな利益をめぐって他人と争うということはありえなさそうである。服など人形にお似合いというのがせいぜいなのだ」。

　ここまで触れてきた主題はとても広範で、私にはまだ述べねばならないことが残されている。とくに、子どもにとっても重要である色彩と線の問題、そして、レオナルド・ダ・ヴィンチの多大な興味を惹き、今日の教育者たちも凡庸な関心を寄せているらしい、諸感情の芸術的な表現の問題である。本論文についてのこの二重の遺漏を補うべく、あらためて尽力に努めていくつもりである。

原註

1　ウィリアム・プライヤー、『子どもの魂』（Wilhelm Preyer, *L'âme de l'enfant*, traduit par H. de Varigny, Félix Alcan, 1887）、442-6 ページ。
2　『ロンドン王立科学院哲学会報』（*The Philosophical Transactions of the Royal Society of London*, 1728 ?）。
3　ウィリアム・プライヤー、『子どもの魂』（前掲書）、294 ページ。
4　イポリット・テーヌ、「子どもと人類における言語の獲得に関する考察」（Hippolyte Taine, "Note sur l'acquisition du langage chez les enfants et dans l'espèce humaine", *Revue philosophique de la France et de l'Étranger*, t.1（janvier à juin 1876））、5-23 ページ。
5　ベルナール・ペレ、『児童期の最初の 3 年間』（Bernard Pérez, *Les trois premières années de l'enfant*, Germer Baillière）、303 ページ。
6　フレデリック・ポロック、「言語における幼児期の進歩」（Frederick Pollock, "An Infant Progress in Language", *Mind: a quarterly journal of psychology and philosophy*, Williams and Norgate, juillet 1878）。
7　ウィリアム・プライヤー、『子どもの魂』（前掲書）、51 ページ。
8　レオナルド・ダ・ヴィンチ、『絵画論』（Leonardo da Vinci, *Das Buch von der Malerei*, W. Braumüller, 1882, chapter LX, cité par Eugène Müntz, "La jeunesse de Léonard de Vinci", *Revue des Deux Mondes*, octobre 1887, t.1）、668 ページ。
9　ヘンリー・スクールクラフト、『アメリカ合衆国のインディアンの歴史と境遇に関する情報と調査』（Henry R. Schoolcraft, *Information respecting the history, condition and prospects of the indian tribes of the United states*, Lippincott, Grambo & Co., 1854）。
10　以下の興味深い小論においてこれらの事実の幾つかの裏付けを見出すことができる。コッラード・リッチ、『子どもの芸術』（Corrado Ricci, *L'arte dei bambini*, Nicola Zanichelli, 1887）。

第 4 章
トーマス・アブレット
―― ドローイングの「一般教育」化

解　説

　ここに訳出したのは、トーマス・R・アブレットの 1889 年の著作『初等学校における素描教授法（How to Teach Drawing in Elementary Schools）』の序論ならびに第 1 章である。底本としたのは、出版年は不明（おそらく 1901 年以降）の第 9 版である。

　『美術教育の歴史と哲学』の著者ステュアート・マクドナルドが特筆しているように、アブレットは長命であり、本書の関心から言えば、児童美術教育が大きな変動の渦中にあった 19 世紀末から 20 世紀前半の前衛芸術を経て 1943 年にハーバート・リードの『芸術による教育（Education through Art）』が出版されるまでを生き、まさに「美術教育の性格が大きく変化するのを見届けた」人物である（Macdonald 1970: 327; マクドナルド 1990: 437）。にもかかわらずアブレットの若い頃の経歴は明らかでない。児童美術教育に関する多くの資料において、アブレットが若い頃にジョン・ラスキンの描画クラスの生徒であったことは指摘されている。さらにドナ・ケリーによれば、アブレットの教育歴は、1862 年に英国イースト・ライディング・オブ・ヨークシャー州にある非常に歴史の古いビバリー・グラマー・スクールにてラスキンの指導法にもとづいた教育を実践したことに始まり、1872 年に、ここに訳出した『初等学校における素描教授法』序文にもあるブラッドフォード・グラマースクールに移ったとされている。

　先ほどのマクドナルドによれば、アブレットはここで、「いわゆる科学・芸術局の『フリーハンド描画』が本当の意味でのフリーハンドではなく、むしろ道具を用いない幾何描画であったことに言及するとともに、当時広く行なわれていた鉛筆による厳格な外形線描画から離れる道を選び、記憶や想像によって自由に描くよう子どもたちに奨励した」（Macdonald 1970: 327; マクドナルド 1990: 437）。ここに登場する「フリーハンド描画」とは、1852 年からロンドン地域の全日制公学校で、そして 1854 年までには英国全土で教えられるようになった描画科目に含まれる課題の一つである。描画を習う生徒たちは複数の課題からなる 1 級

試験を受けることになっており、この試験の結果にもとづいて教師は手当をもらうことになっていたのだが、この試験のなかに「装飾品の平面見本からの鉛筆による外形線」を「フリーハンド」で、つまり定規やコンパスを用いずに正確に模写するという課題が含まれていたのである。言うまでもなく、これは眼と手の正確さを訓練することによって質の高い労働者を育成しようとする功利主義的な発想にもとづいた描画であった。それに対して、アブレットは「記憶や想像によって自由に描く」ことを奨励することによって、後のロバート・カタソン＝スミスの提唱した「閉眼描画（Shut-Eye Drawing）」や「視覚化（Visualisation）」の方法論に先んじるとともに、筆記体の文字を書き連ねることがデザインの基本要素の訓練になると提案することによって本書第10章で扱うマリオン・リチャードソンの「筆記パターン（writing pattern）」の方法論にも先駆けることとなった。また、鉛筆よりも筆による描画を重視し、筆で書かれたひらがなや簡単な漢字なども掲載した『一般教育の手段としての描画（Drawing: A Means of General Education）』を児童描画教育の教材として出版したのもアブレットが最初である（図1、2）。

　以上のようなアブレットの先駆性を紹介する文章を読んだ後に、続く『初等学校における素描教授法』を読んでみると、その内容の堅苦しさと古臭さに少なからず驚かれることだろう。そこには、ブラッドフォードでの成功により1882年からロンドンの学務委員会に登用されたアブレットが、模写よりも自由な描画、線描よりも色彩という子どもの関心に沿った独自の描画教育方法を、それまでの政府の描画教育の方針とも折り合いをつけながら、「一般教育の手段としての描画」課程へと体系化しようとした苦労の跡が見て取れるのである。実際、アブレットが望んでいたように描画を全国の公立学校のカリキュラムに一般科目として組み込むためには、どんな教師であろうと一定の訓練によって描画を教えること

図1　毛筆による習字

図2　毛筆による習字「父」

図3　M・バーテンショー（15歳）　木炭による陰影付素描　銀賞

ができなければならず、またそうした教師の指導がすべての生徒たちに等しく施される仕組みを整える必要がある。ここで訳出した箇所においてアブレットがクラス運営に関して詳細な提案をしているのも、そうしたことを実現するのが実際にはどれほど困難であるかをかえって物語っているのだと言えよう。そこには、アブレットもまた完全に払拭することのできなかった描画の芸術表現としての性格が顔を覗かせているのである。

　アブレットの描画教育が見せる「折衷主義」は、実際に彼が称揚した児童画群にも見て取れる。1888年にアブレットが画家フレデリック・レイトンや作家ルイス・キャロルらの支援を受けて設立した描画協会は、90年に英国で最初の児童美術展を企画するとともに、92年には王立描画協会（Royal Drawing Society）へと格上げされる。この協会が1907年に発行した『王立描画協会メソッドの起源（Origin of the RDS methods）』に「優秀作」として収められた子どもの作例を見る限り、先に紹介したアブレットの先駆的な方法論は影を潜め、成人画家による作品にもほぼ比肩するような作品か、あるいは当時の大人たちが思い描いていた「子どもらしさ」を主題としたようなアール・ヌーヴォー風の線画が目につくのである（図3、4）。そこからもし、どれほど大人たちが「自由」に描かせているつもりであっても、子どもは機敏にその大人たちの要求を察知して描くのだとすれば、はたして子どもの自発的な創造性を教育によって育むことなど可能なのかという根源的な問いが浮かび上がってもくる。1884年にロンドンで開催された教育国際会議においてアブレットが投げかけた問題提起、すなわち「私たちの教育システムは子どもらに合わせたものなのか、それとも子どもらの方が私たち

図4　D・クック（14歳）《遊び場で》

の教育システムに合わせているのか」は、そのまま彼自身にも返ってきているのかもしれない（Cowper 1884: 226）。

しかし他方で、王立描画協会がアブレットの考案した等級別美術試験を実施し、その優秀者に褒賞を与えるとともに協会主催の展覧会にその作品を出展することによって、多くの幼い芸術家を鼓舞していったことも事実である。そうした幼い芸術家のなかには、ロイヤル・アカデミー会長となったジェラルド・ケリーなど、後に本職の画家になった者もいた。そしてなにより、今日の初等普通教育において「図画」を教える科目が一般に普及しているのは、「一般教育の手段としての描画」という概念を確立したアブレットの功績のおかげでもある。

参考文献
Ablett, T. R. *Drawing, A Means of General Education*, Z [new series], 1906.
Cowper, R.(ed.), *Proceedings of the International Conference on Education vol.II*, William Crowes & Sons, 1884.
Kelly, D. D. *Uncovering the History of Children's Drawing and Art*, Praeger, 2004.
Macdonald, S. *The History and Philosophy of Art Education*, University of London Press Ltd., London, 1970; 中山修一・織田芳人訳、『美術教育の歴史と哲学』、玉川大学出版部、1990年。
Romans, M.(ed.), *Histories of Art and Design Education: Collected Essays*, Intellect, 2005.
Sassoon, R. *Marion Richardson: Her life and her contribution to handwriting*, Intellect, 2011.
直江俊雄、『20世紀前半の英国における美術教育改革の研究―マリオン・リチャードソンの理論と実践―』、建帛社、2002年。

トーマス・アブレット『初等学校における素描教授法』

序　文

　この小冊子を執筆している間、私は集団指導法を使うことによって教師たちの負担になることなく〔一般児童にも素描を教えよという〕科学・芸術局の要請にも完全に応えられること、しかも賢明な授業選択によって児童教育一般にとっても有益なかたちで応えられることを示そうと努めた。

　この小冊子は少しずつ今のかたちへと膨らんでいった。実践的な色合いの強い部分の中核は、私がロンドンの学務委員会で素描審議官だった5年半の期間に執筆された。「教育手段としての素描」に関する〔第1〕章は時間をかけて徐々に発展してきたものである。これを思いついたのは私がブラッドフォード・グラマースクールの校長だった頃にさかのぼり、以下に挙げる様々な役職で得られた経験を反映しながら成長していった——

　　ブラッドフォード工科大学〔ブラッドフォード大学の前身〕の評議員
　　科学・芸術局の審査官
　　公立全日制女学校連合会の視学官ならびに審査官
　　高校教員養成学校の講師
　　家庭教育協会の講師、等々。

　これらの〔経験から得られた〕考えは芸術協会で発表した講演原稿において現在のかたちをとり、それにもとづいてイギリス素描協会（Drawing Society of Great Britain and Ireland）の事業は推進されている。

　本書はとくに初等学校向けに書かれており、グラマースクール、高等学校、そしてそれらに相当する他の学年に関しては、私の名前と結び付けられている指導法を部分的に図説しているにすぎない。

　　　　　　　　　　　　　　　　　　　　　　トーマス・R・アブレット

序　論

　いかにして今以上に職務上の技能を向上させられるかを私が初等学校の教員たちに示せるなどと思っているとすれば、それは思い上がりというものだろう。それでもなお、私がここ数年の間、特別に研究してきた美術指導の方法（methods of art teaching）においてなら、いずれ有益だと認めてもらえるような何ごとかを述べることはできよう。英国が他の競合国と対等に張り合えるようにするためにぜひとも必要な、工業労働者階級（industrial class）の素描能力の大幅な改善は、これらの教員たちの肩にこそかかっていると私は信じている。彼らは素描への愛好が最も強い年頃の生徒たちと関わっており、他の事柄と同じく、彼らが諸外国の学校の教員たちに比して、優っているとまでは言わないまでも同等の成果を上げられるようになるだろうことに私は一片の疑念も抱いていない。

　これまで私たちの学校の大半において美術教授の立場が名誉あるものでなかったこと、つまり教科としてはそれが一般に教練、あるいはご婦人の好む言い方をするなら体操やダンス、そしてその他の残り物と一緒にして分類されてきたこと、しばしば真面目な教育方法の範囲を超え出たものだとみなされてきたことは、校長たちに責任があるのではない。ラスキン氏の影響によって教養ある男性も女性も数多くのなじみのない問題に取り組まされるようになったものの、彼は校長たちをして素描を取り上げるようには促さなかったし、素描は多かれ少なかれ専門家の仕事だとみなされ続けた。何のためにどうやって美術を学ぶのかはほとんど知られることがなかったため、私たちの校長たちはそれが知性に対して何の寄与もしないとみなしているし、それゆえ若者の精神的な訓練とは何の関係も持たないとみなしている。おそらく責められるべきだったのは美術教師たちである。彼らは教課選択に際して知性に充分に訴えたり、あるいはそうした〔美術〕教授の教育上の利点を明確に語ったりせず、生き生きとした芸術作品の原理への関心と熱意が促進されることの代わりに、単なる機械的な精確さの方をあまりにも強調しすぎたのであり、そして惜しみない努力の成果もしくは課題を終えた後にも必要なもの

としては数学的な精密さの習得しか挙げなかったのだろう。〔それゆえ素描の〕教授法について詳細を見ていくより前に、純粋に教育的な観点から素描の価値を指摘してみるのもよいだろう。

第一章　教育手段としての素描

　素描の教授は複数の観点から検討されよう。
　1．ある者たちにすれば、素描とは色鮮やかな風景や、あるいは絵のような廃墟を、輝かんばかりの多色石版画から生徒と素描教師の一致団結した努力によって模写し、額縁職人の手に引き渡せるようにする際に用いられる才芸である。ちなみに、これは不幸な協力関係であり、教師が作品の大部分を手がけ、生徒はその出来映えをすべて当然のように自分のものだとしているときには、道徳的にも擁護できないことである。
　2．他の者たちは製造業におけるデザインの改良方法として素描を教授している——それこそがサウスケンジントン計画である。
　3．王立技術教育委員会（Royal Commission on Technical Instruction）は、技術教育（technical education）として知られているものにおいては必須要件扱いで素描が教授されることを推奨している。
　4．ロイヤルアカデミーでは芸術家のための訓練として素描を教授している。
　5．教育手段として教授されている素描は事物の観察であるが、ほかとは異なり、これまでほとんど関心を向けられてこなかったし、今でもほとんど理解されていない。
　素描について説明するなかで、私の見解が、上に言及したものよりほかの観点から素描に携わっている人々にとっては、すんなりとは受け入れがたいものであるとすれば、きっと異なる目的には異なる手法が必要になるのが当然だろうと私は思う。仕事の都合上、私は多様な学校のすべての学年、男子も女子も、さらに英国ならびに外国のアトリエ、また美術学校にも、関わっ

てこざるをえなかった。芸術家とデザイナーを教育するのに用いられる方法は、学校が正当にも要求していることとは確かに合致しないという意見に私は躊躇なく賛同する。

　素描に対する特別な才能を持った成人、あるいは素描を実践するうえでの技能を急いで習得する必要がある成人に適したような訓練は、一見したところ、その大多数が特別な適性も持たず、またその全員がほとんど練習時間を割けない学校の少年少女たちには向いてなさそうである。これまで素描は少数の人々のためのものであったし、またかつての素描教師の方法論は──そしてこれは現在でもかなりの程度まであてはまるのだが──不適切なものであった。というのもこの方法論は並外れた力量を備えた生徒たちのみに向けて開発されてきたからである。これらの生徒は意識的な思考に匹敵する一種の直観を備えているため、素描の持つ知的な過程は無視されるか、軽視されている。

　教育手段としての素描教授の利点を確認する前に、どのように、そして誰にとって素描は有効なのかを考察することが有益であろう。技術上もしくは通商上の目的にとって、素描は常に職人と機械工、建築技師、陸海の軍人、広告業者、デザイナーほか、多くの人々によって利用され続ける。情報伝達、教育、美的な満足ないし文化を目的として、地理学者、天文学者、自然科学の研究者、統計学者、数学者、装飾家、挿絵画家、芸術家らが利用する。

　芸術家は教育とはまるで関わりを持とうとしないかもしれないが、素描と縁を切ることはめったにない。もちろん、ときに私たちは、ある芸術家が別の芸術家について「あいつは素描がなっていない」と言うのを耳にすることがあるとはいえ。多くの芸術家は、すでに言及した多数の労働者たちによって素描がどのように利用されているかについてはほとんど知らないと公言している。

　故W・E・フォースター閣下はかつて私に素描について次のように言ったことがある──「学校では努力しましたよ。でも私は、そしてきっと私の先生も間違いなく、私が〔素描を〕教わるという望みを諦めなければなりませんでした」。フォースター氏が学ぼうと努力した素描はどんなたぐいのも

のだったのか？　おそらくそれは先に述べたような〔芸術家や特別な才能を備えた生徒向けの〕才芸だったのだ。

　その方法論がこれまで知的ではなかった、あるいは知的な努力を求めてこなかったこと、上記のような傑出した人物にこうした告白をさせてしまわねばならなかったことは、美術教授にとっての不名誉ではないのか。今日でも多くの学校で素描がダンスと一緒に分類されなければならず、そして公衆の間に素描の勉強は不確かで不満足なものであり、純粋に知的な科目、もしくは絶対に必須の科目と一緒に分類されるべきでないといった感情のあることは、不名誉ではないのか。つい先頃、私が初めて視察した大規模なグラマースクールの校長が私の提言の一つに対してなした回答は、「素描を進歩させるがために一人の少年の学年進級のチャンスに影響が出るのを許可することはできない」というものだった。

　素描を学校において名誉ある地位へと高めるためには2つのことが必要となる。

　第1に、素描は教育の基礎の一つとなりうるだろうこと、そしてすべての近代社会は、子どもたちがどんな職業に就くか、あるいはどんな人生を歩むのかに関わりなく、彼らに対して責任があるということが示されなければならない。

　第2に、素描といえども集団的な、あるいはクラス編成による方法によって、朗読や算術、その他どんな教科とも同じくらい容易に指導できるのだということが示されなければならない。

　素描教授の教育上の利点を以下に挙げていく——

　A．教育的な素描は、精神の特定の能力と資質を訓練し、励起するための修練として有益である。そうした能力と資質は素描によるだけでも十全に発展させることができる。

　その実践から生じる利点は以下のように要約されよう——

　1．美的な影響に対する知覚が活気づけられる。——美にはそれ自身の存在理由があり、美的な能力ないし資質の所産として絶対的によいものである。

上手に教えられた、しかし平均的な能力の学生は、下手に指導された天才が生み出せる作品よりもよい作品を生み出すことが多い。
　2. **観察と考察の精確さが促進される。**──素描は形態と、この形態が表現している物質世界の持定の現実と関わりを持っている。
　対象の形態、規模、性質、もしくは物理的構造を表わしているすべての事実は、素描を使って提供することが可能である。というのも素描は、対象の精確な観念を伝達し記録する能力においては比類のない表現方式だからである。こうした目的にとっては、素描は対象それ自体の次席を占めている。
　観察力が涵養されるためには、素描の特定の分野においては、対象のあらゆる些細な特殊性にも注意深く心を配らねばならないからである。
　私たちはみな、自身の両眼に欺かれがちである。精神が両眼の側の現象から事実を演繹できなければ、精神の側の印象もそれにつられて誤ったものになるだろう。
　3. **図形的な記憶が改善される。**──記憶描画（memory drawing）は観察者をして注意深く、そして知的に対象を見つめることを強い、それにより精神は正しい印象を獲得し、おそらく蓄えられた観察と同じ分量だけこの印象を保持できるようになる。記憶は素描のすべての行為において活性化させられる。多くの芸術家は容易に思い出しができる。なぜなら彼らは絵画的（pictoric）な効果にとって必要な顕著な点ないし特徴はどれなのかを習ってきたからである。そして最良の観察者とは、才能を別にすれば、顔や場所の際立った、あるいは特徴的な形態を心に留めたり、その精確な印象を保持しておくとためになる他の形状を複写したりするのを学んだことがある人々のことである。
　4. **想像力が鍛えられる。**──精神は口述素描（dictated drawing）と関連して、さらにまた建築物や機械装置などの設計図を作成するなかで、しかしとりわけ装飾的ないし絵画的な素描と関係する構成において、心のなかで絵を描くことをせねばならない。
　5. **自由な視野が創造ないし発明の能力に供給される。**──素描は、発明的な思考を明らかにするのに適した手段を供給することにおいては、書き言

葉あるいは話し言葉を超越している。素描の助けによって、デザイナーや発明家の頭脳のなかにのみ存在しているあらゆる対象の完璧に精確な観念がもたらされよう。

　創造すること、あるいは組み立てることは、教育において大きな強みとともに活用されるだろう子どもの本能の一つである。

　6. 素描は精神と目と手の訓練を一度に行なう。──精神の自由がある程度までは身体の自由に左右されること、精神的な抑制は身体的な抑制と結びついていること、そして精神の習慣は身体の習慣と結びついていることを最初に理解しなければならない。感官と筋肉がよき習慣を形成するよう導かれたなら、二つは間違いなく精神にもよい効果をもたらすことになる。

　どんな種類の仕事においても、たいてい迅速さと器用さは目と手がどれくらい訓練されてきたかにかかっている。組み立て能力と知覚が高度に育成されてきた者には、すべての職種がずっと容易にこなせるのである。

　7. 描写の能力が増進する。──正確な言語と命名法はある程度まで口述による素描に必要とされる。

　素描は普遍的な言語である。同じ言語を話す者たちにとってばかりでなく、文明化された世界全体にとっての伝達手段でもある。その幾何学的な形式において、素描は発明家、技師、建築家、装飾家、印刷工、その他ここで言及するにはあまりにも数多くの人々によって読み書きされる。自然現象を再現する素描の力を通じてならば、これらの現象は目に訴えるのであるから、素描はすべての人間にとって最も直接的に訴えるものである。素描は芸術家－詩人をして、形態における美、情緒と詩情を享受できるすべての人々に対して、国籍に関係なく感動を与えることを可能ならしめる。

　現在の、ないし次の世代の活動において主導的な、あるいはせめて能動的な役割を果たしたいと大志を抱く者たちは、過去において求められていたことに気を配りすぎてはならない。なぜなら世界は急速に変化する諸条件の舞台のうえで演じられているからだ。そうした者たちは、身体、諸感覚、精神の資質をできる限り発展させる必要があろう。素描の実践なしには、この完全な効率性は達成できない。教育学者たちは学校のカリキュラムがいささか

パンク状態であると認め始めており、様々な学業が個別独立しているのではなく相互補助の関係にあることにすでに気づいている。それらは互いに織り合わさっていることが明らかになりつつあり、そして互いの関係を保ちながら教授されるだろう。このことが実践的にも十全に認められたなら、今の過密状態も緩和され、対立関係があるところにも調和を期待できよう。どのようにして素描が、すでに必須だと認められている他の学校教科と組み合わせられるのかを示すことは、こうした動きの一助となることだろう。

B. 教育素描は他の科目の習得を容易にする。

　素描における実践は、知性を発達させ、知覚を鋭敏にする。素描は綴字法の習得を助け、算術、幾何学、歴史、自然科学上の事実のいくつかを印象づける手段として最も有効であり、書法（writing）は、素描と一緒になるなら最も効率的に学ぶことができる。素描は幼年期の精神を訓育するのに最良の方法であり、素描の描写力のいくつかは若年者の許容力にも適合している。

　英語の綴字法は単語の見た目を思い出す能力を要求する。というのも英単語の発音は〔綴りを思い出すうえで〕いつでも当てにできるとは限らないからである。おそらく誰しも単語を書いてみて、それが正しく見えるかどうか確かめたことがあろう。図形的な記憶の改善は綴字法を学ぶための許容力を増やしてくれる。

　空間の算術は素描によって教えられ、それは数の算術が計算によって教えられるようなものである。どうしてすべての子どもたちが一方を学び他方は学ぶべきでない、ということになろうか。空間の算術は子どもが定規を使えるようになり、いくらか縮尺図というものを理解できるようになった時点ですぐに教えられよう。まずはどんな教室にでもある対象——例えば扉、窓、黒板、イーゼル、壁、床などの外形線の縮尺図を定規の助けを借りながら作成することから成り立っているのが良いだろう。空間の算術は計算法を図解することに利用されるかもしれない。地図の性質を正しく認識するうえでも必要不可欠である。空間の算術を利用すれば分数〔の理解〕も明瞭になる。

　他方、空間の算術は地理学、歴史、自然科学、その他の科目と関連する多

くの事実を学ぶなかでも利用されよう。形態の点ではまるで精神に訴えかけることがない事実も素描によって、それも生徒たち自身によって素描が作成されるときにはとくに、たやすく把握されうる。子どもが素描を用いて事実を再現しなければならない場合、精確さこそが第一に重要であることは直ちに子どもにとって明白となり、後に単なる形状の複写において、子どもがこの知識に従えばその分だけ素描教師の苦労は軽減される。

書法と素描が連関していることについては、たとえこの事実を実践においても認めてもらうにはまだいくつかのことがなされなければならないとはいえ、論証するまでもない。理解しづらいのは、どうして非常に幼い子どもの手にペンを握らせるべきなのか、ということである。初めから小さな指を締めつけない方がよいことは間違いない。

書くことを学ばせるのが可能になる、あるいは望ましくなるよりも以前に、子どもに素描を教えた方がよい。筆記体の文字をきれいに書くというのは、素描のなかでも難しく退屈な部分である。とはいえやはりすべての人は書くことを学べるのであり、だからこそ素描することもすべての人が、少なくとも彼ら自身にとって得意なやり方で学べるのである。

書法において要求される素描はかなり難度が高いので、予備的な段階としては幼児期前半の自発的な努力と、さらに視覚と触覚の発達を促すことによって子どものためにお膳立てしてやるのがよい。これらの感覚は、その最も活発な時期、つまり幼児期に注意深く訓練されなければならず、さもなければ以降の発達はまったく望めない。成人の色盲は、たいてい治療不可能であり、非常に多くの場合、幼年期に色覚が適切に訓練されなかったことによって発症しており、また手の不器用さはこれと同様の文化的欠損に起因する。視覚は子どもの遊具を賢く選択することによってある程度まで訓練されよう。ブロックは、〔子どもを〕常に楽しませる源泉となっており、長さ 1、2、3、4 インチという具合に細断してあること、さらに着色してあることが望ましい。これに加えて着色された球、直方体、円錐、円柱、四角錐が揃っているとよい。建物を作る目的であれこれ選ぶうちに、長さ、色、形状の違いに注意が向けられ、とりわけゲームの親が決まった長さや色、形状を使うよう指

定する場合には、それぞれの異なる名称が自然と学ばれていく。子どもを喜ばせようとブロック遊びに従事したことのある人々にだけは、そこでどれほど手先の細かな器用さがしばしば要求されるかがよく分かる。

　子どもの物真似好きは、精神が十分に発達して読み書き、算術などと同種の科目に真面目に取り組むことができるようになるよりもずっと以前に、魅力的もしくは驚異的な事物を再現したいという欲望を生み出す。この素描への欲望を喚起し奨励するべきである。親馬鹿な両親は、すべての子どもに共通するこうした素描への熱望を見て偉大な芸術的天才の出現だと過度に夢見がちである。これらの努力は幼児教育の進行にとって大いに助けとなる道筋へと導かれるべきだが、しばしば枯れるがままに放置されている。というのも、子どもはこの方向においては尽きることのない能力を備えているという思い込み、そして子どもの時間は何か別の道においてもっとためになる使われ方がされるだろうという思い込みが存在しているからである。

　子どもは生まれつき熱心な学生であり、興味を惹く事物を描写するための最も喜びに溢れた方法を与えてくれるのが素描である。子どもが自分の着想を追究するよう励ますことによって、さらに子どもがやりたいことを最もたやすく可能にしてくれる材料を手渡してやることによって、私たちは子どもの能力の発達を助けてやれる。子どもの内面の心象（consciousness）を無視して誰かが発展させておいた何らかの明確で論理的な図面どおりに子どもが素描するかどうか、あるいは子どもが巧みな素描を制作するかどうかは大した問題ではなく、諸能力の進化と成長の見通しが立ちさえすればよいのである。

　このようなやり方で一人の少年が3歳半から7歳までの間に仕上げた一組の素描から、私は多くのことを学んできた。素描の大半は印象深かった事物を思い起こすことで制作された。蒸気機関車と列車はいく度も素描されている。素描の複雑さからは漸進的な成長をたどることができ、それは素描される対象とその細部を観察する機会が重ねられていくことと一致する。

　素描された事物のいくつかを以下に列挙しておく——海に浮かぶ蒸気船、グリニッジ埠頭、クレーン、列車、紙から切り出して色を塗った図案、灯台、高架橋、火山、教会、ビーチ岬と信号所、風船、河に架かる橋と列車、桟橋

と蒸気船と虹、ヘイスティングス〔ウィリアム征服王がハロルド王を破った戦いで有名〕の詳細図、家の見取図、流星、ステンドグラスの窓、メトロポリタン線とディストリクト線の地下鉄地図、水族館と動物園が一緒になったもの、地下鉄の路線図、農場の詳細図、オクスフォード大とケンブリッジ大のボートレースの際の〔テムズ川に架かる〕バーンズ橋、船へと降りてくる天使。動物については、馬、猫、犬、牛、そしてとくに小鳥と、さらに魚も試みられていた。人間は実物から素描されたものがあり、猫を怖がって追い払う男のカリカチュアもあった。

　現在広く採用されている退屈な書法の教授法は、学校生活の貴重な時間にとって恐しいほど無駄である。線を書き写すという味気のない教練でしかないものに生徒たちはほとんど、あるいはまったく興味を抱かない。たいていの場合、学校生活のうちおよそ１年半もの長きにわたって、書法を学ぶことに時間が費やされている。けれども経験から言えば、絵を制作する際の自発的な努力と同じくらいに文字の曲線の練習を子どもにとって魅力的にすることにより、こうした時間を大幅に削減することは大いに可能である。

　外形線素描におけるこのような自発的努力のなかでは、非常に幼い生徒が書法で用いられる線の制作術を利用している。それぞれ別個の観念、あるいは形態の知覚が、同じ手の努力によって再現される。例えば人間を素描するなかで、円は頭として、楕円は胴体として、直線はともに腕と脚として、すばやく描かれるのである。一人前の芸術家も同様のやり方でスケッチをしており、そこでは一つ一つの筆運びが観察の記録となっている。子どもの方法はそれなりに理に適っているにもかかわらず、私たちはそれを無視して、非常に幼い子どもにまで、書法において用いられるのとはかなり異なる線の制作術を使って教えている。以上の事実を考慮するなら、特定の学習段階でスケッチされた線を過小評価しようなどとは思うまい。

　幾何学的な素描において用いられる精密さはかなり早くに教えた方がよい。というのも学習者にとって、この精密さは他の科目の大半が要求するものと同じ難関としては現われないからである。例えば、文法の精密さには多くの例外が含まれており、それを目に訴えるような素描として再現するのは極め

て困難である。それは単なる精神的な抽象物であり、容易に理解したり応用したりできるものではない。素描において用いられる精密さの多くについては逆のことが当てはまる。そこには例外がなく、目に直接に訴えるように線で描くことができ、それゆえ子どもの知性に精密さとは何であるかを分からせるための優れた手段となりうるのである。

　以上が、学業における他科目を学ぶことで利益を得ることのできる者ならその全員が、部分的にかそのすべてかの違いはあるとはいえ、享受できるだろう教育上の利点である。

　素描を学習するための能力は読み方や算術を学習するための能力とまさに同じくらい普遍的であり、誰であれこれらの科目において何がしかの知識と技能を獲得できるのとまさに同じように、誰であれ素描において何がしかの熟達をなすことができる。素描が提供する用具の使い方を教わったことがない人々は、仲のよい相手と意思疎通するための非常に重要な手段を奪われた生涯を送らねばならない。子どもが自然と抱く素描への興味を慈しみ、励ましてやるべきであり、そうすることによって素描は学校生活を通じて教育の助けとなり続けることになり、また長じてうまく実を結んだなら、自然や芸術の美を享受する能力を増大させ、そうした芸術作品を生涯に及ぶ天職として追い求めるのを容易にするかもしれない。ある対象の素描をその正しい大きさを示しつつ制作できるということは、すべての人が折にふれて発揮する必要のある能力である。しかしながら、そうした単純なたぐいの素描技能でさえ決して共有されてはいない。教育関係者と文化人たちは、自らが計測を行なうために熟練工の助けを借りなければならないことを不名誉だとは思っていない。熟練工が少なからず犯す間違いは熟練工自身の心を大いにかき乱したりはしないが、この間違いによって損失を被らねばならない彼の雇い主は心穏やかではいられまい。

　素描はすべての児童教育において必須科目とされるべきである。平均的な生徒にあまりに多くを期待しすぎてはいけない。子どもが並外れて素晴らしい手技を会得するのは不可能である。多くの生徒は、知性を多分に備えてはいても手を動かす力はほとんど持っていない。彼らは自身の役に立つように、

そしてその才能を発展させる助けとなるようには素描を学ぶことができるものの、並外れて素晴らしい職人技などは、彼らにとってどうでもよいことである。もし個々の段階で手技の素晴らしさが強調されてしまうと、素描に対する情熱と好みは初めの一歩で消え去ってしまうだろう。誰も不用心であってはならない。教師は生徒が自身の能力を最大限まで発揮していれば満足するのがよい。改善の余地があるところにこそ希望がある。

すべての若者はそれぞれの科目において精一杯の能力を発揮する機会を持つべきである。普段の学業では緩慢で注意不足の子どもであっても、音楽や素描などといった科目では特別な素質を備えていることがあるというのは周知のとおりである。彼らはほとんど、あるいはまったく自分に才能がない他科目で難しい試験に合格することはなくても、独自の道筋において自分を引き立たせる機会を得るべきである。このような性質の生徒たちには注意深い対応が必要である。というのもこういう生徒こそ、自分が嫌いだと感じた学課をこつこつ勉強するよう要求されると、関心を失い、面倒くさがりになってしまうからである。

どんなに簡単なものであろうと、最初の努力に完璧を期待してはならず、手の技能の発達だけが目に見える主要目的とみなされるべきではなく、むしろ諸々の観念を伝達する手段として素描を用いることを必要とする文化を提供するのが目標なのである。考えるということをすべて教師が済ませてしまう素描は生徒にとってほとんど価値がない。

教室もしくは集団での指導。学校運営の必要から、大人数の生徒を一緒にして集団で指導する、あるいは一般的な言い方によればクラス単位で指導するということが求められる。語学、数学のような科目は、長い年月をかけて、そうした扱いに適合するよう整えられてきた。実物や鋳造品を使いながら全員が素描を学ぶことができるためには、教師が算術の規則を説明するのと同じくらい容易に、実物ないし鋳造品の正しい素描を、それが全生徒の目に対して現われるがままに正確に提示させてくれる方法を発見することが必要である。

個々人がばらばらに教わるという方法よりも、優れた集団指導の方が学習

者にとってずっと有益であることはほぼ間違いなく、また実施時間当たりの効率という点でも有益であることはまったく疑いようもない。集団指導では学課全体を通じてクラス全員を教えられる一方で、個別授業では、どんなに巧みに運営したところで、先と同じ時間をかけても各生徒が教わるのは1分か2分だけになってしまう。集団指導でなら、一人のクラスメートが上達するとそれが〔他の生徒にとっての〕刺激もしくは警告となり、そこでの質疑応答はどんな個別授業において生じるよりも多くの視点から当該科目を示してくれる。最後に、集団的な方法のおかげで授業が体系的なものになる傾向が大いにある。

　実物や鋳造品を使った集団指導が完全に成功するためには4つの条件が不可欠である。

　　1．巧みなクラス編成
　　2．全員が容易に見ることのできる実物
　　3．この実物をクラス全員がほぼ同じように見られるようにすること
　　4．教師がクラス運営と当該科目に通暁し、学習されるべき原理と順守されるべき方法を明快かつ情熱をもって提示できること。情熱なき訓育はおよそ授業の名に値しない。

　素描を教えるための教室の多くは小規模であり、たいていは2つ目の条件を満たすことが不可能である。しかしながら、すべての生徒に同じ図版、実物、もしくは鋳造品を配布し、個々の実例が各個人の目に対して正確に同じ位置関係に置かれるように工夫することによってこの困難が取り除かれることもあるだろう。

　教育手段としての素描を教える教師。ここまで述べられたことを念頭に置いていれば、教師は次のものを備えていると言っても過言ではない。すなわち、学校での授業の一般原理、集団的な方法によって1つのクラスを教えるための技能、素描が他の学校科目との本来あるべき互助関係を実現するのに貢献するような一般教育。

　そのような教師は、素描について専門に研究をしたか、あるいは優れた教育を受けた美術科出身者であり、そして学校での授業の原理に関する知識、

ならびに一定数の生徒たちに対して集団指導をするための技能を習得している専門の男性もしくは女性の教育指導者であってしかるべきである。

　ある人々、とりわけいく人かの芸術家は、素描を教えるための方法のことを嘲笑する。それはちょうど、苦もなく〔文章を〕読むことのできる大人が、子どもに読む技術を教えるための方法を嘲笑うのと同じくらいには賢明なことなのだろう。読むのを学習することはあまりにも大変なので、ほかならぬ子どもはそれによってへとへとになるのだが、教師たちは常に 40 から 50 名の子どもを同時に訓育し、比較的短時間ですべての子どもが読むことを学習するのである。読むことにおいてよき方法がこのような成果を上げているのなら、素描を教えるためのよき方法が見つけられないわけがなかろう。多くの芸術家は、いわば人間の幾何学とでも呼べるものを使う代わりに、一種の神がかった幾何学、すなわち何も計測せず数や比率の正確さなど気にも留めない幾何学を頼りにすることを好む。彼らが教えるとなれば、初心者に対して次のように言うこととなる。もっとよく似せて描け、マッスだけに気を配れ、モデルの性格や雰囲気をつかめ。ぶっつけ本番でうまくいかないとなれば、黒板を消してやり直し。しかし幼い人たちを訓練した経験のある人々は、走るよりも前にまず歩かなければならないことを知っており、芸術家のようには素描できないこと、この芸術家があっと言う間に示してみせる技能は何年もかけて習得されたものであることを知っている。初心者は方法上の互いに連関した実践を身に付けねばならず、それによってやがては目視によって、あるいはほとんど瞬間的に比率を判断できるようになる（アブレット・シリーズ、第 5 巻を見よ）。すでに完成された芸術家は、学校で授業することを経験していないので、自身の能力を獲得するために通過しなければならなかった道筋のことを忘れてしまう。完成されたとは言いがたい芸術家もいるが、彼らは実際のところ素描の範囲と資質について非常に狭い考えしか持っておらず、そしてまさに彼らこそ最も〔素描を〕教えたいと思いがちなのである。このような芸術家が、自分自身で難問を考え抜こうとしたこともないままに自身の考えを体系化して、いくつもの相矛盾した格言をのたまうことによってどれほど多くの芸術を学ぶ生徒が落胆させられてきたことか。他の課程で

は見つけられる方法と体系を素描の課程が欠いていることが分かってしまえば、賢い生徒はうんざりしてしまう。よき教師は、十分な量の課題を与えることによって、その課題を興味深いものにすることによって、そして好奇心と建設的な能力を喚起することによって、少年少女を夢中にさせ続ける。あてどもない無駄が少しでもあったり、目新しさによる新鮮味が消えた後でも長々と続いたりするならば、学習課程における興味はすぐに失われてしまう。私たちは結局のところ科目のほとんどを学ぶことがない。何年か経っても私たちが繰り返し立ち戻るだろうのは、私たちに興味を覚えさせるもの、あるいは有益だと思わせるものである。多くの有望な生徒たちが、経験の浅い教師のえこひいきや的外れな賞賛によって、その芽を摘まれてしまう。賞賛が与えられるべきは、自制心と勤勉さという犠牲を払って得られたものに対してのみであり、その持ち主が何の犠牲も払っていないような、まだ芽吹いてもいない才能に対してではない。

　素描において知識と技能を伝達することの可能性は、狭い範囲に限定されはしないので、一定規模の学校課程を十分に提供することだろう。巧みに教えられたなら、素描は事実と印象の知的な記録であるに違いない。目に見えるとおりに描かれた対象の優れた素描と劣った素描の間には、ちょうど文字による上手な描写と下手な描写の間にあるのと同じくらいの、そして似たような違いがある。創意豊かな才能と芸術作品に対する繊細な感情は、その種子が存在しない場所には植えつけることはできないが、学生たちに過去の時代と現在にわたって積み重ねられた経験に関して何ごとかを知らしめることはできる。芸術の初歩的な文法を形作っている形態、光と影、明暗、肌理、色彩、そして初歩的なデザインについては、特定のプロセスと特定の事実があり、これらは——そうしたものを教えることの究極の目的が何であれ——ある程度までは全員が獲得せねばならないものである。そうした文法は、読み書きや算術と同様の科目と同じように体系的に教えることが可能である。これらの科目が大人数の生徒たちに対して各々の時間割のなかで並行して教えられられているのとまさに同じようにして、素描の異なる要素を教えることもできるのではないだろうか。

理想的な学習課程はほぼ次のようなものになろう——
　　記憶にもとづく素描、文字絵（letter picture）、綴字。
　　配色。
　　定規の使い方。
　　地図と図表を拡大・縮小した説明つきの素描。
　　（幅ならびに角度と比較しながらの）長さ、比率、高さの（目視による）素描。
　　短縮法なしに見られた平面対象の外形線素描。
　　地図や図表などにおける彩色。
　　実用幾何学の諸要素。
　　口述素描。
　　統計的な幾何学、ならびに空間の算術、あるいは統計値の簡単な図表的表現。
　　ずっと簡単な直線からなる幾何学図形によって例示されるような、さらに見慣れた対象、ならびに一平面上の単純な曲線において見られるような、実際の形と見た目の形の違い。
　　日用品の平面図、立面図、断面図において例示できるような、立体幾何学の単純な要素。
　　情報を提供するために用いられる多種多様な素描の応用に関する一般的な知識。
　　普段から目にしている日用品の外形線による再現。
　　植物の外観、さらに果物、野菜、動物の鋳造品の外観の、外形線による描写。
　　コントラスト、反射光、空気遠近法、全体が単一色で塗られた対象との関係における明暗と肌理によって示されるような、光と影の単純な原理。

　多くの生徒たちは、授業内容が現状のとおりなので、以上のような課程の大まかな輪郭と一般的な原則しか学べなかった。さらに多くを習得することによって、先述の教育上の利点、すなわち皆にとって有益なたぐいの技能、

さらには芸術作品を正しく評価する能力を増大させてくれる基礎的な芸術制作についての知的な分別が実現する。デザイナーと芸術家は、あまりにも長い間、大衆の側の知識の欠如によって阻害されてきた。すべての少年少女の趣味を向上させたなら、芸術制作に従事する者が、分かりやすく凡庸な月並みさからなる常道のさらに先へと進むことがはるかに容易になることだろう。

ほどほどの才能を備えた生徒たちは、様々な職種や産業における技術的な素描にとって不可欠な第一歩としては十分な量の技能を獲得することだろう。素描のできない医学生は、それができる医学生に比べて、深刻に遅れをとっていることが明らかとなろう。

建築家や技術者などの必須条件については言うまでもない。やすやすと正確に素描できる個人は、そうした能力がない場合に比べて、どんな手工業における技能であろうとはるかに迅速に習得できる。一つの対象を素描することは同じ対象を制作することにとって優れた前提条件である。計測における精度の獲得は、熟達した手工芸に直接に通じる正確さを求める習慣を生み出す。熟練した労働者とそうでない労働者の違いは主に、前者が要求されたサイズどおり正確に製品を仕上げるのに対して、後者は製品を制作しても設定値より全体的ないし部分的に大きすぎたり小さすぎたりするので、雇用者が出費せねばならない時間と資材を無駄にしてしまうという点にある。9割のイギリスの労働者は平面図、立面図、立体図を理解できないと言われてきた。作業長の説明を待っている間、労働者の時間は浪費されてしまうため、製品のコストが増加してしまうのである。

絵画的な再現の才能を明らかに備えている生徒は、学校を卒業してすぐにでも、例えば自分の目の前に置かれたものであれば何であれ、真に迫った再現ができるようになるといった素描における徹底的な訓練を積み上げるための基礎を身に付けていることだろう。

すべての芸術家は絵を描く前提として、かくも多くの能力を備えておくべきである。詩人、作家、音楽家、劇作家、そして画家はみな、自身の語るべき物語を持っているが、それを各々が自身の手腕に最も適した方法で語っている。私たちは詩人に対してオラトリオ〔聖譚曲〕として主題を示せとは求

めないし、劇作家に対してパレットと絵筆でもって自身の考えを展開せよとは言わない。私たちが期待するのは、テーマを紹介するためにどんな手段を用いるかを選択したならば、その選んだ媒体に関する見識と、それを用いるための技能を示すことである。実際、このような技能が評価される度合いはかなり多いため、多くの芸術作品が名声を保っているのは、その主題を考慮してのことではなく、それが技術上の技能を示しているからなのである。他ならぬ芸術家だけを歓ばせる絵というものがある。

　英国人には芸術的な感情が欠けており、私たちの風土において彼らに美術教育を施しても時間の無駄だと言う者がいる。とはいえ風景画において私たちは第一人者であり、水彩画においてはなお抜きん出ている。私たちの大聖堂を建造した人々の子孫が芸術的な感情を欠いているなどということがありえるだろうか。英国とその競合国が、教育上の発展においてできることはすべてやり尽した段階に達した時、私たちの画派にかくのごとき多様性をもたらしてきた創意と想像力の品質は、私たちに勝利をもたらしてくれることだろう。

　すべての少年少女に素描を教えるという一般教育の重要性がうまく明らかになったからには、それが提供できる驚嘆すべき描写力の助けを借りずに世間を渡り歩いていかねばならない者はより少数であることが望ましい。

　若者の持つ可能性は富をたくわえた鉱山であり、私たちの関心はそこから鉱石を掘り出すことにある。素描において主に鍛えられる能力を発達させることは、児童期においては容易であるが、大人にあっては困難を伴なう。私たちは貴金属の鉱脈を探していたのに、その鉱脈を首尾よく掘り当てるチャンスがすべて消え去ってしまうよりも前に作業を止めてしまったなどと言われないようにしよう^{訳註1}。というのも少年少女が、後の人生において、学校生活の時間と機会は無駄であったと指摘されても仕方のない結果に終わること以上に両親や教師を落胆させることはないからである。

　本章では、教育手段としての素描という考えをほぼもれなく精査してきた。なぜなら、素描などは綴字のような単なる機械的技術にすぎないとする考えに抗弁するためには、そうすることが必要だったからである。その価値が十

分に評価されないまま、素描が学校カリキュラムに取り上げられない場合、授業は本来そうなりえたほどには効果的でなくなってしまうおそれがある。

これまで監督官庁が言ってきたように、イギリス本土の初等学校教師が他国よりも有能であるのは、彼らが自らに付託された計画の根拠と目的を理解することに注力しているからである。

本章では、以下に続く章で私が推奨する事柄の多くがよりどころとしている知的な基盤を提供した。

訳註
1 ラスキン、『この最後の者にも』、第2論文「富の鉱脈」に由来する表現。

第5章
スーザン・ブロウ
――子どもの神的な想像力への寄り添い

解　説

　ここに訳出したのは、スーザン・エリザベス・ブロウの1894年の著作『象徴教育 フレーベルの「母の歌と愛撫の歌」の注釈（Symbolic Education – A commentary on Froebel's "mother play"）』の第4章「児童期の象徴主義（The symbolism of Childhood）」である。ブロウは翌年の95年にフリードリヒ・フレーベルの晩年の著作『母の歌と愛撫の歌（Mutter- und Kose-Lieder）』の英訳を発表している。この『象徴教育』は、ブロウの最初の著作であるばかりでなく、上記の翻訳作業に取り組むなかでブロウが読み取っていったフレーベル思想の解説書にもなっていると言えよう。
　ブロウは1843年、ミズーリ州セントルイス郊外のカロンデレットに生まれた。父のヘンリーは鉱山業で成功しミズーリ州議会の上院議員、後に下院議員も務め、ブラジル公使にも任命された人物である。母のミネルヴァ・グリムズリーも社交界で名が知られていた。このような裕福な家庭環境のもとで家庭教師から英才教育を受けていたブロウが公的な教育機関に通った年数は非常に短い。むしろブロウのキャリアを決定付けることとなったのは、妹のネリーがロシアのスミノフ子爵と結婚した縁で、1870年から一家でヨーロッパに渡り、そこでフレーベルの幼稚園教育の思想に触れたことである。フレーベルのいささか神秘主義的かつ象徴主義的な思想にブロウが心酔した背景には、もともとブロウが長くカント、フィヒテ、シェリング、ヘーゲルらの思想を学んでいたことが挙げられる。
　ドイツで幼稚園教育の方法論をある程度まで習得した後、セントルイスに帰国したブロウは、そこで教育長をしていたウィリアム・トーリー・ハリスに幼稚園開園の提案を持ち込み、好意的な反応を得た。ドイツ観念論の解釈者であったハリスの名前は、「国際教育叢書（International Education Series）」の編者として、ここに訳出した『象徴教育』をはじめ多くのブロウの著作にも登場している（『象徴教育』は「国際教育叢書」の第26巻として収録されている）。セントルイスにおける幼稚園開園の計画を実現するため、ブロウはまずニューヨークに赴き、すで

にそこで幼稚園を開園するとともに幼稚園教員の育成クラスを開講していたマリア・クラウス＝ベルテのもとで1年間学ぶ。72年にセントルイスの幼稚園教育主事に任命されたブロウが故郷のセントルイス郊外のカロンデット地区に全米初の公立幼稚園を開園したのは73年のことであった。さらに翌年には幼稚園教員の育成学校も開設し、以降、フレーベル主義の立場から幼稚園教育の普及に尽力する。ブロウがこの幼稚園における教材としていまだ英訳のなかったフレーベルの『母の歌と愛撫の歌』に着手したのもこの頃のことである。しかしながら、75年には両親が死去。80年にはハリスがヘーゲル哲学学会事務局とともにセントルイスを去り、84年にブロウは公立幼稚園の仕事を追われることとなる。さらにバセドウ氏病を患い、失明の危機にも瀕したブロウは、87年にいったんすべての活動を取り止め療養生活に入る。転地療法によって体調を回復したブロウは90年代以降に著作と翻訳を立て続けに出版。95年からボストンで聖書、ならびにホメロスからゲーテといった西洋古典のクラスを開講するとともに、没年の1916年まで国際幼稚園連盟の理事として活躍した。

　以上のようにアメリカ合衆国における公立幼稚園の設立と普及に大きな足跡を残したブロウであったが、批判も少なくない。すでに1880年代後半には、進化論の影響のもとで子どもの成長と、それに応じて幼稚園における遊戯を見直そうという動きが生まれていたことは、本書第6章で訳出したエベニーザー・クックについての解説でも紹介するが、ブロウの教え子たちのなかにもこうした見直しを進める一派が1887年には現れている。また、ブロウの開設した幼稚園教員の育成学校で指導を受け、後に幼稚園運動の主導者の一人となるエリザベス・ハリソンは、ブロウの指導について、確かにインスピレーションを与えてはくれたが、その神秘的な哲学原理を理解できる者はほとんどおらず、結果としてフレーベルの恩物や作業といった形式的な子どもの指導技術だけが重視されるようになったと述べている。また、ブロウの立場を保守主義として批判し、進歩的な幼稚園教育を唱えた人物としては、米国心理学会の初代会長G・スタンリー・ホール、全米幼稚園教育協会（National Association for Nursery Education）の主要創設者の一人P・S・ヒル、1909年から32年までシカゴ大学附属幼稚園の園長を務めたアリス・テンプルといった人々の名前が挙がる。彼らの主張によれば、ブロウはフレーベルの唱えた「母の遊戯」や「恩物と作業」といったものにこだわりすぎて現実離れしており、また子どもの衛生、健康面への配慮にも乏しく、子どもはもっと自由に遊びのなかで学び、またより積極的に身体の運動を取り入れ、健康な身体を獲得すべきだとされた。この頃、シカゴ大学に附属実験学校を開設し、後に米国心理学会の会長となる哲学者ジョン・デューイもまた、フレーベル主義の幼稚園教育に対して批判的であり、その批判はアメリカにおける幼稚園教育に大きな影響を残すこととなった。デューイは、子どもの本能的な活動を重視

するフレーベルの教育思想には共感しつつも、その観念論的・ロマン主義的な象徴主義には否定的であり、あまりに象徴的になりすぎる子どもの作業を最新の生理学や心理学の成果に合わせて改善し、より子どもの現実に合った教材を提供すべきであると考えた。

　両者の対立は1898年の国際幼稚園連盟総会で表面化し、結果から判断すれば、進歩派の勝利で終わったと言えよう。アメリカの幼稚園教育史においてブロウの立場は結局のところ乗り越えられてしまい、そうした事情もあってか、ブロウの著作はこれまで邦訳されることもなく、またその思想を詳しく論じた文献も少ないように思われる。今回訳出した『象徴教育』の第4章「幼年期の象徴主義」では、とくに子どもの「類比」活動が注目されている。子どもの類比活動の拡がりをブロウは、言語活動、遊び、おとぎ話のなかに確認していく。そのことでブロウは、子どものうちには、現代人に失われてしまった「万物の生命」への信仰、アニミズムが認められることを確認する。このことは周囲のものの魂と子どもの魂に対応関係が存在することを意味する。加えて子どもは、周囲の出来事、歴史や文化と関係といったものも、おとぎ話や遊びを通し類比的に感じ取る。そのことで子どもは、「感覚の足かせ」から逃れて、周囲のものや出来事によって「征服される」のではなく、これらを「征服する」覚悟を身に付けることができる。ブロウは、このような理想的教育像をフレーベルの恩物において確認し、フレーベルの考えが、過去の偉大な詩人や哲学者たちとも類似している点を確認していく。以上のようなブロウの考えには、ヘーゲル哲学からの影響も認めることができるであろう。

　ブロウの幼児教育思想の位置づけについては、思想史・教育学史の文脈において、さらなる研究が必要である。その一方で、周囲の事物を秘密に満ちたものとして捉え、それらすべてに魂が宿っているかのように感じ取る子ども自身の体験や感想に寄り添い、そうした感覚のうちにこそ想像力の源泉があると主張するブロウが引用する様々な実例は、今後も幼児教育研究における生きた資料として活用されるべきであるように思われる。最後に1908年の『幼稚園における教育上の諸問題（Educational Issues in the Kindergarten）』の序文におけるブロウの進歩派に対する反論の言葉を引用しておこう——「自然との適合を大喜びで受け入れ、宿命的な衝動に易々と服従することによって、自由遊戯の幼稚園は狭い輪のなかで自然主義の自滅的な堂々巡りをする。子どもを歴史的プロセスによって型取られたものとみなしがちであり、知性主義への反動から大げさな行動主義に走り、またその実践においては実用的な価値を強調することによって、産業的な幼稚園はプラグマティズムからの影響を裏切っている。子どもとその象徴主義について、ならびに子どもの自由活動は無目的ではないとする考え方によって、フレーベル流の幼稚園は観念論哲学からの系譜を明らかにする」（Blow1908:xiii）。

参考文献

Blow, S. E. *Educational Issues in the Kindergarten*, D. Appleton & Co., 1908.
Missouri Biographical Dictionary, vol.1, Somerset Publishers, 2001 (the 3rd edition).
Williams, L. R. & Fromberg, D. P. (eds.), *Encyclopedia of Early Childhood Education vol.30*, Routledge, 1992.
西村史子、「アメリカ合衆国における公立幼稚園の導入に関する一考察――スーザン・ブロウ（Susan E. Blow, 1843-1916）の関わりを中心に――」、『聖徳大学児童学研究紀要；児童学研究』（第4号、2002年）所収。
藤原保利、「アメリカにおけるフレーベル主義幼稚園の批判とカリキュラム改造に関する一考察――1890年〜1923年までを中心に――」、日本大学教育学会編、『教育學雑誌』（第26号、1992年）所収。

スーザン・ブロウ『象徴教育』

第4章　幼年期の象徴主義

　幼児がどのように言葉を使用しているかを観察したことがある人なら誰もが、生まれてすぐに若き人類は類比を用いていることを進んで認めるだろう。プライヤー教授は自分の息子について次のような事実を報告している。言葉が不明瞭で、ママ、パパ、アッタ（atta）などといった原始的な音節しかはっきり発音できない段階でも、この子どもは日課として外出するとき、アッタと発言する習慣を形成していた。生後11ヵ月になり、電灯に笠を被せて光を和らげると、この子どもは突然同じアッタという叫び声をあげた。このことが示しているのは、家を出るということと光を和らげるということという、まったく別の現象に彼は類似性を見つけ出した、ということなのである。後にこの同じアッタと言う言葉は、扇子が閉じることを表わすのにも、グラスを飲みほし空にすることを表わすのにも用いられた。旅行中に電車の中でも、恐怖の表情を浮かべ、繰り返してこの言葉が発せられた。多分、視界から対象が消える速さによって子どもの恐怖心がかき立てられたのだ。生後20ヵ月までにアッタは、立ち去ること（going）と消滅すること（gone）という一般的意味を獲得することになった。その一方この概念とは対照的に、到来（coming）、発射（shooting forth）、出現（emerging）といった観念は、ダーとかターといった1音節によって表現されることとなった。例えば、父親が自分の頭を覆い隠し、この子どもにその覆いを外させると、子どもは大きな声で笑ってダーを言った。父が部屋から立ち去ると、子どもは柔らかくアッタと発言し、自分も連れて行って欲しいとねだるときには、それをハタ（hata）に変化させた。

　幼児が類比を使用していることを示す別の例を挙げよう。「ある子どもは水の上に1羽のアヒルを見て、またその鳴き声を耳にして、クァック（quack）と言った。その後、あらゆる鳥、あらゆる虫をこの子どもはクァックと呼ぶ

ようになり、他方で、あらゆる液体をクァックと呼ぶようになった。ついに彼は、どんな硬貨を見てもクァックと呼ぶようになった。フランスのスー硬貨の表に鷲の姿が刻印されているのを見た後のことだ。……別の生後21ヵ月の男の子は、自分が所有する山羊の玩具——車付きでザラザラした皮革で包まれた木製の玩具——に向かって、エイ（ei）、と喜びの叫びを発することにした。それからこのエイという言葉を、エイズ（eiz, aze）、さらにはアス（ass）へと変化させていった。後にエイズという言葉はもっぱら喜びの叫び声となり、アスは前に進むもの——例えば、動物、自分の妹、荷馬車——の名前となり、その後あらゆる動くものの名前となり、ついには、あらゆる表面がザラザラしているものの名前となった」原註1。この種の例はいくらでも挙がるだろう。ある日子どもに向かって、コートのボタンをはずしてやろうと言うと、翌日この子どもは、木の実のボタンをはずしてほしいと頼む。子どもの前で家の屋根を話題にすると、じきに口蓋が痛むと、歯の屋根（teeth-roof）が痛むと言ってあなたを驚かせる原註2。頭の上の青いアーチは空と呼ばれているのだよと教えると、彼は天井を空と呼び、ピアノの上の部分も空と呼ぶ。ドアという言葉を子どもに覚えさせると、子どもが箱、本、コーヒーポット、傘までもドアと呼んでいるのをあなたは見つける。いくばくか驚き、おそらく少し不安を覚えた後、子どもの精神のなかでこれらの異なった対象を結びつけているものは、これらすべてが開いて閉じるものだという単純な事実であることをあなたは発見する。これらの事実から学ぶべきことは、幼児の心は、類似に関しては透明で見通しが利くが、差異に関しては不透明で見通しが利かないということである。子どもはそれぞれの知覚対象を、いくつかある観点のうち1つを持ち出して把握する。したがって、対象に関する子どもの思考は不完全で、断片的である。しかしながらこの思考のほんの欠片は、暗黙のうちに一般的なものだと認識されている。ゆえに、子どもの注意を最初に引いた特徴、属性をある対象のうちに認めるならば、そのような対象すべてに、躊躇うことなくこの思考の欠片を表わす言葉が使用されていく。教育における最も大きな過ちは、このような心理学的事実から目を背けることで生じているのである。それに、若き心は類似を見出すことに未

成熟ながら区別する活動をかき立てられ、またこの活動に喜びを得ているというのに、この類似から若き心を努めて遠ざけようとすることに、教育における大きな過ちが生じているのである。

　子どもたちの心を支配する類比の力を示すのに、子どもたちが音の類似に、意味の類似の兆候を見出すことに注目するのは的外れではなかろう。G・スタンリー・ホール博士の論文から、いくつかの例を次に引用しよう。「子どもたちは騒音、自然音、動物の声に言葉を思い描き、言葉を聞き取る。子どもたちは、次のように駄洒落ばかり言う。――蝶 (butterflies) はバター (butter) を作る。バターを食べる。絞り出してバターを僕にくれる。同様に、バッタ (grasshoppers) は草 (grass) を僕にくれる。蜂 (bees) はビーズ (beads) と豆 (beans) を僕にくれる。子猫 (kittens) はネコヤナギ (pussy-willow)〔pussy はネコのこと〕の上で成長する。どの蜂蜜 (honey) もスイカズラ (honeysuckles) から作られている。ポプリンのドレス (a poplin dress) まで、ポプラの樹 (poplar trees) から出来ているなどと言う。牛 (cow) がモーと鳴く (low) とき、牛は何らかの仕方で自分の頭の角笛 (horn) を吹いている。カラス (crows) と案山子 (scarecrows) とは混同される。蟻 (ant) は叔父 (aunt) と何らかの微妙な関係を持つ。ミミズ (angleworm) は角 (angle)、三角形 (triangle)、くるぶし (ankle) を暗示している。マーティー (Martie) さんは「トマーティーなるもの (Tomarties)」を食べている。休日 (holiday) は「叫び声 (holler)」が続く日である。ハリー・オニール (Harry O'Neil) さんには、ハリー・オートミール (Harry Oatmeal) という綽名がつく。二等辺のもの (isosceles) は何らかの仕方でソーセージ (sausages) と関連づけられる。10月 (October) は突き倒されること (knocked-over) を暗示している」原註3。これらの表現の多くでは、子どもたちはただの「言葉遊びをしている」ことは疑いない。だが、それ以外の表現は心のなかの混同を示しているように思われる。それに異なる言葉の響きの間に、想像上で類比を行なう反応は、しばしば思考の歪みを生み出していることも否定できない。幼稚園の教員の側で、預かっている子どもたちの言葉を使う感覚に少し注意を向けることは、子どもたち自身にとって測り知れぬほど有益であり、子どもたちの心の働きに豊かな光を当て

ることになるだろう。
　子どもは類比を行なう心の活動を発話で示すのみではなく、それに劣らず遊戯のなかでも示している。しばしば報告されていることだが、幼い女の子は玩具職人の技術の結集たる出来のよい人形に無関心に背を向け、柱状に巻かれたタオルとか、リヒター〔ジャン・パウルのこと〕が述べる例では、使い古されたブーツ脱ぎの道具といったものを愛おしく撫でる。同様に、男の子は自分が所有する棒馬よりも、父親が所有する籐製のステッキにずっと魅力を感じる。幼児が示すこういった嗜好は、次のように説明される。玩具とは単に象徴であるのに対して、子どもたちを魅了し想像力をかき立てるのは象徴が暗示する精神的現実の方である、と。女の子が所有する人形に要求していたのは、彼女の心のなかで物への愛情（material love）を燃え立たせることなのである。男の子が所有する馬に強く期待していたのは、自身の持つ自然への支配力の予感をこの馬が目覚めさせることなのである。あまりにもよく出来た玩具は想像力を萎えさせてしまう。ゆえに子どもはよく出来た玩具に背を向けて、遠くからある理想を暗示して空想活動を高める様々な対象に目を向けるのだ。真の玩具とはただの「亜麻を紡ぐ糸巻棒」であり、「それを用いて、魂は様々な色合いの上着を作る」のだ。すなわち、真の玩具とは定まったものではなく、多様に変化しうるものであり、また多くの役割を演じうるものでなければならないのである。ただこのようなあり方でのみ、玩具は、課せられた二重の使命——創造活動に刺激を与えること、および魂の理想への渇望を満たすこと——を果たすことができる。
　「子どもたちがあまりにも粗雑な作り物（イミテーション）に満足することを驚く人もいる」。ド・ソシュール夫人はこのように書いている。「芸術への感受性が不足していると、子どもたちは馬鹿にされる。むしろ彼らは、こういったイリュージョンを引き起こす想像の力ゆえに賛美されるべきなのだ。蝋の一塊をある形にかたどったり、紙を切り取ってある形にしたりして、もしもこれらの形に、腕や脚のように見える部分、頭に見える丸い部分があるならば、子どもの目には、それは1人の人間になる。この人間は、何週間も生き続けることになろう。手足が1つや2つなくなっても問題はないし、あなたが子どもを遊ば

せるのに選んだどんな役もこの紙の人間は務めるだろう。子どもは、不完全な人間の似姿(コピー)を見ているのではない。子どもが見ているのは、自分の心のなかの原型(モデル)のみなのである。蝋をかたどった形は子どもにとってただの象徴にすぎず、子どもが象徴に執着することはない。妙な象徴が選ばれたり、選ばれた象徴が下らなく見えたりすることもあるだろう。だが若き精神はベールを貫き、物それ自体にいたり、物それ自体をその真(まこと)の観点において凝視する。物にあまりにそっくりの作り物(イミテーション)は、物に備わる宿命をたどり、子どもはすぐにそれに飽きてしまう。子どもはそれに感嘆し、喜ぶだろう。だがその形の正確さによって子どもの想像力は妨げられる。なぜなら形の正確さは、ただ1つの物を表わすだけだからである。どうやって子どもは1つの娯楽に満足できようか？　完全に武装した玩具の兵隊は、ただ兵隊であるのみである。この兵隊が、彼の父親やその他の人間を表わすことはないのだ。若き心は、ある瞬間に浮かぶ着想よって、あらゆるものを調達し、周囲のあらゆるものに自らの喜びの道具を見る。この時、若き心は、自己自身の独創性をより強く実感しているように思われる。倒れた腰掛けは、1艘の舟であり、馬車である。この腰掛を立てると、今度は馬になり、テーブルになる。帽子箱は家になる。食器棚は荷馬車になる。――すべてがこういった具合なのである。あなたは子どもの想念のなかに入り込まねばならない。何かの勉強になる玩具で遊ばせるよりも先に、子どもには、既製品ではなく、自力で組み立てる手段を与えるべきなのである」[原註4]。この遊具(play material)の理念がフレーベルの恩物において、どれほど完璧に実現されているか。幼稚園教育を学んだ方には、このことは説明不要だろう。

　類比は子どもの発言を支配し、子どもの遊戯を統制するものであるが、ゆえに類比は子どもの世界の見方を決定してもいる。未開人がそうするように、子どもは自己の内部で感じるあらゆるものを周囲の対象に帰して考える。子どもの思考のなかで、あらゆる物が生きて、動いて、何かを感じて、何かを聞いて、何かを語りかけるのだ。幼年期を科学的に考察した最初の研究者であるティーデマンは、次のように述べている。まだ赤ん坊といってもいい息子の耳元に時計を近づけると、時計のチクタクの音に気づき、小犬のフリポ

ンが時計の中に閉じ込められているよ、と叫んだ。見上げた空に太陽が見えないときも、彼はこう言った。「太陽は寝床についたんだ。明日の朝には太陽は目覚めて、紅茶を飲んで、一切れのバター付きのパンを食べるんだ」[原註5]。プライヤー教授は自分の息子について、次のような記録を残している。息子の目の前で紙を切って人形を作ったとき、息子は紙を切ることで、この人形の頭も切り落とされてしまうかもしれないと烈しく泣いた。息子の目の前でビスケットを割ったとき、彼は哀れみの表情を浮かべ「ビスケットが可哀想」と叫んだ。ストーブに薪がくべられるのを見るたびに、彼は悲しそうに「木が可哀想」と言った[原註6]。リヒターは次のように書いている。「子どもは自己自身の内部にも外部にも、命なきものを見出さない。子どもは自己の魂を宇宙の魂として、あらゆるものに拡張する」。それゆえに次のようなことを子どもは言う。「光は身をくるんで床につくんだ。春がおめかししているんだ。風がダンスしているよ。僕は春にキスを投げるよ。お月さんは機嫌がいいの？泣いちゃうことはないの？」[原註7]

　このことに関連して、次の事実を思い出すのは重要である。いたるところに生命の力が溢れているという信仰はとっくに消え失せてしまったのだが、それでもなお、個人の意志と意識によってあらゆる物には生命が吹き込まれる、という感覚は、維持されているということを。例えばある13歳の少女は次のようなことを私に打ち明けてくれた。彼女は、石、樹木、花は、人間と同様ではないことをずっと前から理解はしていた。だが、彼女はずっとそれらが人間であるかのように感じていた。そのため、孤独にさせたくないので、1輪の花を藪の中に残しておくことができなかった。赤くなったカエデの葉を集めるとき、カエデの隣にある樫の葉を持ってきて混ぜることにしていた。嫉妬して仲たがいさせたくなかったからである。道端に落ちていた石を思わず道の真ん中に蹴飛ばしてしまったことがあった。彼女の良心は痛んだ。その石がホームシックにならないよう、元にあった場所に戻さないとだめだ、という感情を抑えられなかった。「何かって誰かのことよ」。このように、ヴィクトル・ユゴーの小説のなかで、幼い少女コゼットは想像する。彼女は全世界で共通の子どもの類型なのである。

あらゆる対象には生命と感情が宿っていると子どもは信じているので、子どもが腰掛けにつまづいたときその腰掛けを叩いたり、炎で手を火傷したときその炎に向かって「腹が立つ火だ！」と言ったりして子どもを喜ばしたり慰めたりする習慣は咎められるべきなのである。子どもたちは彼ら自身の無知や不注意がゆえに起こってしまったことを、何かや誰かの責任にしすぎる傾向がある。反対に公平で思いやりのある判断をなす習慣を育むのは、早いに越したことはないのである。ゆえに母親は、たとえ椅子や棒切れのようなものであっても、人間に対してそうして欲しくない仕方で扱うのを許すべきではない。子どもは万物の生命（ユニバーサルライフ）を信じている。それゆえに、子どもには万物への優しさ（ユニバーサルカインドネス）を示すように教えるべきなのだ。

　生命なき対象に自己自身の内部で感じた生命を帰することで、子どもは神話への最初の歩みを踏み出す。続く第2の歩みは、自己自身の内部の生命と外部の生命の間の関係を類比的に推論して、そのことにより、自然の推移や変化を目に見えず活動する精霊の仕業として説明することで踏み出される。数年前のことだが、G・スタンリー・ホール博士の指導のもとで、注意深く選択された質問のリストを通して、ボストン市の小学校に入学したばかりの、平均的な知能を持つ子どもたちの心のうちを調べる調査記録を作成する試みがなされた原註8。この調査をとおして得られた最も興味深い成果の1つは、幼児にはアニミズムが認められることに光を当てたことである。別の重要な成果は、未開人の想像力がそうであるように、子どもの想像力は最も力強く飛翔する力を、天体から得ているという事実を裏付ける様々な証拠が得られたことである。質問を受けた多くの子どもたちの48パーセントが、次のようなことを考えていたのである。夜になると「太陽はどこかに行くんだ。転がって行ったり、飛んで行ったりする。吹き飛ばされたり、歩いて行くんだ。神様が太陽を高く引き上げるんだ、そして見えないところに連れていく。神が太陽を天国に連れ行って、おそらくベッドに寝かせてあげて、服を脱がせてあげるんだ、そして朝には服を着せる。再び、太陽は木の下に眠っていて、天使たちは太陽のことを気にしてあげているのさ。……太陽と同様月についても次のように考えられている。（子どもたちの言葉をそのまま引用す

るときは、引き続き強調して記す。）月は、明るい夜になるとぶらりとやってくるのさ。すると人々は散歩をしたくなり、ランプに灯をともすのを忘れちゃう。月は僕たちに付きまとう。月には鼻と目があるんだ。夜になると、月は自分の中と、下と、後ろに星を呼ぶ。星は、月の欠片で出来ているのかもしれない（……）いく人かの人類学者によると、雷は最も未開な人々にとっては最も気高い神であり、最も気高い神を表象しているのであるが、子どもたちは次のように雷を理解している。神がうめき声をあげているんだ。あちこちに樽を蹴飛ばして、転がしているんだ。ぎしぎし雪を踏みつけているんだ。大きな音をたてて歩いているんだ。何かを壊しているんだ。雲を叩いているんだ」等々。稲妻は次のように説明されている。「神が指を突き出しているんだ。ドアを開けているんだ。ガス栓をすばやく開けているんだ。（これはよく挙がる説明だが）一気にたくさんのマッチを擦っている。石とか鉄とかを投げて火花を起こしているのさ。紙を燃やしているのさ。空の中と外を光が動いている。星が落ちているなどとも言う！（……）最後に、神自身が次のようなものとして想像されている。おおきくて、おそらく青い人。空や雲のなか、教会、通りでしばしば見える人。空のなかの大きな宮殿、または大きな煉瓦造り、あるいは石造りの家に住んでいるらしい。聖職者のように見え、フレーベル先生のように見え、パパのようにも見える。ランプとか、赤ちゃんとか、犬とか、樹とか、お金とかいったものを作っている。天使たちに身の周りの仕事をさせている」原註9。

　調査が示すこれらの空想は、疑いなく、子ども自身の自発的な想像と、外部の要因によって受けた印象とが混ざることで生まれたものである。しかしここで、次のことを思い出さねばならない。子どもが外部からどんな影響を受けるかを決定するのは、心自体に具わる何かに魅了される力、何かを嫌悪する力なのだ、ということを。またそれゆえに、幼児が自発的に楽しむ印象からは、彼らがどのような想念を抱きうるのかが読み取れるのだ、ということを。例えば子どもたちは、年長者から神や天使について学ぶわけだが、これらの想念を、自ら形成した鋳型に当てはめて理解するのである。ゆえに上記のいくつかの例は、議論の余地なく、子どもたちが自分たちの祖先にどれ

ほど忠実に、人類の経験の神話的段階を、すなわちあらゆる自然現象を、人間、あるいは人間に類似した存在者の作品として説明してきたあの神話的段階を再現しているかを裏付けているのである。

　子どもたちのアニミズムと密接に関連しているのは、子どもたちには、自分の生命を支配する善の力、あるいは悪の力を物質的な対象に帰して理解する傾向が認められることである。「白黒の毛を持つ馬に乗って」何かを望むと必ず叶う。左肩越しに新月を見ながら何かを望むと必ず叶う。鏡が割れるのは大災害の予告である。真珠は、悲しみの涙をもたらす。歯を1本失う夢は、友だちの死の予告である。子どもたちのこのような迷信は、思慮なき人間、無知な人間から学んだものであることは間違いない。しかし子どもたちの心のなかに、これらの迷信に応える何かがなければ、子どもたちはこれらの迷信を拒絶するか、すぐ忘れてしまうだろう。それにこれらの迷信は、個々の人間の幼年期だけではなく、民族の幼年期にも認められるものなのである。それどころか、この現代という時代であっても、大多数の人間が葉のざわめきに神託を聞き取り、鳥が飛行している様子に何かの前兆を見て取り、夢を近々起こる悪い出来事の予言として信じているのである。

　教育学の重要な金言の1つに、教育者は心自体の発達していく過程を発見し、またこの過程をたどらなければならぬ、というものがある。したがって、今私たちが考察中の目につく事実は、たやすく無視することが許されぬものなのだ。これらの事実の背後にある真理を学び、これらの事実が示している必要性が何かを学ぶことで私たちは、幼年期の日々の生活において神話の時代が生み出され、より気高い人間性が達成できるよう子どもたちを導くことができるであろう。あるいは、フレーベルの言葉をここで引用するならば、「私たちは幼年期において、人類史の伝説の時代を蘇らせて、そのことで、人類が歴史のなかで身につけた垢を洗い落とし、人類史の暗闇を照らし出し、また人類史の目的と理念とを純化して示すことになるだろう」。

　ならば、子どものアニミズムと、子どもの迷信から学ぶことができる教訓とは何か？　確かに前者は、あらゆる真の存在者とは霊的な存在者であるという事実を——究極的には心が持つ力に由来しない現実の力は存在して

おらず、存在しえないという事実を——魂が予感していることを暗示している。確かに後者〔迷信〕は、自然の生命と霊魂(スピリッツ)の生命との間には多様な対応関係が存在しているということについての、意識されることない心の奥底にある予感に根を下ろしている。するとさらに確かなことは、教育はこの2つの偉大な真理を考慮し、この2つの偉大な真理を子どもたちの共感と想像力に訴える仕方で示さなければならないということである。またそのことで、感覚の足かせを断ち切ろうとする子どもの努力を助けてあげなければならない、ということである。フレーベルの著作に親しんできた読者であれば、この簡潔な記述のなかに彼の思想の反響を認識するであろう。また、〔フレーベルが提案した〕幼稚園のゲームと恩物の持つ象徴主義の大部分の鍵となる考えを認めるであろう。

　想像する力が膨らむにつれ、子どもは不思議に満ちたおとぎ話のなかに尽きることのない歓びの泉を見出す。おとぎ話は、人間による自然の征服と自己自身の征服とを予告しており、また象徴的なかたちで、精神の自由なエネルギーを描き出しているのである。おとぎ話のなかの英雄は見栄えがよく、抗いがたいほど魅力的で、無敵である。不思議なベルト、それに輪をかけて不思議な塗り薬によって英雄は強くなり、山を引っこ抜くこともできるし、小石を投げるように山を投げ飛ばすこともできる。彼は決して的を外さない矢を持っている。それをひと吹きするとどんなに頑丈な壁も地面に倒すことのできるトランペットを持っている。「あいつの首をちょん切っちゃえ！」と命令するだけで、敵がみんな足許に倒れて死んでしまう剣を持っている。7里の長靴、魔法の絨毯、不思議な鞍、願望成就の指輪。これらは英雄に空間を自由に行き来させてくれる。彼のような人間には、時間すら存在していない。守護神、小人、妖精を思いのままに呼び寄せて、一晩のうちに一生の仕事を成し遂げるのだから。彼が所有するテーブルは、食事の用意をしろと命じると、あっという間に最上のごちそうでいっぱいになる。彼の所有する蛇口は、思いのままに、最高の蜂蜜酒と葡萄酒を注いでくれる。彼の所有する鋏は、空中から、どんな種類の素敵な服もひとりでに切り取ってくれる。彼の所有する斧は、わざわざ打ち下ろすよう他人に命じなくとも、ど

んな分厚い森をもぶったぎる。彼の所有するシャベルは、疲れ知らずにひたすら掘り続け、大地と岩を粉々にしてまき散らす。これらの持ち物に加えて、隠された財宝のありかを示す魔法の杖、どんな病気も癒す果実、どんな傷も治す膏薬、世界中のどの場所の出来事も自由に見ることができる鏡、このすべてを見ている持ち主を他人から見えないようにするマントといったものを持っている。このように私たちは我らが英雄を道具で完全武装された人として想像できる。石ころ、樹々、動物たちは彼と同盟関係にある。彼がある秘密を知る必要があったり、秘密を知りたいと願っているなら？　ベッドの足許にある石は、彼にあらゆることを知らせてくれる。結婚したいと望んでいる娘が本当に理想どおりの娘かどうか——けがれなき娘であり、正午の太陽のように明るい娘であるかどうかまで、石は明らかにしてくれる。うっかりしている間に、凶悪な敵によって目が見えなくされたら？　すぐにライムの樹が彼の耳元にこのように囁く。わたしの葉の上にある滴で目をこすりなさい、あなたの目は以前のようによくなりますよ。裏切り者が、寝ている間に、頭を切り落としてしまったら？　こんなのはたいしたことではない。仲良しになった野兎が、体と頭をもう一度くっつける植物の根のことを知っているのだから。英雄が卵のなかの巨人の心臓を見つけなければならないとしたら？　そしてその卵は、遠く離れた島にある教会の泉で泳いでいるアヒルの体内に安全に守られているとしたら？　英雄が自分にはこんな難題は解決できないと思ったり、二の足を踏んだりするなどと想像しないでほしい。なぜなら、彼に感謝している狼が、この島に連れて行ってくれるから。彼に感謝しているワタリガラスが、決して手に入れることができぬこの教会の鍵を届けてくれるのだから。泉の底に落ちた卵も、彼に感謝している鮭によって無事に引き上げられるのだから。

　私たちの幼年期の英雄とはこういったものなのだ——成長して、私たちは現実の世界でこのような英雄がどんな顔立ちかをはっきり認識するようになる。ガトリング機関銃、ニトログリセリン爆弾で活躍する男たちこそが英雄ではないのか？　——蒸気式トラクター、蒸気船、機関車、電信機の所有者たちこそが英雄ではないのか？　——あらゆる自然と結託する科学者

こそ英雄ではないのか？　——他人の力を利用して自分の力を何倍にもし、いろんな地方の産物で食卓をいっぱいにし、朝刊で世界中のニュースを知る、偉大な市民社会全体の一員たちこそが英雄ではないのか？　このような英雄のイメージは、子どもの想像力につきまとい子どもの想像力を満足させる。なぜなら、この英雄のイメージこそが、子どもにとって理想的な自己自身のイメージだからである。類比することという無意識の過程を踏むことで、子どもが自分の魂を生命を持たぬ対象にどのように投影するかを私たちは見てきたのだった。これとよく似た仕方で、おとぎ話の色褪せることのない魅力は、おとぎ話が心自体の理想的な本性と運命に対応していることを心が予感している、ということから説明されるのである。

　英雄の姿から、英雄の行為の方に眼差しを向けてみよう。すると彼の人生は、美しい娘の救出に捧げることが理解される。美しい娘とは、たいていが王女である。娘はときには、悪い継母や魔女の支配のもとにある。ときには、薄暗く気味悪い森の中を困惑しながら彷徨っている。ときには魔法をかけられて眠り込んでいる。ときには、大地から頭だけを出して、立った状態で埋められている。ときには、悪い魔術師の道具により、美しい娘の顔は皺だらけにされ美しかった顔はひん曲げられている。彼女の本来の美しさは、娘が持っている鏡の中でのみ見ることができるのだ。よくある例は、美しい娘が巨人や龍にさらわれて海の底にある城、ガラスで出来た山の頂上、大地のはらわたの内部に隠されてしまっているというものである。娘がどこにいようとも、英雄は彼女を見つけ出す。娘の姿がどれほど醜く変えられていようとも、英雄は彼女であると分かる。ガラスで出来た山を彼は登っていく。手ごわい森を彼は突き進む。火を放つ龍を彼は退治する。巨人の、いくつもの色々な頭を切り落とす。悪い魔女を蛇の穴に放り込む。水晶玉を見つけて、その水晶玉によって魔術師の魔法を解き、醜く姿を変えられた王女にこの世の奇跡とも言える美しさを取り戻す。

　では悪の力によって苦しめられ、結局この悪の力に打ち勝つこととなるこの王女とは一体誰のことであろう？　今度はこのことを自分自身に問わねばなるまい。私たち自身の経験には、王女の物語に類似するものは見出せない

だろうか？　ほかならぬ私たちが、魔女、巨人、龍の力を感じたことはないだろうか？　魔法にかけられ眠ってしまったことはないだろうか？　牢獄の頑丈な格子に、体を打ち付けられたことはないだろうか？　理想という鏡のなかを覗き込み、自分自身の醜さに涙を流してしまったことはないだろうか？　要するに、私たちは王女のなかに、感覚という城に閉じ込められてしまった人間の魂のイメージを認めているのではなかろうか？　そしてこの感覚という城のなかで、人間の魂の理想は眠っており、人間の魂のエネルギーは目覚めさせられないままなのではないか？　さらには、悪によって醜くされて、無知という巨人、罪という龍の犠牲者同然なのではないか？

　巨人、継母、龍といった具体的な表象は、しばしば内部の敵よりむしろ、外部の敵を示しているように見えるのは確かなことである。そもそも、内部の敵とは、ただそこからこれらの発想が飛び出す、感情の深みを示しているだけなのである。自然のなかにも、人間の心のなかにも、野蛮な力（ワイルドフォース）が存在している。降霜と猛暑、沼地と砂漠、貧困と病といった巨人たちのことである。世界には追放しなければならない悪が存在している。この悪をもしも追放しなければ、彼女は永久に魂の継母であり続けることになる。個人の再生は、必然的に自然と社会の再生を伴うものである。ゆえに、私たちの最近の世界詩人は、自由な社会を創造するまで人は自由になれない、と私たちに教えてくれたのだった。海の浸食から大地を救いその大地に立ちながら、また自己自身のイメージを人々のなかで作り上げその人々に囲まれて、〔ゲーテの描く〕ファウストは過ぎ去る時間を次のように言って呼びとどめるのである。「とどまれ、お前は実に美しい！」。そしてそのことで、メフィストフェレスとの賭けには文字どおり敗北しながらも、まさに真理においてこの悪魔に対して最後の勝利を勝ち取るのである。

　人間性が何かに打ち勝ち、何かを回復すること——人間性が解放され、回復されること——英雄と王女のイメージにおいて、私たちの目の前に浮かんでいる理想とはこういったものだ。この理想によって描かれる絵は確かに茫洋としているが、日々の生活と経験とがこの絵の輪郭線を明確にして、この絵には必要な陰影が施され、具体性が与えられていく。こうして、これら

2つの原始的な構想は精神が発達していくあらゆる段階に自らを適合させることになる。それは、持ち主が成長するにつれて自らも成長することで、子どものときも、大人になっても同じようにぴったり合うあの想像上の衣服にそっくりなのである。

　人類の純粋な心は、英雄のイメージを重んじてきたのであり、ゆえにまたさすらい人のイメージを神聖視してきたのである。そのために、北ヨーロッパの民間伝承の5分の4は、遠ざけられ帰還する物語が占めている。シンデレラは王子のもとから消え、王子は悲嘆に暮れる。だが彼女が残した上靴によって王子はシンデレラを発見し、自分の花嫁はこの人だと宣言する。このシンデレラの物語は、このたぐいの最も有名で最も美しい物語の1つである。プシューケーの神話は繰り返し物語られてきた。「飛翔する雲雀（the Soaring Lark）」というドイツの物語、「空の夫人（the Lady of the Sky）」というゲール語の物語、現代のインドの「ガンダルヴァ・セーナ（Gandharba-Sena）」、美しいノルウェーの物語「太陽の東、月の西（East o' the Sun and West o' the Moon）」といったものがそれである。遠ざけられ帰還するということは、現代の私たちになじみのおとぎ話「美女と野獣」の神話上の基盤を作り上げているものなのである。これらの物語のすべてで、悲しみの後に歓びがやってくる。遠ざけられたあとでより深い再会がもたらされる。しかし別の種類の物語も存在している。例えば、「千夜一夜物語」の中の「第三の托鉢僧の物語（the Third Royal Mendicant）」はそのようなものだ。この物語では、英雄は孤独にも人々から切り離され、私たちは幸福が奪い取られる苦しみを実感する。最後に挙げたいのは、「マリアの子ども（Woodcutter's Child）」（グリム）、「小娘とその名付け親（the Lassie and her Godmother）（ダセントのノルウェー民話）といった物語である。これらの物語を読むと、神話の精神的な意味合いは明確に見えてくる。私たちが読んでいるのは、エデンの園の物語、すなわち、堕落と和解の物語の別ヴァージョンだと理解される。

　おとぎ話の偉大な長所は、すべての人間の過去の経験がそこに注ぎ込まれて形作られることで、人の想像力を豊かにすることにある。フレーベルは次のように述べている。「少年の心のうちにようやく芽生えるか芽生えないか

という力。少年が伝説や物語のなかに見るのはそういう力なのだ。伝説や物語は、かぐわしい匂いの花々が咲き乱れ、極上の果実がいっぱいに実った申し分のない庭木なのである。少年が思い描く漠然とした希望と比較すると、伝説や物語の世界は彼からは遠い世界であるが、まさにその隔たりこそが、心と魂を拡張し、精神を強化し、自由でそして力にみなぎった人生を展開させるのである」原註10。

　私は類比が子どもの心（minds）を支配していることを、こまごまと長ったらしく説明しすぎたかもしれない。それには理由があって、この事実自体はよく知られていることなのだが、この事実から学ぶことができる教育上のヒントは一般にあまりにもないがしろにされたままだからである。この黙殺が意味していることは、フレーベルの門人の多くが、象徴主義に関するフレーベルの理念に立ち入って考察することができていないということなのである。それに、彼らの多くが、この理念を実際の教育に適用することができないままであるということなのである。そもそも象徴とは、いくつかの精神上の事実や精神上の過程に類比的に関係づけられる自然対象、行動、出来事以外の何であるというのだろうか？　そして、幼稚園の象徴主義とは、類型的事実や詩的な類比を用いることによって、子どもにとっての理想の自然、子どもの持つ精神的な結び付き、神聖な運命についての漠然と遠くに浮かぶ予感を子どもに喚起するよう努力すること以外の何であるというのか？

　幼稚園の象徴主義には2つの明確な段階が存在している。第1の、より単純な段階は次のようなものである。この段階では、自然および人間の類型的な活動を表わしている遊戯をとおして、さらには、個人の自然および人間に対する類型的な関係の仕方を表わしている遊びをとおして、経験の迷宮に通じる一種のアリアドネの紐が子どもの心のなかに植え付けられることになる。そのことで、無限に存在する特定の対象や出来事によって支配されるのではなく、逆にそれらを支配する覚悟を子どもは持つことになる。この段階の象徴主義の実例としては、以下の遊びの名前が挙がるであろう。農家の庭の門遊び、小さな庭師ごっこ。これらの遊びは、立場が上の者が、立場が下の者に対して持つべき責任についての心得を授けてくれる。家族の関係と家

族の義務とが、真似て表わされるあらゆる遊び。農家ごっこ、粉屋さんごっこ、パン屋さんごっこ等々。これらの遊びでは、象徴的な仕方で、市民社会の組織された労働に個人が依拠していることが描き出されている。兵隊さんごっこ。この遊びは、子どもの国家への関係を漠然と予告している。《教会の扉と窓》という歌。この歌では、共同体意識の持つ深い意味が子どもに暗示されている。共同体意識を持つことで、子どもは群衆や人の集団に惹かれ、思想や願望を彼らと共有したいと願うようになるのだ。このたぐいの象徴的再現には、〔フレーベルの〕恩物と作業（gifts and occupations）によってなされる際限なく続く稽古も分類される。これらの稽古は、有機的統一の原理の先駆けとなるものであり、子どもの発達過程を描き出しているのである。これらの稽古の目的は、個人を社会全体に結びつける絆の存在を漠然と感じ取るようになるよう、子どもを刺激することにある。また、一つひとつの対象と出来事には、祖先から受け継がれてきた性格が認められることを暗示することにある。したがって、子どもが組み立てる順序は、幼稚園の恩物の順序と同様、一方で、物理的展開を暗示している。すなわち、ここにおいては、それぞれの形は、「すぐ下にあるものを記憶にとどめており、すぐ上に来るものを予想している」のである。他方で、これらの順序は、歴史的発展の過程を暗示している。すなわち、現在を過去と関連付け、未来と関係づけることで、現在を拡大しているのである。

　幼稚園の象徴主義の第2の段階は、類型的事実よりも、むしろ詩的な対応に関係しており、また、あらゆる精神上の真理は、その物質的な類似物を持っているという洞察に、根拠を置くものである。このたぐいの象徴にはとくに次のような遊びが属している。「鳥の巣ごっこ（the play of the Bird's Nest）」。この遊びによって子どもは、自分と母親との関係を客観的に見ることができる。「飛び立ち巣に帰る鳩遊び（the forth-flying and home-returning pigeons）」。この遊びの最中、子どもは自分が外出したり帰宅したりする姿を、鏡を見るように見守ることになる。物質的な光と精神的な光との類比を歌ういくつかの歌。「橋架け遊び（the play of the bridge）」。この遊びは対立するものどうしの和解を象徴的に描き出している。「矢のように泳ぐ魚と舞い上がる鳥の遊び

(the plays of the darting fish and the soaring bird)〕。この遊びは、〔水、空気といった〕純粋元素のなかでなされるこれらの生き物のこういった運動を見ることで刺激される精神の自由の予感を深化させるものである。しかしながら、象徴主義のこういった側面を表わすもっとも際立った実例は、幼稚園の恩物がもたらすものにおいて見出されることになる。フレーベルが恩物によって目指していたことは、まさに詩の持つ力で自然に足を踏み入れる鍵を子どもに手渡すことにほかならなかったのである。フレーベルのこの試みについては、後に詳細に検討することにしよう。だが差し当たって私が専念しなければならないことは、読者の皆様に、心の本性は宇宙（cosmos）の法則である、というフレーベルの信念を思い起こしてもらうことである。またフレーベルが彼の恩物において、部分的全体（Gliedganzes）としての人間というあの理念を、たとえ話をするような仕方で説明しようと努めていたのだということの、総括的な説明をすることである。この部分的全体としての人間という理念こそが彼の仕事全体の創造的源泉なのである。

　象徴教育はフレーベルの創意なのであろうか？　私はそうではないと考える。子どものおしゃべりと遊びから、彼はそれを学んだのだ。民族の幼年期から、彼はそれを学んだのだ。赤ん坊と一緒に、「ケーキをこねて（Pat-a-cake）」、「市場に行った子豚ちゃん（the Little Pig that went to Market）」といった遊びを楽しんでいる無邪気な母親たちから、彼はそれを学んだのだ。好奇心で目を丸くして話に聞き入る子どもたちを前に、暖炉の傍に座って炎に赤く照らされながら、親指小僧の不思議な冒険、悲しいマレーン姫の話をする優しい祖母たちから、彼はそれを学んだのだ。様々な種類の比喩を用いて、自然の生命と魂の生命との間の無限の類比について、どんな鈍感な人間にも何かを感づかせてくれる詩人たちから、彼はそれを学んだのだ。そして何よりも、群衆に好んでたとえ話で語りかけることで、私たちの最も深奥な精神の経験を、野に咲く百合の花、高価な真珠、深い大地に隠れた種と結びつけたあの偉大な教師〔キリスト〕から、彼はそれを学んだのだ。
　フレーベルが彼自身の主張する象徴表現の意味を子どもに向かって説明す

るなどということは、それがたとえつかのま説明するだけであっても考えられない。フレーベルは、親指小僧のあらすじを書く幼き日のカソーボン[訳註1]を無限に増やそう、なんてことは望んではいなかった。彼のゲームや恩物をこのような説明に使用すると、子どもたちを前述のカソーボンに似た人間にするだけのことだろう。このカソーボンという人間は、ずけずけと物を言うカドウォラダー夫人の描写によると、「間違った薬のようで——飲むと嫌な味がして、きっと体によくない」[訳註2]のである。フレーベルは、象徴表現という理念の普遍化を心に任せてしまって構わない、ということを理解していた。また心自体が持つ錬金術に、象徴の象徴化された現実への変成をゆだねたのである。

　想像力の砦を攻略し、かつ守り抜く企てにおいて、フレーベルは先任者たちの理論と実践に対して最も目覚ましい前進を成し遂げた。ルソーは想像力についてほとんど何も語らなかった。彼が想像力について語ったことと言えば、それが人類のあらゆる不幸の源泉であり、想像力の翼はできるだけ速やかに切り落とすべきだ、という発言のみだった。ペスタロッチは想像力を問題にしなかった——それゆえ、ペスタロッチの感覚に印象を与える訓練は、単調で退屈なものとなった。ペスタロッチが強く主張するのは、「子どもに多くのものを、見せてやり、聞かせてやり、触れさせてやること」、「子どもの観察のなかに順序を取り入れること」、さらに「数と形という初歩的な理念を発達させること、そのことで、対象を比較して、対象に判断を下すことができるようにすること」であった。だが「感覚と周囲の事物に対する精神的な問いかけ」の必要性については、ペスタロッチは考えが及ぶことがなかったし、そしてそのことは、ずっと近年になって登場した、あらゆる思考は感覚が変化したものである、という学説の主唱者たちも同様であると思われる。それゆえに、彼らが提唱する実践は、その開始地点ですでに発展が阻害されがちだった。また、彼らは自分たちが提唱する考えにただ忠実に固執したがゆえに、彼らの生徒たちには、ワーズワースが永遠の汚名を着せたかのピーター・ベルに強く類似した性格が生じることになってしまったのである。

　自然界と精神界とが、類型としても、原型としても関連し合っているとい

う見解には、真理が含まれているのか否か。これは、一人ひとりが自力で結論を下さなければならない問いである。幼稚園の象徴主義は、肯定的な結論を下すことで正当化されることもなければ、否定的な結論を下すことで非難されることもない。そうではなく、他の象徴主義を評価するときと同様、発達中の魂の必要性との関係において評価されなければならないのだ。ここで次のことを思い起こすべきである。すなわち、この問題に関するフレーベルの確信は彼独自のものではなく、数多くの偉大で敬虔な思想家と共有するものであった、ということを。中世の教父たちとスコラ学者たちは次のような宣言において結びついていた。「全世界は、全世界がそれによって創造された神の御言葉の、一種の目に見える福音なのである」[原註11]。また近代の最も偉大な神学者の一人——F・D・モーリス師——は繰り返して次のような考えを述べていた。「知覚される物は、本性上、私たちが最も知りたいと思っていること——自分自身の人生の謎、神の自分たちへの関係——を、常に私たちに証言し続けているのである」。スヴェーデンボリは〔自然界と精神界の〕照応の教義を、世界の意味を開く鍵であると宣言している。エマーソンは、この照応の教義は「あらゆる詩、アレゴリー、寓話、標章の用途、言語の構造のなかに含意されている」と断言している。ワーズワースは『逍遙篇 (The Excursion)』の主題として、次のような声明を出している。「何と絶妙に個人の心は外部の世界に適合しているか、そして何と絶妙に外部の世界は心に適合しているか」。「人間の物事を識別する知性」は「美しい宇宙 (goodly universe)」に対して夫婦の縁を結ばなければならない。ゆえに詩人は「この偉大なる成就を歌う婚礼の詩」を詠唱しようとするのである。最後に、ゲーテの証言を頼りにしてもよいだろう。ゲーテは『ファウスト (Faust)』の序幕で、詩人の使命とは「宇宙の聖別に向けて、特定の事実を呼び出すこと」[原註12]であると主張している。他方で、この偉大なる魂の劇を締めくくる神秘の合唱で、ゲーテは「移ろうものはただの象徴にすぎぬ」と断言するのである。

自然界と精神界の関係の認識。感情は漠然とではあるがいくつかの真理を担っており、これらの真理は後になって、意識された知性というかたちで結晶化して沈殿する、という心理学的事実の明晰な洞察。こういった認識や洞

察を伴なって、フレーベルは、いくつもの理性の理念を、いくつもの空想のイメージのもとで提示しようとし、そのことで、これらの理念を発見し思索する道を準備しようとしたのである。幼稚園の象徴主義についてのあまりにも頻繁になされる誤解は、知性の低次の形態と、知性の高次の形態との関係への洞察がなされていないことから生じている。ここで想定されているのは、意識と理性とは同義語であるということなのだ。そして、この２つのうち一方が欠如していることは、他方が不在であることを意味しているのである。無意識の理性、あるいは、部分的に意識された理性。こういった表現は、概念として矛盾していると思われる。しかしながらここでは、自然のなかにも理性が存在している、ということが認められているのである。それに、形ある物およびこういった物の推移は、盲目的に理念上の類型に従うものである、ということが認められているのである。同様に真理として主張されうることは、理性はいつも魂のなかに現存しているということ——実際は魂と一つであるということ——である。さらには、精神の発達は、単純にこの発達の本性とこの発達の範囲についての意識の高まりのうちに存在しているということである。

　この根本的な真理を見極めたことにこそ、フレーベルが「幼年期の心理学者」とみなされうる権限が存在しているのである。またこういった洞察にもとづき実践的な手続きを生み出したことにこそ、フレーベルに教育者としての独創性を主張できる主な権限が存在しているのである。

原註
1 　ウィリアム・プライヤー、『知性の発展』（W. Preyer, *The Development of the Intellect*）、92 ページ。
2 　ウィリアム・プライヤー、『知性の発展』（同書）、95 ページ。
3 　G・スタンリー・ホール、『子どもの精神内容』（G. Stanley Hall, *Contents of Children's Minds*）参照。
4 　『ロスミニ氏の教育方法』、〔ウィリアム・〕グレイ〔夫人〕訳（Grey, *Rosmini's Method in Education*）、340、341 ページに引用されたネッカー・ド・ソシュール夫人の言葉。
5 　『ティーデマン氏による幼児生活の記録』（*Tiedemann's Record of Infant Life*, English

version of the French translation and Commentary by Bernard Perez, with notes by F. Louis Soldan）参照。
6 　ウィリアム・プライヤー、『知性の発展』（同書）、161 ページ。
7 　ジャン・パウル、『レヴァーナ』（*Levana*, Bohn's Standard Library）、154、339 ページ（恒吉法海訳、『レヴァーナ、あるいは教育論』、九州大学出版、1992 年）。
8 　子どもたちはボストンの小学校に 5 歳で入学が認められる。
9 　G・スタンリー・ホール、『子どもの精神内容』（前掲書）参照。
10 　フリードリヒ・フレーベル、『人間の教育』（*Education of Man*, translation by W.N. Hailmann）参照（小原国芳・荘司雅子監修、『フレーベル全集』（第 2 巻）、玉川大学出版部、1989 年ほか）。
11 　『ルクス・ムンディ』（*Lux Mundi*）からの引用。
12 　D・J・スナイダー、『ゲーテ「ファウスト」注解』（D. J. Snider, *Commentary on Goethe's Faust*）、第 1 巻、114 ページ。

訳註
1 　ジョージ・エリオット著、工藤好美・淀川郁子訳、『ミドルマーチ』（第 1 巻）、講談社、1998 年、145 ページ。
2 　同書、185 ページ。

第 6 章
エベニーザー・クック
──外なる自然から子どもの内なる自然へ

解　説

　本章で訳出したのは、エベニーザー・クックが 1888 年に『教育ジャーナル（Journal of Education）』に 2 度に分けて発表した論文「美術指導において見過ごされてきた諸要素（Neglected Elements in Art Teaching）」、ならびに 1908 年にロンドンのサウスケンジントンで開催された国際会議（The Third International Art Congress for development of drawing and art teaching & their application to industries）におけるクックの講演「幼児教育におけるいくつかの実験（Experiments in the teaching of young children）」を 1908 年に出版された会議記録から抜粋したものである。

　児童美術教育を扱う文献において必ずと言ってよいほど名前が挙がるにもかかわらず、その点では本書第 3 章で訳出したベルナール・ペレと同様に、クックの経歴はあまりはっきりしていない。『ワーキング・メンズ・カレッジの歴史 1854 年～ 1954 年』によれば、もともとリトグラフの作図工見習いであったクックは、1853 年に彼の兄の紹介により、労働者の教育を目的として設立されたワーキング・メンズ・カレッジの前身である Hall of Association において、キリスト教社会主義の提唱者ジョン・フレデリック・デニソン・モーリスの講義に出席したとされる（Harrison1954: 53）。そこでは、モーリスによる聖書や歴史の授業のほか、チャールズ・キングスリーによる美術の授業、トマス・ヒューズによる近代バラッドに関する授業が開講されていた。翌年 1854 年に、これがワーキング・メンズ・カレッジへと発展すると、クックは 1855 年にジョン・ラスキンの素描クラスに出席している。本書で訳出した「幼児教育におけるいくつかの実験」におけるクック自身の回想によれば、その 10 年後にはクックは学生から素描教師となってラスキンのクラスを引き継ぎ、ロンドン市内の他の施設でも教えるようになるとともに、次の 10 年を掛けて「ラスキン流の自然にもとづいた素描を教えていると周知されるようにな」った（本書 198 ページ）。

　興味深いことに、ワーキング・メンズ・カレッジでは 1855 年にジェイムズ・

フィッツジェイムズ・スティーヴンなる人物が教壇に立っている。この人物は英国の伝記作家レズリー・スティーヴンの兄であり、つまりは小説家ヴァージニア・ウルフと画家ヴァネッサ・ベルの叔父に当たる。その縁もあってか、レズリー・スティーヴン自身もこのカレッジの運営委員を務めるとともに教壇にも立っていた。クックは1890年代に幼いヴァネッサ・ベルの最初の絵の手ほどきをしているが、そうしたスティーヴン家との親交の始まりは、このワーキング・メンズ・カレッジにあったと見て間違いなかろう。

　クックはまた、ハインリヒ・ペスタロッチとフリードリヒ・フレーベルの児童教育法を英国に本格的に紹介した最初の人物である。再びクック自身の回想に従えば、英国教育学会の創設者であるC・H・レイク（1877年に出版された『両親と教師（The Parent and the Teacher）』の著者）が1876年に開設した学校で素描を教えるようになり、そこでラスキンの「自然へ赴け」という標語に含まれる「自然（Nature）」という言葉を、単に素描の対象となる外界の自然を表わすものではなく、素描を教わる子どもらの内面の自然（本性）としても理解する方向へと進んだようである。そうしたクックの方向転換にとって重要な役割を演じたのがペスタロッチとフレーベルの児童教育論だったのだが、これをクックは教育現場での経験だけでなく当時の英国において影響力の強かった思想を参照しながら批判的に受容したと言える。というのも、すでにチャールズ・ダーウィンやハーバート・スペンサーの進化論的な思想を受容していたクックにとって、外界と内面の2つの「自然」を切り離して着想することは困難であり、科学的な手法によって外界の自然のうちに発見された進化の過程は、当然ながらペスタロッチとフレーベルが重視した子どもの内面の自然においても発見されねばならなかったからである。クックの監修のもとでペスタロッチの『ゲルトルートはいかにその子らを教えるか（Wie Gertrude ihre Kinder lehrt）』の英訳が出版された1894年より以前に、こうした子どもの内面の進化という着想がすでにクックのものになっていたことは、ここに訳出した1888年の論文からも明らかであろう。

　子どもの内面の進化ないし発達を科学的に捉え、それに見合った素描教育を体系化しようとするクックの態度は生涯にわたって一貫していたようである。しばしば指摘されるのは、英訳版『ゲルトルートはいかにその子らを教えるか』の序文において、クックがドイツ語「Anschauung（直観）」の訳語として英語の「intuition（直観）」ではなく「sense-impression（感覚印象）」を当てたことであるが、これはクックに先行してすでに英米圏でペスタロッチやフレーベルの教育法を実践していた教育者たちの神秘主義的な理解への批判になるとともに、この教育法を、すでに英国で発展しつつあった実証的な心理学へと接続する助けにもなったと言えよう。後者については、本書でも取り上げたジェイムズ・サリーの章を参照していただくとして、前者に関しては、1904年から翌年にかけてクッ

クが『児童生活(Child Life)』誌に投稿した論文「発達は内側からなのか？ フレーベルの発達概念はダーウィンのそれと異なっていたのか？」のなかで紹介されているエピソードが参考になるだろう——「30年以上にわたって私は、まさしくこの発達と有機的形態という立脚点からフレーベルとフレーベル主義者たちを批判しようと試み、子どもの発達の観察にもとづいた実践的な応用を行なって、そして1902年のボストン国際幼稚園学会（International Kindergarten Conference）にて、私の友人のアール・バーンズが経験したのと同様の結果を得ることになった。出席していた会員の一人に、かの尊敬すべきスーザン・ブロウ夫人がいたのだが、演壇上にいた彼女は〔バーンズ〕教授に向かって拳を振り回したのである（原註：「自然にならって自然が教えるとおりに教える」という原理を例証するために行なった初めての公開講義（教育学会、1876年）において、私は科学と芸術の教授法と子どもの本性ならびに発達との対応関係を示そうと試みた。2人の著名なフレーベル主義の婦人、マリア・グレイ嬢とド・ポーチュガル夫人が出席していたが、彼女らは私に向かって首を横に振っていた。それから20年もの間、申込者が広がるにつれ、この否定の身振りはその原因そのものが立ち去るまで増加していった）」（Cooke 1904-05:3）。

参考文献

Cooke, E. 'Is Development from Within? Did Froebel's Conception of Development differ from Darwin's?', *Child Life*, vol.6 (Oct. 1904); vol.7 (Jan. 1905).

Harrison, J. F. C. *A History of the Working Men's College 1854-1954*, Vol.8, Routledge, 1954.

Kelly, D. D. *Uncovering the History of Children's Drawing and Art*, Praeger, 2004.

Macdonald, S. *The History and Philosophy of Art Education*, University of London Press Ltd., London, 1970; 中山修一・織田芳人訳、『美術教育の歴史と哲学』玉川大学出版部、1990年。

Pestalozzi, J. H. Lucy E. Holland & Francis C. Turner (trans.), Ebenezer Cooke (ed. with introduction & notes), *How Gertrude Teaches Her Children: an attempt to help mothers to teach their own children and an account of the method*, Swan Sonnenschein & Co, 1894.

Spalding, S. *Vanessa Bell: Portrait of the Bloomsbury Artist*, Tauris Parke Paperbacks, 2016 (new edition).

金子一夫、「エベニーザー・クックの考え——図画の要素と児童の本性——」、茨城大学教育学部編、『教育科学』（第28号、1979年）所収。

藤井佳子、「Working Men's Collegeの昨日、今日、明日：トマス・ヒューズがF・D・モリスと紡いだもう一つの学校物語」、奈良女子大学英語英米文学会編、『英語英文学論集』（第39号、2013年）所収。

エベニーザー・クック「美術指導において見過ごされてきた諸要素」

　音楽と音声学に関する昨年の講義で示されたのは、思考を表現するために使われる音の諸要素の研究が形態の諸要素の研究よりもずっと以前からあって、この科目を再検討してはどうか、ということである。この講演に先立って議論を促すためになされたコートープ・ボーウェン^{訳註1}による一連の重要な心理学講義においてもまた、全科目から実例が収集されていたようである。それらの実例は、私たちの議事録に首尾一貫性をもたらそうという意向から離れて、別の理由のために注目に値する。本稿に対する疑問は歓迎するし、数多くの批判も望むところである。新しいところのもの、長年にわたる日々の思考と実験の結果について、むしろぜひ議論し、疑いさえ抱いてもらいたい。私について、虚しい想像力の網のなかで生きていると言う者もいる。そのときには私たちの創始者の言葉と精神を思い出してもらいたい。「思い切りたたけ、真摯にたたけ、公正にたたけ」。あなたの強打は私を自由にしてくれることだろう。

　学ぶこと（learning）と教えること（teaching）は一致しない。子どもは母語を自然に学ぶけれども、読むことは体系的に教えられる。教えることが前提とするのは、生徒や子どもが最もよく理解できる順序と方法において主題を分析することと諸要素を提示することである。これこそが自然の方法となるだろう。したがって、教えるために教師がしなければならないのは、子どもがどのように自然に学ぶのか、この主題がどのように子どもと関係しているのかを研究することである。そのどちらも教師が完全となるためには不可欠である。かくして教師は、確かに主題だけは考慮されているらしいものの、諸要素が定められていないことに気づく。同じ要素がすべての初心者には当てはまるわけではない。ある段階にあって、力も増して知識も得られた者にとっては、ずっと進んだ分析を受け入れることができる。最年少の生徒にとって、究極の要素は不適切かもしれないが、しかし後になればその要素を知ることだろう。おそらく読み方（reading）は、文字による以上に音節に

よって、さらにそれよりも単語によって、いっそう早い時期に教えられようが、とはいえいずれ間違いなく文字が〔単語の〕後に続けて教えられることになる。素描を体系的に教えることには、それに関わる精神的ならびに身体的な能力全体の訓練が含まれており、この科目のすべての部分にとって適切な実践が含まれている。これらの部分は、可能ならば初めから一緒に、あるいはすぐに連続するようになされるのがよい。これらの部分を切り離すのは、後に力が増してからでよい。子どもは教師であり、出発点であり、そして到達点であるに違いない。子どもの知識、力、欲求は、子どもから学ばねばならないし、諸要素や方法は子どもに合わせねばならない。この科目において、そして子どもにおいて、ここで考察すべきことはかつて別の機会に言及されていた。そこに立ち返ることは十分に意義があるように思われる。

「素描の諸要素（Elements of Drawing）」とは何なのか？[訳註2] 人間の形象の諸要素は、科学・芸術局の素描の教科書によれば、ミケランジェロの傑作の頭部を解剖した部分である[訳註3]。〔しかし〕子どもが最初に要求するのは全体と単純な形態である。当局は次のように言うだろう。「これらの複製は子どものために意図されたものではない。人物素描はデザインと同じでそのための準備が必要なのだ」。しかし子どもは人物像に大喜びし、非常に早くからそれを描こうとする。ラスキン教授の『素描の諸要素（The Elements of Drawing）』は、今はもう使われなくなったが、外形線ではなくマスを出発点として提案している。彼の授業でこのことが実践されていたのを私はよく覚えている。〔外形線とマスという〕これらの出発点は、主題だけを考慮する限りは、双方ともなお現実的な基礎にもとづいている。丸いボールに外形線はない。〔他方では〕ある事物を研究するためには、この事物は諸部分に分解、分析されねばならず、またその過程が根拠にもとづいたものであるなら、その一歩一歩は確実でなければならない。形態に関する子どもの最初の考えは、教師の数学的な概念とは大いに異なっている。このことは忘れないでおこう。間違いは複数の段階を混同することによって、外形線とマスを一緒に教えることで起こる。最初は、数、幾何学、そのほか多くのことが形態と切り離せないほど密接に結びついている。芸術と数学は感覚と現実の対象か

ら同時に始まる。後になってから、2つは分離し、いっそう抽象的になるのである。たとえ教師が、後の状態に達して以前の状態をほとんど忘れてしまう、あるいは以前の状態を軽視して、子どもにはまだ時期尚早でたいして好きでもないことを要求したとしても、それは自然な傾向である。つまり、〔第1に〕子どもの分析能力を超えて、全体ではなく部分同士を切り離すこと、〔第2に〕とくに推論が必要ないところでも不完全な要素を用いて段階的に進めていくこと、〔第3に〕正確であろうとする能力ではなく、実践によって獲得される〔ほかない〕正確さ、〔第4に〕記憶と想像力、色彩と子どもの本性は無視されるか程度が低いものとみなされ、ひたすら抑制されるのがふさわしいとされる一方で、平面ないし物体を模倣しながら感覚を訓練すること、を強いたとしてもそれは自然な傾向なのである。芸術家と子どもの方法を算術に当てはめてみよ、この方法は具体的なものから始まり、そこにとどまり続けるのだと提案してみよ、さすれば数学者である大人の成熟した精神は、かような弱さと馬鹿げた幼稚さに衝撃を受ける。にもかかわらず、子どもは大人ではない。もし子どもを教えようとするのなら、大人は子どもにならなければならず、子どもはこういうものだと想像してみたようにではなく、また彼自身がそうであるようにでもなく、子どもをあるがままに知らなければならないのである。子どもは外形線を求めている。〔そのとき〕外形線などない、マッスしかないのだと言い含めるのか？　そして再び、線は幅をもたないと主張するのか？　子どもの線は幅を持たなければならない。教師の最も安全な手引書は子どもである。〔子どもを〕導こうとするのであれば、〔まず〕教師が子どもに導かれねばならない。このことに理論的に賛同するというのは広く行なわれているが、それと同じくらいこれを実践的には拒否し反対することも広く行なわれているのである。すでに知られていることから始めなければならない。もし絵の具やチョークといった素材を使わせてみれば、マッスや面がすぐに線に加えられるだろう。やがて立体感や厚みも加えられるだろう。

しかし幼い子どもに素描を体系的に教えることはほとんど試みられてこなかった。子どもたちが話し方を学んでいるとき、彼らは容易にかつ楽しく形態を通じての表現方法を取得することだろう。自分に合ったやり方で助けて

もらえるのなら、子どもはいくつかの大きな困難でさえ乗り越えられるだろう。ときおり子どもは生まれながらの素描力を備えている。そして、こうした力は天賦の才だとたたえられる。この力が生み出すものは並外れているかもしれないが、しかし力がどのように発達するのかはたどることができる。母－芸術は母語のように獲得されるが、使わなければ失われてしまう。〔にもかかわらず〕素描を学ぶことができるのはごく少数の者だけだという考えが広く行き渡っている。こうした暗黒時代の遺物が示すのは、素描（drawing）が読み方（reading）とは別の基礎にもとづく、ということである。これはなぜなのか？　諸要素の単純な見落としに起因する形態の不備、そしてさらに、音楽と読み方に関しては――たとえ子どもが楽譜を見ながら歌ったり読んだりすることができなくても――音楽の音階と読み方のアルファベットを習得できているのを見るにつけ、私は形態のアルファベットが必要だと感じるのである。形態には、音楽や読み方のように誰でもが教えてもらえる諸要素はないのだろうか。読み方は形態を通じて伝達され、アルファベットは絵文字に由来する。形態が諸音を伝えるならば、言語活動が形態を助けるときもあるだろう。音楽には、音階といくつかの記譜法がある。たいていの物事の諸要素は周知され、名前が付けられている。どうして形態の諸要素はそうではないのだろうか？　形態にも諸要素とアルファベットのようなものがあるにはあるが、それはあまりに不完全なために役に立たず、いく人かにとっては有害でもあった。フレーベルとペスタロッチは美術教師ではなかったが、形態の価値と、これが他の勉強と結びついていることをはっきりと理解していた。この２人だけが同じ仕方で、形態を教育における本質的な要因とみなし、最善を尽くした。〔それなのに〕なぜ２人はうまくいかなかったのだろうか？　私たちは、シュタンツ時代のペスタロッチ、すなわち彼の考えが助手たちによって曖昧になってしまうよりも以前に立ち戻らなければならない訳註4。本も器具もなく、あらゆる年齢、あらゆる〔成長〕段階および条件から混成された学級というだけだった。そこでは、彼自身よく分からずにいて、勉強する生徒たちと教科はどちらもまるで新しいものとでも言わんばかりに、そのつど学び、そのつど実験していたので、彼の結論は暫定的だっ

たのだ。彼は一切の学習が子どもの条件に合致した諸要素から教えられるべきだと考え、あらゆる学習の諸要素を探求した結果、数、形態、言語活動が大半〔の学習〕に通底しているのに気づいた。授業ではこれらこそが教えられねばならなかったのである。他の方法もなかったため、彼はそれを一心に試みた。数は単位を持ち、言語活動はABCを持っていて、この「ABCを彼は朝から晩まで唱えることができた」。形態も諸要素を持つ。すなわち、直線と曲線である。彼は3つの教科の出発点は同じものだとみなし、それらが互いに助け合うように混ぜ合わせようと試みた。単語や数を書き取らせるように、明瞭かつ着実、そして容易に、形態を書き取らせることを望んだのである。そのために彼は、線による形態のアルファベット（図1）を構築しようとした。しかし彼はこのことを放り出してしまったので、それは今でもあまりに早く断念されたユニークな試みのままである。この試みは形態の諸要素についての彼の考えを示しており、まだ発展の余地があるとはいえ、新しく見込みのある何か価値のあるものを暗示している。ここから彼は、もう1つの新しい試み、すなわち、学級、あるいは混成学級での形態の教授、そしてよく似た理由で学級単位による数の教授を企てたのであり、私たちの最良かつ最新の教授法のいくつかは百年を経てこの試みへと立ち返っている。アブレット氏は、おそらくペスタロッチの学級単位の教授法をいっそう前進させている。彼もまた1つの練習として形態の書き取りを行なわせた。〔しかし〕この練習において、アブレットはおそらくそれほど進んではいない。というのも、彼はペスタロッチの不完全な諸要素をとくに考えなしに用いたにすぎなかったからだ。その諸要素は、直線、垂直線、水平線、そして斜線であった。これらが組み合わさると四角形や三角形が生まれる。円弧が唯一の曲線であり、唯一の丸い形態は円であった。フレーベルは何も新しいことはしていない。彼は線を具体化して実際に棒を与え、究極の諸要素を強調した。1本の線は長さ、方向、形状を備えており、これらの究極の諸要素を彼は練習に用いたのである。ことによると線は最適な要素ではないかもしれない。組み合わされた線や完全な形態（whole form）の方がよいかもしれない。子どもを観察してみるとこのことは決定的になろう。そこから、ここには4つの段階が見

出せる。すなわち、究極の諸要素、単純な線、組み合わされた線、完全な形態である。ここでもまた、最後の出来上がった形態は、一般化の例に漏れず、円や四角形といった単純な幾何学形態なのかもしれない。あるいは生物の形態、つまり花、鳥、動物といった、組み合わされた線からなる自然の形態なのかもしれない。フレーベルは、直線を、デザインのために容易に獲得できる1つの完全体、1つの単位とみなした。ペスタロッチはむしろ線を全体および自然形態の一部とみなそうとする。彼によれば、「何であれ1つの完全な対象から子どもが素描を始めるのを期待するのは不合理なことだろう。子どものためには、この完全な対象を構成している部分と要素に分析してやることが必要である」。しかし子どもは不合理なのだ。彼らは完全なものを要望し、しかも入り組んだ全体をも要望するのである。とても小さな子どもは、素描を始めたばかりであっても、自分が描いた先から教師の助けを借りて諸部分の名前を、例えば頭、胴体、足、尻尾という具合に読みあげていく。この子どもにとっては、諸部分を分析することが最初なのであって、線それ自体を分析しようなどと考え出すのはその後のことなのである。

　教育者たちのなかにあってペスタロッチとフレーベルだけは、線による形態の諸要素に関して私たちの時代の美術教師と意見をともにする。しかし、この2人はずっと一貫していた。というのも、彼らは自分たちが認知する諸要素しか使おうとしなかったからだ。他方で私たちの時代の美術教師は、本質的な線として直線や円弧を与え、その後すぐにそれらを捨て去らせ、代わりに複数の線や組み合わされた形態を使うものの、それらについてはどんな要素も提供しない。これはちょうど単語や音節から読み方を始めるようなもので、文字や単純な音には決してたどり着かないか、あるいはたどり着くとしても、それらのうちのいくつか重要なものがなおざりにされてしまう。直線と円弧が要素であり、それらの組み合わせが四角形、三角形、円、つまり基本的ないし普遍的な形態であることは皆が認めている。こうした言い回しには異論の余地がありそうである。これらが唯一の普遍的な形態であり、自然における唯一の基本的な線なのだろうか？　立体の形態に関しては、お手本を集めた箱の中にたいてい見つかるヴァリエーションこそが共通事例だと

図1 ペスタロッチによる形態のアルファベット、図2〜6 クックの説明図

第6章　エベニーザー・クック　177

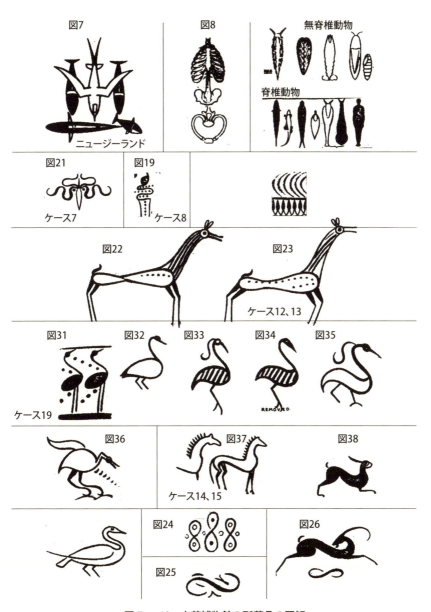

図7〜40　大英博物館の所蔵品の図解

いうことは、私たちの認めるところなのかもしれない。(この原稿が発表された後でも、ウォルター・クレイン氏は、「パターンの構造（the Structure of Pattern）」について論じるなかで、円弧と螺旋を同じ部類にまとめつつ、あらゆる線を直線と円弧の2つに属するとした。)

　自然に注目しよう。なかでも子どもが最も好んで描写したいと思う自然の部分に。自然のなかにある形態をもう一度考えてみよう。もし何も手をつけられていないとすれば、そこにどんな単純線と一般形態があるのかを決定するのは非常に難しいだろう。しかし、形状によって有機的な形態と無機的な形態を識別できることはずっと以前から知られてきた。生物は曲線と表面によって囲まれており、無機的形態は直線と平らな面によって囲まれている。それゆえ、私たちが考察する必要があるのは、無機的形態ではなく、鳥や芽、ハチや花を特徴づけている曲線と形態である。しばしば子どもは私に、魚、羽根、凧はどれも似たような葉っぱの形態をしていると言ってくる。これらの形態に関する着想には何か合理的な根拠がないのか確かめてみよう。ここにいる皆さんが今、1枚の葉の絵を描くのであれば、その素描は驚くほど似たものになるだろう。年長の人々には、そのような一般形態のいくつかを追究したいという漠然とした感情がある。このことがそれほどはっきりと認められてこなかったのは不思議なくらいである。では、生物における諸要素とは何だろうか？　ここにセダム（万年草）がある。ロンドンの庭園では珍しくもない。セダムは遅くに花が咲き、心皮も、花びらも、萼片も、苞葉も、群葉も、葉も、そして種も形態が似ている。セダムの種の皮膜と雄しべも似てはいるが、しかし折り畳まれている。茎と根は、双方の底を合わせた円錐とみなせよう。ただし円錐という語は後になって修正されるかもしれないが。芽も全体としては一般的な輪郭は葉のようである。普通葉[訳註5]の幅は様々で、中央付近が最も幅広かったり、下の方が広かったり、上の方が広かったりで、楕円形、倒卵形、あるいは狭卵形をしている。3つの形態はみな、1つを変形したものにほかならず、楕円形が中心の型である。同じ茎や植物でも大きな変化が見られることは珍しくない。オリヴァー教授の『植物学入門 (First Lesson in Botany)』の中で私たちが教わることには、「以下のことを完璧

に理解することが必要である。すなわち、一般的に言って、茎とその分枝から生えてくるものは、普通葉のように緑だろうと、あるいは花葉のように色づいていようと、何であれ一種の葉なのである」。最初の授業における2、3の言葉を使って言い換えられるかどうかを問うことはせず、私たちはゲーテの偉大な一般化を喜んで受け入れよう。それは大いに有益であり、時間の節約にもなろう。オリヴァー教授は、葉の形態の3つのダイアグラムを提示し(**図2**)、それらに合致するものを見つけるのはよい訓練になるだろうと述べる。これらのダイアグラムにおいて、彼は単葉の形態を3つのタイプに分類し、さらに、先にセダムについて見たように、これら3つの形態を1つ、あるいは多くても2つに分類している。すなわち楕円形と卵型である。したがって、ここには被子植物の諸部分の一般形態がある。オリヴァー教授はそうは言っていないものの、このことは明らかのように思える。私自身の素描の代わりに、喜んでこれらのダイアグラムを提示しよう。理論に合ったダイアグラムを作るのは生易しいことではない。私の着想法は1本の線においてすら現れる。不本意ながら、植物の話はこれくらいにしよう。果実や花、樹木、花蕾における形態の類似と、それらすべてと葉の形態との類似を指摘すること、また被子植物の中心形態は卵型であるのを示すことは難しくなかろう。

　しかし、狡猾にもこのことは隠されてきたか、さもなければ私たちの目には見えていなかった。卵型の着想は子どものうちにいくばくかは存在しており、私たちにおいて、教師がこれを発展させたり認識したりすることはなく、また植物学者もある程度までは同様であって、諸々の形態を混同しているのである。しかし違いは簡単に見出せる。その違いは論理的思考にも円錐曲線の知識にもよるものではない。あらゆる形態は数学的であるが、疑問、証明、推論は、別の科目と精神的発達の度合いに属している。子どもにとっても芸術家にとっても、自然の形態は同様に見出され、観察され、分類される。そして着想法は、その真偽に関わりなく、自然科学においてと同様に導き出される。このような看過されてきた子どもの着想法は、帰納的に、自然に、そして段階や科目に最もよく合致する方法によって獲得されるのだが、そこには真理はないのだろうか。もしそこに真理があるのなら、後の段階の帰結は

〔この着想法と〕一致し、〔その〕助けとなるだろう。

　円や楕円形や卵型の形態における2、3の単純な事実を比較してみよう。素描の授業の終盤にフレーベルは楕円形を持ち出す。2つの正方形からなる横長の四角形を囲むようにして、この形象は、その角に接する2対の円弧によって構成されている。実用幾何学の初級教科書もまた、4つの中心から引かれた2対の円弧という類似の構成法を提案している。こうした機械的な産物は紛い物であり最悪である。それらは〔楕円形の〕感覚と着想を見えなくさせ、手に対するよりもむしろコンパスへの信頼を促す。真の楕円形は円弧からは構成されえない。子どもは完成した状態で3つの形態を、そしてそれらの形態がどのように連続しているのかを見るべきである。中心にピンを固定し、輪になった糸と鉛筆を用いれば、まずは円が構成できる。この中心を2つに分け、それぞれの点にピンを置いたとすれば、それらの周囲に同じ素材を用いながら楕円を構築できるだろう（図3）。さらにこれら2つの点を通る直線を引き（直径）、さらにこれに直交するもう1本の直線をいずれかの点ないし焦点を通るように引くと、その点がさらに2つに分けられよう。そして、この線上の軸線から等距離のところに1つずつ2つのピンを置けば、対称な卵型が構成できる（図4）。直線によって結ばれた3つの点は、二等辺三角形を形成する。これら3つの点の関係が、内包された三角形が不等辺を持つように修正されると卵型は不規則になる（図5）。こうしたことは簡単に提示できるし、諸部分の違いもまた明らかである。そして、それこそが重要なのである。円の周囲を形作る線は、どの地点でも中心から等距離にある。等しい半径を持つ円弧は合致する。よって円周の1切片はその同じ円のどの部分とも合致し、同じ形状である。これを楕円と比較してみよう。その性質とは何だろうか。どの部分が合致するのだろうか。どのような相似形を作ることができるだろうか。1本の直線が長径を2等分して直交するとき、楕円は4つの合致する部分へと分割され、その円周は4つの曲線へと分割される。これらの曲線はぴったりと一致する。これらは〔みな〕一方の端では〔曲率が減じて〕ほぼ直線であり、もう一方の端に向かって漸進的に曲率が増していく。どの地点でもその変化は規則的で漸進的である。この曲線は円弧と

はまったく異なっており、ずっと多様で美しく、漸進的に変化していきながら、どんなに小さくてもすべての切片が全体の特徴を備えている。あらゆる断片は全体の特徴をもっている。つまり一方の端において他方の端よりも湾曲し、他の3つの部分とのみ合致するが、円弧と合致することは決してない。この線のことをずっと高度に有機化された線と呼びたくなるほどである。四角形において直線は4回繰り返されるので、この線も楕円形において4回繰り返される。しかし四角形のその要素には名前があるが、この線には名前がなく、いかに注目されていないかを証明している。とはいえ、この線は生物や運動を最もよく特徴付けているように思え、そしておそらくはすべての単純な線のなかで最も美しいもの、看過され名前も持たないにもかかわらず最も重要な要素であるように思われる。手順どおりにする素描教師はそれを気にも留めない。この要素が使われるとすれば、例の古代ギリシアの装飾模様のおなじみの複製品においてとくに多く使われているものの、要素としての線のようには扱われていない。ミークルジョン教授は、単語によって読み方を指導することを提案したが、後になると間違いなく単語を文字へと分析することが多かった。素描において、私たちは全体かあるいは組み合わせで立ち止まってしまい、文字に相当するこの線へといたることがまずもってない。便宜上、曲線を「j」と呼びたい（**図6**）。というのも、この線はどこか「j」に似ているからである。これと似た4つの線でもって楕円が形作られる。しかし、そうしてしまうと、この線はいわば両隣の線によって〔長さを〕限定されてしまう。そうした限定がなければ、この線は先端に向かって次第に急速に湾曲を増していく。この線を1つだけ取り出して自由に湾曲させれば、それは春の若々しいシダのように丸くカールし、螺旋と呼ばれる曲線となる。かくして開いた螺旋と閉じた螺旋という2つの線の形態が得られる。〔楕円を作るのに〕役立っている螺旋が「j」であり、螺旋とは同様の曲線が〔楕円から〕解放されたものである。4つの等しい曲線が楕円を形作る。2対の曲線、あるいは6対の曲線が合わさると、3つの焦点から構成された正則的な卵型になる。新たに追加するよう提案されるべき要素形態は、立体であれ線としてであれ、おそらく中心的な型として最適な楕円、幅広な楕円、卵の形

をした楕円、そして諸々の変種を包括する変則的な卵形である。線として見れば、楕円を4分割したものが「j」であり、そしてつまりは螺旋である（図6）。この線の本質的な特徴とは、極めて多様な曲線にも当てはまるとはいえ、その漸進的な曲率である。

　もう1つ、別の種類の要素が見過ごされている。およそ1年前、私は幼稚園の素描の授業に参加して、1人の腕白小僧がすることを見てほしいと依頼された。すでに方眼紙の上には通常の規則どおりに整然と並んだ短い垂直線が作成されていたのだが、それらの垂直線の上に、この腕白小僧は指を握る練習ということで締め付けられた手をぐるぐると動かして自由なすばやい曲線を描いていた。まさにその曲線は自然な抗議であり、フレーベルの堅苦しい素描を覆う殴り書きであった。教師にとってはどれほど勉強になることか！　これは稀な事例というわけでもなく、むしろ一般的な事例なのである。その幼稚園は、フレーベルによって観察されたような子どもの本性にもとづいて設立されている。子どもの自然な活動性は組織立てられるか訓練されるかし、その生来の野蛮な力はよい方向へと導かれるため、子どもの仕事はお遊戯ということにとなる。しかし先の特殊な活動性とその結果が注目されたり顧みられたりすることはなく、何か不都合なものとして差し替えられてきた。彼は指や手しか使わせてもらえない。締め付けられ、圧迫され、鉛筆を握ることに過大な力点が置かれ、まずさせられるのは直線、それも1度にあまりに多くの直線を描くことであり、かくして彼は腕全体を使い、手を勢いよく動かしながら楽しいフリーハンドで流れるような曲線を描くはめになるのである。彼は繰り返しぐるぐると〔鉛筆を〕走らせる。線そのものに注目すれば、それは真っ直ぐではなく——彼は直線にはうんざりなのだ——曲がっているものの、円弧ではない。それはまさにフレーベルが彼に与えることのなかった楕円曲線であり、先の看過されていた要素である。ここにはフレーベルによって用いられることのなかった2つのものがある。すなわち、子どもの活動性であり、今話題にしている線である。こうした見逃しによってフレーベルの評価すべき業績が貶められることはない。〔とはいえ〕子どもを観察している者のなかで、フレーベルの追随者に賛同しつつ、彼の体系は

完璧であり、何も付け足す必要はないと信じ込む者はいまい。この腕白小僧が正しいのかもしれず、もし彼の教師の方が正しいのだとしても、彼が自然に対して不誠実ということはない。私たちはしばしば自然に対して不誠実なのではないだろうか。私自身、自分の不誠実さを実感している。締め付けられた指にうんざりした彼は、手と腕の全体、そして身体全体を喜びに満ちたすばやい運動へと投じる。それをもっと上手にしやすくするために立ち上がりさえすることだろう。その手は紙のことなどおかまいなしで、ただ紙に軽く触れるだけである。その線は野蛮な歪んだ線ではなく、規則的で美しい線であって、力強くはあっても明らかにコントロールされている。それは、その身体構造に、あるいは腕の長さに、あるいは何か精神的なものによるのかもしれない。ここには訓練されたであろう筋肉に関わる要素、触覚が存在していないだろうか？　その本性の一部となり、それに従いながらコントロールするだけで、活発な馬は愚鈍なロバよりも簡単に誘導できるものだ。三輪車は少なくとも鋤と同程度には誘導が容易である。そのことが暗示しているのは、子どもが必要としているものである。こうした運動に適した素材を私たちは与えるべきではなかったか？　赤ん坊は何にも邪魔されていないかのようにして手のあらゆる運動を使いながら自然に最初の線を描く。私たちは〔そこから〕ヒントを獲得し、邪魔にならない素材を与えて、この野蛮な活動性をコントロールしようとすべきではないか？　私は経験からそれが可能であることに気づいた。選り分けられるべき様々な素材があり、そして見たところ無価値な練習がいっそう有益となる。そうした素材は〔作品の〕仕上がりを改良するとともに実際に知識を授けてくれる。しかしこの無駄に浪費されてきた力を利用すること、そして〔この力の〕指導法は、後ほどまで、あるいはまた別のときまで残しておこう。

　かくして私たちは植物と、〔素描という〕科目の部分をなしている幾何学形態との間にある照応を見出す。それが児童期後期における着想法であり、そして幼い子どもの筋肉の活動性である。これらの奇妙な一致、関係、そして事実は間違いなく、さらなる研究に値する。ここで再び、例証と確認のために自然へ、つまりずっと高度な形態へと立ち返り、次いで芸術へ、つまり人

類の初期の作品に見られるような、子どもの思考と方法の完全な表現へと立ち返ろう。〔それは〕初期ギリシアの着想法と仕上がりへと〔立ち返ることである〕。たとえ粗削りで駆け足な梗概になるに違いないとはいえ。

〔中略：動植物の形態の諸要素がみな卵形を基本とするという考察〕

　初期芸術に目を向けてみよう。その自然な発展において、人類の芸術は子どもの芸術に関して私たちの助けとなり、また今日の子どもは私たちが芸術の初期段階をもっとよく理解し、そこから学ぶために役立つことだろう。ギリシア人は形態に関する最も高尚な観念と具現化に達していた。私たちは、彼らの成長のほとんどを実際の成果物からたどることができるし、彼らの歴史を独力で、図書や案内人、古代ギリシアに関する考古学や言語の知識がなくても、十分に読み解くことができる。ギリシア語と古典文学の教師たちは大英博物館にある壺の部屋のことをよく知っている。というのも、芸術と文学は互いを例証し合っており、形態はたやすく読むことができ、またおそらくは若い精神に最もよく訴えるからである。驚くべきことに、どうやらどんな古典派も、ここで歴史的に紐解くような仕方ではギリシア美術を教えようとは試みてこなかった。この図解集〔176～7ページ〕はこの部屋のことを知らない人のために作られている。まさに今、この部屋は刷新されつつあるので、参照するのは困難であるようだ。私はほんの少しの事例から、ケース1・壺1から始まる順番でしか例を挙げることしかできなかった。私たちはそれらの事例が最大限の注意を払いつつ最大限の知識を動員して配置されたものと信じてよかろう。この原稿が発表されて以降、かつての壺1は今ではケース12にある。絵付け壺は、今ではケース6から始まる。今では最初となる壺のパターンは同じ2つの線の組み合わせである（**図12**）。まだ再配置されていないものもあるが、〔ここで〕参照される多くはケース6から17にかけて見つけられることだろう。

　最初に注目すべきことは、これらの壺の形態である。最も左側に置かれている大きい壺は、R・スチュワート・プール氏がすれ違いざまに私に教えて

くれたのだが、ディオゲネスが住んでいた風呂桶のようなもので、複数の直線と人目を引く螺旋模様という浅浮き彫り装飾が施された巨大なテラコッタの卵である。最初のケースには、彩色された壺の美しい多様性が含まれており、それらの形態は私たちにはなじみがなく、私たちの理解を超えている。私たちの陶器は、ほとんどが型枠を使って成形された工場生産品である。装飾用に製造されたものを除いて、円柱、円錐、そして球体から取ってこられた諸部分が目立つ。〔他方で〕ここに挙げたギリシアの壺は手作りであり、粘土が〔ろくろで〕回転している間に成形され、1つ残らず芸術作品なのであって、精神や着想の印象を留めている。すべては似ているが、しかしすべてが異なっている。変化に富んでいるが、しかし統一されている。というのも同じ卵形の形態がすべての基礎にあるからだ。それらは葉のダイアグラムを彷彿とさせる。ギリシアの陶工は子どもの着想法を持ち、私たちが生物に共通して見出した普遍形態に喜びを感じている。壺と人間の形態がかつては関わりを持っていたのである。これほどまで卵型とそのヴァリエーション、および諸要素と親密な芸術をほかに見出すことはあるまい。これこそがギリシア美術の胚腫となる形態であり、その単純で力強い曲率と変わることなく美しい装飾模様の源泉なのである。それほどまでに抑制こそがすべてのギリシアの芸術作品の特徴なのであり、ひたすらその諸要素をずっと容易に見て取らせてくれる。

　絵画〔絵付け〕はまた次の研究対象である。陶芸こそ絵画に先立っており、いっそう完全である。壺絵が始まるずっと以前からこの芸術は存在し、おそらく陶工は画家でもあった。初期の壺は線刻による作品であり、明らかに陶工によって作られていた。そうした芸術家はわずかではあるが今でも存在する。例えば、ホルボーンのブラウンロウ街に1人いる。ギリシアの陶工は特別な観察力と経験にもとづいた卵型の形態に関する明晰な着想を装飾にもたらしている。彼はこの卵型の形態が〔ろくろ上で〕すばやい動きで回転するのを、手の圧力を繊細にコントロールすることによって熟知している。その美しい壺の形態は、〔ろくろの〕運動とそれに加えられる陶工の力という2つ双方の力の所産である。回転するろくろと生きた手とを組み合わせた合成力なので

ある。その横断面はろくろ状であり、その外形は有機的な生命と活動に特徴的な形態である。手と触覚を通じて、彼が容易かつ自然に卵型の形態を着想するようになり、繰り返されることによって、この形態が確実に定着するというのは多いにありそうなことである。彼はこの形態を見るだけでなく感じるのである。彼にとって卵型は真球を成形するよりもずっと容易かつ自然なことであり、おそらくそこには手と思考の作用・反作用があり続けたのである。どのように獲得されたにせよ、その着想法はおそらく彼の絵画に影響を与えるだろうし、他方でこの形態を獲得していく流儀は、おそらく彼の制作方法に影響を与えることになろう。ここにいたって私たちは、卵型の形態、迅速な仕上げ、そして繊細なコントロールを見ることになる、と予言して差し支えない。渦巻状の粘土を使うのと同じくらい自由に絵筆を使って作業できるようになるにはしばし時間がかかることになろう。というのも、この道具〔絵筆〕と素材はずっと繊細であり、形を作る力と同様に動力もまた彼の腕において統合されねばならなくなるからである。そうなると彼は両方をともに与えねばならないが、しかし最終的には彼が壺を形成するのと同程度に迅速かつ完璧に絵筆の先端を螺旋状に走らせることだろう。彼は一筆書きで壺と同じくらい美しく、また驚くほど正確かつ精密な卵型の形態を形作ることだろう。形態と思考において、構想（design）と制作（execution）において、頭と手は調和し、壺と装飾は似たものとなるだろう。

　形態と装飾の発展をたどってみると、以上のことが理解されよう。これらの要因は芸術家の着想と不可分である。取扱い、道具、素材はすべてが作用・反作用しており、別々であると同時に一緒のものとみなされねばならない。当初、装飾は壺を取り巻く彩色された縁飾りからなる。これらの縁飾りは壺を回転させる間に、下書きされるか絵付けされるかしたのであろう。次いで、縁飾りの間に連結した複数の線と単純な装飾模様が登場する（**図9**）。パターンが最初である。ボーウェン氏なら、そのいくつかはフレーベルのもののように幾何学的であると指摘することだろう。ケース6においては、幅広の卵型をした最初の壺（図9）は縁飾りによって装飾され、それらの間には、おそらく記憶に由来するのだろうが、非常に古い装飾模様が自由に施されてい

る（図10）。もともとの装飾模様は円環を絡め合わせて形作られている。これにはいくつかのヴァリエーションがある。曲線は円弧でなければならないが、自由もしくは不完全に仕上げられたり、意図的にか否か一部が欠けていたりする。その曲線は、通常の事務筆記が印刷文字とは異なる程度には違いがある。それは手が、もっとしっくりとくるずっと容易な線へとそれらを変形してしまったということであり、円弧はむしろ不格好な「j」へと変形されたのである。2本の「j」は直線に最も近くなる端のところで反対向きに接合され、湾曲した端のところはちょうどホガースの優美かつ美しい線のように互い違いに外側へと曲げられている。この組み合わせは何らの考えも表現してはおらず、1音節が持つ性質に従っているのである。同じ要素が意味や音節を作り出しながらも違う方法で組み合わされることもあろう（図11）。そういうわけで最初の曲線は円弧ではない。壺の上部では螺旋である。他の壺においては、ウロコ模様や波模様が施されている（図13）。しかしこれらは最初のパターンの修正であって、単に少しだけ厚みがあったり、いくつかが連続したりしているだけである。後に波は螺旋になる（図14）。形態よりもむしろ運動が再現されているように見える。中国人は、渦巻線を内側へと巻き入れることによって雲を装飾的に再現する。渦巻線は雲全体の動きを表わしているのであって、はかなく消えていく輪郭の余白部分や、それが霧散するところを表しているのではない。ケース12において初めて動物が登場する。すなわち外形線で描かれた魚と白鳥である。これらはちょうど子どもがするように、自然を直接に参照することなく描かれている。ある魚（図16）は11本の筆運びで出来たヒレを持つが、これは子どもっぽい数、つまり「ヒレがたくさん」ということである。両端が閉じていない線は形態の一部を暗示してきた。これもまた、子どもと同様に、形態ではなく線ということである。ここにも何か卵型の着想に負っているものがある。魚は、最初の壺の装飾模様として、同じ2本の線で構成されており、〔（図16）と違って〕今度は対称となるように向かい合い、直線となる側の端を交差させて尻尾とし、卵型の空間を囲い込むことによって、ずっとよい形状になっている（図15）。これらの線と音節がいかにして異なる形態の一部をなし、その形態が

いかにして一歩ずつ進化し、行きつ戻りつするように見えるのかを観察してみよう。同じ壺に描かれた次の魚（図16）は、非常に単純な修正である。線を交差させて尻尾とする代わりに、反転した位置にある2本の線それぞれが先へと伸びて、〔先の（図15）よりも〕ずっと湾曲の少ない要素によって再び最初の2重曲線を形作っている。この1対の曲線ないし音節は、多くの絵－単語（picture word）の主要部を形作る。水平や垂直に置かれることによって、白鳥を形作るまでにいたるのである（図17、図18）。図11aの壺の外形もまた4つの単純な「j」の組み合わせである（この壺は今でもケース1に収められており、現在は傍らにウニが置かれている）。波や渦巻きのヴァリエーションはもっとある。そういうわけで貝殻（図19）は非常に子どもっぽく単純に素描されている。ケース8になって初めて1枚の葉を思わせる形態が現われる（図20）。それまで植物は画家の印象に残ることがなかった。植物は、おそらく複数の斑点によってほのめかされる、ただ作るのが容易な形態だということかもしれない。1枚の葉がこうしたことを示唆するとしても、奇妙なのは葉や植物の形態が動物のようには反復も発展もしないということである。とはいえ、植物は動物ならびに運動のようには画家の心を動かすことがなく、画家によって蔑ろにされるのである。彼の考えと原理は私たちのものとは異なっている。いわゆるスイカズラと呼ばれる装飾模様は、意識的な観察によって獲得されるのでも、この花の科学的な分析によって獲得されるのでもない。次の動物（図21）、すなわちコウイカは、卵型の身体と波状の触手を持っている。ほのめかしはほぼすべて水とその居住者から始まる。〔ギリシア神話と同じく〕ここにおいてさえ美しさは海から生まれるのである。ケース12において最初の哺乳類（図22）、おそらくは鹿のようなものが現れる。これは先ほどの形態から連続して容易に生じる。大きさの異なる2つの、見るからに魚のような形状をした卵型が、小さい方の先端を合わせるようにして置かれており、大きい方の卵型は胸部として用いられている。2つの尖端は接触しているように見えるが、これは絵によるものではなく、2つの卵形を結び付ける狭い部分をちょうど横切って走る割れ目によるものであって、横になった「8」の字のようなものを暗示している。もう1頭の動物（図23）は、

2番目の魚（図16）のように2層の曲線で描かれており、どこか長靴の底のようである。組み合わせによる「8」の字は今も存在しており、きっと親しみやすい練習となるかもしれない。というのも、これは簡単に作り出せるので、手を喜ばせてくれるからである。部屋の中央にはずっと大きな壺があり、この奇妙で、並外れて大きな形象（図24）が主要な装飾として施されている。この「8」は垂直に、そして〔何かをほのめかすでもなく〕自由に描かれている。この組み合わせは今でも忘れられていない。ここには、後に枯死して何も産み出すことがない装飾模様が数多くあり、豊かに発展していく数多くの装飾模様がある。その後、再び純粋な装飾模様が登場する（図25）。さらに後には、縁飾りの間の空間が動物たちで埋められるようになる。それらのなかには、非常に美しいレイヨウがあり、しばしば反復された（図26）。もちろんレイヨウは2本の脚を持っているとはいえ、しかしこのレイヨウは奇妙な渦模様をまたいで飛び跳ねており、この渦模様がまさしくレイヨウと同じ線の組み合わせなのである。この曲線が何を意味していようと、おそらくそれはその上方に描かれたレイヨウの構成にとって重要な鍵である。子どもは自分の殴り書きからこれらの線を取り出し、その上にレイヨウを作成することができる。私たちは卵型からの多様な進化を見ることになろう。

　魚と鳥（ケース12、13）へと立ち戻って、他の螺旋、貝、波を通覧しよう。当初の魚（図15、図16）は、2つの顎が形作る角の中に眼を持ち、もっぱら歯によって眼が転がり出ないようにしていたが、ここでは（図15a〔該当なし〕）眼は定位置に収められている。鳥――この部屋にはこの目的に適う多くの好例がある――は、白鳥よりも単純で、その胴体は再び魚のような単に広がった楕円となっており、そしてこれも再び同じ2つの種類がある。つまり、2つの線が尻尾のところで交差するかしないか、である（図28〜30）。最も単純な鳥は卵の形をした胴体である（図31）。ケース19を見てみよう。ここでは、列をなす楕円ないし卵形の斑点が直立する鳥のパターンを形作っており、2本の直線が脚となっている。1つ、ないし2本で1組の曲線が首とくちばしを表わし、これで鳥のパターンが完成する。今や装飾家は絵筆が持つもう1つの能力を発見している。絵筆は単調な色合いを作り出し、それがマッスや

立体の形態の観念を表わすのである。彼はもう 1 つの発見へ続く道を実感しており、鳥の形態を手短かにたどっているうちに、私たちもその発見に達することとなる。ここに 6 羽の鳥がいる（図 31 から**図 36**）。卵型の胴体は、自由で愉快な操作によって、徐々に別の形態、むしろ「8」に近い形態へと変形される（図 36）。くちばしから尻尾まで線は連続しているが、これは 4 つの湾曲、あるいは 2 つの音節からなる線であり、対称的には配置されていない。ここにおいて、そのうちの半分は直角になっており、鳥はさほど写実的ではないものの、線においてさえ豊かで過度に飾り立てられていて、ほとんど習字教師による飾り書きにも匹敵している。白鳥（図 17、18）は同じ線を使って出来上がっている。最後の鳥（**図 35**）は、ある動物を暗示しており、そして実際に馬（**図 37**）が登場した。この馬は〔図 35 の鳥の〕曲線と構造から出来上がっている。図 35、図 37、図 26、そして図 22 における後脚での変形に注目してみよう。鳥は馬になっているのだが、しかし図 37 では後方の卵型が弱められており、そのことは図 26 では図 22 と比較して明らかである。野うさぎ（**図 38**）とレイヨウ（図 26）は人物像への準備をなす。人間が現れるのである。しかしこの人間の手足には奇妙な卵型の特徴があり、覆いの下にある曲線を私たちは完全に見逃してはならない。

　これらは、画家が絵筆を使う力を増していったことの明らかな証拠である。この力と産物が、後に続くすべての仕事に影響を与えているがゆえに、若干の考察を加えないわけにはいかない。この考察は寄り道ではあるが、それによって重要な発見がもたらされるのである。画家は広かったり、狭かったりする線から始める。彼にとって壺の周りの縁飾りは複数の線でしかなく、これらの線は、必要であれば単調な濃淡を作るために絵筆を使うこともできるという彼らの能力を示している。しかし、彼はその必要性をまだ感じておらず、その準備をしてもいない。したがってその力は気づかれないままである。マッスを再現するということは重視されておらず、おそらくだが当初、自然を再現するという考えは漠然としていたのである。私たちはその考えを知ってはいるけれども、知らないものとしておこう。子どもは後に私たちが次のことを理解するのを助けてくれるだろう。すなわち、しばしば、おそらくは

常に、偶然の産物は意図どおりの再現よりも先に現れる。斑点は初期に現れるが、稀である。ある壺に見て取れるのは、斑点は初め外形線なしに一筆で描かれるということである。筆〔の顔料〕が次第に失われていく様子をなぞることができるとともに、筆を置いた角度はほぼ3,000年が過ぎた今でもまだ湿り気を帯びているかのように言い当てることができる。顔料でいっぱいの絵筆をまっすぐに立てて置くと、ただし壺に対して垂直かつ慎重に絵筆を離すならば、正確に丸い斑点が描かれる。絵筆の穂をもっと傾けると、顔料の染みは楕円形ないし卵型になる。このことからおおよそ分かるのは、画家はすでに立体の卵型の形態を発見していたか、あるいはやがてすぐに発見するだろうということである。しかしこの最も重要な形態は、絵筆による線という彼の実践にずっと多くを負っている。つまり、この形態は絵筆による線の中にずっとあったものであり、あるいは潜在的には彼の手の中にあったものである。初め、手がこなれてくるまで線は不規則でむらがある。尖端を等距離に保てなければ線は不規則である。鉛筆への筆圧は初めいっそう濃い線を、次いでずっと深い線を、そして刻み込んだような線を生み出す。とはいえ線の幅はほぼすべて等しい。絵筆への筆圧は筆先を広げ、圧力に比例した幅の線を生み出す。むらのない線は均等な圧力を必要とする。筆圧を滑らかに変化させると、不規則な染みやむらのない線に代わって豊かな美しさを持つ新しい形態が現われる（**図39**、**40**）。実践によって技量を増した彼の手元から新しい形態が天啓のようにして現われるのである。この形態は彼の着想にも美的な感情にも合致する。滑らかな筆圧による一筆書きによって、彼はお気に入りの卵型の形態を形作り、そのマッスをほのめかすのである。かくして、壺は、それと似た形状の道具によって、自分自身の形態でもって装飾されるようになる。この形態は彼の手とあまりにしっくりとなじみ、彼の精神をあまりに満足させるため、主要な装飾、当面の間は唯一とも言える装飾となることだろう。これこそが彼にとって最も特徴的な装飾芸術の胚種である。ケース27〔**図27**か？〕の場合、互いに絡み合いながら、その間に扁平な卵型を伴なった楕円というパターンがまず登場する。次の部屋ではこのパターンがほぼすべての壺で見出されるようになる。この部屋では、後代の壺

と他の物品の多くが、このパターンの美しい組み合わせによって全体を覆われる。この卵のような形態から、ギリシアの装飾模様は進化する。絵筆がどれほどの割合を占め、そしてどのような影響力を持っていたかは、おそらく石、金属、その他の素材における装飾模様と比較することによって学ばれよう。しかし歴史を脇に置いてみれば、その諸々の形態は絵筆によって容易かつ正確に作成されており、私たちが生き生きとした自然の中に見出すものと同じである。スイカズラやそれに類するもの、卵や投げ槍など、世界中で広く知られている同様のデザインは、この卵型の後代の多様化であり、この卵型の組み合わせにほかならない。最良の時代における最も完璧で、最も支配的なのがこの卵型なのである。(現在、ケース 12 にあるのは、その極めて初期の実例である)

　ここで図 40 へと立ち返ることはできないものの、これに関して指摘しておくべき 1 つの事実がある。私たちは画家が卵形と人物像の両方を発見したことのみでよしとしていた。〔やがて〕この画家は人間を見出し、動物はそれによって表現できる。新たな発見は新しい装飾へと彼を導く。動物と人物像が主たる主題となるものの、この形態と線がなお君臨する。強弱をつけたわずかな筆運びによってレイヨウが一気に仕上げられるのである。平行線は衣服や織物において普遍的となる。絵画においてのみならず彫刻においても、衣服や織物はこれらの平行線へと落ち着く。そうした平行線はハルピュイアイの墓においては明白であり、また(サウスケンジントン博物館にある) アテナ・ポリアス像の数多くの折り目においては極めて美しい。パルテノン神殿においては完璧である。

　これらの看過された形態と線をギリシア人たちは高い敬意をもって保持していた。彼らはその価値に気づいていたのである。私たちは彼らから、そして子どもから学ぶことはないのだろうか。種族と個人は互いに確証を与えあい、互いにとっての例証となる。装飾模様のなかに私たちは自分たちの概念を読み取る。この装飾模様は間接的には自然から取って来られたものであるらしく、植物学的な分析の結果なのではない。それは子どものものと似通った活動、着想力、想像力を通して、そして私たちのものとは異なる素材、道

具、要素を通して生じたとする方が、ずっともっともらしい。私たちしていることを子どもに合わせて逆転させてみれば、彼ら〔ギリシア人〕のしていることにずっと近づくだろう。彼らは自然体であるが、私たちは機械的である。回転するろくろは彼らの召使いだったが、私たちはその奴隷である。生命の記号である彼らの卵型は、生きた手と活発な想像力、そして着想力によって創作された。私たちの円、円柱、円錐はただ、その作り主であり、かつ私たちの主人である回転するろくろの形態を繰り返すだけであり、それを超え出ることはできない。私たちの曲線はしばしばコンパスや雲形定規で作成される。線にはむらがなく、私たちは満足する。それらなしで済ませられるとしても、曲線を手書きしようとは思わないことだ。あなたは弱点を露呈し、決して曲線を手書きすることはできないだろう。人間がいかに誤りを犯しやすいかを告白するよりは、出しゃばりでこれ見よがしな線の方がましである。私たちにできないことは子どもにも決してさせようとしてはならない。いつも完璧かつ正確にできるわけではないこともそうである。私たちの精神はたいていこのとおりである。それは賢明だろうか。線の中には人間らしさ、すなわち罪や過ちがあり、努力と成功の勝利があって、それらのおかげで線を読み解くことのできる者には、線に対するいくばくかの興味を抱かせることもある。素描用のペンで引かれた線に興味を抱く者はいない。それは完璧で、むらがないに決まっている。そうなるべく定められ、間違いが起こるはずもないのであり、そして同時に、発展することもできないのである。とはいえ、しばしば私たちの理想および目標とされるのは、ただ線の品質だけであって、線を使ったデザイン、容易に把握できる単純な要素、想像力の発揮ではない。私たちは創造力を教育した方がよいのだが、模写する機械の方を好んでいるのである。こうしたことはずっと広く当てはまる。例えば私たちの芸術全般、とりわけ子どもと関係する芸術は、こうしたことの影響を受けている。現在、私たちは学校の壁に写真を掲示し、数ヵ月にわたって教室の前で顧みられることもないままである。それらの写真は印刷されており、そのためにこうした写真を模写することなどまったく不可能だと思われている。しかし教師による、あるいは子どもによる彩色された線と筆致が、ほんの少

しでも彼ら自身によって制作され、その後に掲示されたなら、教室全体に刺激を与えるだろうし、忘れ去られてしまうということもまずないだろう。おそらく線における弱点と失敗は、気軽に興味を抱かせ、刺激を与え、競争へと駆り立て、そして勝利への予感を示してくれる。そうしたことこそが、機械ではない、生きて役に立つ人間というものである。

　自然と芸術における形態については一般化の助けを借りて手短かとはいえ十分に概観することができた。(1) 有機的な形態と無機的な形態に認められる差異、(2) ゲーテの植物形態学、(3) 植物と動物において中心となる基礎形態としての卵形。最後のものは他の2つのようには確固たる基礎付けはないものの、完全に支持されないというわけでもない。ラスキン教授は数年前に『素描の諸要素』の中で、植物との関係において曲線の違いと価値を指摘している。『近代画家論』の「Mountain Form」訳註6、その他の箇所でも彼はこのことを引き続き論じている。ただしいずれの箇所においても彼はそれを広く応用することは是認していなかったが、これを今私たちは行なったのである。ゲーテの理論には、他の者たちと同様、抽象的で典型的な葉の形態に関する発想はさほど含まれていない。〔これを〕いっそう広汎に着想することは、もし葉の形態を鮮明に意識しようと努めなければ、あるいは葉の形態を意識するにしても漠然と意識しつつすべての曲線の要素が円形ないし円弧であることを思い浮かべようとするならば、おそらく可能なのではないだろうか。というのも単純に、私たちの一般的な教育ないし等閑視とはそういうものだからであり、どうやら考え直しというものがうまくいったためしはないからである。形態の要素に関するこうした先入見は多かれ少なかれ私たちの目を曇らせる。しかしいったん疑念が生じたなら、せめて1枚の葉の中にだけでも違いを明瞭に見るべきであり、そして日々の観察はあらゆる領域で証拠を蓄積していくだろう。立証できる事実に皆が立脚し続ける。生物の形態の一般化は、非生物の形態についてと同様に、ある程度まで可能でなければならない。何か中心的な型が1つないし複数なければならず、もしそれがすべてを生じさせる卵型や卵状の形でないとすれば、それは何だというのだろうか。直線的な要素はいくらかなければならず、円弧だけでは不十分であ

る。しかし直線的な要素は無益であり、不能である。

　こうした考え方が間違いでなければ、いくつかの問いが明瞭になり、さらに他の問いのあることを示唆してくれる。私たちは、なぜペスタロッチが失敗したのかを理解できる。そして、なぜフレーベルの素描が不完全なのかを。彼らの〔唱えた〕要素だけでは、植物や動物を正確に素描することはできない。求められる本質的な要素はそこにはなく、そうしたものがあることすら認められていない。ゆえに、どんなアルファベットも構築できず、読み方において文字から単語が出来ているような仕方で、要素によって線から形態を作り上げていくような素描の体系が可能となることはなかったのである。書き取りも、完全な知識もありえなかった。明らかに誤った要素だけを用いるよう主張することは、子どもの目を塞ぎ、開けさせないことであり、教育における形態の価値、とくに初期の〔成長〕段階における「形で考えること（thinking in shape）」への要望に手を借すのを——少数の者たちがそうしてきたようにペスタロッチもそう感じていたのに反して——妨害することであったし、形態のアルファベットに関する限りは、その試みが弾みをつけるのを邪魔したのである。とはいえペスタロッチがなおも形態の要素のことを信じているのかはいまだはっきりとしない。実物教育は、自然から直接に、形態を使って形態についての知識を教えているようである。ペスタロッチは、ここで提案した新しい要素でもって古代ギリシア美術の装飾模様と動物たちを描き取らせることができていた。それほどそれらの装飾模様と動物たちは単純であり、ギリシア人たちはペスタロッチが望んでいたアルファベットをかくも簡単に手に入れていたということなのだろう。

　形態は、自然科学としてであれ今日の半科学的な芸術としてであれ、いくつかの段階にあるほとんどの、おそらくは他のすべての研究と、そしてとりわけ自然研究と密接に結びついている。形態の諸要素が見過ごされたり、誤って教えられたりしたなら、これらすべての研究は、どんな場合でも形態が関わってくるので、まさにこの欠点によって脆弱なものになってしまう。形態の諸要素を看過するということは、大半の研究における要素となる形態を看過することへとそのまま拡大してしまうのである。

訳註

1 コートープ・ボーウェンの心理学に関する講義は、例えば1887年6月にTeacher's Guildにおいて「知的かつ美的情操の訓練（The Training of the Intellectual and Aesthetic Sentiments）」と題して行なわれた。この頃から影響受けていたフレーベルの考え、とりわけ「主体的な活動（self-activity）」に関してボーウェンは後に論文を発表している。

2 科学・芸術局の素描の教科書では、ミケランジェロのダヴィデ像の頭部を外形線で再現し、これを目、鼻、口、耳といった部位に分解して描く練習を呼びかけている（下図参照）。

 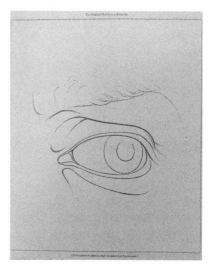

E・ポインターのドローイング・ハンドブックの例（*Poynter's South Kensington drawingbook: human figure, elementary*, Blackies & Son, c.1884）

3 シュタンツとはスイスにある町。1798年、ペスタロッチは当時の文部大臣フィリップ・アルバート・シュタプファーに請われ、シュタンツに孤児のための学校を開設した。この学校は半年で閉鎖されてしまうが、そこでの教育内容については、ペスタロッチ自身による『シュタンツだより』において紹介されている。このときの経験がその後の彼の態度を人間教育へと大きく転回させることとなった。

4 尋常葉ともいう。同化作用を営むことを主な役割とする、典型的な葉。

5 ラスキンの『近代画家論』第4巻の「山岳の美（Mountain Beauty）」のことか。

エベニーザー・クック「幼児教育におけるいくつかの実験」

　1904年のベルン会議の1つ目の決定は、「指導方法は子どもの自然な発達過程に従うべきだ」であり、ベルン会議で確認された教育の根本的で恒久的なこうした大原則は、ペスタロッチがシュタンツでの指導経験[訳註1]を通じてこれを発見してから100周年を祝うに相応しいものでした[訳註2]。

〔本稿は、委員会がこの主題に対して時間の延長を認めると決定する以前に発表したものである。会議第1日目の午後1つ目の特別講演[訳註3]で、以下の原稿の大半を用いたが、おそらくは〔発表せずに〕取り止めた部分も少なくなかったと思う。その代わりに、別の照会手段を提示しておいた。本稿に先立つ、ケルシェンシュタイナー博士[訳註4]の優れた論文は、数千枚の子どもの素描の実験に裏付けられていた。〔その一方で〕ここ数年間の私の仕事は、生き生きとした子どもの観察にもとづいたものであった。2つのそうした異なる方法によって私たちが同じ結論を導いたならば、——実際に、導いているのだが——これらの方法はいっそう有益となるだろう。〕

　30年以上前、私は子どもの本性に適した素描の指導法を探さずにはいられませんでした。そのうえで、こうした最初の探求と実験に関する報告はご期待に添えるのではないかと以前から思っておりました。
　1855年以前にこの国で確立された素描は芸術的であるか、さもなければ人工的であるか、のいずれかでした。それは、芸術と数学、そして精神と発達に関する古来の考え方にもとづいていました。初等科〔の授業〕は、装飾模様の印刷複写を外形線で描いて模写することに終始していました。幾何学、透視図法、そして実物描画へと進み、さらに明暗を学ぶための装飾石膏模型へと続きました。その限りでは、自然にもとづく研究は存在しなかったのです。
　1855年、ラスキンはロゼッティとともに、もっぱら自然の対象にもとづいて指導することによって改革に着手しました。ラスキンは、17世紀頃に

自然の観察から始まり、2つの世紀を跨いで発展という近代の考え方にたどり着いた偉大な自然主義運動の前期の段階を代表していました。彼によれば、「自然へ赴け。何ものも見逃してはならず、侮ってはならない。見ることは知ることであり、見るために、そして自然を愛するために描くのだ。これこそ素描以上に重要なのである」。ロゼッティは後期の原理を代表しており、彼は何か発展しつつあるものを見ていました。素描は本来、演説ならびに詩作と同様に、知識と感情の表現手段でもあります。しかし、ラスキンもロゼッティもあえて自然対象の直接的な再現を越えた指導へと進むことはありませんでした。こうした指導のなかで、ラスキンはこの自然対象のなかには外形線など存在せず、ただ色の集積があるのみで、それを正しく素描するには絵筆によるほかないが、その一方で絵筆は初心者には難しすぎる、と述べていました。だからこそ、ラスキンは私たちに無彩色の木の葉の石膏模型を用意し、ごく硬い鉛筆を与えて外形線のないマッスを再現させたのです。「自然へ赴け」というラスキンの言葉は、身の周りの世界を研究せよ、ということを意味しており、そこに子どもは含まれていませんでした。

今日、いくつかの幼児学校では、幼い子どもたちが自然の形態を絵筆と絵の具を使って、ときには外形線を描かずに素描している一方で、教師たちは子どもが生み出すことのできるものを、不正確なまま受け入れています。実際には、生きとし生けるもの一切——考えと知識もまた生きています——が、漠然と始まって、それらの周囲との相互作用によって発達するのだと教えてくれる、発達という近代の考え方は、無意識にかつ不規則に、学校のなかでゆっくりと、だが着実に取り上げられています。

私は1855年にラスキンのクラスに入りました。10年が過ぎ、私は教師に登用されました。そしてさらに10年以上が経ち、当然のことのように、ラスキン流の自然にもとづいた素描を教えていると周知されるようになっていました。そこで、教育学会の創設者であるC・H・レイクという近代的な手法の偉大な開拓者が創設した学校でこれを指導する仕事を引き受けました訳註5。

1876年、この学校で私は子どもに自然にもとづく、あるいは実物にもと

づいた素描を指導する実験を開始し、思いがけない結果を招きました。少年たちには、球状の、あるいは自然な葉っぱの石膏像が与えられました。ところが、10歳の少年たちは成人と違って、とても硬い鉛筆を注意深く用いてそれらのスケッチを完成させるどころか、それを描こうともしませんでした。誰かが言ったように、少年たちはこの作業を嫌っていたので、この厳しい労働の10分後に気晴らしの遊戯を必要としたのです。しかし、これらの少年の何人かは、家では何時間にもわたって――けんかする男たちや飛んでいる小鳥たちの――素描を自分なりの仕方で描いていたのであり、本や絵画作品を自分なりに役立てていたのです。彼らは、自分自身の考えを表現したかったのであり、実在する対象を模倣したかったのではありません。私が解釈したところでは、自然へ赴け、というプロセスは彼らには不自然でした。この自然にもとづくシステムは少年たちの本性には適していませんでした。このシステムが不成功に終わったので、私は偽りの大義名分のために有罪判決を下された人間のように感じました。（ラスキンは子どもに対してそんなことを意図してはいなかったのです。）彼らが必要としている自然なシステムはどこで見つけられるのでしょうか？　どこにもありませんでした。しかし私はそうしたシステムを使って指導することをすでに引き受けてしまっていたので、これを探し求めざるをえませんでした。私はペスタロッチの原理と方法について、幸運にも学校でこれらに従うことで実践的に多くを学んでおり、年ごとにこれらをいっそう高く評価し、そしていっそうよく理解するようになっていきました。その結果として、C・H・レイクによって私が気づかされた問題は、私が「自然へ赴け、何事も見逃してはならない」と明言する一方で、最も重要なこと一切――子どもの本性――をなおざりにしてしまっていた、ということでした。

　自然‐指導と子ども‐本性は、30年以上前にC・H・レイクによって大まかに理解されていました。アール・バーンズ教授が最近になって証言したのは、まさしくこのことなのです。自然科学を教えることについては数年にわたって議論されてきました。レイクは知識が自然に獲得されるように自然科学が教えられるべきだとする他の教育者たちの考えに同意し、自然の観察

から始めましたが、ただしこれに子どもの本性を付け加えました。自然科学、あるいは系統的な知識はそれを受け入れる能力がなければ精神に詰め込むことはできません。知識はそれ自身で有機的に発達していくものです。すなわち、知識は子ども独自の考えと能力から始まって、外的自然との相互作用によって発達するのです。知識とはこの2つの結びつきなのです。こうした有機的な自然と知識の発達という認識は自然を自然科学教育から区別します。私はかつて自然科学を講義形式で教えようと試みていました。その後、レイクの望みどおり、講義なしの自然教育を試みたのです。この授業において私は素描を自由に用いました。というのも、素描は観察力を刺激し、印象を深め、思考が明瞭な観念を形成するのを助けるだけでなく、それは表現と検証の手段でもあるからです。形態と発話は相互補完的です。つまり、最も初期の授業においては〔観察による素描と表現による素描の〕双方が必要なのです。一人ひとりの少年が黒板を所有し、その上に対象や記憶、空想や知識にもとづいてすばやく素描を制作しました。自然のなかに見出されないがゆえにラスキンが拒絶した外形線、唯一それのみが用いられました。というのも線は言語活動であり、人間本性にあまねく見出される人為的な表現手段だからです。線を用いることで1枚の葉はすばやく描かれます。このすばやい描画は少年たちに向いていました。それは彼ら独自の表現手段のように見え、外形線で描かれていました。自然教育から導かれた原則は、素描にも適合したのです。

　自然科学の方法論は、子どもとその素描にも適用されました。両方ともに観察され、すなわち、どのような素描が子どもに適しているのか、そして子どもがどのような自然なやり方で描くことを学ぶのかを見つけ出せるように実験が行なわれました。そのため、おそらくは、子どもは〔自然科学と〕同じ方法で教えられたのでしょう。今回実施された短期間の研究は、4歳半の幼い少年がどのようにして自然にもとづいて描くのかを明らかにしました。この少年には、ごく若い2インチ程の長さのルバーブの葉がその美しい色彩ゆえに与えられました。彼は目の前にルバーブの葉を水平に置き、これを見ることなく垂直に描き始めました。鮮やかな赤い葉茎の上に密に折り重なった黄色い葉が、成長する葉のように、あるいは扇のように、大

きく広げられて描かれました。彼は目の前の葉を描こうとはしませんでした。彼がルバーブの葉を描き始めたとしても、予備知識が邪魔をして素描の主導権を握ったことでしょう。それはいつもどおりのことではあるのですが、その〔予備知識の〕働きは常にはっきりと表れるとは限りません。彼の注意は〔ルバーブについての予備知識と実際のルバーブの〕違いへと向けられたのですが、しかし彼はこの違いに無関心〔のまま〕でした。聖アントニウスが説教を聞かせた魚のように、「彼らはとても〔説教を〕歓んで聞いたが、元のままだった」のです 訳註6。彼も魚と同様であり、私たちはすぐにこの少年にも彼独自のやり方があることに気づきました。「根はどうしたらいいの？」と彼は訊ねました。「僕は根を生やしたいんだよ。どうやって根は生えてくるの？」根が葉茎の底部に付け足されました。知識、想像力、そして素描を一斉に働かせて葉を根や茎や葉のある植物へと変化させました。この変化は再び茎に付け足される別の葉を連想させました。描き終えると今度は植物全体から「ジャックと豆の木」を思いついて、新しい素描を描き始めました。「豆があるよ。ジャックがいるよ」。しかしジャックは十分とはいえなかったので、「どうやってジャックを作るの？」と彼は訊ねました。助けが求められ、必要とされました。生き生きとした手は文字どおりの救いの手となるかもしれません。母語は生き生きとした声から学ばれるものです。彼は第2のジャックを作りました。どちらも両腕がありませんでした。「手がなくて、ジャックはどうやってよじ登るのかい？」と私は訊ねました。「両手はどこから生えてくるの？」と彼は答えて、両方のジャックに両腕を付け加えました。このとき、救いの手が差し伸べられ、ジャックはウォルター・クレイン氏の本の中のある人物から単純に描き直されました。これが子ども独自の素描ではなかったことから、子ども独自の人物素描こそが救いの手となるために使われるべきなのだと私は学び始めていました。

　数年間にわたって研究を続けた後、その成果を1878年に教育学会で発表した論文のなかで述べました。すなわち、「自然の方法論はあらゆる方法論の典型である」ということを子どもの素描を用いて、そしてその場にいた子どもに試すことによって解説しました。

主要な結論は次のとおりです。すなわち、素描は発話と同様に子どもの表現手段である、ということです。子どもの自然な素描と教師の芸術的な素描は完全に別物なのです。両方とも単純ですが、子どもの単純さは考え方の単純さであり、精神発達初期のそれなのです。教師の成熟した精神は、形態と考えとを区別することによって形態を単純化しています。それは形態を諸要素へと還元し表現の手段のみを模倣する、というものです。子どもは形態と考えとを区別したり、形態を本質的な線へと還元したりしません。すなわち、子どもは自らの考えの表現と分けられていない形態から始めるのです。彼は人間を概して単純に描きます。考えと形態はどちらも単純であり、区別できるものではありません。形態は線と外形によって表わされます。彼の主要な歓びは色彩であり、光と影でも透視図法でもありません。素描は対象にもとづいて直接描かれるのではなく、知識にもとづいて描かれます。これは子どもにとっては容易いことです。子どもが興味を抱く主題はたいてい人間や生き物であり、それらの動きです。子どもの芸術と人類の初期の芸術はよく似ています。両者ともに考えを表現したいと望み、このため、線と輪郭線が使われるのです。両者ともに人物や動物の動きに歓喜します。そこでは、考えにも形態にも、そして配置にも同じ単純さが見出せます。すなわち、人物たちは前向きか横向きであり、そしてそれらは両者ともに同じ間違え方をしていることから、共通の精神的な起源を持つと指摘できます。

　以上の事実が観察によって主に得られました。これらの事実を応用しようとすると困難が生じます。〔しかし〕このことははっきりしています。子どもは自らの考えを表現すべきなのです。子どもは記憶や想像力、知識にもとづいて描きます。そして、私たちは彼らの連想を体系立ててやることで彼らを手助けできるかもしれないのです。

　子どもは自らの遊びの考えにもとづいて描きます。教師はこれを生かすべきであり、素描で遊ばせるべきなのです。子どもはそれぞれ、教室や広場や庭にある対象を、〔例えば〕動物や鳥と名前をつけてから自らの知識にもとづいてそうした対象すべてを描いてしまい、しかる後にこれらを見るのかもしれません。子どもは記憶と想像力にもとづいて描きます。これを実践しましょ

う。子どもに、ある対象を１分かそこら見せてからこれを片付け、その対象を記憶によって描画させましょう。１日後、１週間後あるいはそれ以降に、この素描を繰り返しましょう。伝承童謡、韻文の詩作、物語、あるいはおとぎ話を絵に描きましょう。子どもが作る形象は、子どもに特有のものなのですが、そこには彼らの発達の法則が見出せます。子どもを伸ばすためには事実や知識に訴えることです。〔例えば〕その人間には両腕がありません。何がいけないのでしょう？　素描が仕上がったなら、教室の前に素描を掲示しましょう。発達の遅い子どもはより発達の進んだ子どもから学ぶことになるでしょう。よく言われるように、「最高の仕事を子どもに与えよ」ということです。私たちが子どもにアポロやアテナの頭部を与えたなら、子どもならではのアルカイックな様式でそれらを扱うことになるでしょう。私たちは発達を修正できないし、このことを受入れなければならないのです。どんな子どもであれ、意識が〔まだ〕貧弱だからと言って、想像にもとづいて人物像に挑戦してみようとするのを妨げないようにしましょう。子ども独自の形象から始めましょう。子ども自身の知識——子どもが表現したいものについての知識と形態についての知識の両方ともに、同様に表現手段なのです——に働きかけることで子どもに手を差し伸べましょう。既知のものから始めましょう。すなわち、色彩を施し、そして線によって、あるいは線によらずに描くための絵筆を用いましょう。筆先を湿らしつつ色彩を形態へとまとめあげ、肉付けするのです。知識と腕前に表現手段を提供するために、線や形態や色彩を用いてパターンを創出しましょう。

　私たちは既知のものから始めるべきです。すなわち、子ども自らの知識と能力が用いられるべきなのです。しかし一切の知識は自然の観察を起源とします。子どもは自然にもとづいて素描することを教わらない方がよいのでしょうか？　もし教わるとすれば、いかにして、何歳で？　子どもは直接対象をもとにしてではなく、知識にもとづいて素描します。観察のプロセス、あるいは学習のプロセスは表現のプロセスとは区別されるべきなのでしょうか？　手助けは必要です。どんな手助けが与えられるべきでしょうか？　手助けを得るために、子どもは自分から絵や本に向かうのです。複製は与えら

れるべきでしょうか？　もしそうであるなら、どんな複製が？　そしてどんな風に？　生き生きとした手は、いつそれらを必要とするのでしょうか？さもなければ、体系的な補習授業の——子どもの発達、すなわち、子どもの自立、自発性の能力、機能しつつある能力を後押しするといった——講座は必要でしょうか？

　これまで見てきたように、1878年に私たちは少し先へと踏み出しました。子どもの自然な素描にもとづいて、子どもの本性に適した体系的な教育が、次第に素描から示唆されたあらゆる方面で見られるようになったのです。着彩素描は体系的な研究へと私たちを導き、そして運筆法（brushwork）として知られるようになる、絵筆の力の分析へと導きました。1873年の初期の運筆法が実物の形態を用いた一方で、後になって抽象的で有機的な形態とその諸要素は、運筆法やフリーアーム描画と結びつけられました。殴り書きに見出せる子どものこのすばやくてダイレクトなメソッド、すなわち子どもの歓びと、子ども自身の活動は教師が進むべき道を指し示してくれるという信念がフリーアーム描画へと導いたのです。諸々の試みは、いくとおりかの方法で確かめられ裏づけられました。同じ信念が、記憶や想像力、そして知識にもとづく素描へと導きました。子どもも人類もどちらもそのようにして〔素描を〕始めます。数々の試みによって1876年までにはそのことが確認され、1882年にはいくつかの驚くべき結果を得ました。線や有機的な形態、そして運筆法を用いた革新的な描画は、表現手段の知識を後押しし、身体と精神の活動を訓練します。この描画は工芸学校の制作にも適用されています。私たちの委員会は、子どもの本性に適したメソッドを見出し、形作ろうとしたこの国で初めての試みの重要性を示唆したのですが、これらのメソッドとさらに別の取組みについては、後ほど解説させていただきます。

　他の教師たちは、こうしたメソッドを部分的に採用したか、さもなければそれらの価値を認めるための、そしてそれらを使うための他の手段を手に入れました。私が分かち持っている以上に部分を拡大した者もいます。すべての部分が密接に結びついているにもかかわらず、全体を把握できていません。既述の幼児学校で現在進行中の私たちの実験は、ラスキンの最初の試み、す

なわち自然の対象を絵筆と絵の具のみで〔描く〕試みとよく似ています。それは、ラスキンが大人にはあまりにも扱いにくいとみなしたものであり、〔私たちの実験では〕絵筆と絵の具が5、6歳児によって用いられています。このことはここで示されるでしょう。この試みに関して生じた問題は次のとおりです。すなわち、幼い子どもにとって素描は当然ながら形態を使った子ども自身の表現であり、事物の再現ではないのです。自由表現もまた対象の模倣と同様に、子どもという最高の教師によってのみ許されます。しかし正しい（right）か、最良か（best）のどちらなのでしょうか？

　ミュンヘンのゲオルク・ケルシェンシュタイナー博士は、彼の論文「絵画的才能の発達（Die Entwicklung der zeichnerischen Begabung）」[訳註7]のなかで、6歳から14歳の生徒58,000人を対象とした長年の実験結果に関する報告をしている。以下の点が提示された。すなわち、「少年少女たちは、少なくとも小学校のうちは様々な素描のシラバスを必要とした」。「指導員が芸術的感情に欠けるならば装飾的な素描は削除されるべきである」。「絵筆を用いた素描は、装飾的な素描のほかのすべての技術に優先されるべきだ」。「幼児に装飾的な素描を教える場合、自然にもとづく形態を伝統的な様式で表現するよりもむしろ、（プリミティヴな幾何学的様式の）絵筆で描かれた単純な要素から成る素描が用いられる方が、いっそうよい結果が得られる」。「一般に、自然にもとづく素描は、10歳にならないと教室でうまく指導することができない」。「素描を指導するための体系的な授業をいっそう幼い頃に開始するとすれば、もっぱら記憶にもとづく素描を計画するのが望ましい」。「よい手本にもとづく素描は教室での課題から外すべきである一方で、それは家での課題として推奨されることだろう」。

訳註
1　本稿冒頭で示された会議初日の決定はまさしくシュタンツでの教育経験を踏まえてペスタロッチが獲得した基本原理を思い起こさせるものである――「子どもの諸力の発達手段が彼らの教授に先行しなくてはならない」。J. H. Pestalozzi, *Sämtliche Werke* (Kritische Ausgabe), Bd. 16, 1803-4, S. 234; 虎竹正之訳『ペスタロッチー研究』玉川大学出版部、1990年、138ページ。
2　冒頭の2つの段落（第2回の振り返りから始まる文章と［］の段落）と最終段落（おそらくは「付録」）は、1908年の国際会議全体を記録した書籍には掲載されておらず、アート・ワーカーズ・ギルドの機関紙『アート・ワーカーズ・クォータリー（Art Workers' Quarterly）』の特集号12月号に加筆されたものである。

3 クックの報告は、本稿で言及されている特別講演とは別に、会議プログラムでは1908年8月6日（木）の午前の分科会に振り分けられている。
4 原文では、KerschensteinerではなくKirschensteinerと表記されている。
5 C・H・レイクは、本文に記載されているように、教育学会の創立者であると同時に、教員組合（Teacher's Guild of Great Britain and Ireland）の設立者の1人であった。『Mind』に掲載された論文「科学と教育（Science and Education）」において、教員試験における科学的根拠にもとづいた理論と実践の重要性を述べている。クックは、1875から76年、レイクの学校（一説によれば、チェルシーのとある学校）に描画の教師として迎えられた。
6 パドヴァの聖アントニウスは、布教に熱心なあまり魚にも説教した、と言われている。そのエピソードによれば、池の魚たちは説教の間は神妙に聴き入っていたが、終わったとたん、すべてを忘れてしまい元の木阿弥だったとされる。
7 Georg Kerschensteiner, *Die Entwickelung der zeichnerischen Begabung: Neue Ergebnisse auf Grund neuer Untersuchungen*, 1905. ミュンヘンの58,000人の子どもたちの手になる30万枚のクレヨンや絵の具による絵画が検討された。これらの絵画を分析するなかで、ケルシェンシュタイナーは、繰り返し表れる特徴に注目した。

第 7 章
ジェイムズ・サリー
――「プリミティヴ」としての原始・未開・子ども

解　説

　本章では、1895 年に出版されたジェイムズ・サリーの『児童期の研究（Studies of Childhood）』の第 9 章から第 10 章までを訳出した。ただし、この 2 章だけでもかなりの分量であり、また児童美術教育思想の発展史をたどるという本書の目的からしてもすべてを訳出することに意味はないと考え、第 9 章では「児童による自然美の認識」と「芸術に対する初期の態度」の 2 節を省略し、また第 10 章は――サリーが児童の素描を分析する際の具体的な手順が示されれば十分と考え――冒頭の 4 分の 1 ほどを訳出するにとどめた。翻訳にあたって底本としたのは初版から 1 年後に出版された新版であり、初版にいくつかの修正と加筆が加えられているが、訳出した部分に限れば、人名等の些細な修正に限られている。また、『児童期の研究』は、一般向けに術語や言い回しを平易にするとともに学術的な記述を削除した上で 1897 年に『児童の流儀（Children's Way）』というタイトルで出版されているが、とくに第 10 章はいくつかの加筆修正ならびに図版の差し替え、さらに章タイトルが変更（「幼き素描家（The Young Draughtsman）」から「最初の鉛筆描き（First Pencillings）」へ）されて再録されている。ただし先述の本書の目的に照らして、初出の文章を訳出することとした。

　サリーは 1842 年、イングランドの南西部、ブリストル近郊のブリッジウォーターで生まれ、父親がバプテスト派であったことから、初めロンドンのバプテスト・カレッジに進学する。サリーの自伝的著作『わが生涯と友人たち（My Life and Friends）』によれば、そこでのサリーは、大学の教育方針にいくぶん逆らいながら、J・S・ミルやハーバート・スペンサー、さらにスコットランド出身の哲学者・教育学者のアレクサンダー・ベインといった、当時の進歩的な思想家の哲学に触れ、自身の明瞭な思考法を獲得したと述べられている。そして、「自分自身を疑うことを覚え、かつての信心深い日々の受動的で黙従的な態度には戻れないことを感じながら」（Sully1918:75）、66 年にこの大学を卒業。翌年にはドイツに留学し、ゲッティンゲン大学で哲学者・医学者のヘルマン・ロッツェらの講義

を聴講するなど、以降は英国とドイツを行き来しながら心理学や音楽・音響に関する論文を主要な雑誌に投稿するとともに、71 年から翌年にかけては生理学者のエミール・デュ・ボワ＝レーモン、物理学者・生理学者のヘルマン・フォン・ヘルムホルツらにも学んでいる。

　サリーの本格的な執筆活動は 1870 年代半ばから始まると考えてよい。そのテーマは主に心理学に関するものであり、74 年には『感覚と直観（Sensation and Intuition）』、また 77 年には『悲観主義（Pessimism）』を出版して実験心理学の祖とも言われるヴィルヘルム・ヴントから好意的に評価されるなど、それまでの哲学的な心理学から新しい実証主義的な心理学への移行期のただなかにサリーが身を置いていたことがうかがえる。続けて 81 年には『錯覚（Illusion）』、86 年には教科書的な著作『心理学概説（Outlines of Psychology）』を出版し、新進の心理学者としての地位を確固たるものにしている。特に後者を発展させるかたちで出版された 92 年の『人間の精神（The Human Mind）』では、視覚と触覚の結びつきが子どもの認識能力の発展との関連で説明されており、美学・美術史的な観点からも興味深い——「自分との関係で諸対象の状況を認識する際に、子どもは〔それらを〕実際に触ったという経験を手がかりにしていると推測するに足る十分な根拠がある。言い換えれば、奥行きの視覚上の知覚は触覚上の知覚と連動して、そしてその助けを借りながら発達するのである」（Sully1892:246）。加えて、この著作のタイトルはウィリアム・ジェイムズの命名によるものだとされ、先のサリーの自伝でも彼との親交について 1 章が充てられている。

　一方、サリーの教育に対する関心もこの頃には生まれていたようである。というのも、1875 年に設立された「教育科学の発展のための学会（Society for the Development of the Science of Education）」の 81 年の会報には、すでに複数の副会長としてアレクサンダー・ベインらと並んでサリーの名前が挙げられているからである。また、本書第 6 章で取り上げたエベニーザー・クックも、当時この学会の評議員を務めており、この頃までには二人は親交を結ぶとともに、クックの研究領域である児童美術教育にサリーも関心を寄せていたのだろうと推測できる。先の自伝にクックの名前は登場しないため詳しい経緯については推測を続けるほかないが、サリーは 70 年代初頭には文学史家のレズリー・スティーヴンと知り合い、75 年からスティーヴンが編集に携わっていた雑誌『コーンヒル・マガジン（The Cornhill Magazine）』へいくつかの論文等を寄稿するとともに、登山家の側面も持っていたスティーヴンが 79 年に親しい友人たちと立ち上げた「日曜遠足会（Sunday Tramps）」にも参加していた（実際、ここには訳出しなかった第 9 章の自然美に関する節においてサリーは山岳の崇高美に関する脚註の中でスティーヴンの著作を挙げている）。一方、第 6 章の解説で紹介したとおり、クックは 90 年代にスティーヴンの娘で後に画家となるヴァネッサの絵の家庭教師をしてい

ることから、少なくともサリーの児童美術への関心については、クックからの影響が大きいと考えた方がよさそうであり、事実、『児童期の研究』の序文では「E・クック氏には子どもの素描様式に関して多くの有意義な事実と示唆」を負っていることについて謝辞が述べられている。実際、ここに訳出した 10 章冒頭で挙げられる子どもによる猫の作例はクックの論文からの再録である。

　他方で、クックがロンドン各地の小学校から収集した児童画の作例が提供されたことに加えて、今日オクスフォード大学附属の博物館へと発展したオーガスタス・ピット・リヴァーズによる考古学・民族学上のコレクションをも参照することによって、サリーは独自の仕方で個々の子どもの発達史と人類全体の発展史を比較対照する。ピット・リヴァーズは 1851 年頃から世界各地の「未開」社会が生み出した物品を比較することによって、そこに「直線的なもの」から「曲線的なもの」へ、「単純なもの」から「複雑なもの」へという変化が認められると考え、チャールズ・ダーウィンの『種の起源』が 1859 年に出版されるとダーウィニズムの擁護者を自認するようになった人物である。英国ソールズベリーにある将軍の邸宅を訪れ、直々にそのコレクションを紹介してもらったサリーがそうした発想からの影響を受けなかったとは考えにくい。サリー本人は「完全な平行関係は期待しない方がよい」と留保しているものの、すでにリチャード・シフが指摘しているように（本書、第 11 章を参照のこと）、サリーにおいて個体発生学的な視点と系統発生学的な視点が混在していることは否定できず、またこの混在において、いわゆる「未開人（savage）」と「原始人（primitive）」ならびに「子ども」が同一視されていることは、今日では大いに議論の余地があろう。

　とはいえ、そこには最初の体系的な児童美術研究もしくは「児童美学」とでも呼びうる考察が含まれていたことも事実であり、サリーの先駆性と影響力は多くの研究者が認めているところである。例えば、アーサー・エフランドによれば、「芸術家としての子ども（Child as Artist）」という表現を最初に用いたのはサリーであり（Efland1990: 161）、またドナ・ケリーによれば、1890 年代から 1920 年代にかけて、子どもに手になる素描を分類し、記述し、分析しようとした（そしてそのためにはまず子どもの手になる素描を収集した）発達心理学の試みは、直接にサリーからの影響下で進展したのである（Kelly2004: 94）。

参考文献

Efland, A. D. *A History of Art Education – Intellectual and Social Currents in Teaching the Visual Arts*, Teachers College Press, 1990.

Kelly, D. D. *Uncovering the History of Children's Drawing and Art*, Praeger, 2004.

Macdonald, S. *The History and Philosophy of Art Education*, University of London Press Ltd., 1970; 中山修一・織田芳人訳、『美術教育の歴史と哲学』玉川大学出版部、1990 年。

Sully, J. *Children's Way: being selections from the author's Studies of Childhood, with some additional matter*, Longmans Green, 1897.

Sully, J. *The Human Mind: A Text-Book of Psychology*, vol.1, Longmans, Green & Co., 1892.

Sully, J. *My Life and Friends -- a psychologist's memories*, T. Fisher Unwin, 1918.

吉田憲司、『文化の「発見」』、岩波書店、1999年。

ジェイムズ・サリー『児童期の研究』

第9章　芸術家としての子ども

　芸術活動が始まる頃というのは、子どもの生活において最も興味深く、またおそらく最も示唆に富んでいる時期でもある。この時期については、児童心理学の分野に従事する者のなかで最も著名な一人であるベルナール・ペレ氏がすでに認知し、興味深い小論のテーマとして扱っている[原註1]。私たちのテーマにおいては、この分野は、言語活動に関するものと同様、原始的な種族文化における諸現象と近似するという興味深い点を持つことが後に見えてくる。

　子どもの芸術衝動はとくに観察にとっては有利である。〔とはいえ〕後に見るように、そこには観察者にとっての困難も間違いなく存在している。私には深刻な困難だとは思われないものの、子どもに固有の活動が真正なる芸術制作の標題のもとに正しく収まってくれるかどうかを確定することは、ときとして微妙な問題となるようである。他方で芸術衝動は、それが存在する限りはその姿をはっきりと現わし、しかもたいていは独特の客観的な形式を示すので、その特徴はとりわけ容易に研究することができる。

　芸術衝動とは特殊な本能であり、それを備える者を促していくぶんか芸術的な素描や単純な作曲といった明らかに生産的な進路へ進ませるのだとする狭い意味で捉えるならば、この芸術衝動は児童期においてとくに多様なかたちで現われる現象である。何人かの子どもは、こうした活動の道筋に早くから熱中することによって生まれつきの適性を示し、後に芸術文化の一翼を真険に担うようになる。他の多くの子どもは、実際にそう考えるべき理由もあるのだが、芸術活動のあれこれの形式に対する気まぐれな好みを示す。その一方で、生産的な衝動のみならず、芸術家の美的な感性をもほぼ完全に欠いていると分かる子どもも何人かいる。このように、子どもたちにおいては未発達な芸術があまりに散発的に現われるため、子どもに共通する特徴から芸

術活動を推測すべきではないと単純に考えてしまいがちかもしれない。

　しかしながら、そのように判断してしまうと、〔子どもに〕成人の基準を応用することによって誤った判断を下すことになろう。芸術と遊戯が密接に関連していることは広く認められている。人類最初の荒削りな芸術、あるいは少なくともそのいくつかの方向性が、遊戯にも似た活動から発したというのはもっともなことであり、それが本当かどうかは別にしても2つの活動の類似性は議論をまつまでもない。以降、私はこれら2つの活動をこの研究において検証していきたいと思う。そうして初めて、芸術衝動を児童期に共通する特徴として語ることの正しさが認められるのである。

　荒削りな児童芸術と原始的な部族芸術（race-art）の類比に関する数多くの興味深い点が見出されることになるとはいえ、先に指摘したように、完全な平行関係は期待しない方がよい。素描、集団舞踊といったいくつかの方向においては、大人の持つ〔子どもに〕勝る経験、力量、そして技量が物を言うため、こうした比較対照においては児童芸術の方が目に見えて劣っていると感じられることになる。反対に、教育者の手が加わることによって、子どもの美的性向の発展する道筋が深刻にも修正されてしまうきらいがある。子どもの趣味嗜好は、初めから大人の趣味嗜好がもつ方向性に影響されるようになり、そちらへと偏ってしまうのである。

　こうした教育による修正というかたちでの影響がずっと顕著に現われるのは個別の子どもにおいてである。もちろん人類の発展において、何か美しいものに対する感情の成長は、芸術衝動、すなわち容姿を飾ったり、羽根やその他の見た目のよい事物を収集するといった衝動の成長と同時に生じると考えるのももっともなことである。〔しかし〕子どもの場合はそうなっていない。そこで注意したいのは、自発的な芸術衝動が十分に姿を現わすよりも前に、見た目のよい事物に対する好みがある程度まで成長するということである。教養のある母親やその他の保護者を持つ子どもの大半は、芸術制作のようなことを盛んに行なうようになるよりも前に、年長の兄姉が美しいと思うものに対する鑑識眼を未発達ながらも手に入れる。私たちは子どもに玩具や絵を与え、歌を歌ってやり、おそらく劇場に連れて行ったりもするが、そう

することで自分たちが何をもって見た目がよいとするのかを一生懸命になって彼らに植えつけているのである。そのため、子どもの精神が独りきりになったときに何を好むのかを知ることが困難になるのであり、おそらくこれこそが主たる困難なのである。同時に、美的な選り好みが初期の頃からそのようにして現われ出るのだとすれば、これを研究するのは児童美術の活発な側面の考察に着手するよりも以前であることが望ましい。ここでは本当の子どもの嗜好が最初に現われ出るところを可能な限り巧みに見分けてみよう。

〔中略〕

芸術制作のはじまり

　ここまでは、自然物と芸術展示に向けられる子どもの観照的な態度のなかに、美的感情の最初のかすかな現われを捕えようと試みてきた。ここからは、児童美学におけるずっと興味深い部門、すなわち子どもによる最初の芸術制作の試みへと話を進めることにしよう。しばしば私たちは、子どもは芸術家の卵であるとか、子どもの遊びと活動全体のなかには芸術衝動の萌芽が示されているとか言いがちである。こうした考えが正しいかどうかを確かめるには、まず私たちが芸術活動ということで何を言わんとしているのかをはっきりさせておかなければならない。

　私としては、美しいもの、つまり感覚と想像力を直接に喜ばせるものだと認められる外在的な成果を意識的にもたらそうとするすべての子どもじみた行ないもまた芸術活動に含まれると定義したい。それゆえ、ちょっとした仕草、あるいはちょっとした声の調子であっても、それが可愛らしいものや素敵なものを求める感情によって動機づけられているのであれば、素描といったずっと昔から美的だとされてきた対象の制作と同じくらいにそれらも美的な活動の一形態なのである。

　ここで子どもの活動に目を向けてみると、確かにその大半には何かしらの美的感情の萌芽が含まれているとはいえ、それが純粋な芸術活動ではないということが分かってくる。例えば自分の身を飾り立てることにおいては、ちょ

うど未開人の事例でも見られるように、美的な動機よりももう1つの個人的な、もしくは利己的な感情、すなわち虚栄心や他人から賞賛されたいという欲求の方が勝っている。他方で子どもの遊びには、紛れもなく芸術との類似が認められ、何か美しいものを制作したいという欲望のような美的な動機が多分に垣間見られる。そこで、これらの原始的な活動形態を吟味して、正しく芸術の要素であるものを分離してみよう。

　これら初期の準芸術的な活動の系統のなかで最も興味深いものの1つが自己装飾の活動である。自分の見た目を気にしたがるという衝動は、はるか動物の生態にまで遡るかに思える。動物がその容姿に向ける配慮は、2つの本能に支えられている。1つは他者、とりわけ敵である者、敵になりそうな者を怖がらせたり威圧しようとする衝動があって、羽根や体毛を逆立てて身体を大きくする振舞いがこのことを例証している。さらに、鳥類と四足獣に見られる毛づくろいの習慣の根底にあるであろう、他者を惹きつけようとする衝動がある。未開人たちによって発展させられた入念な自己装飾の芸術／技術の起源には、これらと同じ衝動があると言える。人類学者はこうした装身のことを誘惑と警告、すなわち「Reizschmuck」と「Schreckschmuck」というように切り分けている[原註2]。

　子どもが自身の外見に向ける注意のなかに純粋な本能の働きが見て取れることは疑いの余地がない。容姿への配慮は、何よりもまず、他人によって教え込まれ、強制されるものであり、実際のところ幼児訓練の主要な部門をなしている。まったく自然なことだが、母親にとって子どもは、家庭を美しく保つ作業のなかでも最も光栄な部分に見えているものであり、磨かれた家具や他の諸々よりもはるかに多くの注意を払って染み一つなく清潔にしておかなければならないものである。この最初の教練は確かに愉快とは言えないかもしれない。多くの子どもは初めのうち石鹸と水と容赦のないブラシに、それどころか新品の服を着せられることにすら憤慨する。身綺麗にすることは、本能が十分な余裕をもって発展するより以前に子どもへと強制され、その作法は本来の子どもの目にとって必ずしも納得できるものに映るとは限らない。だからこそ、よく知られているように子どもが自身の見た目に向ける配慮は、

それが発達した際には、遵法意識のような雰囲気を帯びるのである。それはほとんど道徳感情のようになっており、もともとは手本と規則によって強制された習慣であっても、それがうまくいかないときにはたやすく心が乱れてしまうのである。

　さらにまた、子どもにおける飾り立ての本能は、しばしば他の諸々の衝動と相反している。すでに触れたように、幼児は母親が目新しい装いでいるのを見ると居心地が悪そうになる。同様の認知は幼児自身の服装に関しても現われる。多くの幼児は新しい衣服に対して顕著な嫌悪感を示す。先に指摘したように、おそらく服装の変化はその人らしさの感覚を邪魔したり、混乱させてしまったりするのだ。

　とはいえこのような、そしてその他の複雑な事情にもかかわらず、容姿を飾り立てようとする本能は、子どもにも見て取ることができると私は考える。子どもはビーズや草花を紐状に仕立てたちょっとした装飾を首に巻きつけたり、帽子に羽根飾りをつけたり、鮮やかな色をしたリボンや布切れを衣服の飾りにしたりといったことを好む。確かにここでは物真似ということが関わっているのだろうが、思うに、上記の事例にあっては、未開人が装飾品を愛好することとの接点を探り当てることも可能である。おそらくは、先に挙げた自己の飾り立ての根底には、誘惑と警告という双方の衝動の働きが見分けられるだろう。知能や性的成熟度の違いといった諸々を考慮に入れてもなお、子どもは容姿を飾り立てることによって他から賞賛を得ようとする本能と、さらには他を威圧しようとする本能の兆しを覗かせているのだとは言えないだろうか。幼い少年が父親のシルクハットをかぶることで、ずっと背が高く立派であるように見えるのを喜ぶのは、間違いなくこの後者の本能があることを証明している。

　子どもにおける華美な装飾への愛好――この形質はペレ氏や他の人々がすでに示しているように極めて多様性に富む――がおしなべて虚栄心に由来するのか否かは、ここでは問うまい。私はただ次のことを指摘しておこう。すなわち、真新しい装いで着飾った自分が鏡に映っているのを見て夢中になっている子どもは、およそ私たちが理解しているような意味での虚栄心

を満たしているようにはとても思えない。そういった瞬間には、新奇なもの、不思議なものに対する子どもの純粋な驚嘆が他の感情を凌駕しており、そして心的状態をすべて夢見心地の恍惚へと変化させているように思える。

　もちろん、子どもには自らを着飾る自由がほとんどないため、この芸術にも似た活動領域において美的な趣味嗜好がどう発達するのかを研究するのは困難である。とはいえ自身の見た目を改善しようとする子どもの風変わりな試みは、その子どもの美的な嗜好を興味深いかたちで明らかにしてくれる。子どもはその原型である未開人と同じくらい、本質的にはキラキラ光るもの、どぎつい色彩が大好きである。この普遍的な未完成状態の趣味嗜好から、やがて個体差が現われ始め、ある場合には落ち着いた清潔さや洗練されたさまへ、またある場合には、おそらく家庭の影響がおおよそ示す方向とは正反対ではあるだろうが、派手で俗っぽい見せかけへと、子どもは顕著な嗜好を発達させていく^{原註3}。

　これと密接に関連し、かつ芸術に近似してもいるもう一つの活動領域が、行動における優美さと魅力の現われである。幼児においては、動き、仕草、声の抑揚の美しさの大半が無意識のものであり、それは子猫が可愛らしく跳ね回るのと同程度に、愉快な身体状態の結果であるようだ。だとしても、優美さに富んだ子どもたちには、通常、快適なものに対する美的感情の萌芽、さらにまた快を得ようとする本能の萌芽が見て取れるだろう。実際、これら最初期の行動と振る舞いにおいては、まだ馬鹿げた慣習が例のあらゆるたぐいの厄介な束縛を持ち込んではいないので、ちょうど少女Mが通りですれ違いざまに別の赤ん坊の頬に自然と手を触れるときのように、かのずっと気立てのよい未開人たちの素朴な優美さと威厳のようなものが備わっている。その場合でも、動き、身のこなし、話し方等々を優美さに満ちたものにしている感情が、特殊な芸術衝動の明白な証拠だとは言えない。たとえこの感情が、美しいものを稚拙ながらも鑑賞していることを、そして同じく美しいものを生み出そうとする衝動が存在していることを、証明しているとしても。

　先に言及した子どもの活動形式には、いくつもの混ざり合った衝動が認められ、そこには本物の芸術的要素が非常に不完全ながらも姿を現わしてはい

る。そこに可愛らしさを生み出す効果への愛好や、そうした効果を実現しようとする試みも存在してはいるのだが、ただこうした試みは完全にそれだけで重視されているのではなく、部分的には承認の微笑みを勝ち取る手段としても重視されている。真正な芸術衝動を特徴付けているのは、美しい事物をただそれだけのために形作ることへの愛好であり、創造過程への一心不乱の献身なのであって、そこには自分の利益になるだろうかといった思念はまったく混在していないし、他人の役に立とうといった思念もほとんどわずかしか混在していない。さて、こうした思念と目的意識の没入だけを示している子どもの活動領域が1つある。すなわち遊戯である。

　遊戯が芸術のようなものであるというのは、ほとんど1つの常識になってしまっている。遊んでいるときの子どもは、楽しい活動によって我を忘れており、ただ行動それ自体の楽しさ以外は何1つ有益な成果のことなど考えていない。子どもが砂のお城を作ったり、ままごとをして客をもてなしたり、様々なことをするのは、そうした行動のなかに見出した楽しさのためである。この点では子どもには明らかに芸術家との近さが含まれている。というのも詩人が吟じ画家が描くのは、彼らがそれをすることを愛好しているからである。ここまで遊戯の想像的な側面について述べたことに加えて明らかなのは、遊戯がさらなる芸術制作との共通点を持っているということ、つまり遊戯は心的なイメージを外界にある類似物へと具体化しているということである。それだけでなく、遊戯には模倣と創作、つまり芸術における実在論的な傾向（リアリズム）と観念論的な傾向（アイデアリズム）との区別が示されており、その形式においては芸術活動の諸々の主要なジャンルを驚くほど近似して再現するようになる。それゆえ遊戯は子どもの芸術的傾向の初期の形跡を探し求めるべき領域として十分研究に値する。

　それ自体が喜ばしいものであることによってのみ続けられる自発的な活動はすべて遊戯であると理解するなら、喜びに満ちた子どもの生活から自然に発せられる表現である目的なき運動や音声のなかにも遊戯の発露が見出されることになる。そうした喜びの発散には、この発散がすべての行動の律動的な法則に従っている限りにおいて、準–美的な性格が備わっているのだ。遊

戯が社会活動へと変化する、つまり集団での調子を合わせた活動へと変化するところでは、運動と音声からなる原始的で調和のとれた協調関係と密接に類似した何かが現われているのであり、そこにこそ人類の最初期の粗削りな音楽、詩、演技の共通した起源があったのだと思われる。

　このような素朴な遊戯活動は、それが意味を持ったり何かの再現になったりする際には、よりいっそうの美的な重要性を獲得するのだが、この方向性は児童発達史の極めて初期に現われる。他人の行動を真似しようという衝動は、生後半年を過ぎるより以前に発達するように見える[原註4]。他人の仕草や音声をその場で再現するといった初期の粗削りなかたちであっても、この衝動は社会性もしくは協調性を示す遊戯の一部になっているのである。例えば幼稚園での簡単で自然なゲームのように、一続きのダンスや他の運動においても数人の子どもが調和のとれた動作をして見せるのは、模倣衝動、あるいは他人の音頭に従おうとする衝動が、これらの子どもを刺激すると同時に絶えず間違った方向には行かないようにしているからである。

　かつて見たことがある何かについて、その観念を想起し、その行動を再現するというのは、さらに高度で知的なたぐいの模倣である。これはしばしば、例えば子どもが空のカップを見て飲むふりをするとか、本を見つけて読み終わった動作を真似するとか、はさみを見たら冷酷に処刑をする動作を始めるといったように、その時々に目の前に現われた対象が示唆する力によって実行される。別の事例においては、例えば子どもがかつて耳にしたおかしな言い回しを思い出して繰り返してみるときのように、模倣はいっそう自然に生じる。

　こうした模倣の行動は少しずつ複雑になってゆき、かくして長時間におよぶごっこ遊びが行なわれるのであろう。ここには明らかに役者の演技にも密接に類似した何かが現われている。実際、おかしな動作をパントマイムのように再現する子どもは、喜劇役者の物真似に極めて近いものになる。

　同じ時期、もう1つの模倣形式が発展してくる。すなわち、見立てを行なうようになるのである。こうした衝動が初期に現われている証拠としては、

お皿の上のソースを川に見立てたり、パンの欠片を何か既知の形に似てくるまで丸めてみたりといったことが挙げられる。ある3歳児が、かつて食卓で自分の皿を時計に見立て、サクランボの種を皿にぐるりと並べて時計盤を再現し、ナイフ（あるいはスプーン）とフォークを時針のように動かすことに熱中していたことがある。このような食卓での暇つぶしは、子どもを観察する者の間では周知のことであり、すでにR・L・スティーヴンスンによって可愛らしく描写されている[原註5]。

こうした形態の取り扱いは、当初はかなり乱暴であり、その変容が果たされるためには、周知のとおり、子どもの手際のよさというよりは子どもの想像力による錬金術にずっと多くを負っている。しかし粗削りであるとはいえ、また当初は構想力（design）と同じくらいに偶然のおかげでもあるように見えるとはいえ、それは彫刻家と画家に取りついているのと同じ造形的な衝動、事物の似姿もしくは類似物を作り出そうとする同じ努力なのである。それぞれの事例において見られるのは、1つの観念で占められ、この観念を外界へと具体化しつつある精神である。これに続く砂やブロックを使って建物を作ったり、さらには初期の自発的な素描も加えてよいだろうが、そうしたいっそう手の込んだ構築的な遊戯は、この未熟な形成活動から直接に派生している。幼稚園での作業は、その大半が粘土細工であるが、子どもにおけるこの半芸術的な造形衝動を直接に魅了するものなのである。

さらに、再現された物事においては特徴的なものが強調されるという芸術的な傾向が、この模倣遊戯にも備わることが指摘できよう。それゆえ子ども部屋のごっこ遊びでは、看護師や御者などが、薬瓶かそれに似たものがあったり、鞭を持っていたり、そこにおそらくは特徴的な口調が加わるといった具合に、1つか2つの大まかな特徴によって再現される。このように子どもの遊戯には、原始美術と同様に、ある種の無意識の取捨選択が見てとれる。子どもの遊戯が提示するのは、ひとしなみに典型となっているもの、不完全ながらもまず間違いようのないものである。誰か個人が再現されているような場合でも、大まかに違いを示す特徴が同じように取捨選択されているのが見られる。子どもが形を似せようと最初に粗雑ながら試みる際にも、その外

形線には何か身も蓋もない典型へと向かうほぼ同じ傾向がある。子どもの素描法を検討してみれば、やがてこのことが如実に明らかとなるだろう。

　観察力が広く行き渡り、ずっと細かくなっていくにつれ、当初の素っ気ない抽象的な再現がいっそう完璧に、いっそう写生的になってゆく。他との違いを示す特徴がますます多く再現に盛り込まれるのである。かくして御者の話し振りはずっと豊かになったり、厩舎を想起させるものが増えていったり、といったことが起こり、かくして演劇的な場面に生彩が加わる。これと正確に相似した発達過程は造形活動においても指摘できる。家や城を再現しようとする最初の未熟な試みには改良が加えられ、似姿には特徴を捉えた細部が増えてゆき、ますます写実的になってゆく。ここでもまた、遊戯活動の進化と原始美術のそれとの間の平行関係が指摘されるだろう。

　このように、むきだしの象徴的な表示から具体性をもつ絵画的再現へと進む運動には、個別化の傾向、つまり遊戯や形態模写を、それらが個別の現実を再現しているという意味で写実的にする傾向が伴なっている。そうした個別の具体性は、現実生活におけるいくつかの特殊な行動と場面の機械的な再生によって獲得されるだろうし、遊戯中の子どもがこうしたたぐいの忠実な復唱や物真似をしたがるというのも珍しい話ではない。このような生硬で忠実な模倣それ自体が、1つの物語を実演しようと試みるなかでも折にふれて現れてくるものである。とはいえ聡明で想像力にあふれた子どもにあっては、演技を完全に生彩に満ちたものにしようとする衝動がこの段階で頭打ちになることはめったにない。生き生きとした個別の生命が最もよく獲得されるのは、創意工夫の助けを借りてであり、この創意工夫によっていくつかの新しい場面や状況、いくつかの新しいその人らしさの配合が実現される。子どもの遊戯において、模倣的な再現の領域のなかに初めてこうした創意工夫の衝動が、つまりいつもどおりの古くさいものとは区別される新しく生き生きとしたものへの欲望が、用心深く入り込んでくること以上に美的な観点から興味をそそることはない。またおそらくは、子どもの遊戯のこの側面において以上に個性的な差異が明白に示される、あるいは決定的になることはほかにない。奔放で創意工夫に満ちた想像力をもつ子どもは、遊戯といえば現実生

活の場面と行動をそっくりそのまま模倣することしか頭にない仲間にとっては衝撃的である。しかしおそらく前者の子どもこそ、芸術家に詰め込まれている事柄をいっそう多く備えていることが、いずれ明らかになってくるのである。

　しかもこのような創意工夫はすべて、いっそう活発かつ旺盛な遊戯経験を得るためのものだから、当然のように子ども特有の誇張本能から影響を受けることになる。何が言いたいかというと、少しずつ特色を重ねていくことによって描写や再現を鮮明にしたり強調したりする術を、子どもは教わらずとも備えているということである。生彩や力強い効果への愛好は、あるときにはちょうどおとぎ話の大好きな場面とか社会的に重要な職業を演じようと試みているときのように、美麗だったり豪華だったり、あるいは驚異的だったりするものが積み重なっていくことにも見出されるし、またあるときには演技の喜劇的あるいは悲劇的な情緒を強めようとして、道化師的あるいは感傷的な小場面を寄せ集めることのうちにも現われている。こうしたことはすべて、人類最初の粗野な芸術が忠実な模倣という堅固な束縛を打破する試みにおいても似たかたちで存在しており、思うに、今日のずっと高度に発展した芸術において理想化の衝動と呼ばれているものの萌芽にもなっているのである。

　子どもの遊戯が多くの点でいっそう単純なたぐいの芸術と類比しているということ、さらに芸術の主要な発展方向を再現する活動の道筋をそれ自身のうちに含み持っているということについては、おそらく十分に言葉を尽して明らかにした[原註6]。

　遊戯は芸術に似ているとはいえ、なお完全に芸術というわけではない。遊戯においては、こう言ってよければ、子どもはあまりに自己中心的なのである。子どもが演じる場面、子どもが手を使って似せる形態は、客観的な価値を持つものとしては生み出されず、むしろ子どもに新しい環境を提供するものとして生み出される。すべての想像的な遊戯が風変わりで、年長の人々にとって謎めいているのは、その遊戯が自己満足のためのものだからである。子どもが役者のようにして遊ぶこと（playing）を言い表わすのに、他人を楽しま

せるために「演じる (play)」ことと同じ言葉が使われるのは、言葉遣い上の矛盾である。先に指摘していたように、「演劇的な」ごっこ遊びと呼ばれているものにおける子どもの喜びは、いかなる鑑識眼からも完全に独立している。R・L・スティーヴンスンは次のように書いている。「まるで昨日のことのように思い出されるのは、精神の拡張、すなわち尊厳と自信であり、それは誰も見ていないのに焦げたコルク栓で 2 つの口ひげが描かれたときに到来した」[原註7]。同じことは複数の子どもが一緒になって遊ぶ場合にも当てはまる。インディアンやその他もろもろのものになって遊んでいる数人の子どもは、互いに「演じ」あっているのではない。「演じる」とか「演技する」といった言葉はすべてここでは場違いに感じる。この場合に起きている本当のことは、新しい世界を一緒になって見るということ、新しい生活を一緒になって想像的に実現するということである。

　このように遊戯と芸術は違うということから、ときに芸術の根源は社会的な衝動、すなわち〔人を〕喜ばせようとする願望のうちにあるとまで言ってしまいがちである[原註8]。思うにこれはあまりにも単純化しすぎである。確かに、ギュイヨーらがかつて明らかにしたように、芸術は社会的な現象である。よく言われるように、「厳密な意味での個人的芸術というのは、思い浮かべることはできるとしても、実際にはどこにも見出されはしない」[原註9]。これはつまり、芸術家が芸術家として認められるのは共同意識へ、また共同体の生活へと参与することによってであり、その創造衝動は公共心や客観的価値によってコントロールされ方向付けられるということである。にもかかわらず、喜ばせたり惹きつけたりしようとする本能から芸術は生まれるのだと述べることによって、芸術の意義は大きく見損なわれてしまう。芸術家たちが繰り返し「芸術のための芸術」を主張したことが意味しているのは、芸術家たちが少なくとも自身の芸術活動のなかで何か自然発生的なもの、何か自己表現、自己実現のような、つまりは子どもの遊戯に近しい性質を備えた何かがあることを認識しているという事実である。

　そこで次のようには言えないだろうか。すなわち、芸術家の衝動の根源は、遊んでいる子どもの半 – 意識的な活動の楽しみ、「発表する」、つまり内な

る観念に外なる形態と生命を与えようとする完全なる忘我状態の努力のうちにあり、そして遊戯衝動は（もしそれが遊戯の時期が終わっても残存するほど強力であるならば）ますます増大する社会意識への参与、ならびに物事に対する共通の価値観によって啓蒙され、そのときにこそ芸術衝動になるのである、と。言い換えれば、遊戯衝動は、他人の目と耳にとっても価値を持ち、そして注目と名声をもたらしてくれる形態模写の力として自覚されるようになるときにこそ芸術衝動になるのである。あるいは、もう少し別の言い方をすれば、芸術は先に考察した子どもの活動の2方向、すなわち衣装や優美さに富んだ行動などに現れ出る限りでの〔人を〕喜ばせようとする欲望と、遊戯がもっている心を奪って孤立を促す衝動との2方向に双子状の根を張っているのだとは言えないだろうか。この関係をどんなに言い表わしたとしても、芸術の根源を説明するにはいくらかでも遊戯を参照しないわけにはいかない、というのは確かだと思われる。未開人の芸術に関する研究、おそらくとくに未開人のパントマイム舞踊における戦闘と狩猟の再現に関する研究は、芸術が遊戯活動と地続きであることを示しているように見える。

　こうした遊戯と芸術の有機的な結びつきを強調するからといって、活発に遊ぶ子どもたち全員が芸術家を志望するための適性を持っているというわけではない。芸術的な野心にはいくつもの条件が複合的に含まれていて、それらは私たちにはあまりにまれであるため、それはこのようにして現われるという具合には予言できない。しかしながら、芸術的才能の最初の現われを探求している者に対して、空想的な遊戯の傾域に着目してみたら上手くいくのではとヒントを与えるくらいなら構わないだろう。騒々しく跳ね回って遊ぶでも、また休み時間に他の子どもたちと一緒になって遊びたがるわけでもないとはいえ、その風変わりな子どもが、ほかとは区別できる独自の遊びの様式を持っていることが明らかとなり、この様式によってその子どもは遥か遠い物事について夢想し、外界の類似物を使ってそれらを近くへ引き寄せようとするあの衝動を、他の子どもよりも多分に持っていることがはっきりと認められ、そしてこの様式が多かれ少なかれほかならぬ芸術全体の一部になっていくのかもしれない。

私たちが理解しているような芸術を子どもが最初に試みることについて語るには、もうページがあまり残されていない。そうした芸術活動のいくつか、なかでも最初期のお話づくりはとくに、特別な研究に値するほどの独特さを備えている。私はこれまで初期の物語を少しばかり収集してきたが、そのいくつかは興味深いので紹介しておこう。2歳半の子どもによる最初のたどたどしさを示す一風変わった事例では、以下のようにして創意工夫がお手本からの逸脱を避けようとしている——「3匹のクマさんが散歩に出かけて1本の棒を見つけたのでクマさんたちはその棒で暖炉をかき混ぜて、そしてその棒で暖炉をかき混ぜたら、散歩に出かけました」。しかしながら、やがて幼い空想力は大胆さを増していき、ついに巧みな創意工夫が現われてくる。海辺に暮らす5歳3ヵ月の少年は次のような即興を見せる。この少年が物語るには、「ある日のこと彼が救命艇に乗って海へ出ると、突然大きなクジラを目にしたので、クジラを捕まえようと飛び降りたけれども、クジラはあまりに大きかったので、クジラによじのぼって水中で乗り回すと小魚たちはみんな大笑いしました」。
　こうした喜劇的な物語に比肩するだろうのが、悲劇的とまでは言わないが、ずっと真面目な物語であり、〔先の少年より〕1ヵ月年少の少女の口から語られたそれは、驚異的なものに対するほぼ同等の好みが特徴的である。「ある男が死ぬ前に天国に行ってみたいと思いました。男は言いました。『死にたくはないけど、どうしても天国を見てみたいんだ！』　イエス・キリストは男に他の人と同じように辛抱しなさいと言いました。すると男は腹を立て、力いっぱいに叫びだし、思いっきり高く足を蹴り上げたので、かかとが空に届いてしまい、空が落ちてきて地面をバラバラに壊してしまいました。男はキリストに地面をもとどおりに直してくれと頼みましたが、キリストは言うことを聞いてくれませんでした。なので男はしっかりお灸を据えられたのでした」。この結末は、もはや物語作家ではなく女性らしく成長しつつある少女による作品ということもあって多くの点で興味深い。死なずに天国に行ってみたいという願望は、私の知る限り、子どもの生活に由来するモチーフである。不満の表明は子ども特有のかんしゃくを自身も経験した者だけが書け

るものだと推察される。空と地面に関する無邪気な考え方、そして物語最後の道徳的な結末もまた、少なからず示唆に富んでいる。

　これらのサンプルは、決して才能に恵まれているわけではない子どもによる物語のなかにも、幼い精神の興味深い特性を私たちが目の当たりにすること、そして初期の原始的な芸術が持つ特徴的な性向のいくつかを研究できることを示すのに役立つだろう[原註10]。例えば韻文詩の作文のような、もっと後の時期の芸術を模倣しようとするこれ以降の努力については、同じことは当てはまらないと思われる。子どもによる韻文詩は、私が見てきた限りでは、貧弱でぎごちなく、子どもの精神には容易になじむのできないお手本と規則に締めつけられたような印象を多分に示していて、子ども本来の霊感が一切欠けている。おそらく、こうした息の詰まる状況にあっても、子どもの感情は繰り返し姿を垣間見させてくるだろう。最初期の散文による作文は、ただし何よりもまず文字を連ねることが芸術とみなされるならばだが、子どもの感情と思考に特徴的な運動の表現についていっそう多くの視野を与えてくれるし、またその研究も実り多いものであるだろう[原註11]。

　いささかの注意を払って研究するに値することが明白な児童美術のもう1つの部門が存在する。すなわち素描である。というのも素描は私たちからの影響と教育の産物だとは言い切れず、その本質的な性格においては、実のところ遊戯衝動のなかで生まれ出る児童期の自発的な自己学習活動のようにして現われてくるからである。この素描が次の試論のテーマである。

第10章　幼き素描家

素描への最初の試み

　子どもによる最初の素描の試みは前芸術的で、一種の遊戯であり、前章で例証したとおり、事物に似せたものを発見し創作することへの本能的な愛好の産物である。テーブルを前にして座り、1枚の紙を線の殴り書きで覆い尽くしているときの子どもは完全に自己中心的であり、いわば「自分自身を楽しませている」のであって、「客観的な価値」を生み出そうなどという気は

みじんもない。

　とはいえ幼児期の素描の初期段階にあってさえ、例えば母親に「人」や「お馬さん」、あるいは何であれ自分がうまく描けた気になっているものを見つけ出してもらいたがるときのように、他人の目にも何かを表わしているように線を引こうとする小さな素描家の衝動には、芸術の社会的要素の存在がほのめかされている[原註12]。そしてこのことは、たとえ粗削りで、その見苦しさが成人の芸術家の美的感覚にショックを与えがちであるとしても、芸術と密接に関わっており、実際にいくぶんかは絵画的なデザインのための予備的な段階を形成しているのである。

　それゆえ子どもの素描を一種の粗削りな胎芽状の芸術として研究することにしよう。この研究においては、とくに子どもの特徴を記述し、説明することを目指す。このことは、ある程度までは初期の観察力と想像力の形態を再び掘り下げるということにならざるをえない。最初期の粗削りな素描は子どもの精神機構を明らかにする点で有益だということが明らかになることと思う。このように子どもが手を使って事物をかたどろうとする自然発生的な努力は、心理学者にとっては子どもの本性全体を表現している媒体であり、初期の発話に決して劣ることなく多くのことを教えてくれるのである。

　子どもによる素描の吟味を進めていくなかで、私たちはこれと関連する現象、すなわち今日の未開人たちの素描と〔歴史上の〕初期美術の素描を何らかのかたちで絶えず参照する必要が出てくるだろう。重要な相違点はおのずから明らかな一方で、類似性もまた、〔これらの素描を〕比較することが有益だというばかりでなく、ほぼ不可欠であるというくらいに重要である。

　私は人体像と動物、とりわけ馬の描出だけを扱うことによって調査範囲を狭めることが最良だと考えた。子どもにはとくに好んで描く主題というものがあって、そうした事例であれば容易に入手することができる。

　私はかなり年少の子ども、すなわち2、3歳から約6歳までの子どもによる自発的な素描を可能な限り探し出した[原註13]。もちろん厳密な意味では、いかに子どもの素描といえども、無条件に自発的で、外的な刺激および誘導とは無関係だとは言えない。鉛筆を操ろうとする最初の試みは、通常、母親

の助けを借りており、加えて母親はお手本となる素描を紹介したり、またこの初期段階においてははるかに重要なことだが、腕や手のお手本となる動かし方を与えたりしたがる。たいていの場合、母親は「パパのお鼻はどこ？」とか「ワンちゃんの尻尾はどこ？」といった質問をするので、多少なりとも批評的なチェックが存在していることにもなる。とはいえ完全な自発性は、仮にそれが実現可能だとしても、ここでは必要ではない。5歳以降の子どもが人間や四足動物を描いた素描には、初歩的な手ほどきを多少なりとも受けているにもかかわらず、子ども特有の流儀が余すところなく現われている。ゆえに私は幼稚園の教員たちから送られてきた素描を存分に活用させてもらった。付け加えておくと、私は小学生によって制作された素描を優先的に用いた。というのもそれらの素描は、教養ある家庭においてありがちな両親の干渉がずっと少ない状態での子どもらしさを例証しているように見えたからである。

　子どもの素描はあちらこちらへと鉛筆をでたらめかつ自由に行ったり来たりさせることから始まり、その動きはわずかに湾曲した線の混乱状態を生み出す。こうした運動は純粋に自発的であり、仮に模倣的だとしても、それは母親の鉛筆の運動を極めてたどたどしくなぞっているという意味でのみ模倣的である[原註14]。こうした運動は2つの点で表現的、もしくは何らかの意味を有するものになるかもしれない。初めに、この行ったり来たりの運動を変化させることによって、子どもはかけ離れた類似を通じて1つの観念を示唆するという効果を偶然に生み出すかもしれない。ある日のこと、2歳2ヵ月の少年は鉛筆でこのような仕方で遊んでいて、1本の曲がりくねった線が出来上がると、歓びに興奮した様子で「モクモク！」と、つまり煙だと叫んだ。次いでこの少年は自分が言わんとしたものを拙いながらも示そうとして、いくつかの曲線を描き足した。ある子どもは、たまたま線を丸めて何か円か楕円のようなものが出来たときに、丸みのある人間の頭部にかすかに似ていることに気がついて「ママ！」とか「パパ！」と叫んだのだが、これも同様のことである。

　しかし計画的な素描ないし図案作成が常にこのようにして生じるわけでは

ない。子どもが素描するふりをする、つまり殴り書きをしているのに自分が何かを素描しているつもりになっていることもあろう。これは別の人の手が動く方向をなぞるという、広い意味では模倣的な遊戯行動である。プライヤーの報告によれば、2歳になった少年は、鉛筆で殴り書きをしているところを何をしているのかと尋ねられて「馬を描いている」と答えた。明らかに彼は自分の描いたごちゃごちゃの線が馬を再現していると思い込んでいるのである原註15。この最も初期の段階では、子どもの旺盛な想像力の働きを通して、ほとんどどんな殴り書きでも何かを意味することになろう。

　同じ想像力の働きは、子どもが人に言われてある対象を思い出しながら素描することに初めて挑戦する場合にも見て取ることができる。例えばE・クック氏が言及している4歳の少女は、猫を素描するように言われてやや長めの不規則に曲がった線1本と、これに交差するいくつかの短い線を描いた。さらに彼女はその奇妙な産物について、とても満足気にこれがひげ、これが脚、これが尻尾と名指しながら、「猫」という名前によって威厳を持たせ始めた (**図1(a)**、少しばかり完全になった**図1(b)**のデザインと比較のこと)原註16。

　ここでは明らかに子どもによる素描が言語活動の象徴主義と密接な類比関係にある局面が見られる。その素描が何を再現しているかは、似ていることによってではなく1つの象徴として恣意的に選択されるのである。こうした再現の非模倣的、もしくは象徴的なありようの要素が、子どもらしい素描全体に共通していることがやがて分かってくる。

　この混乱状態にある殴り書きですら、単にその基本的な線の要素においてだけでなく、湾曲した線においても、また向きや角度の唐突な変化においても、形成的な要素の萌芽を最初から示している。やがて輪っかのような初歩的な輪郭を描こうとする傾向が現われ、かくして対象を可能であれば輪郭付けすることへと移行し始める。シン女史は109週目に入った彼女の姪が素描した卵形の輪っかについて1つの好例を提供している原註17。子どもは練習によって2歳から3歳までには若き素描家が通常揃えているレシピを獲得し、点々ばかりでなくある種の直線、いくつかの曲線、おおまかなたぐいの円形と卵形を素描でき、さらには複数の線を角度をつけながら合わせられ

るようになる^{原註18}。この段階に達すると、粗雑だとはいえ実在の人間や馬といったものをそっくりに描こうとする試みが見られるようになる。こうした初期の試し描きは、子どもの精神が生み出すもののなかで最も好奇心をそそるものの1つである。それらは固有の基準と方法に従っており、次第に一定したお決まりの流儀へと固定化する傾向にあって、年長になってもなお再び姿を現わすことがある。またそれらはある程度までは個々の違いを伴いながらも均一性を示しており、まだ訓練されていない未開人による最初の粗野なデザインについて知られていることと平行関係にある。

最初の人体像

　子どもの芸術についてイタリアの著述家〔コッラード・リッチ〕が賢明にも観察したことだが、子どもは人間において終わる自然の創造の順序を逆転させ、人間をこそ初めに置くとされる^{原註19}。加えて言えば、子どもはこの進化の頂点においても最も尊厳に満ちた部分、すなわち人間の頭部から出発する。私が観察してきた限りでは、人間を再現しようとする子どもの最初の試みは、頭部を正面から見たところを素描することによって進められる。子どもは、いびつな丸とその内側に放り込まれた2つか3つの点を使ってこの試みを成し遂げ、それらが一般的な目鼻立ちを表わしているつもりでいるのである。2本の線が一種の支え棒として添えられることがあり、それが胴体と2本の足の両方を兼ねていたりする。丸い形態ないし卵型は、思うに他と比べようもないほど一般的である。私が収集したなかでは四角い頭部が現われるのは極めてまれで、就学児童においてでしかなく、これは水平線と垂直線の素描訓練をいくらか経ているからだと推測される。ここに添えた事例（**図2**）はジャマイカの5歳の少女の作品であり、彼女の教師が親切にも私に送ってくれたものである。

　このように人間の形をした外形線を描く最初の試みは、まずもって高いレベルの恣意的な象徴主義によって特徴付けられる。人間の頭部を示すのに粗削りな丸い形を使うことは、今日の未開部族が同じ形を用いて家（あるいは小屋？）だとか飾り輪だとかいったものの象徴としていることを思い起こさ

せる[原註20]。ただしこの抽象的な象徴主義においてさえ、例えば円形は大ざっぱに頭部の輪郭に似ているといった具合に、ある程度の類似関係はある。もちろん、頭髪と頬ひげと帽子の水平線が曲線を中断する場合には、正方形や長方形にはそれほどはっきりした類似関係はないと言えるだろう。

しかし顔面を再現するのは輪郭だけではない。顔面とは目鼻立ちによって飾られた円形なのである。目鼻立ちは、たとえ曖昧に示されてはいても、顔の図式にとって欠くべからざる一部である。ピット・リヴァーズ将軍が収集した未開人その他による素描のなかには、ウガンダの大人の黒人が制作したもののように、まさしく輪郭が省略され、人間の頭部が暗い斑点と目および耳などを表わす円形の配列によってのみ再現されているものがあり、こうしたことを証拠立てている (図3) [原註21]。

ここで目鼻立ちの再現法に話を移すと、この図式的な輪郭描写の初期段階においては、目鼻立ちの個別部分を区別し、際立たせようとするために、それらの的確な位置を定めるだけでなく、大まかな形をも模倣していることが分かる。結果として、鼻の向きを示すための垂直線、口のそれを示す水平線、目の湾曲した外形の再現としての丸みのある点か、あるいは円周状の線——それが虹彩なのか、眼球の見えている部分なのか、さらには眼の窪みなのかは分からないが——が現われる。これと正確に相似する図式が未開人の素描にも登場する[原註22]。

まず、子どもは目鼻立ちの一つひとつをすべて盛り込むことにはまったく無関心である。「2つの目、1つの鼻、1つの口」ということですら、しばしば完璧には再現されない。それゆえ点々が使われる場合には、1つかそれ以上の、ペレ氏によれば5つまでの小斑点が配列されることになる[原註23]。顔の目鼻立ちを表わすのに単一の点を一般的に用いるのは未開部族の美術にも平行して見られることである[原註24]。しかしながら、私の考えでは、最も一般的なのは、おそらく両目と口を表わす3つの点を内側に三角形状に配置しながら置くことであり、これもまた文明化されていない種族の美術において繰り返し認められる工夫である[原註25]。幼い素描家は、個々の目鼻立ちを区別する段階になってもなお、その数をぴったり合わせることには極めて無頓

着だったりする。その結果、ある部位がすっかり省略されることもある。この省略はとても滑稽なことに、私たち「成長した大人」にとっては最も自己主張が強く、冷遇に対して最も憤慨するかに見える部位、すなわち鼻の場合に最も頻繁に起こる。かくして目が2つと口が1つの丸顔が、子どもによる最初の素描では非常に頻繁に見られる。一方で口が省略されることははるかに珍しい。同様のことは未開人の素描にも当てはまるようである[原註26]。目はめったに省略されない。点が1つでもおそらく「目」を表わしていると言えるだろう。いくつかの未開人による素描では、ここに添えたアンドレーの図版3からの実例（**図4(a)**）におけるように、2つの目以外の部位がない。他方で、すでに見たように、子どもは時に目が1つでもよしとすることがある。このことは〔目を表わすのに〕点が用いられる場合のみならず、ここに添えたジャマイカの7歳の少女による素描（**図4(b)**）のように、目が丸のようにして挿入されるようになった後でも当てはまる。

　顔を描き出そうとするこれらの最初の試みにおいては、相対的な位置と比率の感覚が失なわれている。初めて人間ないし動物の形態を素描しようと試みている子どもにとっては、転置、あるいは物を間違った場所に置くという点では、何だってありということには驚かされる。E・クックが言及しているほぼ同じ歳の少女は、モデルにもとづいて1匹の猫を素描しようとした際に、目を再現している丸を確かに頭部を再現している丸の外側に置いている。これと比較されるだろうのは、フォン・シュタイネンらのヨーロッパ人が収集したブラジル・インディアンの友人たちによる素描であり、そのなかで描き手がこれが口ひげだとはっきり述べたものが両目よりも上に置かれているという事例が1度ならずあった（**図4(c)**）。線で出来た図式の中へ点を挿入する場合、初めのうち点はでたらめに投げ入れられる傾向がある。私の見たところ2つの目は、それらだけが描かれる時には、1つがもう1つの上に置かれることもあれば、1つがもう1つのすぐ脇に置かれることもあり、しかもそうした配置の双方が同じ子どもの素描に現われるのである。ずっと後になって位置に対する配慮がいっそう観察されるようになると、目鼻立ち全体があまりにも上の方に置かれる、つまり額ないし脳

領域が顎部に比してあまりにも小さくなる一般的な傾向が現われる（図4(c)、および図2を参照）原註27。

　釣合いの欠如はいくつかの〔顔の〕部位の扱いにもずっと広く見られる。すでに指摘したように、目は途方もなく大きくなりがちである。実際、先に言及したクック氏の少女の素描では、目は頭部の外側に置かれて、頭部よりも大きくなっている。こうした拡大は、これ以降の素描にも頻繁に現れ続け、ここに添えた7歳の少年による素描のように（図5(a)、さらに前出の図4(b)を参照）、目が1つだけ描き込まれる場合には特に頻繁である。口の比率はさらにいっそう歪められる傾向があり、この子どもは大喜びでこのおぞましい部位を至高の存在に仕立て上げているように見える。このことは双方とも5歳の少年による事例（図5(b)と図5(c)）においても同様である。耳は、それが描き加えられる場合には巨大になり、概して耳や頭髪、手といった新しい細部が描き込まれると、それらは大きさの誇張によって強調される傾向にある。

　とても興味深いのは目鼻立ちの漸進的な芸術面での進化である。そこには有機体の進化と同様に分化の過程があり、原初の未規定な形態がますます特徴を備えた複雑さを増していく。例えば目の場合には、しばしば漸進的な発達がたどれるようであり、点が小さな円ないし卵形に置き代わり、さらにこれら最初の円の外側に第2の円が補足される原註28、あるは1つないし2つの弧が、前者の場合は円の上に、後者の場合は円の上下に置かれて補足される。形態は一貫して抽象的な外形線か図式であり続け、例えばまぶたの際といった線を正しく素描しようとか、あるいは明暗の違いを示そうといった試みは、中心に黒い点が用いられる場合を除いては見られない。このように顕著かつ興味深い図式的な処理において、まつ毛などの部位は非常にまれにしか現われない。これと同様に点、または円の中の点や二重の円を使いながら目を図式的に処理することは、未開人の素描や、あるいはエジプトないし他の古代美術にも観察することができる原註29。

　口の進化は特に興味深い。口は1本の水平線（あるいは水平線を意図したように見えるもの）が、たいてい顔となる円を真一文字に横切って素描される

ところから始まる傾向がある。しかしやがてもっと〔細部を〕識別できる再現への変化が現われる。この変化は至極当然ながら特徴的で興味深い細部、すなわち歯が描き込まれることへといたる。ペレ氏によれば、この変化は線による〔口の〕再現を保ちながら、水平線の上部に置かれた複数の点によって歯が表わされるという具合になされる。いずれの事例でも、開いた上下の唇を示唆する輪郭線との関連において、いっそう写実的な仕方で歯が描き込まれているのが観察された。この輪郭線はとくに円形もしくは卵形であることが多く、ときには歯のない単体で現われることもあるが、じきに歯が加えられるようである。私が見てきたなかで最も一般的な歯と口腔の形態は、細長い長方形か歪曲した紡錘形の切れ込みに垂直線で歯が示されているものである（6歳と5歳の少年たちによる2つの素描、図6(a) と (b) を見よ）。これら2つの形態には改良が加えられ、図5(c) のように歯を示す線が短くされていっそうの類似が取り込まれたりする。これと比較されるだろうものが5歳の少年による素描（図6(c)）であり、しかしそこでは写実主義を離れてもっと自由に装飾的な処理へと向かう動きが見て取れる。

　どこか類似した進化過程が鼻の場合にも指摘できる。もっともこの場合、〔進化の〕歩みはすぐに押し止められてしまうのだが。かくして垂直線は、3〜4歳の田舎暮らしの少年による素描（図7(a)）におけるように横向きの角線に置き換わるのだが、私の考えでは、6歳の少年による素描（図7(b)）におけるように角が上向きの方がずっと頻繁に見られる。鼻の場合、この歩みは6歳の少年による素描（図7(c)）におけるように頂点が鋭角になっている二等辺三角形へといたる。わずかな例では、6歳の神経質な子どもの素描（図7(d)）におけるように、口の形態と同じような細長い紡錘形か長方形が用いられている。ここに添えたジャマイカの7歳の少女による奇妙な素描（図7(e)）におけるように、鼻孔への工夫が試みられることによって、いく度も洗練が施されていくこともある[原註30]。

　他の部位、何にもまして耳と頭髪が描き込まれる場合、私の観察によれば、それらを単なる副次的なものとして、そしていっそう自然主義的な処理への前進のしるしとして見て取る必要がある。処理方法の違いが生まれるのもこ

こにおいてである。例えば、耳は途方もなく大きくなる傾向があるが、頭部の円の内側に描かれることもあれば、外側に描かれることもある。頭髪は、水平方向の数筆による色の濃い帽子だったり、切り詰められたふさ飾りだったり、片側にくっつけられた束や切れ端だったりし、末端で下へと流れたり上へと逆立ったりすることもある（前出の図7(d)、また4歳前後の少女による**挿図8(a)**を見よ）。これらの再現法は、7歳の少女による添付の素描（**図8(b)**）のように、煙を表わすのに用いられるのと同様のグルグルと旋回する線のようにずっと手の込んだ線を駆使するなどして様々な変化を見せることがある。

　こうした顔の造作の説明からもうかがえるように、ほとんど慣習のように大半が一致している方法のなかにも、それをどう処理するかに関するある程度の多様性によって賑やかさがもたらされる。大胆な独創性を示す最も印象的な事例の1つは、おそらく4歳の少女が、おおよそのところでは教えられたとおりのことをしているうえで、顎が〔首とも頭部とも〕分離している形態を表わそうと試みているものだろう（**図9**）。この試みはウガンダの黒人が頰を象徴的に示そうとした試み（図3を見よ）と対比できよう。

　すでに指摘したように、「人間」を再現しようとしてる子どもにとって、頭部ないし顔面こそが第1の主要な物体であり、いくつかの初期の素描はこの物体だけで成り立っている。しかし一般的には、頭部には何らかの支えが添えられている。この場合、最も単純な工夫としては脚と胴体の役目も果たしている2本の補助線による抽象的な再現方法がある。この2本線は、たいていの場合は平行になっているが（図2を見よ）、ただしときによっては上端で1つにまとめられて一種の矢印形になることもある。2本の垂直線の上方に固定された頭部という同じ配置は、スクールクラフトから引用してここに添えた岩に彫刻された人物像のように、未開人の粗雑なデザインにも見られることがある（**図10**）原註31。

　子どもは胴体あるいは身体に対して比較的に無関心だが、これは上記のような頭部と脚からなり、しばしば2本の腕が頭部の両脇にくっつけて描き加えられるという単純な図式が繰り返し現われてくるところにも見て取れ

る。頭部の素描を完成させるに当たって、子どもは頭髪や帽子を描き込んだり、脚と手を付け加えることさえするが、胴体を描き込む段になると苦労する（図2と図7(d)、さらに6歳の少年によって素描された図11(a)を見よ）。このように子どもが胴体を軽視することは、ズールー族の女性が制作したピット・リヴァーズ将軍の素描の1つ（図11(b)）において、まるで禁止されているかのように胴体が省略されていることと比較できよう。

　2つに枝分かれした脚もしくは2本の垂直線の脚の上に頭部が据えつけてあるという、この広く見られる方式には、ある重要な逸脱が存在している。ジャマイカの7歳の少女による添付の事例（図12）におけるように、頭部の輪郭線が未完成のままで、曲線で描かれた上方の後頭部がそのまま脚の線へと続くこともあるのだ。英国の子どもではこうした事例にお目にかかったことは1度もない。

　胴体の素描は2つのうちいずれかの方法で始められる。英国の子どもにおいては、正面および側面からの眺めを示す添付の素描のように、しばしば胴体は頭部の輪郭線からの拡張もしくは延長として現われるようだ（図13(a)および(b)）^{原註32}。さもなくば、2つ目の方法として、脚の図式に修正が施され、6歳の少年による添付の素描におけるように、2本の脚をまたぐ水平線を素描して長方形を作るか、あるいは5歳の少女による別の人物像におけるように、〔2本の脚が作る〕空間の上部に影をつけるといったこともありうる（図13(c)および(d)）。胴体を導き入れるこの第2の方法の奇妙で興味深い変種が、フォン・シュタイネンのブラジル人による素描のなかに見出される。そこでは脚の線は、しばらく平行関係を保った後で分岐し始めるか、あるいは骨盤のつもりであろう部分の下あたりで、完全に交わりはしないものの幅を狭めるかのいずれかである（図13(e)および(f)）。

　胴体がはっきりと区別されるようになっても、およそ5歳の少年による次の2つの素描におけるように（図14(a)および(b)）、頭部に比べれば小さいままであることが多い。その形状について言えば、たいていは頭部と同様に円形か卵形である。しかし、正方形ないし長方形も見られるものの、多くの子どもにおいてそうした形状が現われるのは後になってからだと明言できる。

6歳の少年による添付の素描におけるように（図14 (c)）、三角帽のような形態も繰り返し現われる^{原註33}。胴体の形態の処理は、しばしば同じ子どもにおいても多様に変化する。

〔後略〕

原註

1 　ベルナール・ペレ、『子どもの絵と詩』（Pérez, *L'Art et la Poesie chez l'Enfant*, 1888）参照。
2 　グロッセ、『芸術の始源』（Grosse, *Die Anfänge der Kunst*）、106、107ページを参照のこと。
3 　衣類と装飾に向けられる児童心理の傾向については、すべてペレの前掲書、第1章において巧みに論じられている。
4 　プライヤーは最初の模倣運動を生後4ヵ月には現われるとしている（『子どもの魂』(Preyer, *Die Seele des Kindes*)、第12章）。しかしながらボールドウィンは自身の娘に間違いなくそうした運動が現われたのは生後9ヵ月だったとしている（『心的発達』(Baldwin, *Mental Development*)、131ページ）。
5 　R・L・スティーヴンスン、『少年少女』（R. L. Stevenson, *Virginibus Puerisque*）、「子どもの遊び」（Child's Play）の章。
6 　私の理解では、他の子どもに物語を語って聞かせることもまた遊戯の定義に当てはまる。これも児童美術と呼ばれてしかるべきものである。
7 　『少年少女』、「子どもの遊び」の章。
8 　H・ラットガース・マーシャル氏によれば、芸術活動が生じるのは他者を惹きつけようとする本能においてである（『苦、快、美学』（Rutgers Marshall, *Pain, Pleasure, and Aesthetics*））。
9 　グロッセ、『芸術の始源』、48ページ。
10 　これらのサンプルでは子どもが文を重ねて感情を高めている様子が認められるが、これについては、シン女史によって採録された可愛らしい物語においてずっとよく例証されている。ただし残念ながらここで引用するには長文すぎた。『オーヴァーランド月報』（Shinn, *Overland Monthly*）、第23巻、19ページを参照のこと。
11 　先に引用した著作のなかでペレは子どもによる作文を扱っている（第4章）。パオラ・ロンブローゾ、『児童心理学についての省察』（Paola Lombroso, *Saggi di Psicologia del Bambino*）、第8および9章を参照。
12 　素描がもつこの表示もしくはコミュニケーションに関わる機能は、周知のとおり人類の歴史の初期段階に大きな役割を演じてきた。今日の未開人たちは砂に素描して、例えば湖に魚がいるといった情報を伝達するための手段として用いている。フォン・デン・シュタイネン、『ブラジルの原始的な人々について』（Karl von den Steinen, *Unter*

den Naturvölkern Braziliens)、第 10 章、243 ページ以下を見よ。
13　7 歳以上の年長児童による素描はほんのわずかしか含めなかった。
14　E・クックは『教育ジャーナル（Journal of Education）』誌（1885 年 12 月および 1886 年 1 月出版）に掲載された「美術教育と子どもの本性（Art-teaching and Child-nature）」に関する綿密かつ興味深い論文のなかで、これらのことについて例を挙げて証明している。
15　プライヤー、前掲書、47 ページ。
16　すでに引用した E・クックの論文の素描 19 および 20 からのもの。
17　シン女史、前掲書、図版 ii.、97 ページ、「56 週目」とあるのは 109 週目の間違いだとシン女史が知らせてくれた。
18　少女による一連の初期の殴り書きに関する見解について、クック氏からかなり多くを参考にさせてもらった。初期の線の引き方に関しては、いくつかの好例が掲載されている、ボールドウィン、『心的発達』、第 5 章を参照。ボールドウィンによれば、角やジグザグは早くから現われるとされており、おそらくはこの初期段階におけるぎごちなく、小刻みな動き方が原因であろう。3 年目が終わるより前の子どもには円周形の線を上手に描けないとプライヤーが述べているのは私には誤りだと思われる（プライヤー、前掲書、47 ページ）。素描をする子どもであれば、この時期よりも以前に輪っかや閉曲線は描けるものである。
19　コッラード・リッチ、『子どもの芸術』（Corrado Ricci, L'Arte dei Bambini, 1887）、6 ページ〔本書 50 ページ〕。
20　フォン・デン・シュタイネン、前掲書、247 ページを見よ。
21　人類学者ばかりでなく児童美術の研究者からも高い関心を引くこれらの素描はファーンハム（ドーセット州）にある〔ピット・リヴァーズ〕将軍の博物館（第 7 室）で閲覧したものである。
22　スクールクラフトは射撃中の男の素描におけるこの顔面図式の好例を持っている（『アメリカ合衆国のインディアンの歴史と境遇に関する情報と調査』（Schoolcraft, The Indian Tribes of the United States）、第 1 部、図版 48)[訳註 1]。
23　『子どもの絵と詩』、186 ページ。
24　その図解としては、アンドレー、『民族学的な並行と対照』（Andree, Ethnographische Parallelen und Vergleiche）、図版 3、図 19 を見よ。
25　この実例としては、スクールクラフト、第 4 部、図版 18 を見よ。
26　スタンリー・ホールによれば、鼻が登場するのは口よりも後である。このことはほぼ一般化できるものの、明らかに例外も存在する。未開人の素描家の実行例については、アンドレー、前掲書、図版 vi、図 58、59 におけるオーストラリア洞窟壁画による図解を見よ。ブラジルの部族による素描、図版 iii、図 15 を参照。いくつかの事例では、鼻が優先されているように見えることがあり、顔の造作を垂直線の一筆書きによってのみ再現しているブラジルの素描では確かに当てはまる。
27　パッシー氏は子どもの素描に関する興味深い覚書のなかでこのことに注目を促して

いる。『哲学評論（Revue Philosophique）』、1891 年、614 ページ以下。しかしながら私の見るところ、間違いは一般的ではあっても全般的ではない。

28　1つの事例では2つの点ないし小円が、それらより大きな円の内部で上下に置かれるという奇妙な工夫が認められたが、この形態は動物の眼にも同じものが存在している。

29　二重になった円の事例は、ピット・リヴァーズ将軍のコレクションに含まれるズールー族の男性による素描に見ることができる。

30　この素描では、口に付け加えられた2本の短い線が歯を表れそうとする最初の試みだと見ることも可能である。

31　スクールクラフト、前掲書、第4部、図版18 訳註2。

32　アンドレーが前掲書、図版2で紹介している素描、図11 は、頭部から胴体を展開しようとする、およそ同様の試みを図示していると思われる。

33　頂点を下にした三角形という倒立した配置は、未開人の素描で現われることがある。

訳註

1　サリーは挙げていないものの、スクールクラフトの著書に掲載されている該当図を参考までに挙げておく。

2　訳註1と同様にスクールクラフトの著書に掲載されている該当図を参考までに挙げておく。

第 7 章　ジェイムズ・サリー　239

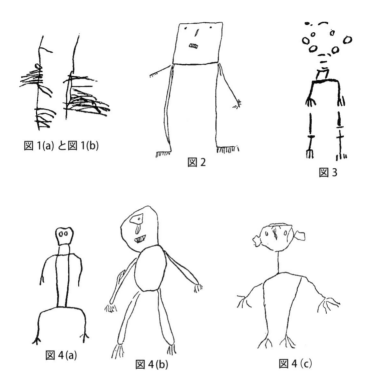

図 1(a) と図 1(b)　　　　図 2　　　　　　　図 3

図 4(a)　　　　図 4(b)　　　　図 4(c)

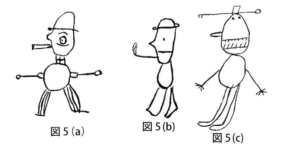

図 5(a)　　　図 5(b)　　図 5(c)

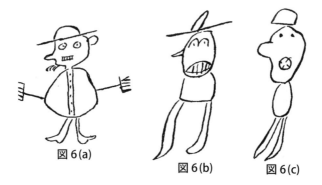

図6(a) 図6(b) 図6(c)

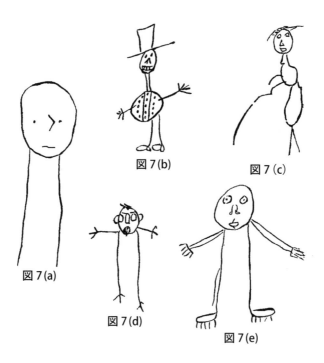

図7(a) 図7(b) 図7(c) 図7(d) 図7(e)

第7章 ジェイムズ・サリー 241

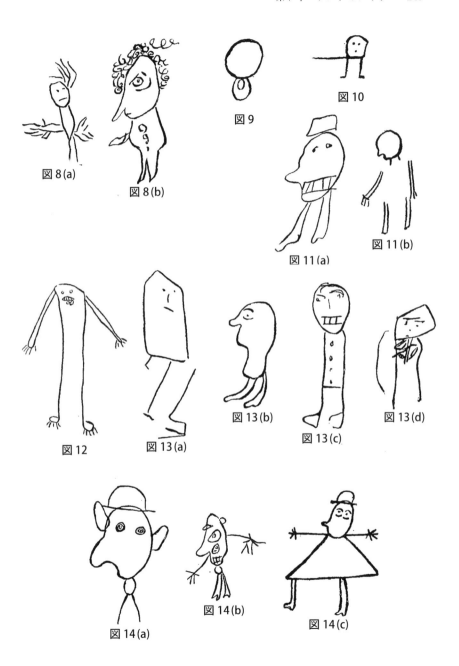

図8(a)　図8(b)　図9　図10　図11(a)　図11(b)
図12　図13(a)　図13(b)　図13(c)　図13(d)
図14(a)　図14(b)　図14(c)

第 8 章
フランツ・チゼック
――子どもの無垢なる創造性を拓く

解　説

　本章では、まず 1908 年にロンドンで開催された「第 3 回デッサン、芸術の教授法の発展、およびこれらの産業への利用についての国際芸術会議（Third International Art Congress for the Development of Drawing & Art Teaching & their Application to Industries）」におけるフランツ・チゼックの講演を訳出した。この国際会議では、講演や討議のほか、英国ロイヤルアカデミーやヴィクトリア・アンド・アルバート美術館を会場とした展覧会も開催され、38 の参加国ほとんどすべての美術教育に関する概要と英仏 100 年間の芸術の発展、ならびに植民地での制作物が紹介された。
　チゼックは「美術教育学の父」と呼ばれており、児童美術教育に多大な貢献をした人物として知られている。日本でも、1950 年代にハーバート・リードの著作の翻訳のなかでチゼックの功績が伝えられたこともあり、戦後の児童美術のブーム期にしばしばその名前が挙げられていた。他方でその思想を伝える文献はことのほか少なく、もっぱらチゼックの友人ヴィルヘルム・ヴィオラを通じて私たちの知るところとなった。近年では、1990 年に青山子どもの城において、ウィーン市立博物館主催の 1985 年の展覧会「美術教育のパイオニア：フランツ・チゼック」の展示内容を中心に彼の活動全体が紹介されたが、残念ながら青山子どもの城は 2012 年に閉館となってしまった。
　ここに訳出した講演は、一般にチゼックの業績として知られている児童美術教育ではなく、工芸、産業芸術の教育を扱っているが、基本的な問題意識はこの講演でも読み取れる。以下では、彼の思想、業績がどのようなものか、またこの講演がチゼックの活動のなかでどのように位置づけられるか少し検討してみたい。
　チゼックは、1865 年にオーストリア帝国のボヘミア地方、エルベ河沿いの小都市ライトメリッツに生まれ、ウィーンの造形美術アカデミーで学んだ。学生時代には、オットー・ヴァグナー、ヨゼフ・オルブリッヒ、ヨゼフ・ホフマンといった建築家やデザイナーや、画家のグスタフ・クリムトらと親交を持つ。彼らは、

同時代の英国のアーツ・アンド・クラフツ運動やアール・ヌーヴォーに触発されて1897年にウィーン分離派を結成し、ホフマンとモーザーは、1903年にウィーン工房を設立した。当初は画家を目指していたチゼックは、彼らと交流しながらも、やがて美術教育の道を歩んでいくことになる。1908年のこの講演でも、英米からデッサンを革新する思想がオーストリアに到来したこと、その影響のもとでオーストリアにも優れたデザインの成果が生まれたことが述べられているが、これはウィーン工房や分離派での成果を踏まえたものであろう。チゼックが同時代のデザインにも関心を持ち、また深く関わっていたことが読み取れる。

　この国際会議で展示された美術教育の概要にはもちろん、多くの児童画が含まれていた。しかしチゼックの手稿には、「展覧会は、全般的に言って、美術教育により才能が低下するか上昇するかを重視しているような印象を与えた」とネガティヴな感想が綴られている。さらには、「ウィーン美術工芸学校での青少年美術教室の小さな展覧会を通して、芸術を人間の根源的衝動として把握したのは私だけであった」ともある（チゼック 1990: 190）。この発言は、近代の進歩史観に対して、芸術はこれにあてはまらないとチゼックが考えていたことを浮き彫りにする。この講演時のチゼックは43歳であるが、まだ理解が十分得られないながらも美術教育者としての自負をもって着実に歩みを進めていた頃のドキュメントであると理解できる。やがてチゼックの活動が国際的に紹介されることになるのは1920年代である。第1次世界大戦後に貧窮していたオーストリアの子どもたちを救済するための「児童美術展基金（Children's Art Exhibition Fund）」が英国で立ち上げられ、そのなかでチゼックの活動とその成果としての質の高い児童画が英国に紹介されたのである。本章で訳出したフランチェスカ・ウィルソンの小冊子は、この委員会が発行した3冊のもののうちの2つであり、残りの1冊『芸術家としての子ども』はすでにヴィオラの『チィゼックの美術教育』第4章に概要が紹介され、またその日本語訳もあるため、ここでは取り上げなかった。

　次にチゼックの児童教育の歩みと、その思想を簡単に紹介しておきたい。チゼックが児童画に関心を持ったのは、学生時代にウィーンの下宿先や近所に住む子どもたちの絵や落書きを見て、大人の絵画にない特徴を見出したときである。クリムトら友人たちもまた子どもの絵のうちにいわゆる未開人の美術に匹敵する魅力を発見し、チゼックに子どもの美術学校を開くよう勧めた。国の行政当局はチゼックの申請を却下したが、1897年にチゼックはウィーン実業学校の助手に任命され、週末に子どものための私設授業を開く許可を得る。この授業に関心を示したハンブルク美術教育連盟の会長カール・ゲッツェによる大学当局やオーストリアの教育大臣への推薦によって、1903年にようやくチゼックは正式に週末授業を開くことができた。以降35年にわたってチゼックは自らの教育思想を実践していく。第1次大戦後、1920年代には不況のため美術教室の助成金が取

り下げられる危機に直面する。しかし先に紹介したように、このことがかえってチゼックの名声を英国その他の国々に広めるきっかけとなり、彼の生徒たちの作品の展覧会が英仏米で開催されることとなった。以後、チゼックは様々な学校で講演を行ない、自身の美術教育哲学を紹介する機会を得ることとなる。

　チゼックは「児童美術は、子どもだけが生み出すことのできる美術」であり、「大人の美術への単なる一段階」などではなく、「それ自体で完全に独立しており、大人の法則ではなく独自の法則に従っている」と考えた。チゼックの絵画教室では、7歳から14歳までの子どもが対象とされ、15歳以上の子どもは対象外とされた。なぜなら、チゼックは15歳以上になると「思考は色あせ、彼らは多くのものを見すぎ、世慣れてしまう」、すなわち、対象の正確な描写、透視図法といったものに捉われ、創造性を失ってしまうと考えたからである。チゼックは「古びた伝統的美術教育の技術主義、模倣と模写の尊重、科学的描写の愛好」に反対し、「弱い人は自然を模倣する、強い人は芸術を創造する」と主張する。本章でも、模倣や模写を重視してきた従来の教育システムに対する彼の批判的姿勢が窺える。

　他方で、マクドナルドはチゼックの方法について次のような問題点を指摘している（Macdonald1970: 344-5; マクドナルド1990: 462-3）。まず、彼の絵画教室で制作された作品は非常に洗練されたものであり、決して子どもっぽい自由で大胆なものではない、ということである。このことは、子どもたちも当時のウィーンの大人たちの洗練された文化から自由ではなかったことを意味しているのであり、チゼック自身もそのような作品を好んで展覧会や書物で紹介していた。チゼックや、チゼック派のヴィオラやウィルソンは、子どもの自己活動、自己表現という側面を強調し、児童画の魅力を唱えているものの、実際の作品はそのような側面だけでは説明できない。またヴィオラの著作では、チゼックの授業方法が報告されているが、その授業も決してチゼック自身が唱えているような、自由に描かせるようなものではなかった。例えば、人物を大きく描き、色を重ねすぎないよう指導している。おそらく、チゼック自身や当時の芸術家たちが魅了されていた、プリミティヴな美術の理想が生徒の指導にも反映されていたのだろう。ヴィオラによると、チゼックの絵画教室からは、優れた芸術家になる者はほとんどいなかったということである。またチゼック自身が15歳以上の子どもを指導することはなかったのであるから、ならば絵画教室の教育上の意義はどこにあったのかという根本的な疑問も提示できるように思われる。

　最後にフランチェスカ・ウィルソンについて簡単に紹介しておく。ウィルソンは、1888年にクェーカー教徒の家に生まれ、ニューカースルの女子高等学校で学んだ後、ケンブリッジ大学のニューナム女子カレッジに進学し、そこで歴史を学んだ人物であり、特に児童美術教育の専門家ではない。大学卒業後、高校

教師としてバーミンガムの高等学校に赴任していたときに第1次世界大戦が勃発、先に紹介した基金の立ち上げに関わった。彼女はいわば博愛主義者であり、先の「児童美術展基金」以降も世界各地で恵まれない子どものための活動を展開した。その自伝的な著作としては1944年に出版された『混沌の片隅で（In the Margins of Chaos）』がある。

参考文献

Macdonald, M. *The History and Philosophy of Art Education*, University of London Press, 1970; 中山修一・織田芳人訳、『美術教育の歴史と哲学』、玉川大学出版部、1990年。

Viola, W. *Child Art*, University of London Press, 1944（2nd edition）; 久保貞次郎・深州尚彦訳、『チィゼックの美術教育』、黎明書房、1976年。

Wilson, F. M. *In the Margins of Chaos: Recollections of Relief Work in and between the Wars*, John Murray, 1944.

フランツ・チゼック著、「表出としての造形」、『フランツ・チゼック展：1865-1946：子ども・感性・環境』、財団法人子どもの城、武蔵野美術大学、1990年。

フランツ・チゼック教授（産業芸術検査官　ウィーン公共事業省代表）
「オーストリアの産業教育機関における自由デッサンの教授法」

　前世紀末に英国とアメリカ合衆国から到来し、デッサンの授業により合理的でよりデッサン本来のあり方に即した基盤を築こうとする動向と改革思想は、数世紀にわたり豊かな民衆芸術によって培われてきたオーストリアの土壌において広く反響を呼ぶことになりました。

　産業教育施設の経営陣は、すぐにこの改革理念が工芸美術にとって重要な意味を持つことを理解して、この改革理念を、彼らが経営を委託された学校において取り入れ、成果をもたらそうとしたのです。

　ところがそもそも、この重要な課題は、研鑽を積んだ優れた教員がいることでのみ成し遂げられるものであることは明らかでした。

　教員に基礎教育と応用教育を施すのに最適な手段は、専攻科を設けることでした。1900年以降、毎年専攻科の授業が開講され、その結果、比較的短期間に優秀な教員が育成されたのです。彼らは、オーストリア国内中で、瞬く間に、改革を成し遂げていきました。

　教員養成のための専攻科を設けた影響は、様々な高等専門学校でも短期間に目に見えて現われることとなり、優れた成果を生み出しました。それゆえ、オーストリアの教育庁は、国立の産業専門学校でも、この改革を取り入れるのに躊躇しなかったのです。

　そうして「国立専門学校、および国立産業学校の工芸部門におけるデッサンと彫塑の授業、および美術形式の教育のための一般指導要綱」が公布されました。

　1905年のこの条例の公布により、これら国立学校におけるデッサンの授業の改革は、公に遂行されることとなったように思われます。

　健全で理に適ったものであると理解されることとなったこのデッサンの改革は、この条例の公布によって、より決然とした仕方で遂行されることとなりました。またこの改革を、創作活動に邁進していく上で実りあるものにし

て、人々を主体的な創作活動に駆り立てる努力がなされることとなったのです。このことは、国内外の名高い専門家たちから絶賛されました。

　この条例は、その本来の目的に則り、一人ひとりの教育者がその個性を発揮できるように骨子が定められています。この条例に記された注釈は、教師を拘束するためのものではなく、教師にこの改革の細目と、授業の進め方について説明するためのものです。

　すぐにこの改革をとおして獲得された経験、新しい文化的価値といった途方もなく漠然としたもの全体を取りまとめ、明確に示す必要性が生じました。このことを考慮して、教育庁は、産業教育機関における自由デッサンの教授法について1冊の書物を発行することとなったのです。

　何も考えずにそこに記された新しいレールをたどれば、それだけで授業が安心して苦労なくなされるといったものになる可能性は、このデッサンの教授法の教科書からは最初から排除されなければなりませんでした。この書物が優れたものであるのは、この書物が教師にとって誠実な助言者であり、目的意識を持って言葉と実例を通して創造的理念が何かを示すものであり、多方面にわたる創造活動が持つ諸問題を解決しようとするものであるときにのみなのです。

　この書物で主張された方法について、若干ではありますがここで報告しておきます。

　ここで示された方法は、発生的なもの（作り出すもの）です。すなわち、生徒に作品それ自体を創造させようとするものなのです。旧来の方法が生徒を他の人が創造した出来上がった作品の前に立たせていたのとは対照的です。

　新しい授業形式は、いわゆる発見的方法論にもとづくもの（発展的なもの）です。すなわち、生徒の主体的な活動によって、成果を得ようとするものなのです。それに対して、旧来の授業形式は実物教授法にもとづいており、（黒板にデッサンを描いて見せることで）描き方を示し、それを生徒に真似させたり、（複製された）作品を見てそれを真似させたりといったことを重視してきました。

　旧来の授業は大部分が打算的に成果を計算して行なわれており、生徒の心

情を考慮しようとしませんでしたが、私たちはこういった授業を、感情にもとづく創作を取り入れることで改めたいと思っています。従来の教育の融通のきかなさ、非の打ちどころのない正確さを目指すだけの、単なる小手先の器用さを大切にして、独自の作風を否定しようとするデッサン。これらを私たちは、自由な、表現力を育む活動を推し進めるよう、また個性的で独自の作風を示す仕事を展開させるよう変革したいのです。

私たちの方法においてとくに目立って重要な創作領域を、以下の2つのグループに区分してみましょう。

（Ⅰ）生産的創作
（Ⅱ）再現的創作

生産的創作を、私たちはさらに次の4つに区分します。

（1）叙述的描写
（2）挿絵による図解
（3）装飾
（4）構成

再現的創作は次の3つに区分されます。

（1）記憶による創作
（2）対象が隠された後の創作（間接的な対象のデッサン）
（3）対象そのものを目の前に置いた創作（直接的な対象のデッサン）

産業学校では自由に創作するデッサンは、主に、文様、装飾を制作するために学ばれています。それに対して、何かの目的に役立てるためのデッサンを学ぶ場合、記憶にもとづくデッサンと対象を目の前に置くデッサンに力点が置かれなければなりません。

記憶によるデッサンは、対象を目の前に置くデッサンに、部分的には先立っています。ある対象を思い浮かべる力を確かめるとき、ある事物に対する関心を呼び起こすとき、記憶が先立っているのです。記憶によるデッサンは、部分的には対象のデッサンの後で行なわれます。観察される現象を、記憶に深く刻み込むには、対象を見なければならないからです。確かに、以下の事実はよく知られています。後で何かを思い出して記憶にもとづいて描写すると、事物自体を目の前に描写したときより、描写はいつも明晰かつ大雑把なものになるということです。なぜなら、この場合、ただ事物の重要な特徴の描写に全神経が向けられており、些末なことだとか、偶然的なものによって注意が妨げられることがないからです。

　事物のデッサン――対象のデッサン――を行なう際には、私たちは一般的な、静物画で見られるような写生では満足しません。このようなデッサンでは、生徒はたいてい精神的に眠ってしまっているのです。そうであってはなりません。私たちは思考しつつ創作する素描家を育成したいのです。それゆえに、私たちは生徒を常に新しい課題に立ち向かわせて、物体の目に見える特徴一つひとつを探究させて、描写させています。

　生徒は一切の事物を何か生命あるものとして観察すべきです。すなわち、ずっと変化し続けているものとして観察すべきであり、この現象の絶え間なき変化のうちに、生徒は事物のなかの本質的なもの、特徴的なものを見出さなければならないのです。このようなものを、より確かで自然な歩みで手に入れるために、私たちは手仕事を、精神形成に役立てるものにしようと努力しています。例えば私たちは生徒に、画材と技術によって、形と色彩を単純化させようとします。つまり、言葉の最善の意味で様式化させるのです。その際、教育上の、生徒を育成するうえでの、重大な原則が登場することになります。この原則が生徒に教えることは、形は目的、画材、技術に左右されるものであること。さらに、真の技術を評価し、偽りの技術を拒絶すること。最後に、人の手による気高く堅牢な作品、すなわち手工業品を努力しがいのある目標として評価することです。対象を目の前に置くデッサンが、どのような筋道を踏んで行なわれるのかを、ここで簡単に概観しておきましょう。

生徒はまず、対象の形全体を把握します。これが上手くいくと、事物を特徴付けるとくに目につく様々な性質一つひとつの描写に着手します。最後に、観察されたことすべてを、全体の描写を行なうことで統合するのです。意識して引かれる輪郭線は、いわばなされてきたすべての経験のエッセンスを形成します。同時に、今や次になされる画材の言語、道具の言語への望ましい移行がもたらされます。この画材の言語、道具の言語をとおして、対象は最終的に再現されるのです。

　紋様、装飾の制作の教授法は、それだけで、この書物の大きな1つの章を占めています。この章では、これらのテーマを、デッサンの一般的教授法として論じる視点のみが扱われています。生徒たちは、とくに、装飾を生み出す技術、および、道具と画材の言語に習熟させられるのです。次に生徒たちは、装飾を、その目的の形式にもとづいて発展させます。

　重要な課題の1つであり続けているのは、生徒を新旧の様式の虜にさせないこと、別の流行にすぐ席を譲ってしまう1つの流行にこだわらなくさせることです。そうではなくて、生徒たちに、個性的な表現法、自分自身の様式を、落ち着いて育ませることこそが重要なのです。

　この講演の最後に、教育課程と教材について、少し発言させてください。
　私たちは課程を次の2つに区分しています。一般課程と専修課程です。
　一般課程では生徒に、デッサンにおける技術的なもの、手仕事的なものの手ほどきを行なうことに重点が置かれます。さらに事物を見て学ぶことに重点が置かれます。その際に事物は程度の差はあれ目的のための手段です。
　専修課程では技術的なものはすでに習得されているものとして前提され、描くテーマに関係することが問題にされます。そのことですでに、専門的なデッサンにも結びつくこととなるのです。
　一般課程で学ばれるのは次のようなテーマです。

　　（1）直線状のもの
　　（2）単純な平面的なもの
　　（3）単純な物体

（4）ずっと描きづらい平面的対象物
　（5）空間的に物を見る訓練

　専修課程で学ばれるテーマには、次のようなものがあります。

　（1）様々な産業がもたらすずっと描きづらい物体
　（2）容器の形
　（3）湾曲面が含まれるもの
　（4）植物
　（5）動物
　（6）人間
　（7）風景

　これらの専修課程で学ばれるグループについては、ここで挙げた順序で授業がなされるというわけではありません。教師それぞれが、授業の目的に応じて、あるいは生徒の才能に応じて選ぶべきテーマを挙げたにすぎません。

（この講演に引き続き、幻灯機で映写された71枚の映像を参考にしながら、上記の方法について立ち入った議論がなされた。）

フランチェスカ・ウィルソン『チゼック教授の講演』

　もう何週間も前のこと、私はチゼック教授の教育に関する講義を聴講するという幸運に恵まれました。それはデープリングにある修道院で行なわれたもので、その地の教師たち向けに行なわれたものでした。
　講義の題目は「Erziehung, ein Werden, Wachsen und Sich-Vollenden Lassen」、つまり、成長と自己実現としての教育というものでした。
　教授が初めに語られたのは、20年前、彼が子どもたちに芸術を教える、ただし私たちが考えているような意味で教えるというのではなく、子どもたち自身がみずからを教えるに任せるという単純な方法によって教える、ということを始めた際に直面した多大な困難についてでした。その当時、教師たちはほぼ例外なく彼に対立し、これまで一切彼のことを顧みることはありませんでした。この方向で活動を続けて今や20年がたち、大勢の教職にある者たち——デープリングの教育者は全員——が、週の一休日の数時間を彼の話を聴くことに充てても無駄ではないと考えたことを目にして、彼は満足そうでした。彼が彼らにただ一つだけ懇願しようとしていたのは、彼らが教えている学校を学校自身から、つまり校長先生から解放することだけでした。あなたの学校を何か別のものに変えて下さい、庭にして下さい、と彼は懇願しました。その庭ではあたかもエデンの園(garden of God)に育つがごとく花々が育つことでしょう。教師は、いつでも励ましを与えられるように生徒の上を「目に見えない精霊のように飛び回って」いるけれども、決して押しつけたり無理強いしたりしないことを学ばねばなりません。
　次に彼はとても真剣にそれぞれの子どもが持つ素晴らしい天性について語りました。子どもを根本から変えようとするなら、その子の祖先も変えなければなりません。そのことを彼はむしろおどかすような調子で思い出させ、大胆な比喩を使ってそれが次から次へと、ほぼ無限に遡っていくことを示しました。加えて子どものうちにあるものの何が悪くて何が良いのかを私たちに識別する資格があるのでしょうか、と彼は述べました。悪いものにだって

良い面もあるというのは疑いようのないことです。

　教育は両親によって始まります。その両親にも3つのタイプがあります。まず、いつもやきもきしながら子どもを追いかけ、子どもをコントロールし、矯正しようとし、自分たちと同じ道を歩ませようとする両親。次に、それこそ思いつく限り無限に種々様々ではあっても、子どもに対してはまったく無関心な両親。最後に、理想的な種類の、子どもと距離をとりつつ注意を払い、必要な場合はいつでも励ましと友情を与えてくれる両親。

　環境からの影響は非常に有害だったりもします。話を芸術に限るなら、それは子どもに様式を押しつける冒涜になるのです。子どもは1輪の花のように、実を結ぼうとするなら自身の根から成長しなければなりません。現代の子どもたちは皆あまりにも世間ずれした生活を送っています。彼らはあまりにも多くのこと見聞きしており、映画館や劇場に連れて行かれて、あらゆる種類の不似合いな影響に晒されているのです。そしてここで教授は再び残念そうにほのめかして、大海のただ中にある彼の島、「それは〔陸から〕遠く離れていて、たどり着ける船もいない」と述べられました。そこに彼は自分のエデンの園を持ち、子どもたちは他人のではなく「自分自身の根から」花のように成長していくのです。

　彼が最も愛着のある年齢は1歳から7歳まででした。その頃だと、子どもはほとんど完全に「Erbgut」(天真爛漫)で、環境はほとんど無視できます。この頃こそ最も純粋な芸術の年頃です。この時期に子どもはたくさん描画をしますが、それは大人たちが理解しているのとは違って、何かを人に伝えたいからではなく、自分自身の思いに形を与えたいから、自分の中にあるものを外へと絞り出したいからなのです。

　7歳以降およそ14歳になるまでは、混じり気のない表現の喜びにかられて子どもたちは描画と制作を続けます。感情に促されて作業し、知性はごくわずかにしか関与しません。

　美術館はこうした子どもたちの芸術作品を収集し保存するべきです。誰も注意を払わないことでどれほどの「Quellen des Lebens」(生命の泉)がこの世から失なわれてしまったことか！　例えば子ども時代のデューラーやティ

ツィアーノの作品を失ってしまったとは、どんなに嘆かわしいことでしょう。サウス・ケンジントン博物館は、チゼック教授の生徒たちによる一揃いの木版画を購入することで、この方向への公式な第一歩を踏み出したところです。子どもの芸術（child-art）を単なる成人の芸術への通過点だと考えることで人々は大きな間違いを犯しているのです。

　子どもの芸術は自己完結しており、〔外界からは〕閉ざされ孤立し、大人たちのルールではなくそれ自身のルールに従っています。花盛りの時期が過ぎてしまえば、それは2度と戻ってはきません。子どもの生涯における危機はたいてい14歳の頃に訪れます。この時期こそ知性の目覚めの時期なのです。そして子どもはしばしば自分自身の行ないについて批判的になるあまり、完全に硬直して創造的な作業を続けられなくなってしまいます。その頃までは子どもは完全に感情に促されて、自意識に囚われることなく自発的に、自己の内側にある衝動につき動かされながら作業してきました。もちろん知性が創造にとって必ずや足かせになるというわけではなく、創造の助けになるべきです。しかしたいていそうはなりません。教師は子どもがこの危機を乗り越えられるよう努め、手助けしてやるべきです。あまりに強い圧力からは守ってやるべきなのです。子どもはあまりにも膨大な知識の流入には耐えられません。子どもの特性は外界の多種多様な観念と影響のもとで一切消え去ってしまうかもしれません。いずれにせよこの時期に大きな中断、休止が訪れ、それ以降は大人の芸術が現われるか、あるいは2度と創造的な時代は現われないかのどちらかなのです。

　次に教授は自身の学校へと話を進め、スクリーンに子どもたちの作品からいくつかの実例を私たちに示しながら自身の見解を例証しました。それらの実例はほぼすべてナイツブリッジでの展覧会で実物を見ることができます。

　彼は子どもたちにははっきりと区別できる3つのタイプがあると述べました。第1に、自分自身の根から育ち、外からの影響を受けていない子ども。第2に、外からの影響を受けつつも、個性を保つだけの強さを備えた子ども。第3に、そのインスピレーションが完全に外から来たものであり、結果的に自身の持性をすっかり失ってしまった子ども。

第 1 グループの典型として 4 人の子どもが紹介されました。ヘレナ・クラウンツナー、ベラ・ヴィホン、ロベルト・ウルマン、フランツ・プロブストです。

　ヘレナ・クラウンツナーは純粋な天真爛漫さ（「reines Erbgut」）の優れた実例です。彼女はウィーンに住んでいますが、その両親はチロル地方の出身です。当初から教授は、この彼女の内面にあるチロル的な要素がうまく表現される手助けをしようと努力しました。これは思った以上に容易でした。なぜなら彼女は長期休暇をチロル地方で過ごしていたからです。彼女は自分の周囲の自然に深い愛着を抱いて育ち、これを身近に理解していたことから、それは彼女のスライドにおいて際立った真実味と活気を伴なって再現されていました。教会にいるチロルの農夫たちは彼女のスタイルを示す見事な例証です。力強く堂々とした人物像は極めて典型的です。彼女はいつでも真剣で、ウィーンに毒されたところはみじんもありません。思春期の危機は彼女においてとても分かりやすいものでした。彼女の描画は弱々しく感傷的になっていったのですが、今ではかつての力強さが再び彼女に戻ってきています。彼女の母親は公務員の夫を亡くした未亡人なのでとても貧しく、ヘレナは婦人帽の製造を学ばなければなりませんでしたが、時間が空くと今でも美術教室に戻ってきて素晴らしい作品を制作しています（図 1 および 2 を見よ）。

　ベラ・ヴィホンは貧しい家庭の子どもです。彼女は生まれつき本物の詩情と、そして素晴らしい感受性を多分に備えています。自然に対する彼女の愛情はとても強く、自然を描いた魅力的なスケッチのほとんどを完全に記憶をたよりに制作することができます。彼女はしばらくケルンテン州で農夫たちと暮らしたことがあり、帰ってくるや 3 枚の絵を制作しました。それが彼女の滞在した家、その家の主婦、その家の子どもたちです（図 3 および 4 を見よ）。現在、彼女はスウェーデンで美術を勉強中です。彼女の手紙によれば、初めのうちは彼女のやりたいようにすることを新しい教授に認めさせるのにいささか苦労したけれども、今はうまくいっているそうです。ベラ・ヴィホンは長い間、絵日記をつけており、教授は生徒たち全員にそれを推奨しています。彼女はそうした日記を 10 冊持っており、とても価値のある記録になってい

ます。

　ロベルト・ウルマンは平民の子どもです（図6を見よ）。彼の父親は工場で働いています。彼が13歳のときに制作したヤギを連れた少年のスライドは（図5を見よ）、その驚くほどの活発さとリズム感を示しています（ギルバート・マレイ卿が、その力強さと活発さから旧石器時代人の洞窟壁画を思い起こしたのは、まさにこのスライドのことです）。彼の並外れた観察能力は、フランツ・ヨーゼフ大公の葬儀を表わした作品に見出せます。教授が述べたことには、この葬儀は彼に多大な印象を与え、それを見終えるやすぐに教室にやって来て、固い台の上でペンナイフを使ってその印象を切り出しました。極めて正確な再現であり、奇跡的な繊細さと力強さの結合を示しています（図7を見よ）。これ以外の作品にも、とりわけ戦友の墓のかたわらに馬と一緒に立っている兵士のシルエットには、「Stimmung」（雰囲気と情感）が多分に存在しています（図8、さらに図9を見よ）。現在、ロベルト・ウルマンは美術アカデミーで学んでいて、型どおりのことをさせられ、その個性を失ってしまったことをチゼック教授は嘆いていました。

　フランツ・プロブストは影響とは無縁の特性の目覚ましい実例です。犯行現場と堕落した人々を描く、とても不気味な技能を備えた少年として思い出されることでしょう（図10を見よ）。「それらは彼が通りをうろついているときに目を引いたたぐいの事柄なのです」、と教授は述べました。「ただし彼はそれが何を意味しているのかをまったく知りません。彼は完全に純朴で真っ直ぐな子どもなのですが、正常なもの、日常的なものに満足できません。彼はただ異常なもの、非日常的なものに興味を覚えているだけなのです。その想像力はなんと薄気味悪く奇妙なのでしょう！　例えばこれは彼の自画像です」。直後にスクリーンに現われたのは、片方に短剣、もう片方にろうそくが置かれたドクロです（図11を見よ）。この短剣は少年のものではないそうです。こういう短剣を1つ手に入れるというのが彼の最大の願いだったのです。かつて彼は短剣を探してウィーン中を歩き回り、ついに自分の理想と寸分たがわぬものをとある骨董品店に発見したのですが、何とも残念なことに店主が口にしたその値段はあまりにも高額で、彼が入手できたのは結局その

描画だけだったというわけです。自画像の方について言えば、彼は一晩ろうそくの灯りのもとで鏡を見ながら、骨ばった頭蓋しか目に入らなくなるまで自分の頬を後ろに引っぱっていたそうです。これこそ自分が作ることのできる最も真実の自画像だ、と彼は思ったのです。他のスライド――1つは成長して兵士になった彼自身が軍隊から逃亡するところ、もう1つは海の底の骸骨たちと、その周囲を泳ぐ奇妙な魚と海の生物たち――は、戦争が彼の精神に刻んだ印象のようなものを示していました。（ちなみに現在、フランツ・プロブストはヴァイマール州で美術を勉強中で、ある人の断言によればまだ「哲学には夢中になっていない」そうです。）

　第2グループの（つまり外からの影響を受けつつも自らの個性を保てるだけの強さを備えている）子どもの好例として教授が挙げたのが、イーネ・プロブスト（フランツの妹）と、ゲルトルード・ブラウゼヴェッターです。彼はイーネ・プロブストのスライドを名残り借しそうに見せていきました（図12を見よ）。「これほど幼いにもかかわらず、何という観察眼でしょうか」と、彼は声を大にして言いました。「彼女がこれらを再現するのにどれほどの理解と愛情を込めていることでしょうか。彼女は兄ほどの独創性は持っていませんが、しかし彼女の想像力には大いなる優しさと魅力があります」（図13を見よ）。

　次にスクリーンに現われたスライドは、ゲルトルード・ブラウゼヴェッターのものでした。私たちが見たのは彼女の初めての芸術上の努力であり、それは非常に堅苦しく硬直した人物像が列をなしていて、彼らのかかとはまるでテーブルの脚のように足と直角に交差しています（図14を見よ）。ある美術教師はこのスライドを大変馬鹿にして眺め、この子どもはどうにも見込みがない、すぐに追い出した方がよいとチゼック教授に語りました。「しかしこれらの人物像の力強さを見て下さい」と、教授は憤慨して叫びました。「まるでスフィンスのように堂々としていて、古代エジプトのレリーフの人物像のように力にあふれているじゃないですか。何ともよく特徴をとらえ、堅苦しさにもかかわらず、すぐれたリズムがあるじゃないですか！」

　後にゲルトルード・ブラウゼヴェッターは彼の生徒でも一番に技能のあ

る者の1人になりました（彼女は聖母と眠る幼子の木版画を制作しましたが、それはナイツブリッジでの展覧会に行った人ならみな思い出すでしょう）。これらの木版画を、彼女は下書きなしに、そのまま木板に制作します（図15を見よ）。宗教的な教育が彼女に多大な影響を与えてきたことは容易に見て取れますが、同時に彼女は自分の個性を保っています。彼女が持つ構図に対する感受性とデザイン・センスはとても際立っています。

　3番目のグループに属すのが、イーダ・ボハッターとエリック・レーデラーです。イーダ・ボハッターの父親は大学図書館の司書をしています。彼女はいつも絵画作品と書籍に囲まれて生活してきました。彼女の描画はすべてこれらからの影響を示しています。彼女は装飾に対する非常に力強いセンスを持っており、そのことは彼女の花々の制作物にも、また色紙を使った切紙にも見て取ることができます。それらの写真は、このうえないほど際立った技能を示していますが、想像力の独自性は少しも、あるいはまったく見られません（図16を見よ）。

　エリック・レーデラーは非常に裕福な両親の子息であり、絵画作品と書籍に囲まれて育ちました。家族の友人にはクリムトがおり、彼のすべて描画にはクリムトとオーブリー・ビアズリーのような芸術家からの影響が見て取れます（図17と18を見よ）。「今では彼はまったく制作していません──彼はそれほど裕福なのです」、と教授は悲しげに付け加えました。その声の調子は、金持ちが天国へ入るのがどんなに難しいかを思い起こしている者のそれでした[訳註1]。

訳註

1　新約聖書にあるキリストの比喩で、金持ちが天国に入るのはラクダが針の穴を通るより難しいという比喩から。

第 8 章 フランツ・チゼック 259

図1 ヘレナ・クラウンツナー

図2 ヘレナ・クラウンツナー

図3 《家の子どもたち》、ベラ・ヴィホン

図4 ベラ・ヴィホン、木版

図5 ロベルト・ウルマン（12歳）

図6 ロベルト・ウルマン

図7《フランンツ・ヨゼフ大公の葬儀》、R・ウルマン

図9《難民たち》、R・ウルマン

図8《墓地の兵士》、R・ウルマン

図10 フランツ・プロブスト

図11 フランツ・プロブスト

図12 イーネ・プロブスト（14歳）

図13 イーネ・プロブスト

第8章　フランツ・チゼック　263

図14　ゲルトルード・ブラウゼヴェッター

図15　ゲルトルード・ブラウゼ
　　　ヴェッター

図16　イーダ・ボハッター

図 17 エリック・レーデラー

図 18 エリック・レーデラー

フランチェスカ・ウィルソン『チゼック教授の教室（主題：秋）』

　そこには50から60名の子どもたち、みな6歳から15歳までの男の子と女の子がいました。その一人ひとりが同じサイズの紙を前に置き、チャコール・ペンと絵の具箱を持っていました。その日は「クラス作業 (Klassenarbeit)」の日で、自分がどの画材を使って表現するかは選べない日でした。チゼック教授が彼らに提案した主題は秋でした。その日は陽光が差し込んでいて、秋〔という主題〕に取り組むには絶好の11月の晴れた1日でした。彼らは秋を人物像によって表わさなければなりません。初めに彼らは紙のへりに沿ってぐるりと枠線を引き、人物像の頭が余白の1番上に、かかとは1番下にくるようにしなければなりませんでした。というのも、これは彼が後になって出来上がった作品について子どもたちと話し合った際に説明したことですが、絵の中に小さな人物像しかおらず、大半が空白になっていると、絵が貧相かつ陰気に見えてしまうからです。人物像の大きさは絶対のルールではありませんでしたが、それ以外は各自が好きなように自分の秋を制作してもよいことになっていました。

　彼はハンスにどのように秋を再現するのか尋ねました。ハンスはすぐに答えて、リンゴでいっぱいの籠をもった老人になるだろうと言いました。この提案を聞くと、フランツが立ち上がって、自分は葉っぱを吹き飛ばそうと木に力いっぱい息を吹きかけている人にするつもりだと言いました。体が小さく、意思の強そうな年少の参加者で、青白い顔をして2つのおさげを垂らしたエリザベートは、自分は絵の具の入った壺をいくつか持って木の葉を鮮やかな色に塗っている老人にする、ときっぱり断言しました。

　チゼック教授はこれらすべての提案に肯いて、とてもよいものが出来そうだ、可能性がいっぱいだといったことを一人ひとりに断言してやっていたのですが、子どもたちはどうやら早く始めたくてすでにウズウズしていたので、話し合いを切り上げ、作業に取りかかるよう言いました。

　こうしたことを子どもたちがすばやくためらいなしにやってのけるのは驚

きでした。私なら木炭と紙を持て余しながら何をしようかと 1 時間半は迷っているだろうとしか想像できなかったのに対して、子どもたちはすぐに何をするか決めて、てきぱきと主題に取り組んだのです。おそらく彼らの教授がいつでも背中を押してくれることで、この自信と勇気が子どもたちのなかで育っていったことは間違いないでしょう。

　数分後にはすべての子どもが紙の上に頭部を完成させ、数名は人物像全体を描き上げていました。するとチゼック教授は人物像はきちんと用紙全体を埋めてないといけないと子どもたちにもう一度言いました。彼によれば、子どもたちの何人かはこのことを忘れて作業を始めてしまい、頭部が大きくなりすぎたり小さくなりすぎたりするそうです。子どもたちは、細部に時間を費やす前に、まずは全体像をとても薄い線で一気に描き上げないといけません。やがて彼は〔教室を〕行ったり来たりしたのですが、その表情は優しくくるくると変わり、それが子どもたちにとってはまたとない励ましになっていました。たいていは子どもたちが何を制作しているのかを楽しんでいましたが、それは傲慢な大人が上からの目線でするようにではなく、もっと熱心な子どもがするような楽しみ方でした。実際、彼は子どもたちが自分自身に対してそうであるくらい、彼らに対して真剣に接していました。彼らの描画には決して手を出したりしませんし、たいていの教師がするように黒板の方に行って彼らに対して自分で何か描画し、人体比率や解剖学に関する実例つきの質問を投げかけたりはしません。そうもできるところで彼は子どもたちに自分の作品に踏みとどまって、もっと自由で大胆になるよう促すのです。

　比類のないやる気と喜びの雰囲気が教室いっぱいに満ちていました。

　ずっと年少の子どもたちはとても夢中になってあらゆる種類の興味深い細部を思いつくまま熱心にもとのスケッチに付け足していました。ある少年は強い風に逆らって走る少女を彼の秋ということにして、クスクスと楽しそうに笑いながら、その後ろになびくおさげ髪を描き足し、その先の方から明るい色のリボンが外れて飛ばされる様子を加えていました。幼いエリザベートは深紅の外套をはおった老人を完成させ、とても短い残り時間で木の葉を金色とオレンジ色に塗り上げて、約束どおりに老人を出現させました。全体は

確かに子どもっぽくはありましたが、教室の端に立って6メートル離れたところからなら、彼女が描こうとしたものを見て取ることができました。ずっと経験を積んだ芸術家たる年長の何人かは、夢見がちな表情で色塗りをし、そして人物像が完成すると、その絵に下描きもなしに花々と色づいた葉を加え始めました。最も印象的だったのは、彼らが無頓着にも思えるくらい打ちとけた雰囲気をまとっていたことです。

　75分後には絵がすべて集められ、壁にピンで留められました。そして子どもたちはその周りにこれ以上ないくらい熱心な期待で胸をいっぱいにして輪になってしゃがんだのですが、それは作品講評がいつでも授業全体をとおして最も緊張感あふれる時間だからです。それは確かに比類なき玉石混交のコレクションでした。多くのスケッチは、たいていの教師なら子どもの下手な絵だとして足早に通り過ぎてしまうほどのものでした。ほんの少しの心にもない褒め言葉しか思いつかないような絵であっても、チゼック教授はほとんど誰も賛同しないほどの注意を払っていました。

　60点のスケッチのなかでは、およそ12点が、制作の技量や、生き生きとした空想力が表現されているという点で、あるいはいくらか線ないし色彩が魅力的であるという点で注意を引きました。これら12点にはチゼック教授も充分に時間を割いて高い鑑識眼をうかがわせるコメントを述べていましたが、彼は他のすべての絵にも何がしかのことを見つけていました。彼はこれらを愛情深く解説しながら一点一点と講評し、ときにはユーモア作家の楽しげな愉悦を、またときには美を前にした芸術家の真っ直ぐな歓喜を交えながら、しかし常にそれが自分自身の創造物であるかのように真剣でした。手放しに褒めたり貶したりといったことはありませんでした。

　「これは薄緑色と薄い青色の服を着た女性ですね。好ましい人物像ですが、彼女は秋でしょうか？」と、彼は尋ねました。「しかしこれは間違いなくドリス・ギュンタースの秋なのです。ドリス自身は今、春真っ盛りです。誰が彼女に秋を制作してもらおうなどと考えつくでしょうか？　確かに、花々がまだ草むらに咲いているのに、この小柄な女性の周囲では秋の音楽のように木の葉が落ちていっています。彼女は小春日和、つまり秋のさなかに咲き誇

る2つ目の春なのです」。(図1を見よ)

「これは曖昧な人物像ですね。これが男性なのか女性なのか、身体のどちら側に頭部が置かれているのか、はっきりとしません。とはいえカールは新入りですから、きっとすぐに性別が明確に区別できること、頭部は身体の決まった側にのっていることを学ぶでしょう。ここにいるのは最高にお洒落なクルクルした口ひげの快活な男性で、彼はリンゴの入った籠を小脇に抱えて木に寄りかかっています。けれど「was schaust Du mich an?」(「どうしてそんな風にこっちを見るんだい？」)」とチゼック教授が大声を出すと、子どもたちは笑いながら歓声を上げました。というのも私たち全員にも、本当に突然、その小さな男が厚かましく挑発的な表情で私たちを見ているように見え始めたからです。「きっとこの厚かましい小柄な男はリンゴを売りたい、それも割増し価格で売りたいのでしょう。この絵にはとてもユーモアがありますが、本当に秋らしいでしょうか。秋は何の見返りも求めずに気前よく何でも私たちに与えてくれるのですよ」。

「マルガレーテの老女は確かにずっと秋らしいですね。年老いていて、1年のすべての月を背負っているので腰が曲がっています。彼女が遠くの冬の匂いを嗅ぎとっている様子、そして冷たい風が彼女に吹きつけている様子を見てください！　彼女の服の色はオレンジと赤——、本当に秋らしい色がすべて含まれています」。(図2を見よ)

「そしてこのマリー・キントの小さな《ダンス名人》はどうでしょう。彼はなんとリズミカルに動き、彼が両腕に秋の花々と果実をいっぱいに抱えている様子はなんと美しいことでしょう」(この小さなダンス名人は実に見事な創造物で、比率の点でも、色彩の点でも、また空想力の点でも完璧ですし、「ダンス名人」という言葉から思い浮かぶ限りで最もリズム豊かでした)。(図3を見よ)

「そしてこちらはプレス器で搾り出したブドウ果汁でいっぱいになった樽と陽気な大酒飲みですね。すでに彼は今年の新酒を1杯飲んでいるところですが、もちろん「er hat recht（彼にはその権利があります）」(先生の声色は熱のこもった賞賛に満ちています)。(図4を見よ)

「そしてウールマン嬢は優雅でお洒落な創造物をまた1つ私たちに与えて

くれました。秋夫人が私たちに向かってまるで〔ウィーン随一の目抜き通りである〕ケルントナー通りをぶらつくように歩いてくるのをご覧なさい」。

「マルタ・ツェーエンターはオランダ旅行に行っていましたが、だからといって私たちを忘れていたわけではありません。彼女が描いたのは、彼女がオランダで見かけたあちらの子どもたちの１人ではなく、私たちのいるニーダーエーステライヒ州の娘さんたちの１人です。これはとても大事なことです。なぜなら「man versteht das Heimatliche am besten（生まれ故郷のことがいちばんよく分かっている）」からです。私たちは自分自身の地面に根を張るべきだというのは正しいことですし、本当は熟知も理解もしていない何か異国風のものよりもむしろ自分が熟知し理解している物事を描くべきだというのも正しいことなのです」。(**図5を見よ**)

「メーダ・プリマヴェージはもう１人の素晴らしい農婦姿〔の秋〕を描いてくれました。彼女の表現を見てみましょう。彼女が生まれ出た土壌のように健康的で、彼女の籠のなかのリンゴのようにみずみずしいではありませんか！ そして何と素晴らしい色彩でしょう。まるで吹奏楽器によるオーケストラのようではありませんか！（メーダが故郷を思い出している、つまり彼女の出身地の大地を忘れなかったのは喜ばしいことです。私たちのものであるこの親愛なる大地、それは皆の心に豊かな実りと力強い彩りと歓びをもたらしてくれます）」。(**図6を見よ**)

「ヘレナ・クラウンツナーは思い出しました。これは彼女のチロル地方の逞しい女性たちの一人です。彼女の生まれ故郷の山々のように堂々としています」。(**図7を見よ**)

「そしてこちらは今日に限って習ったことがまるでうまく行かなかったのをとても悔しく思っているヘルタ・ツッカーマンです。確かに彼女が私たちにもたらしたものは未完成ですが、しかし詩情に溢れています。１人の子どもが手を上げながら、最高に音楽的な身振りをしながら立っています。きっとこの子どもには色が塗られて、明日には完成することでしょうし、確かにそれはかなり口惜しいことなのですが、彼女は新鮮かつ詩的で、今のままでも充分に表現豊かです」。(**図8を見よ**)

「トラウテル・コンラートは彼女独自の優雅で繊細な創造物をもう1つ私たちにもたらしてくれました。それは華やかな色彩のただ中にいるニンフですが、冷たく彼女に吹きつける風も出ています。私たちはいつでもこうしたトラウテルの創造物を見るのを楽しみにしていますし、喜びに満ちた愉快な時間（「freudvolle, lustige Stunde」）を彼女が私たちと一緒に過ごしてもらうのも楽しみなのです」。(**図9を見よ**)

「こちらには市場に運ばなくてはならない全部の果物を携えて「geschwind, geschwind（急げ急げ）」と駆け足の男がいます。彼の上には、ちょうど私が先週〔ウィーン郊外の〕グリンツィングで見たようにマガモたちが飛んでいて、陽光が白く輝かせ、大きな羽ばたきの音がしています。そしてきっとこの芸術家も同じようにマガモたちが飛んでいるのを見たのでしょう——。リヒャルトはまだ自分が感じたこと、体験したことを私たちに伝えるすべを習得していません。何かを塗るときには心から大切に思いながら塗らなくてはいけません。そうでないと塗られたものが面白くならないのです。それに彼の若くて貧しい秋は水着を着ているので、きっととても寒いはずですよ」。

「マグダの老女は趣きがあって、とても個性的です。確かに比率は間違っていますが、自分が感じたとおりにこの老女を制作したマグダは決して間違っていません」。

こうして彼は一つひとつを取り上げていき、目を輝かせた子どもたちは、彼ら自身の想像が、言ってみれば、明瞭に解説され、そして自分でもどう説明したらよいかまるで分からなかったような考えが解釈され説明されるのを耳を傾けて聞いていました。何も表現するものがなかったり、かつて目にした何がしかの絵の記憶を頼りにどこかわざとらしい効果を狙っていたために、手持ち無沙汰にしていた子どもたちは、賞賛も励ましの言葉もないまま作業時間を過ごすだけでした。

どんなに言葉を尽くしても、この授業から受けた印象を完全に伝えることはできません。チゼック教授はとらえどころがなく、一言ではうまく言い表わせないのです。しかし、この授業を見学した後で、彼の秘密の大部分が分かったような気がします。彼はひたすらに芸術家であるだけでなく、鋭敏で

辛辣な批評家でもあるのです。しかし彼の批評は（すべからく本当の批評はそうであるべきだったように）理解と共感から発しています。彼は子どもの精神に対するたぐいまれな理解と共感の才能を授けられているのです。彼から何の反応ももらえないのは、不誠実さとわざとらしさだけです。彼は自分に対して本当に誠実であり、そして子どもたちに対してもそうであることを求めているのです。

　それと同時に、このような授業を見学した後では、世界中の幸せな子どもたちからなる一団が、小さな木炭と絵の具の助けを借りて自分たちの心と精神にある宝物を世に知らしめるのを拒む理由など何もない、と感じられます。この世にチゼック教授は1人しかいませんが、誠実な芸術的感受性と子どもへの理解の双方を備えた美術教師なら何人でもいるのです。チゼック教授の仕事と彼の教室は、こうした美術教師たちの背中を押し、励ましを与えてくれることでしょう。

図1 ドリス・ギュンター（13歳）

図2 マルガレーテ・ハーヌス（15歳）　　図3 マリー・キント（14歳）

第 8 章　フランツ・チゼック　273

図 4　メリッタ・プリマヴェージ（12 歳）

図 5　マルタ・ツェーエンター（14 歳）

図 6　メーダ・プリマヴェージ（15 歳）

図7 ヘレナ・クラウンツナー（16歳）

図8 ヘルタ・ツッカーマン（14歳）

図9 トラウテル・コンラート（15歳）

第9章
ロジャー・フライ
──モダンアートによる児童美術の再定義

解 説

　本章では、英国の美術批評家ロジャー・フライによって、ともに『バーリントン・マガジン』に発表された1910年の小論「ブッシュマンの芸術」と1917年の「子どものドローイング」、1919年に『アシニアム』で発表された「芸術を教える」の3本を訳出した。それぞれ出版された後、最初の小論は、1920年、『ヴィジョン&デザイン（Vision and Design）』に、後者2本は1997年、『ロジャー・フライ・リーダー（Roger Fry Reader）』に所収された。『ヴィジョン&デザイン』は、英米では版を重ねて続け、現在でも大学の書店で見かけることができる。

　著者のロジャー・フライは、ロンドンの厳格なクェイカー教徒の家系に生まれた。画家、美術批評家、美術史家、工房経営者といった複数の経歴のうちで最も有名なものが、1910年と1912年の2つの展覧会の組織運営であり、彼は、英国の人々に同時代のフランスのモダンアートを紹介し、セザンヌやゴッホ、ゴーギャンなどに対して「ポスト印象派」という名称を考案した人物として知られる。英文学や社会学においては、20世紀初頭のロンドンを代表する知的サークル、同時代の趣味を牽引したブルームズベリー・グループの1人として、小説家のヴァージニア・ウルフや経済学者のジョン・メイナード・ケインズらとともに紹介されることも多い。また、第11章でリチャード・シフが述べているように、美術批評史においては、「フォーマリズム」批評の起源として論じられることも少なくない。

　フライの出発点は、ケンブリッジ大学で専攻した生物学であり、母校キングズ・カレッジのアーカイヴには、細胞壁の形成を主題とする修士論文も残されている。その後、彼の関心は、絵画を描くこと、論じることへと転じ、1890年代はイタリア・ルネサンスを専門とする美術史家として活躍した。私たちが知るフライ、すなわちモダンアートの専門家となるのは、1900年代半ばにセザンヌの作品と出会ったことを契機とする。米国のメトロポリタン美術館の学芸員を経て、1910年に帰国したフライは、大学時代の仲間やロンドンの友人たちの支援

を受けて、上述の2つのポスト印象派展を開催した。1909年に『ニュー・クォータリー（New Quarterly）』において発表された「美学に関する試論（An Essay on Aesthetics）」の執筆中にはすでに最初の展覧会の準備が進行しており、彼はこの小論のなかでロイヤル・アカデミーで厳守されていた伝統的な西洋美術の基準「自然模倣（Imitation of Nature）」への反発と、物語のない――20世紀中葉のアメリカ抽象表現主義へと続く――新しい絵画表現に顕著な「似ていない」「抽象的な」傾向の承認を表明していたのである。

　興味深いことに、自然模倣の基準から外れた新しい表現のコードは、原始美術や児童美術のそれと親和性を持っており、フライはそこからブッシュマンをはじめとする「未開」ないし「野蛮」と形容される種族や先史以前の制作物へと関心を寄せるようになる。彼もやはり、前章までの著者たちと同様に、スペンサーやダーウィンの進化論的な歴史観を持っていたことから、子どもから大人へといたる個人の成長過程と先史時代から現代へといたる人類の歴史展開を並行視しつつ、しかし彼の場合、この態度を教育の現場ではなく批評の言説へと取り入れた。当然ながら、成長や発達過程の出発段階は、未完成を意味するものである。他方で子どもや原始的な人々の表現と似ているとはいえ、フライが支援する同時代のモダンアートが知のヒエラルキーの底辺に位置づけられるわけにはいかなかったので、つまり新しい表現のコードを「稚拙」や「無知」といった言葉で形容するわけにはいかなかったので、フライは戦略的に肯定的な批評言語を用意する必要があったのだ。

　彼が「プリミティヴ」と言うとき、それは結果に向けられる未成熟で洗練されていないといったマイナスの意味ではなく、驚きや歓喜の体験を無媒介的に視覚化しようとする態度を指す。この視覚化のプロセスを基礎として、フライがフォーマリズムの前提とした「概念－象徴化」が発展する一方で先の「自然模倣」に代表されるアカデミー絵画も、印象派の輪郭線を強調しない描法も、前者はエモーションの観点から「惰性的」で「感傷的」であるとして、後者は知的でない「転写」にすぎないとして退けられた。「子どものドローイング」や「芸術を教える」において論じられているように、「プリミティヴ」な要素を認めるとしても、そのまま子どもがモダンアートの画家たちと同様の芸術家になれるわけではなく、フライは、子どものうちに「なれるかもしれない」といった程度の可能性を認めているだけにすぎない――「〔……〕芸術を教わり始めるまでは子どもの大半は多かれ少なかれ芸術家である、ということだ。未開の人々が芸術家であることもまた事実である。しかし、子どもも未開の人々も文明化した大人の優れた能力にいともたやすく感銘を受けてしまい、〔……〕自らの個人的な反応を捨て一般に認められた慣習を支持するようになる。したがって彼らは芸術家であるとはいえ、脆弱で不完全な芸術家なのだ」（本書302ページ）。こうしたフライのプリミティ

ヴなものに対する態度は、20世紀後半に人類学的な観点からモダンアートの文脈が読み直され、再編されるとき、マリアナ・トーゴヴニックのような文化人類学者から「差別的」だとして非難されることになる。

　さて、フライは造形教育にまったく関心がなかったわけではない。1910年代に彼が若手芸術家を経済的に支援する目的で設立、運営したオメガ工房では、若手芸術家だけでなく当初から子どもの絵も展示することが計画されていた。1917年に開催された児童画展で展示された絵の大多数は、芸術家の親を持つ12歳以下の子どもたちによって描かれたもので、大半の子どもは正規の美術教育を受けていなかった。このなかには、フライ自身の子どもも含め、エリック・ギルなどオメガ工房の作家の子どもの絵もあったようだ。

　絵画や彫刻といった純粋美術だけでなく、応用美術の実践にも関わったことは、一般に芸術ジャンルの純粋化を標榜したとされるモダニストの立場とは矛盾しているように見えるが、そのあたりにフライの領域横断的な構想が見え隠れしている。オメガ工房ではそもそも、ポスト印象派風の構成が家具や日用品のデザインに転用されていたりして、絵画とデザインが密接に結びついていた。さらに、1931年にフライは、ゴレル卿の主宰する芸術と産業に関する委員会のメンバーとなり、翌年の同委員会の報告書に彼は美術教育とデザイン教育の架橋を念頭に置いた構想を著している。やがて、この構想は、美術教師マリオン・リチャードソンの実践において具体化されることとなった。

参考文献

Bullen, J. B. (ed.) *Vision and Design*, Oxford University Press, 1990.
Goodwin, C. D. (ed.) *Art and the Market Roger Fry on Commerce in Art*, The University of Michigan Press, 1998.
Kaname, M. 'Design for Whose Sake: The Case of the Omega Workshops', *Design Discourse*, vol. 1, no. 2, 2005.
Torgovnick, M. *Gone Primitive: Savage Intellects, Modern Lives*, The University of Chicago Press, 1990.
Reed, C. (ed.) *A Roger Fry Reader*, The University of Chicago Press, 1997.
要真理子、『ロジャー・フライの批評理論　知性と感受性の間で』、東信堂、2005年。

ロジャー・フライ「ブッシュマンの芸術」

　人類の歴史のなかでドローイングは、異なる時代に、異なる民族の間で、非常に様々な概念を表現し、非常に様々な手段を駆使してきたので、それは１つの芸術とは思われず、むしろ数多くの芸術と思えてしまうほどであった。確かに、その起源は人類におけるいくつかの極めて独特な本能にあるように見えるし、そしてこれらの本能をそのずっと単純な現れにおいて考察することは、たとえ現代の素描家にとってであれ、自身のメソッドを点検しコントロールするためにまんざら不必要なことではなかろう。私たちの種族の原始のドローイングは奇妙にも子どものドローイングと似ている。最も際立った特徴は、このドローイングというものが言語の概念によって支配されているという点にある。子どものドローイングにおいて私たちが見出すのは、実際の外観とほとんど関連はないが、しかし再現されている事物の最も有意味な概念を直接象徴している数多くのフォームである。子どもにとって、人間は（順に目、鼻、口から成る）頭の概念、両腕、（5本指から成る）両手、下肢の総体である。胴体は彼の興味を惹く概念ではないから、それゆえいつも脚部と頭部の概念‒象徴を結びつけるのに役立つ１本の線にまとめられる。もちろん、子どもはこのように描画された形象が人間らしくなく、むしろ人間を表わす象形文字のようなものであることを知っており、そしてこの形象は彼の表現に対する欲求を満たすのである。厳密に同じ現象がプリミティヴ芸術で生じる。すなわち、概念のための象徴が、次第に外観との類似性を帯びてくるようになる。しかし、アプローチの仕方は比較的進歩した時代においてさえ依然として同じである。芸術家は視覚上の感覚作用を紙に移し替えようとするのではなく、彼の概念上の習慣によって色付けられた精神的なイメージを表現しようとするのである。

　レーヴィ博士[編註1]は、初期の芸術において再現を支配していた法則を考察し、ギリシア彫刻においても概念的な象徴主義という初期の芸術家のアイデアがリュシッポスの時代にいたるまで影響を与えていることを示した。

レーヴィ博士は、初期のドローイングの7つの特徴を列挙する。そのうちで最も重要な特徴は、人物像がいくつかの部分で示され、それぞれの部分は極めて大雑把な見た目で、諸々の形態も様式化されている——すなわち整然とした、あるいは整然となろうとする線からなる構成を呈示しているということである。

　これらの特徴の最初のものは、エジプトとアッシリアの彫刻のものであり、最も現代に近く、最も発展した時期のものでさえ、その事例は変わることがない。私たちは、側面から見た頭と正面向きの目、そして正面向きの肩と胸部、それから突然身体がねじれることによって、再び横向きの脚部と足先を見る。このようにして、それぞれの部分は、それと一致する視覚的概念を最もはっきりと表現する角度で示される。例えば、足は、正面からの様子を描写するよりも側面図によってはるかに分かりやすく示される。その一方で、目のことを考えるように言われた者が思い浮かべるのはいつも正面図なのである。かくしてそうした芸術においては、身体がねじれることによって、各部分はその名前によって引き起こされる精神的なイメージが持つであろう局面によって再現され、人物像は典型的な概念上のイメージの独創的な混合物となる。頭部の場合、2つの局面、すなわち側面と正面、が「頭」の概念を象徴するものとして受け入れられる。しかし、〔側面と正面の〕中間段階を理解しやすいもの、あるいは満足のいくものとして喜んで受け入れようとするのは、芸術の発展においてずっと後のことである。一般に初期の芸術は短縮法をその難しさゆえに避けたのだと考えられている。むしろ、四肢の短縮図は標準的な概念的イメージとはひどく不釣り合いだから、そしてそれゆえこの図が四肢の観念を十分に表現しているとは受け入れられなかったからだと考えた方がよい。とはいえレーヴィ教授によって命名されたもう1つの特徴、すなわち、「形象とそれらの部分の配置と運動は2、3の典型的な形態に限定される」[編註2]も取り上げられるべきだろう。そしてこれらの運動は常に最も単純なたぐいのものとなる。なぜなら運動は、それぞれの四肢を最も大雑把で、かつ最もあからさまな局面で表示する必要性に支配されるからである。とくに、相互に交差する手足はややこしいとして避けられる。

手短かに言えば、そうしたことはプリミティヴな人々の間であれ私たちの時代の子どもの間であれ、いずれのドローイングでも主要原則の一部なのである。トング女史によって入念に模写された南アフリカのブッシュマン[編註3]の手になるドローイングに注意を向けるときに大いに驚かされるのは、そうした原則が実証されず、ずっと多くの場合には当てはまらないことに気づくからである。いかにも、ある種の洗練されていない未熟さと単純さは、これらのドローイングと子どものドローイング、あるいはプリミティヴな時期のドローイングとの表面的な類似性を与えているが、注意深く検討すれば、それらがいかに違っているか明らかになるだろう。それら〔ブッシュマン〕のドローイングは異なる時代のものであろうが、いずれも大して古いものではなかろう。というのも、文明化された人々に劣らずブッシュマンたちの間でも、ある芸術家が1度でも忘れられてしまえば、その芸術家の作品の上に〔別の〕絵を描くという習慣があったからである。これらのドローイングはまた、非常に様々な段階の技能を見せてくれる。それらの大半が再現しているのは、狩りや戦い、踊りや祭りの場面である。その一例としてはブッシュマンの物語に添えられた挿絵があり、そこにおいてある人物像は幽霊を再現していると考えられている。これらの絵画には、あえて装飾性を加えようとした意図はうかがえない。形象は、実際の場面をざっくりとではあるが再現するような仕方で洞穴の壁に形作られている[原註1]。これらの場面のうちのいくつかほど、プリミティヴ芸術と異なるものはないだろう。例えば、ある家畜の所有をめぐって2つの部族の間で交えられた戦いは、初期アッシリアのレリーフに見られるような戦いの場面とはまったく違っている。そこ〔初期アッシリアのレリーフ〕での戦闘は図式的で、片側の戦士すべてが右横を向いていて、反対側の戦士すべてが左横を向いている。知的な者にとっては全場面が火を見るより明らかであり、戦いはこうであったはずだという精神的なイメージを引き起こすが、しかしかつてあった戦いとは完全に異なるものである。さて、ブッシュマンのドローイングにおいて、真に図式的なものは何もない。その戦士たちの敵味方を区別するのは難しい。彼らはごちゃごちゃした混乱のなかですっかり混ざり合っている。ある者は突撃し、別の者は宙を舞い、主要

な戦闘から離れたところのここかしこで、一騎打ちが行なわれている。しかし、それ以上に、考えられるあらゆる態度で、人々は、走り、立ち、跪き、うずくまり、あるいは再度敵と立ち向かうために飛行の途中ですばやく身を翻している訳註1。

事実、こうした混乱にもかかわらず、つまり無規定な雑多さとでたらめさにもかかわらず、そこには情景を上方から眺めたかのような実際の外観の荒削りなシルエットが認められる。というのも、ブッシュマンはこのように実際の外観を犠牲にしつつ叙述の明晰さを作り出すからであり、諸々の形象が地面の上に広がっているように再現し、1つの形象が他の形象の背後に見られるようには再現しないからである。

さらにトング女史のアルバムの**図版11**訳註2を見てみよう。この場面は南アフリカの草原地帯である。草原にはエランド〔南アフリカの大型レイヨウ〕とリーボック〔南アフリカの小型レイヨウ〕が点在している。この動物たちは、最も自然でさり気なく見えるように配置されている。ここでは、1匹の動物の一部は、往々にして前景の動物によって隠されている。しかし最も印象的なのは、極めて複雑なポーズが、それよりも多く登場する側面図と同じくらいに、簡単に表現されているという事実であり、一瞬の身体の動きが写真のような迫真性とともに表現されているという事実である。**図1**と**2**を参照せよ。

もう1つのこうした驚くべき例は、**図3**に見られる。この図は、トング女史の本の**図版19**訳註3から借用されたものだが、背後から見られたリーボックを示しており、これは最も難しく、かつ最も複雑な姿勢である。さらにまた、**図5**の走っている人間ではどうだろうか。ここでは、大腿部が短縮され、弓を抱えた腕が胴体と交差しているという、最も複雑な身振りのシルエットである。それは明白な確実性と印象的な迫真性とともに表現されている。なかでも最も興味深いのは、**図4**のような動物たちが駆けずり回っている事例である。そこでは、その身振りが私たちの目に真実だと映るのは、瞬間写真によって私たちの緩慢で不完全な視覚が助けてもらったからにほかならない。50年前であれば、私たちはそうした描写を馬鹿げたものと一蹴

図1　複雑なポーズのリーボック

図2　走る姿のリーボック

図3　背後から見たリーボック

図4　走っている動物

図5　走っている人間

してしまえばよかった。〔しかし瞬間写真が発明された〕今、私たちはこの描写が駆け回る行動のなかの一動作を正確に叙述したものであることを知っている。

　注目されるべきもう1つの点は、プリミティヴ芸術と子どもの芸術においては、目や耳や角や尾のような特徴が、はっきりと他から区別された概念をそれらが示すからには、常に不釣り合いに大きく突出して描かれがちだということである。さて、ブッシュマンのドローイングでは、目、すなわちあらゆるもののなかで最も意義を持つものはしばしば省かれている。目が再現されるときでも、それは頭に対して正しい比率を保っている。同様に、角、耳、および尾も決して誇張されない。確かに、これらのドローイングは不完全かもしれないが、それぞれの形象が単一体として見られるという重要な性質を備えている。それぞれの形象は、諸部分の足し算というよりも、むしろシルエット全体の特徴が意図されているのである。子どもにドローイングを教えたことがある者なら、文明人がこの能力を獲得するのに、どれほど計り知れない骨折りを伴うかが分かるだろう。

　ブッシュマンの素描家のこれらのたぐいまれな腕前と比較するために、初期ギリシアの（ディピュロン式の）壺に二輪戦車の2頭の馬が描かれている**図6**の概要を説明しよう。この図を描いた人は比類のない芸術家であった。しかし、彼の知的で概念的な現象の扱い方が、どれほど彼の視覚を完全に曇らせてしまったことか！　2頭の馬は概念‐象徴の足し算であって、大いに秩序正しく、また装飾性を求める感情とともに並べられているものの、〔2頭の馬の〕外観とはまったく似ていない。バルフォア氏^{編註4}は、トング女史

図6　ディピュロン式の壺に描かれた2頭の馬

の本のはしがきにおいて、先に述べたようなブッシュマンのドローイングの印象的な特徴のいくつかを簡潔に指摘している。彼は次のように述べる。

> その［ブッシュマンの］絵画が驚くべきなのは、この大多数の絵によって示されるリアリズムに対してだけでなく、とくに動物に関しては、プリミティヴな人々のドローイングの大半を特徴づける横向きの輪郭線 (delineation) に限定されない自由さに対してである。どちらかと言えば表現するのが難しい姿勢が、ためらわずに試みられていて、ときには——ひたすら粗野で不安定なフォームにおいてとはいえ——透視図法の初歩でさえ正しく理解していることが認められる。一瞬のうちに見ることができた以上のものを再現しようとやりすぎてしまう実践、すなわちプリミティヴな人々と同じく文明化された子どもにも特徴的な習慣は、これら〔ブッシュマンの〕初歩的な一般文化からは予想もつかないほどにブッシュマンの芸術においてはまったく見受けられないのである。また、子どもの未発達な芸術や、最も遅れた人種の芸術には非常によく見られるような、横顔なのに両目が表示されていたり、正面の顔に横向きの口があったりする実例も、まったく見られない[編註5]。

ブッシュマンのドローイングが人類の〔歴史上の〕プリミティヴ芸術とほとんど似ていない以上、それは何と関係づけられるのか？　オーストラリアのブッシュマンもまた、純粋に視覚的なイメージを写し取るという同様の力のようなものを明らかに持っているが、最も印象的なのは旧石器時代人の事例である。ドルドーニュ〔フランス西部〕やスペインのアルタミラの洞窟に、旧石器時代人は紀元前1万年頃までさかのぼる絵画を残している。その絵画において、動物の再現が自然主義的か否かにのみ着目すれば、旧石器時代人は、私たちの時代のプリミティヴな人々だけでなく、さらには最も熟達した動物素描画家が1度でも達成できた高みすら凌駕している。図7はアルタミラの洞窟に描かれた野牛の外形線を示している。この図には、ポーズの確実性と完全性、動きの完璧なリズムと驚くべき迫真性がはっきりと表れてい

第9章　ロジャー・フライ　285

図7　アルタミラ洞窟に描かれた野牛の外形線

る。アルタミラのドローイングが示すのは、ブッシュマンのドローイングよりもずっと高度な偉業であるが、そこに見られる全体的な類似性は、ブッシュマンが旧石器時代人の後継者であり、他の生活技術の点では初歩的な段階に留まると同時に、〔しかし〕視覚的な転写という彼ら独自の他に例を見ない力のようなものをも維持してきたという考えを大いに示唆するものである。

　これが事実であるにせよないにせよ、この視覚化の特殊な力をドローイングにおいて示しているすべての人々が、最も低級な未開人と呼ばれるものに属していることは注目すべきである。彼らは、確かに最も文明化されにくく、〔なかでも〕南アフリカのブッシュマンが他の原住民族からどう見られているかと言えば、それは私たちが黒人を見るのとほとんど同じような〔見下した〕仕方なのである。ヴィジョンの完璧さ、そしておそらくは、ブッシュマンと旧石器時代人が授けられた他の感覚の完璧さ[原註2]は、彼らを完璧なほどに環境と適合させたので、狩りの初歩的な道具以上には機械技術を発展させる必要がなかった。これに対して、新石器時代人はそれほど完全には環境に順応してはいなかったが、しかし彼の感覚的な欠陥はそれ以上に高まりゆく知性の力によって埋め合わせられたのだと推測せざるをえない。このいっそう高められた知性の力は、現象を分類したいという欲求のなかに顕れ、そして自然に関する概念的な見方が優位を占めるようになる。まさにこの、概念という観点から事物について考える習慣こそが、いくつもの世代をかけて、事物を見えるがままに見るという能力を新石器時代人から剥奪してしまったのである。新石器時代人にいたって、ドローイングは、事物に対する感覚作用

というよりも、事物についての人間の思考を表現するようになった。あるいはむしろ、新石器時代人は自分の感覚作用を複製しようとしたとき、彼の思考の習慣が介在し、彼の手に対して、秩序正しく、明晰に、しかもまったく非 – 自然主義的な形式を描くように命じたのである。

　私たちの本性に染み込んでいる新石器時代人のこれらの視覚的 – 概念的習慣がいかに根深いかは、ヒステリー患者へのこれらの習慣からの影響に見ることができる。私は英国王立協会フェローのヘンリー・ヘッド氏 編註6 のご厚意にあずかって意見を述べる。「胸部」という語を例に挙げれば、たいていの人々は、その上に胸骨と胸筋が示された平らな表面のおぼろげなイメージを想像する。あるいは、「背」という語を考えてみれば、たいていの人々は、脊椎骨と肩胛骨が示されたまた別の平らな、もしくはほとんど平らな面を想像する。しかし、ほとんど誰も、喚起されたこれら2つの精神的なイメージを持っていないので、それらが連続する円筒形の身体の部分だとは思わない。さて、ヒステリー患者の症例では、知覚麻痺（anaesthesia）は、思考のなかで概念的なイメージを介して他の部分から分離された身体の一部とちょうど同じ範囲で生じる。例えば、胸部において知覚麻痺が生じるとすれば、胸部として概念化された視覚的なイメージが画定する範囲を超え出ることはないだろう。あるいは、知覚麻痺が手の概念と結びついているとすれば、手首の寸前で止まるだろう。それゆえ、新石器時代人において、概念上の習慣が何よりもまず強烈に目立つようになったからには、自然な外観の連続体を扱うモード――それは病状のパターンさえ決定付けるものであるが――が自然のあらゆる芸術的な再現を根底から修正すべきであったということは驚くに値しない。子どもによって与えられるドローイングの定義とは、実際のところ、この関連で述べることができるかもしれない。「初めに考える、それから私の考えの周囲に線を引く」と。

　旧石器時代人とブッシュマンのドローイングが、最もプリミティヴな人々でさえ形作らざるをえない概念にまったく影響を受けていないと推測するのは行きすぎであろう。実際、動物の側面図への好みは、確かに先に見たように別の角度からの眺めも頻出するとはいえ、紛れもなくこのこと〔概念から

図 8　ブッシュマンが描いたツルのドローイング

の影響〕を示しているのだろうが、とはいえ彼らは知的な発展の一段階にあったのであって、そこでは概念が知覚に介入するほどには明瞭に把握されておらず、それゆえ網膜上のイメージが精神的なプロセスによってほとんど邪魔されることなく明晰な記憶の絵になっていたように思える。文明人の芸術においてさえ、思うに、視覚的イメージの概念化がどれほど進行しているかについては大きな違いが認められよう。エジプト美術とアッシリア美術は全時代を通じて非常に概念的であり続け、そこで用いられた象徴にいっそうの迫真性を与えようなどと真剣に試みられることはまったくなかった。その一方で、ミケーネの芸術家たちは一見してずっと知覚的であったように見えるが、ギリシア人たちは強烈に概念化された象徴主義に戻ってしまい、最も偉大な芸術作品のいくつかはこうした象徴主義のなかで表現され、彼らが迫真性にいくらかでも近づけるように定式（formulae）を変更するにしても、それは極めて段階的にでしかなく、たとえ修正したとしても、〔思考ではなく〕視覚に訴えることは、芸術作品の根拠としてよりもむしろ、すでに受入れた概念的なイメージを訂正したり、改変したりすることを通じてなされた。中国美術、さらに日本美術は、明らかにもっと知覚的である。確かに、鳥や動物に関する日本のドローイングは、ブッシュマンや旧石器時代人の芸術の直接で迅速な転写に、他のどんな教養ある人々のドローイングよりも、ずっと近いものである。ブッシュマンのツルのシルエット（**図8**）は、ほとんど日本の屏風

からのものと言ってよいくらいだろう。日本のドローイングのように、それらは別々に把握された部分からシルエットを再構築する代わりに、単独の統一体としてのシルエットを受け入れる周到さを示している。私たちの印象派が、ヴィジョンのあの超-プリミティヴな直接性へと回帰しようと試みたのは、部分的には日本の影響によるものである。確かに、印象派は概念化されない芸術を故意に求めようとした。したがって、今日の芸術家はある程度まで、ヨーロッパ民族の初期の芸術家のように「形式について考える（think form）」のか、あるいはブッシュマンのようにただ「形態を見る（see form）」のかの選択を迫られている。彼の選択がどちらであれ、このようなドローイングの研究は、必ずや非常に興味深いものである。洞窟の壁と岩壁のブッシュマンの絵画は、急速に消えつつある。この人種（race）そのものは、ブリーク女史 編註7 がそれについて魅力的な説明をしているとはいえ、今では残り滓にすぎない。ブッシュマンの絵画が白人の入植者の手によって受けた扱いは、黒人の征服者がそれらに振り当てた扱いに比べて、めざましく共感や知性に満ちていたとは思えない。こうして、人間の発展に関する最も興味深い問題のいくつかを解くという好機は、永遠に失われてしまった。すべての芸術研究者は、トング女史とブリーク女史に感謝すべきである。彼女たちの熱意と勤勉さのおかげで、これらプリミティヴ芸術の最も興味深い局面の痕跡が適切に記録されたのである。

原註
1 装飾的な感情のこうした欠如は、絵画空間の不規則で曖昧な外形線のためであろう。装飾が始まるのは、おそらくは、絵画が測定された範囲内にぴったりと取り付けられるときであろう。一枚の紙の表面全体に子どものドローイングが描かれたとき、それらは決して装飾的ではないということに私は気づいた。だが、それらが細長い一片に描かれたなら、明確なリズムを備えた帯状装飾をデザインすることになろう。
2 これはオーストラリアのブッシュマン族に確かに当てはまる。

『Vision and Design』の編者 J・B・ブリンによる編註
1 Loewy E. Fothergill J. (trans.), *The Rendering of Nature in Early Greek Art*, Duckworth, 1907; 細井雄介訳、『初期ギリシア芸術における自然再現』、中央公論美術出版、2007年。

2　Loewy, p.5.（フライによる注記）
3　*Bushman Drawings*（Oxford, 1909）（フライによる注記）．ヘレン・トングが、模写したもの。序文はヘンリー・バルフォア。〔J・B・ブリンが「フライによる注記（Fry's Note）」と書き添えているように、この著作は、正しくは以下の書名ではないかと思われる。Tongue H. *Bushman paintings* with a preface by Henry Balfour, Clarendon Press, 1909.〕
4　ヘンリー・バルフォアは、*The Evolution of Decorative Art. An essay upon its origin and development as illustrated by the art of modern races of mankind*（装飾芸術の進化——現代人の芸術によって示されるその起源と発展）, Percival, 1893 の著者である。バルフォアは、装飾芸術の本格的な研究は、ジョージ・ハリスの *The Theory of the Arts*（芸術の理論）にさかのぼると指摘している。Harris G. *The theory of the arts, or, Art in relation to nature, civilization, and man : comprising an investigation, analytical and critical, into the origin, rise, province, principles, and application of each of the arts*, Trübner, 1869.
5　*Bushman Drawings*, p.9.
6　ヘンリー・ヘッドは、神経学者であり、*Brain* の編者である。彼はフライと同じクェーカー教徒であり、フライと同じような育てられ方をした。ヘッドは、客観的で科学的なものの見方と神秘主義への没頭を結び付けた。1913 年にヴァージニア・ウルフが神経を病んだ後、レナード・ウルフから相談を受けている。
7　ドロシア・F・ブリークは、ブッシュマンと南アフリカの岩に描かれた絵画に関する非常に多くの著作を残している。

訳註

1　フライは具体的にどの図版を参照したかを明記していないが、おそらく次の**図版 35** であろう。

図版 35
部族間の戦闘場面

2　フライは挙げていないものの、ヘレン・トング女史の著書に掲載されている該当**図版11**を参考までに次に挙げておく。

図版11
南アフリカの草原地帯。エランドとリーボックが点在している。右中央に図1、中央寄りに図2のドローイングの原画が見出せる。

3　同様にフライは挙げていないものの、該当する**図版19**を参考までに次に挙げておく。

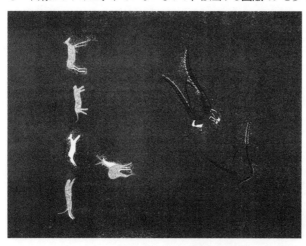

図版19
中央やや左側に図3（後向きのリーボック）の原画が見出せる。

ロジャー・フライ「子どものドローイング」

　オメガ工房における 12 歳以下の子どもたちによるドローイングの展覧会[訳註1]は、芸術的衝動の性質と、この性質を育成したり抑制したりする可能性をこれまでにもまして示してくれた。この性質と可能性について私が考えたことのいくつかは、おそらくは真面目な美術学生でさえ興味を抱くことだろう。〔展示した〕ドローイングの大多数は芸術家の子どもによるものであり、彼らの大半は正規の教育を受けたことがなかった。しかしながら学校から入手したドローイングも何枚かあって、ここでは慣習的に教わったものと自らのヴィジョンを表現するように指導されたものとの間で歴然とした違いを見せていた。どうやら、通常の教育は再現やデザインに関する子ども特有の才能を完全に破壊し、この才能を今日慣例となった脆弱な模倣にすり換えているようだった。それゆえ、ふだん実施されているような美術教育に異を唱えて手短かに述べたとおり、当然私は何も教わっていない子どもの作品には芸術的価値があるとみなしている。これは、展覧会に偏見を持たずに訪れた人にしてみれば、ほとんど疑いようのないことだろう。事実、子どものドローイングのほとんどすべてに何らかの長所があって、それらは現代の大人の最もよい芸術一切よりも美的な価値を有している。この論説では、こうした大胆な発言を承認するためにア・プリオリな事例を説明しようと思う。

　この問題に公正に取り組むために、当然ながら芸術作品に関する同時代の判断の大半を歪めてしまう批評の根強い習慣を取り除かねばならない。芸術家の技能に対する私たちの賞賛は美的なものではないことに気づかねばならない。芸術作品の真価が自然の対象が再現される完全さによっても、その再現において示された科学的知識によっても測定できないものであることを認めねばならない。芸術作品に関する私たちの好意的な美的判断は、賞賛に値する努力を称えて芸術家に贈られる賞のようなものであるという考えを排除せねばならない。おそらく、『バーリントン・マガジン』の読者にとってみれば、思いつく限りの判断の誤りをこうして列挙するまでもないだろう。古い美的

な正統の偏狭なルーチンから抜け出して次第に自らの批判能力に突き動かされるようになり、そして——最初にゴシック美術、次にプリミティヴ絵画と初期細密画、それからビザンティン、それから初期オリエント美術、そして最後にアステカと黒人美術——といったように、次々と歓んで受け入れるようになった美術史の学生にとって、子どもの芸術が意味するものの理解に必要な態度を示すのに一つの手がかりで十分であろう。

　そして思うに、そうした〔美術史の学生〕にとって、プリミティヴ美術においては——私たちがことのほか賞賛する——尽きることのないまさしく発明の才のようなもの、まさしく直接的な表現性が私たちのなかに補給され、その一方で、過剰とも思えるほどに私たちを過去へと遡らせ歴史へと向けさせる今日の美術においてはこれらが喪失するのだ、ということが明らかとなろう。

　子どものドローイングがプリミティヴ美術の紛れもない実例であると言う場合、私は普段使われているよりもいくぶん厳密で狭い意味でプリミティヴ（primitive）という言葉を使わねばならない。プリミティヴが通常意味するのは、文明の芸術的な連鎖のなかでおおむね完全に再現することのできる能力の段階に先行するあの段階である。したがって、イタリアのプリミティヴというのは、レオナルドとフラ・バルトロメオに先立つどんな絵画にもほぼ対応するものとなる。さしあたり、私はプリミティヴという言葉に対して時間的な一時期というよりもむしろ、私たちがプリミティヴと呼ぶそれらの時期にしばしば生じる特殊な心理的態度をあてはめたいのだが、しかしこの態度はこれらの時期においてさえ普遍的ではない。それゆえ、私はチマブーエもジョットもプリミティヴとはみなさないし、フラ・アンジェリコやウッチェロ、あるいはピエロ・デッラ・フランチェスカもプリミティヴとはみなさない——そうではなくて、中世の細密画家のほとんどすべて、ランブール兄弟、ヴァン・ダイク、フーケなどをプリミティヴとみなすのだ。さらに、イタリアのプリミティヴのなかで、最も典型的なのはピザネッロであって、彼の絵画とドローイングにこれを認めることができよう。さて、これら2つのグループの間に指摘した区別、すなわち、私がプリミティヴとフォーマリストと呼

ぼうとする区別は以下の点にある。プリミティヴな芸術家は諸々の出来事と対象によって強く心を動かされ、そしてその芸術は出来事と対象における自らの内なる驚きと歓びの直接的な表現なのである。そうした表現は、芸術家が自らのエモーションを表現する際の無媒介性と無意識によって、いきおいリズミカルな形式をとって美しくなる。同様にフォーマリストは、諸々の出来事と対象の観照によって激しく心を動かされるのかもしれないが、しかし彼の表現は当のエモーションとはまったく無関係になり、形式に魅了された感情によって支配される特定の瞬間が訪れるのである。

　プリミティヴな芸術家（the Primitive）の近代的子孫は、例えば、大理石彫刻を描いた有名画家、あるいは羊や樺の木、または自らの関心を引いた他のどんな対象にも精通する数え切れないほどの画家たち、アネクドート、あるいは特殊な対象を描くアカデミーの画家である。不幸にも、自意識の強い近代文明における大人にとって、プリミティヴな態度はもはやありえない。このことが諸々の対象における驚きと歓びのエモーションの衰退に由来するものなのかどうかを述べることはできないが、しかし現代の大人が、ヴィジョンの新鮮さ、驚きと衝撃、対象を観察する際の親密さと鮮明さといったプリミティヴな芸術の思いがけない特質を持ち続けられないのは確かである。その一方で、美術教育を受けていない子どもはまさしくこの点において大いに優れているのである。私たちの誰もが精霊に満ちた世界で暮らしていた時代、すなわち家の中のありとあらゆるものが人格を持っていた——それらは友好的か威嚇的か、すなわち私たちの味方か敵のいずれかであった——時代を想い起こすことができる。部屋の模様替えのほんのわずかな変化や家に持ち込まれたちょっとした新品が心を弾ませる出来事となったくらいに自らの生活のなかで視覚が強烈であった時代を誰しも思い出すことができる。身の周りのすべてのものに力強いエモーショナルな価値があるとみなすこうした習慣が、子どもの目に見える生活をほとんどの大人の目に見える生活よりもはるかに鮮明かつ強烈にするのである。そしてこの表現を妨げる方法を何ら取り入れなければ、子どもはこれらの鮮明な視覚認識を極めて率直かつ簡潔に翻訳し、そうすることによって、自らの知覚のエモーショナルな力のよう

図1　9歳の少年による《へび》

なものを鑑賞者へと伝えようとする。対象に関する感情が媒介なくこんなにも鮮明に感じられる例を、ここに再録されているディヴィッド・ジョン（オーガスタス・ジョンの息子）によるドローイングに見ることができる（図1）。この少年がへびのへびらしさを実感した際の強烈さを見逃す者は1人もいない。そのアシへの心の奥底からの共感と生命感は冷淡な観察が到達しうるようなものではない。しかしながら、おそらくそうした力のもっと驚くべき例は、ジョセリン・ガスキン嬢が7歳のときに描いた子守女と子どものドローイングの作品に示されている（図2）。ここで、私たちが目にするのは、彼女の日課である散歩の途上で登場する人物たちへ向けられた情熱的な関心が、非常に複雑なフォームをやすやすと目に見えるようにする——多くのプロフェッショナルな芸術家が非常に羨ましがるのも無理はない——驚異的な力に導かれているということである。この子どもはまったく美術教育を受けてないとはいえ、通常では何年にもわたる根気強い実践を経て芸術家が初めて獲得できるような線の特質を現に獲得しているのであり、そのくらい

図2　7歳の少女による《散歩》

素朴かつ容易に自らの内的イメージを留めているのである。この作品を前にして、〔テオフィル・アレクサンドル・〕スタンランや〔ジャン゠ルイ・〕フォランの作品が直感的に思い浮かぶ。同じ子どもが最近描いたドローイングを見たことがある。そのドローイングが示していたのは、自らの記録の自由が阻まれ、内的イメージの明晰さが曇らされた結果、彼女が早くも芸術の問題を意識し始めた、ということであった。そのドローイングは技術に富んではいたものの堅苦しく臆病になっていて、対象との親密な関わりや、ここでは非常に印象的である生命感が消えてしまっていた。疑いなく、子どもにあってはこのような非常に驚くべき天賦の才に恵まれたとしても、そうしたプロセスを避けることはできないのだ。彼女にこうしたドローイングを制作させるように導く同じ感受性の豊かさが、リアリティという点で彼女がすでに超えてしまった〔私たちと〕同時代の専門家の作品に彼女をして熱心すぎるほど、かつうっとりと注視させるのは、もっともなことであろう。

　確かに子どもの芸術は、プリミティヴな種族の芸術、すなわち現代の黒人美術のように、外部からの影響に著しく翻弄される。ほとんど無意識に最も美しく最も趣味のよい作品を作り出す土着の民族は、西洋近代産業主義の最

も下劣な製品の悪しきコピーを作ることなどに見向きもしない。したがって彼らの作品はいかなる明晰な自己意識の原理から生じたのでもない。

　しかし、ガスキン嬢のドローイングは必ずしも子どもの作品の典型とはいえない。少なくとも、このドローイングは初期のプリミティヴの芸術家たちと同程度にエモーショナルな態度を起源としているにもかかわらず、彼らの作品とはそれほどよく似ているわけではない。ダドリー女学校の少女たちの手になる一連のドローイングは、展覧会の間、M・リチャードソン女史という女性教師によって私に提供されたものである訳註2。これらのドローイングは中世の細密画と極めて似ているように見える。リチャードソン女史はどんな芸術的定式も生徒らに課すことなく一人ひとりの知覚と発明の才を刺激するメソッドを見出した。その結果、彼女の生徒たちは互いの作品を批判したり論じたりして――15世紀のある小さなイタリアの町において共通する特徴的な様式が発展したように――自らの様式を徐々に発展させたのである。リチャードソン女史の最も重要な試みは、こうしたドローイングがほとんどそのまま内的ヴィジョンを描き出すように内的イメージを固定し、そのイメージを暗黙裡に信頼できるという子どもの力を訓練することだと思われる。これらのヴィジョンを喚起するために、彼女はしばしば生徒たちに詩を読み、感動を与える詩のどんな情景であれ心に留めるよう教えた。そうした最も見事な一連のドローイングのうちの1枚はマシュー・アーノルドの『捨てられた男人魚』訳註3によって着想を与えられた。これらのうちのあるものは、必ずしも最も技術的に完成されているとは言えないが、いかに鮮やかに、かつ完全に子どもによって情景が視覚化されているかということ、そしていかに見事にデザインの要素が配置されているかということ、比率に対する何と鋭い感情や分割のための何と興味深く新奇な外形線を用いているかということを示している。海から陸の方を見つめているこの詩をほとんどの少女が極めて正しく視覚化しており、そして、それらのうちの大半が視覚化（visualisation）の明確さと個別性の点で注目に値するものだった。〔他方〕内陸からの情景と理解した少数は、完全には、あるいは元のようには視覚化できなかった。ここに再録された同学校の別のドローイングは、《土曜の夜》

第 9 章　ロジャー・フライ　297

図 3　少女が描いた《土曜日の夜》

図 4　少女が描いた《ブラック・カントリーの風景》

を表わした一連の作品のうちの1枚である（**図3**）。とはいえ、もう1枚のドローイングは、記憶に留められた《ブラック・カントリーの風景》〔英中部、バーミンガムを中心とする工業都市〕（**図4**）であり、この絵において、この子どもの芸術と中世の細密画家の芸術との血統の近さが明白に現れているように思える。

　リチャードソン女史によって開拓された方向においては、今までほとんど何もなされないままであったが、しかし間違いなく、子どもが指導によって抑制されるのではなく創造するよう促されていれば、今日では創造的な想像力が欠けているなどと文句を言わなくて済んだであろうほどに、その成果はすでに驚異的であって、この〔ダドリー女〕学校で明らかにされた発明の才に富むデザインの質と量は実に目を見張るものである。

訳註
1　この展覧会は、1917年6月にロンドンのオメガ工房で開催された。
2　原文では、"a series of drawings done by the girls at Dudley High School was bought to me by the mistress, Miss M. Richardson" とあるが、自らの生徒の作品を「購入した（bought）」というのは奇妙なので、おそらくは「提供した（brought）」の誤植ではないかと考えられる。
3　Arnold, M. 'Forsaken Merman' (1849), *The Strayed Reveller and Other Poems*, Canterbury Poets, 1896; 村松眞一訳「捨てられた男人魚」『マシュー・アーノルド詩集』、リーベル出版、2001年。

ロジャー・フライ 「芸術を教える」

　この〔芸術を教えるという〕言葉は、——例えば、「氷を焼く」とか、「泥を磨く」とか、「スライスしたレモン水」だとかいったように——どことなく間違っているように感じる。架空の怪物ではないかと首を傾げる人もいるだろう。しかし、学びたい人がいるからこそ、教わりたい、あるいは自分の子どもに教育を受けさせたいと願う多くの人がいるからこそ、「美術教師（Art teacher）」という職業やロイヤル・カレッジ・オブ・アートのような機関が生まれたのだ。そこでは、何十年にもわたってかなりの金額の公的資金が使われてきたが、輩出されたのは、芸術家ではなく——繁殖したのは、典型的な——「美術教師」にすぎなかった。したがって「美術教師」が増えれば、明らかに芸術は少なくなる。そして芸術が少なくなれば、芸術を教えねばという強い要請が増し、こうして再び「美術教師」が増えることになる。

　見逃されてきたのは、正確に言えば、芸術を教えることなどとうていできないという事実である。言語の慣用のように慣用は教えることができる。科学の実験結果や歴史上の事件の日付のような事実であれば教えることはできるが、他方、実在しないものについて教えることはできない。そして、芸術の本質というものが、世界史全体を通じて存在することのなかった何ものかを備える未来の芸術家によって発見されるのだとすれば、その未知なる部分が芸術家によって獲得されるのは、どれほど熟達し親身であろうと教師のおかげではない。この未知なるものは、視覚に対する感情および感受性のうえでの特性（idiosyncrasies）を伴なった個人の反応である。これは芸術が純粋に主観的な事柄であり、それが当然個人的である、ということを意味するのではない。それどころか、最も優れた批評家は多くの場合、最も偉大な芸術が非常に客観的で人間味のないことを認めてきた。しかしそれでもなお、芸術に関する奇妙な事柄とは、この客観的なリアリティーは芸術家が自らの感受性を徹底的に探究することによってしか獲得できないということである。芸術家が行なっているのは、自身の霊的な状況という個別の視野から識別でき

るリアリティーの一様相を記録し、これを皆が積立ててきたものに新たに付け加えるということなのである。

　誰でも唯一無二の霊的体験をするのだから、誰でも芸術家になる可能性がある。〔しかし〕これは、あまりにもキリスト教的な信条なので受け入れることができない。言い換えれば、私たちは、生活に関する道徳的な概念に今なお必要以上に支配されている。私たちは勤勉や規律や業績に対する価値や褒美の観点から生活を考える。それゆえ、芸術は非常に困難な達成、すなわち、厳しい教師を必要とする手品や軽業のようなもの、最も根気強い実践、そして最も徹底した規則の遵守として表わされる（なるほどそのとおりだが、それは相当に異なる理由からである）。軽業師に対する私たちの称賛は、勤勉さや忍耐力や従順さによって困難を乗り越えることで見せてくれた彼の道徳的資質に対しての私たちからの褒美である。校長は当然ながら道徳をことのほか気にかけており、いくつかの科目と道徳指導とを組み合わせて教室で教えたいと常に思っている。彼は、少年たちが決して古典など読めるようになりはしないだろうといった具合にラテン語とギリシア語を教えがちだが、しかし、〔実際は〕この知的かつ美的な袋小路を通過して、彼らがいっそう道徳的な体操をするようになってほしいのだ。

　それだから、芸術もまた、たとえ上流階級の学校から女々しいとにらまれている科目であるにもかかわらず、試験によって与えられた道徳的な賞罰を遵守するようなおも指導されている。

　確かに芸術家になることは——私たちを勤勉や精励に走らせる校長や善人たちが考えている以上に——とても難しい。近代の文明人たちにとってはなはだ困難なのは、自分にとって自分らしくあること、すなわち、周囲からのひときわ大きな強制のもとで、己の個人的な反応の価値や意義に対する確信を保持することである。未開の人々や子どもたちにとって芸術家になることが難しいのではなくて、成長した文明人たちにとって芸術家になることが難しいのだ。事実、教育のプロセス全体はこうした個人的な反応とは対立するものである。教育とは、いかにも人間の蓄積された経験を伝達することによって個人的な経験を拡大することにある。こうした中古の経験の富と豊

かさを前にして、人は自らの直接的な触れ合いを見失いがちである。それゆえ、成人になる頃には、ほぼ間違いなく、標準的な文明人は自らの感覚の大部分に代えて世論を用いるようになる。

　このプロセスは明らかにそれ自体は望ましいものであり、そして確かに、文明的な生活のための複雑で高度に組織化された人間関係を個人が準備するうえで必要である。問題は、〔このプロセスは〕さらにもう 1 つの教育、すなわち経験に対する反応といった個人の能力を開拓し実現しようとする目的の教育と両立できないのではないかということにある。教育一般に関する私の知識が乏しいので、どれくらいこの考えが現行のメソッドを修正しつつ早くも機能しているのかは分からないが、それは美術教師の問題にとって不可欠であり、根本的なものである。

　美術教師は、まったく何も教える (teach) ことはできないとしても、ただひたすら自らの生徒の注意を刺激し集中させることで、生まれながらの知覚能力や視覚化の能力を育む (educate) ことならできるのだろうか？　この問題は数年前、マリオン・リチャードソン女史の指導のもとでダドリー女学校の少女たちによって制作されたドローイングに初めて出会ったときに解決された。私は単にお決まりの習慣から「指導のもとで」と言ったまでである。「直観」とでも言った方が当たらずと遠からずといったところだろう。というのも、ひときわ誠実で、冷静で懐疑的な若い女性だったリチャードソン女史は大規模な学校の美術教師に任命されたとき、芸術とは何かを知らなかったし、生徒に自信を持って手渡せるようなものは何もなかったと反省していたのだから。それゆえ、彼女は、そのヴィジョンがどうあるべきかについては何らヒントを与えずに、生徒たちに自らの個人的なヴィジョン、とくに目を閉じて生じる内的なヴィジョンに興味を持たせる仕事に取りかかったのである。このようにして彼女は、生徒のなかでも最も並外れて心的なイメージャリーが正確で明瞭な者を励ますことにより、一遍の詩を朗読したり〔心的イメージャリーを〕描写したりするだけで心のなかに鮮明なイメージが用意されるようにしたのであり、その鮮明さは、そうしたイメージを手によっても容易かつ確実に描いて着彩でき、また骨の折れる練習によって月並みに得られる技能をは

るかに越えて論理的に画材を用いることができるほどだったのである。

　こうしたプロセスによって子どもが芸術と詩的イメージに強い関心を抱くことは、確かにそれ自体満足のいく結果であり、このプロセスにオーソドックスな指導法が求められることはほとんどない。しかし私が思うに、最も校長を驚かすだろうものは以下のことである。すなわち、軽率もしくは無計画な作品を生み出すような訓練法をマリオン・リチャードソン女史がわずかでも考えてみることがなかったことはまったく別にして、義務感にかられた優等生からは決して引き出せないような新しい技法上の可能性を、私が見たドローイングすべてが情熱的に応用していたり、さらにはしばしば探求していたりする様子を示していたことである。これらのドローイングの大半が学外の空き時間で制作されたことをよく考えてみれば、この方法がつらい仕事を自らに課すという点で発揮する有効性を否定できる者はいまい。実際のところ、芸術家が自らに課す仕事とは、道徳的に刺激すれば生徒から引き出せるような努力よりも、はるかに多くの集中力を必要とする努力なのである。

　子どものドローイングを研究したことのある者なら誰にでも明らかなのは、芸術を教わり始めるまでは子どもの大半は多かれ少なかれ芸術家である、ということだ。未開の人々が芸術家であることもまた事実である。しかし、子どもも未開の人々も文明化した大人の優れた能力にいともたやすく感銘を受けてしまい、他と比べようもないほど大きく影響されてしまうと、自らの個人的な反応を捨て一般に認められた慣習を支持するようになる。したがって彼らは芸術家であるとはいえ、脆弱で不完全な芸術家なのだ。教育が文明人に与えるいっそう広い見識といっそう深い自意識は、彼らにいっそう豊かな霊的素材を利用すべく提供するとともに、ダイレクトな経験を首尾よく保持するためのいっそう堅固な把握力を提供してくれる。したがって、先述のとおり、文明人にとって芸術家になることはいっそう難しいとはいえ、彼が芸術家になったあかつきには、彼は自らの意見に自信を持っていて、他人にほとんど影響されることもなければ気まぐれでもない。それだから、いっそう幅広い経験を消化しなければならなかったとしても、最終的に、彼の芸術は未開の人々や子どもの芸術よりも完全に豊かで完璧となるのである。

それゆえ、芸術指導の問題は、人類が積み重ねてきた経験を子どもも同様に受け取るときに、ヴィジョンに対する個人的な反応をいかにして保持し発展させるかということにあるのだろう。少なくとも彼らのうちのほんの一握りは、子どもの芸術家の状態から文明化した芸術家の状態へと移行することができる。こうしたことはほんの少数にしかあてはまらないだろうが、私が指摘したように、おそらくこうした訓練が平均的な子どもにさえ提供するであろうものは、現在、平均的な教養人がそうであるよりもはるかに熱心に芸術を理解し楽しむ可能性なのである。

第10章
マリオン・リチャードソン
——観察(外的自然)と自由(内的自然)の間で

解説

　ここに訳出したのは、あまりまとまった著作のないマリオン・リチャードソンの遺した文章である。1つ目は、バーミンガム市大学の「マリオン・リチャードソン・アーカイヴ」に所蔵されている資料「3424B」であり、1925年にリチャードソンが行なった第2回ロンドン市評議会講演の原稿である。2つ目は、1936年のロンドン市評議会年次報告書『教育編』に収録されたリチャードソンの特別総覧(Special Review)であり、後の1947年に「子どもの描画とデザイン」というタイトルを付して雑誌『アテネ(Athene)』の「マリオン・リチャードソン追悼特別号」に若干の修正を加えて掲載されたものである。本書では、参考図版を伴っていることと、その当時のリチャードソンの言葉を重視して、1936年の初出の文章を訳出した。3つ目が、「マリオン・リチャードソン女史による解説(Note by Miss Marion Richardson)」とタイトルを付された文章であり、1938年にロンドンで開催された「子どもの描画(Children's Drawing)」展に合わせて出版された小冊子に掲載されたものである。

　リチャードソンは、20世紀に活躍した英国の美術教師であり、晩年は芸術視学官としてロンドンを拠点として児童美術教育の改革に貢献した。肩書はどうあれ、理論家ではなく美術教師の彼女を本書が取り上げるのは奇妙に思われるかもしれないが、彼女の支援者には、時期を前後してロジャー・フライやハーバート・リードといった当時の美術・デザイン批評を牽引する実力者が名を連ねており、その実践は前章のフライの理論と緊密に結びついたものであった。

　以下、先に挙げた『アテネ』誌のリチャードソンの追悼特別号から彼女の経歴を拾いつつ、その革新的な教授法を確認してみよう。リチャードソンは1892年にケント州アッシュフォードで生まれ、両親のほか、2人の姉妹と3人の兄弟、3人の使用人のいる大家族のなかで育った。父親は麦芽製造業と醸造業を営んでおり、下層中流階級に分類される家柄と思われる。母親の回想によれば、リチャードソンは幼少期から豊かな想像力を発揮していくつもの物語を作ってい

たとされる。地元の学校に通う頃になると、彼女は、「プリムローズ落書きクラブ（Primrose Scribbling Club）」という名称の小さなペンクラブに最年少でかつ唯一の女子として所属した。14歳のときケントを離れ、オクスフォードのミラム・フォード学校に入学し女子教育を修めた後、奨学金を獲得してバーミンガム市立美術工芸学校に入学する。この学校でリチャードソンは重要な2人の人物に出会っている。1人は、アーツ・アンド・クラフツのデザイナーでもあった教師ロバート・カタソン＝スミスであり、彼女の代表的な教授法となる「閉眼描法（Shut-eye drawing）」と「視覚化（Visualisation）」は彼から学んだものである。もう1人が当時バーミンガムにある女子寮の舎監であったマージュリー・フライであり、リチャードソンは彼女に協力して囚人たちに美術を教える活動にも従事した。後者の出会いは、マージュリーの兄であるロジャー・フライをリチャードソンが訪ねるきっかけを作ることとなる。また、リチャードソンの1948年の著作『芸術と子ども（Art and the Child）』によれば、この頃のリチャードソンはエドワード・ジョンストンが主催する「殴り書き」に関する研究会にも参加していた。

　バーミンガム市立美術工芸学校で修士の学位を取得した後、1914年にはバーミンガムからほど近いウェスト・ミッドランズの町のダドリー女学校で美術を教えていた。その際、美術アカデミーに準じて模写と模倣を繰り返す従来の美術教育を疑問視し、別の方法を考案して絵画の授業を行なった。例えば、当時の英国の美術の授業では、科学・芸術局が推進したサウスケンジントン・アプローチが採用されており、事物の外観と自然の形体にできるだけ似せることが教えられていた。つまり、美術アカデミーの教授法がそのまま子どもたちの美術教育に採用されていたのである。この旧態然とした教育に対するリチャードソンの不満は、本章最初の講演原稿からも明らかである。従来の方法論に対して、彼女は子どもの着想と創造力を大事にし、子どもたちの心象を豊かにし、その造形に注目させるよう工夫した（マインド・ピクチャー）。具体的には、詩や物語の世界を表現させたり、幼児の殴り書きのなかに、同じ様式が繰り返し現れることを発見し、この様式をもとにした模様を描かせたりしたのである（筆記パターン）。その教育法は最も完成された表現形式を子ども自身で見つけ出せるようにすることであって、決して技術を押しつけることはなかった。

　1917年、リチャードソンは、当時の勤務先であるダドリー女学校から転勤先を求めて自分の生徒の作品を持参しロンドンに向かった。残念ながらその試みは失敗するのだが、先述した彼女の友人マージュリーの勧めにより訪れたオメガ工房の児童画展が彼女の運命を変えるきっかけとなった。ここで彼女は美術批評家ロジャー・フライと出会うのである。美術は教えられるものではないという考えから、現行の美術教育と美術教師を信頼してはいなかったフライは、従来の対象にいかに似せるかというアカデミーの指針とは大きく異なるリチャードソンの

生徒たちの作品に感動し、展示に彼らの絵を加えた。そして次の展覧会ではダドリー女学校の生徒の作品だけを展示したのである。

彼女の描画教育は、職業訓練、アカデミー的な専門教育、そして同時代的な手放しの自由表現とも異なるものであった。リチャードソンによれば、子どもが必要としているのは、抑圧的な指導でもまったくの放任でもなく、教師による適切な手助けである。子どもの外的および内的な自然の双方を退けるリチャードソンの方法論を特徴付けるのが、彼女の「パターン」に関する考え方である。彼女にとって「パターン」は「絵」と不可分であり、その制作能力は子どもの成長段階に関係なく獲得されるものであった。その意味で「パターン」は美術とデザインの双方に関与する。デザイン教育も含めた児童美術教育の全体に通底する要素となる「パターン」の制作においては、目を閉じた子どもが外界のモチーフを見て経験を刷新することをいったん中止し、自分自身の体験のみを視覚化することに専心しなければならない。「パターンを作ること」と「描くこと」は、分離したものではなく、一致した活動であるという主張は、絵画に主題（物語性）を見るのではなく、これを色や線が織りなす構成として見るべきだとするフォーマリズムの主張と合致するものであり、ここにリチャードソンの教育美学の要諦があるように思われる。

彼女が1935年に作成したテキスト「Writing and Writing Pattern」シリーズは、上述の理念を実践的なドリルへとまとめたもので、ジョン・スウィフトの調査によれば、これらは英国内で1980年まで流通していた。マリオン・リチャードソンのWriting Patternの後継者と言われるルース・ファグの「Everyday Writing」（1962年）や「Handwriting」シリーズ（1990年代）では、しかしながら「Pattern」を美術教育に採用する試みは取り除かれており、書き方の訓練に特化したドリルとなっている。現在の英国の児童描画教育においては、子どもの内的自然を重視する、例えばアイリーン・アダムズの「パワー・ドローイング」といった教育プログラムに見られるような、むしろリチャードソンが嫌悪したラスキンの教育法が再び注目されているようである。

参考文献

Fagg, R. *Everyday Writing*, University of London Press, 1962.

Read, H. (ed.) "Marion Richardson 1892-1946", A Special Number of *Athene*, Summer 1946.

Richardson, M. *Art and the Child*, University of London Press, 1948; M・リチャードソン著、北條總・淳子訳、『リチャードソンが指導したイギリスの子どもの絵』、現代美術社、1980年。

Sassoon, R. *Marion Richardson: Her life and her contribution to handwriting*, Intellect, 2011.

Swift, J. "Marion Richardson and the Mind Picture", *Canadian Review of Art Education Reserch*, Vol.13, 1986.
直江俊雄、『20世紀前半の英国における美術教育改革の研究―マリオン・リチャードソンの理論と実践―』、建帛社、2002年。

マリオン・リチャードソン　1925年第2回ロンドン市評議会講演

　先週の講演^{訳註1}では、私自身の教育経験に触れ、どのようにして私が、学校において日常的に実践されている描画教育（teaching of drawing）が子どもの表現力を妨げていると考えるようになったのかについて若干の指摘を行ないました。本日〔の講演で〕、過去の歴史を概観し、この科目に向けられている視点のいくつかを考察すれば、今日の状況をいっそうよく理解することができるかもしれません。
　女子美術教育を1世代、もしくは2世代遡って振り返ってみましょう。当時、描画のレッスンは、極めて念入りに仕上げられた絵画を制作することに向けられていたようです。そうした絵画は、その制作に費やした時間だけが理由だとしても、多くの場合、保存されてきました。私の実家には寝室が1つあり、そこには3つの花々を描いた水彩画が飾られていました。それらは私の母が少女時代に学校で制作したものです。間違いなく彼女の母親は、それらの絵画を宝物として扱っていたのですが、長年にわたり、私はそれらが非常に良質の額縁に収められていて、それがいくらかのお金になるかもしれないと常々考えていたこともあって、戸棚にしまっておくべきだと言わざるをえませんでした。近頃、それらの絵画は再び、壁にかけられました。というのも、アンティークの魅力といったものが備わってきたからですし、その頃、私たちが祖父から受け継いだ一揃いのヴィクトリア時代中期の家具に、とりわけ似合っていたからです。それらの絵は家具と一緒に見るととてもすてきでした。それらの絵画が子どもの芸術教育を体現していると思い出すのは、こういったときでしかなく、またそれが滑稽なほど不釣合いだとみなされるのは、昔の手本集ということで驚くというよりもむしろ、13歳の子どもが作ったにしては驚くほどのものだからです。しかしこうしたことは別にして、かつての古い学校は、1つの利点をもっていました。そして私たちはその利点を忘れがちなのですが、そこではいずれにせよかなりの時間と注意を美術に割いていたのです。カリキュラムが比較的単純であったことと、女子教育が生

活の糧を得ることを目指してはいなかったことのおかげで、それは可能だったのです。そして芸術的なたしなみは若い女性の教育の品質保証書だとみなされていたのです。これよりも前の時代に関することだというのは事実ですが、思い出されるのは、〔ジェイン・オースティンの小説〕『分別と多感』のシャルロット・パーマーが、彼女が町の立派な学校でいくらかは首尾よく7年間を過ごしてきたことの証明書として、彩色絹布に描かれた風景画を見せることができ、それはダッシュウッド家にとっては非常に重要な科目で、マリアンヌはエリナーがエドワードと一緒になって幸せになれるのかと真剣に疑いを抱くほどだったことです。というのも、エドワードは描画をたしなむことも、ピクチャレスクなものを本心から称賛することもできなかったからです。「私、怖いわ、お母さん。彼ったら、まったく趣味というものを持っていないの。確かに、エドワードはエリナーの描画を褒めちぎってはいるけど、かえって描画について何も知らないことがはっきりするわ。エドワードは恋人として褒めちぎっているのであって、趣味人（connoiseur）としてではないわ」。

　その当時は広く普及していたかに見える、こういったたぐいの描画に私たちがどれほどおかしさを覚えるとしても、こうした描画がとくに重要視されていたことに変わりはなく、おそらくは人並み以上の芸術家が教え、そのこともありかつ芸術に割く時間も許されていたがゆえに、まさしく人並み以上の作業がなされていたのでしょう。

　こうしたことはみな、女子教育が男子教育とは区別されていたという伝統を示してくれます。1843年に始まったと言われることもある、女子に対する完全かつ高度な教育を求める運動の到来は、美術教育（art teaching）の歴史に多大な変化をもたらしました。新しい女子のための学校は、男子のために発展させられてきた体系の大部分を採用し、初期の教育改革者たちは、部分的には当時流行していた描画の無益さと浅薄さへの抗議として、また部分的には女子の知的能力を立証しようと試みたがゆえに、時間の余裕を失ってしまい、芸術的な事柄にはほとんど余地を与えませんでした。それに続く時代には、教育の知的な側面ばかりが追い求められ、それは今日では多くの少女にとって害がある、そして付け加えるならば、一定数の少年たちの欲求に

も同じくらい不適切だとみなされ始めているほどです。

　このどちらかと言えば、等閑視の時代にあっても、描画は高等学校において、いくばくかは、つまり、能力の低い少女のための学業として、そして場合によっては時間割の便利な埋草として生き残っていました。描画は真面目な作業後の気晴らしの時間とみなされ、たいていは午後に置かれていました。まさにオクスフォードとケンブリッジの地方試験向けのシラバスにおいて、たしなみとしての芸術というヴィクトリア時代の伝統がはびこり、復活し、合理的だとみなされたのです。プロフェッショナルな技術水準が要求され、そのことは、生徒の大部分が終わりのない苦行に時間を費やすということを意味していました。フリーハンド描画、モデルを用いた描画、そして透視図法が、うんざりするほど繰り返され、ついには当局が実施する年1度の試験において頂点に達し^{訳註2}、描画は「正しく紙全体を満たす」ほどの大きさで制作されました。才能をもった少数の者は、常にそうであるように、難なく美術学校に合格し、そこでの修行をずっとよく甘受することができました（もしその修行を「難」だと思うことを選ぶのでなければ）。しかし平均的な生徒、そして平均以下の生徒はどうでしょう。もし追加科目を必要とするほど切羽詰まっているなら、彼女はおそらく試験に合格したでしょうが、到達できる技能度は、費やされた労苦にはほとんど見合わず、またいくらかは首尾よく費やされた時間の証拠として絹布に描かれた風景画を家に持ち帰るという喜びを得ることもなかったでしょう。要するに、彼女は「何か額縁に入れるようなもの」すら持っていませんでした。彼女は退学してしまうのです。私たちは彼女を描画教育の衰退期を代表しているとみなさなければなりません。しかしこの科目は学校における地位を完全に失うことはなく、続く25年から30年の間、着実に陣地を獲得していったのですが、それは決して描画そのもののためにではなかったのだと私は明らかにできるように思います。学校は知的であるべきだという強迫観念は描画が描画そのもののために陣地を獲得するということを不可能にしていました。私たちは芸術と教育の必要性を訴える新しい運動がそれぞれ芸術を正当化するのに、たいていは描画が他の学習領域か道徳に役立つことを強調する限りでのことであるのを見出すのです。

ヴィクトリア時代に若者を訓育していた人たちは、そのようなことはしませんでした。彼らは正当化しようなどとはしなかったのです。描画、礼儀作法、地球儀や楽器を使うことは、教育の別々の本質的な部分を代表していました。それはたとえ、若い女性の教育であっても同様でした。そして、よき教師の手のなかでなら、またそうした手はかつてあったはずなのですが、芸術が今日占めている変則的な地位に置かれるよりもそれ自身の能力を生かす機会が十分にあったかどうかは疑問です。あらゆる面で苦境に立たされた英国の女性教師は、挿絵が描かれる『真夏の夜の夢』、植物画についての知識が獲得される自然科学、標準的な地図の色である暗緑色と暗褐色の薄塗りが重視される地理、そして芸術とは何の関係もない観点に由来するあらゆることを要求されていました。芸術は他の事柄にとって役に立つという点で見積もられるようになり、そうした状況に女性美術教師はあまりにもしばしば黙従していたのです。なぜ彼女は黙従していたのでしょうか。それは、次の2つの理由のいずれかによります。すなわち、彼女は挿絵であるような描画と創造であるような描画の違いを見分けることができず、ゆえに上記のような不法侵入に反論する根拠を持たなかったか、あるいは、彼女は他の学校教員に対する自らの劣等感を自覚し、本当に重視される科目にとって描画が役に立つ下女になりうると証明することで、自分も役に立つのだということを進んで明らかにしようとしたか、のいずれかです。芸術と美術教師が受けてきた待遇がある程度までこの劣等感を説明してくれます。給与体系における私たちの地位は、このことを引き起こした要因の1つにすぎません。しかし、ずっとましな態度の兆候があり、それは私たちが肩身の狭い思いをするのを止める節目となっています。芸術の絶対的な価値と、幼児期における芸術表現の機会が持つ絶対的な価値を情熱的に確信することこそ、私たちの劣等感を癒やしてくれるものにほかなりません。私たちが芸術の絶対的な価値を確信したならば、それを卑しい目的のために供するようなことはしなくなるでしょう。というのも、私たちには1つの福音、すなわち実りをもたらしてくれるだろうものについての教えがあるからです。この福音を欠いてしまっては、描画教育は、後の人生において有益になろうがなるまいが単なる技能ゲ

ムを教えることであるでしょう。

　もちろん、こうしたことはすべてただ私たちが芸術の本質を理解するために、時間と労力を割く必要があると言っているのに等しいでしょう。そのことについて脇道にそれて話すべきではありませんが、描画を教えることの実際上の問題について語るなかで私は芸術に関するいっそう広い問題にいく度となく直面せざるをえず、私が持っている実践的な方法が芸術衝動を解放する手段であるのかどうかということのみが、これらの方法のいずれかにとって試金石となり、正当化になるのです。これが脱線であることは分かっています。しかし、話のまとまりを失う危険を冒してでも、いったん立ち止まり、私たちの原則について考察するのがよいでしょう。そしてここで私は、何にもまして助けとなってきた一冊の本、すなわちクラットン＝ブロック氏の『究極の信念』から引用したいと思います 訳註3。彼によれば、「精神の美的活動について語ることは道徳的および知的活動について語るよりはるかに難しい。なぜなら、その本質もその重要性もいまだはっきりとは理解されていないからである。他の精神活動と同じように、美的活動もそれ自身のために訓練されねばならないと考える者ですら、私たちの生活において美的活動は他の2つの活動に比べてずっと小さな働きしか果たしていないのだと思っている。美的活動を訓練するということのまっとうな道徳的根拠はある。しかしそれ以上に、美的活動はそれ自身のために訓練されねばならず、さもなければまったく訓練されることはないのだ。

　私たちの教育は、美的には失敗してきた。おそらくそれは、他の何にもまして以下の理由による。つまり、私たちは精神の他の2つの活動の絶対的な価値に比べると美的活動の絶対価値については、ほとんど気づいていないのである。美的な活動が間違いなく精神の活動であるとは、一般には考えられておらず、むしろ、美的活動は英国の雄々しい少年たちにとってあまりに男らしくなく、か弱い気晴らしだと思われている。平均的な教師は、彼自身が美的活動の価値を低く見るよう教えられてきた。それゆえ彼は生徒たちにおいても美的活動を抑制しようとする傾向があるのだ。とはいえ、それが精神の活動であることに変わりはなく、もし3つすべての活動、すなわち道徳的、

知的、美的な活動のすべてを働かせることができなければ、精神はいびつになり、困難に陥ってしまうことに変わりはない」。

話を戻せば、私たちは、描画の価値を他の科目の役に立つかどうかで評価するという今日の学校における傾向について考察していたのですが、しかし、こうしたことよりもずっと以前に、たしなみとしての描画を教えることの単なる可愛いらしさとけばけばしさに反対する運動に着手したのは、『素描の諸要素』におけるラスキンであったことを忘れてはなりません。この運動は明らかに道徳偏重だったにもかかわらず、教育の功利主義からは自由でした。「自然に帰れ」というのが彼の高らかな呼びかけであり、彼の福音が持っていた深遠な影響力は疑いようもありません。例えば、チェルトナム女学校の最初の時期にビール女史が描画教育に関するラスキンの教えを追求したこと、そして1892年にアブレット氏がラスキンの原則にもとづいて描画が教えられていた学校の一つ、ビバリー・グラマー・スクールにおいて自らの体系の基礎を据えるのに適した条件を発見したことは周知のとおりです 訳註4。さらに私にとって興味深いのは、昨年の夏にウィーンのチゼック教授のもとを訪れた際に、彼がラスキンから影響を受けていると認めたことでした。彼によれば、「この考えは英国からやってきたのです。まさにあなた方のウィリアム・モリスとラスキンが、生活の隅々に芸術を行き渡らせようとした最初の人たちでした。それに対して私のした貢献とは、これを子どもたちから始めようとしたことです」。しかし少しずつ、カリキュラム上の圧力が感じられるようになり、例えば、王立描画協会（Royal Drawing Society）の初期のパンフレットとずっと最近の出版物を比べてみるだけで、とりわけ自然科学的な作業の付属物としての描画にますます重点が置かれているのに気づきます。自然科学と平行し、そして実際のところ、自然科学と解きほぐしがたいほどに絡め合わされて、道徳訓練としての描画という考えは生き残ってきました。私はある学校を知っていますが、そこの校長は教育における先駆者であり、その教育方法は以下のようなものでした。——とくに時間を定めることはないが、毎週台の上に1つの事物が置かれ、およそ1週間をかけてすべての子どもがこの事物を描画することが求められる。その事物は、最近の

ものだとジンジャー・ビア訳註5の瓶でしたが、その上には「せねばならぬがゆえにできるのだ（I ought, therefore, I can）」と書かれた貼り紙が掲げてありました。このジンジャー・ビアの瓶が描画されねばならないというほどのどんな神秘的な力が定められているというのでしょうか。いずれにせよ、それは義務に関する問題であって、芸術に関する問題ではありません。このことのうちに、ラスキンの亡霊に出会い、彼が次のように言うのを再び耳にすることができます。すなわち、「両親は子どもの描画を、それに子どもが払った無私の心ゆえに、つまりは注意力と労苦のゆえにのみ褒めるべきである」。とはいえラスキンが、私たちに何かを与えるとすれば、それは道徳との関連でなのです。彼の教えの本質は、人の目を開かせることであり、その目的のために彼は自身の強烈な愛情のすべての情熱を自然界の美しさに対して注いだのです。まさにこの教えから観察理論が成長し、それは良きにつけ悪しきにつけ学校における美術教育に大変革をもたらしたのです。私たちは皆、アブレット氏の教育法にある程度まで慣れ親しんでいますが、彼こそこうした運動における傑出した人物の1人でした。私はその内情を知っているわけではないので、彼の方法を詳細に分析しようなどできるはずもありません（私はただ相当な数の〔アブレットが考案した全国実施の描画試験の〕修了証明書を持っておりその1つは私が子どもの頃に驚くほど短期間で手に入れたものです）。私が王立描画協会の出版物を研究するなかで驚かされた点について手短かに指摘するにとどめておきます。ただの偶然かもしれませんが、私が持っている最も初期の報告書、それは1898年に出版されたものですが、そこには「知覚」という言葉は何度も現れ、同じ長さの文章において「観察」という言葉はたった1度しか現れません。他方で、最近の論文の1つでランダムに1ページを選んでみると、「観察」あるいは「観察する」が11回以上も現れ、「知覚」はまったくありません。このことを過度に重視するつもりはありませんし、これらの報告書から関連性のない文章を引っ張ってきたのは、やはり公平ではないでしょうが、私が提案したいのは、私たち美術教師が望ましく思う事柄にとっては、「観察」よりも「知覚」の方がよい言葉だということです。もちろん、エモーショナルな把握力が含意された言葉がほかに見つけられた

なら、私はそちらの方を選ぶでしょうが。けれども、「観察」は教えることができ、観察を通じて、それだけではないにせよ、再現の正確さは増していくことが可能なのです。私たちは、獲得された知識の証しと、知識を獲得し伝達する手段の両方を観察において手に入れます。一方、エモーショナルな把握力によって何が可能になるかなど、誰が明言できるでしょうか。

　様々な理由によって観察はアブレットのみならず、私が理解できる限りでは他の多くの学派が主として唱える特色になり、理論というものはすべからくそうですが、教師の知性と真摯さに応じて多様な結果を生み出しました。これらの事柄を私たちは自分自身で判断しなければならず、そしてそうした判断を下すことはかなり困難です。私は次の書籍に皆さんの注意を促したいと思います。これらの本はみな、ここで触れようと皆さんのために今日持ってきたものです。1つ目は、『公立全日制女学校における描画教師の指針として出版された提案集（Suggestions Issued for the Guidance of Teachers of Drawing in the Girls' Public Day Schools）』です。2つ目は、『クラパム高等学校での仕事に関するウェルシュ女史の報告——教育省小冊子第25号（Board of Education Pamphlet No.25, a Report by Miss Welsh of the Work Carried on at the Clapham High School）』です。3つ目は、ハートリック氏によるもので、『素描』というタイトルの本です[訳註6]。4つ目は、ルコック・ド・ボアボードランによる『芸術における記憶の訓練』です[訳註7]。そして特に5つ目がカタソン＝スミス氏による『記憶描画』です[訳註8]。観察と記憶というものを精神の想像的かつ創造的な領域の召使いだと認めたのは、まさにカタソン＝スミス氏です。彼の本から引用してみます。「私はあなたに心の目で見て欲しい。それは構築的に作り上げたり考えたりするためではなく1つ、あるいは複数のイメージが自由に浮かび上がるままにさせておくためだ。あなたの考えることや構築することは、しばしば間違いとなり、あなたの自由に見ることの方が真実であり、正しいということが多いのです」。

　対照的に、私が思い出すのは、私が観察の学説についてずっと低学年において経験したことです。以前、私に会いにさる大物の女性が学校まで訪ねてきました。彼女は長い間滞在し、子どもたちのすることにとても関心を抱い

たようでした。彼女はそのとき行なわれていた自由作業について謝意を表明してくれました。帰り際に、彼女は、「では、あなたの子どもたちに何ができるのかどうしても見てみたいので、ちょっとした試験を彼らにさせてみてもよいかしら？」と尋ねました。私は許可し、彼女は小学校3年生のクラスに対して人参の断面図を描くよう求めました。つづいて上級生のクラスでは、子どもたちに1ペニー切手を描くよう求めました。双方とも、もちろん、記憶によって描くという試験です。私は、とても上出来とは言えない結果が試験以前に彼女の抱いていた好印象を大いに打ち消すのを目にしました。私は、知的観察は芸術的知覚ではないということを彼女に納得させようとはしませんでしたし、彼女の試験はある特殊なたぐいの知性だけに関するもので、ボーイスカウトには有益で、ペルマン式記憶術訳註9によって最もよく教えられるものなのだと説明する気にもなりませんでした。

　今日、私たちにとってもおなじみの、とはいえその起源はとても古い美術教育の展開に触れることなく今日の概観の試みを終わりにするわけにはいきません。私が言わんとしているのは、例の「自由表現（free expression）」と呼ばれているものです。この展開は、自己表現と創造的な作業を目指す教育運動全体からすれば、1つの側面にすぎません。しかし、それは私たちにとって何を意味するものとなったのでしょうか。そして「自由表現」と言われている描画は、どのくらい自由だったり、表現豊かだったりするのでしょうか。オリジナルだと言われている描画が実際にはこれ以上ないほど受け身で作為的であることがなんと多いことでしょう。そこでは、絵本の挿絵と商業的な描画の安っぽい器用さが貧相な複製になみなみと盛りつけられます。そうしたたぐいの妖精と少女と樹木はなんとおなじみのものになっているでしょうか。それらはますます技量を増した子どもたちによって生み出され、学校中に山火事のように広まっていきます。自分自身を表現するのに用いるための画材を通じて子どもたちは生半可な技術上の才覚を与えられてきたのです。実際のところ、彼らは自分の絵のなかで本当に現れ出てくるものを描こうなどとは、思ったこともないようなのです。そうしたことの代わりに、彼らに与えられた芸術の基準とは、寸分たがわぬ正確な再現ということだったので

す。描画するということで子どもたちが教わってきたのは、ただ本物そっくりにしようと努力することだけでした。自分のやり方で描くように言われると、子どもたちは正確に描画しようとすれば、彼らにとって、あまりに難しくあまりに複雑な事柄に直面してしまいます。かくしてそうしたことに失敗した子どもたちは、何か同じものを描いた別の描画に似せて自分の描画を制作しようとするのです。彼らは感銘を受けはするものの、それは粗悪な雑誌イラストの技能にであって、それを真似しようとするのです。彼らにはそれを粗悪だと見分けるための基準が備わっていません。彼らにとっては、そのイラストは彼らがしようとしていることをただ上手にこなしているというだけなのです。こうしたたぐいの描画は、言い回し（expression）を繰り返すよう教えられた子どものしぐさの一つを彷彿とさせます。その言い回しは、すべて教師のものです。教師が子どもたちにそれをどう言ったらよいか教えるのです。同じようにして、子どもたちはどう描いたらよいかを学んでしまうので、それを習得して、やがて自分自身で何かを表現する段になっても、何一つ自発的だったり、直接的だったりすることはできないのです。こうした「ただただ綺麗な」描画が、古い観察の学説が教えられている学校にも存在し、他の方面であれば高度な作業水準を要求する教師によって受け入れられているという事実は、少なくとも2つのことを立証しています。1つには、そうした教師は格式ばった描画には何かが欠けており、その何かとは自由表現の余地であると気がつくのですが、自由表現ということで彼女はあまりにしばしば空想力豊かであるということについての漠然とした考え、つまり自由表現というのはシンデレラと妖精たちのことに違いないというくらいの漠然とした考え以外には何の基準も持っていないということ。2つ目には、描画を学習するなかで子どもたちが獲得する技術は、子どもたちが自分自身を表現するための技術へは転用されないということがあります。1つ目の点を取り上げてみましょう。私の考えでは、これは何にもまして、現在も子どもたちによって生み出されている器用かつ凡庸な描画にこそ責任がある悪い絵の影響です。ときおり教師自身の趣味があまりにも悪いので彼女は実際にセンチメンタルなたぐいの絵を称賛し崇拝して、そうした場合十分に賢い子

どもたちは意識的にこの教師の見本を真似します。しかし思うにもっと頻繁には、教師は安っぽい商業作品からの影響を打ち消す努力など割に合わない仕事だとしてただ諦めてしまうのです。こうした安っぽい商業作品があまりに行き渡り、あまりに簡単に手に入り、そしてそれはあまりに多様な形態をとっているので、ほとんど私たちが呼吸する大気の一部になっているのです。そしてそれに対して戦いを挑むなどむしろ絶望的に見えてしまうのです。それでも、この安っぽく俗悪な絵本からの影響こそ、私たち描画教師が見積もらなければならない当のものであると私は確信しています。もちろん、私自身、状況が非常に困難であることは十分理解しています。あるとき、学校で普段使われている読本が子どもの芸術センスに有害であると感じ、私はダドリー女学校の低学年に挿絵のない本を使うよう申し立てました。そうした挿絵のない読本を虚しく探してみた後で、私たちは絵の上に紙を貼ったり、絵を単色で塗りつぶしたりして、そこに子どもが絵を描けるよう試みてみました。ところが、こうしたことは言うまでもなくあまりに骨が折れるとすぐに明らかになり、計画は取り止められました。くだらない挿絵を含まずに中等部の読書の課程を十分な範囲で提供することは不可能に思えました。私はオクスフォードのブラックウェル社に連絡を取りました。そこは、この科目については非常に先進的で冒険好きな出版社で、子どものために適切な挿絵の入った本を提供していたので、おそらくこの目的のために子どもたちの描画を使うことさえありえたからです。しかしその経費は莫大なもので、そうしたことを引き受けるよりも前にかなりの額の支援を確実にしていなければなりませんでした。こうしたたぐいの試みはすでに様々な出版社によってなされており、あとは人々がそれを支援するというだけなのです。子どもにとってまっとうな絵についての問いが今夜の私たちの講演の残りの部分を占める方がよいだろうと感じているのですが、しかし私たちはそうした絵を遠い将来に手に入れるかもしれないと期待する以前に、まずここに実物として必要とすべきなのです。私が描画という科目をいわば「専門家」の立場から見ていることは承知しています。そして、衝撃を受けるほど悪い芸術である多くの絵が、例えば水辺の生きものの完全に正確な画像を提供してくれるがゆえ

に、そしてそういうものであることが必要とされているがゆえに、擁護されるだろうことも理解しています。こう言ってよければ、何かについて正確な画像を提供する挿図は概して私たち美術教師が否定しなければならないたぐいのものだとは私は考えていません。私たちが阻止しなければならないのは、まさに今かくも流行し、人々によっては子どもらしい想像力に強く訴えかけると考えられている例の漠然とした「ただただ綺麗な」たぐいの事柄なのです。実際、私が言及しているような絵は本当の想像力を破壊し、どこか漫然とした空想をかきたてます。子どもの描画に対する影響について言えば、それらは本当に見るということや想像力とはまったく縁のない一連の器用さと軽業でしかないものへと子どもの描画を弱めてしまうのです。読本のなかの絵を切り取ってこうした危険性を予防できないことは、学校に三文小説雑誌の持ち込みを禁止することによってその影響を予防できるとは期待できないことと同じだと私も分かっています。学校にできる最良のこととは、標準をはっきりと示すことです。私たちは標準が高尚であることを期待しますが、こと絵のことになると、あまりにも〔低い標準で〕やすやすと満足しているように私には思えるのです。

　個人的には、とくに自然研究との関連では写真が今以上に広く使われてもよいのではと思います。例えば、チャルマーズ・ミッチェル編集の『大自然の野外劇』といった出版物は^{訳註10}、美しい写真が挿図として使われており私にはたいていの自然研究の絵よりもあらゆる点で好ましく、すぐれているように思えます。

　私はこの講義でたくさんの実例を示そうと考えていましたが、最終的にはそれを諦めました。間違った種類の絵だと思えるものを示し、間違った種類の子どもたちの描画にそれが与えた影響を浮き彫りにしようと考えていました。しかしそれはあまりにも難しいことだと分かりました。私にとっては型にはまった受け身の子どもたちの作品を収集するというのが主な困難でした。というのも、私は力不足の作品であればいくらでもお見せすることはできるのですが、受け身であるような作品は実はあまり所有しておらず、そうしたものを借用したくもなかったのです。そういうわけで、それが実際にどんな

ものであるかは皆さんの想像にお任せするほかなく、それはおそらく悪いことではないのです。というのも、どんな実例を揃えてみたところで、私たちはみな、おそらく違った性質をそこに見るはずだと気がつくからです。私が言及しているような描画を想像することはそれほど難しくないと思います。そうした絵の治療法は、本当に想像豊かな作業、つまり第一印象を描き表わすことなのです。第一印象は、十分なほどそのままのかたちで表現するならば、自然かつ必然的に想像豊かになるのです。想像力のためにおとぎの国へと飛び立って題材を探す必要はありません。現実こそが想像力にとって取り組むに値する最も豊かな題材であり、商店街、映画館と劇場、公園と庭園は、子どもたちにとっては、それらを自由に描くとなれば、ぜひとも取り組んでみたがるような事柄なのです。それらの事柄は子どもたちをわくわくさせます。例えば、雨降りの夜に映画館で列に並ぶ人々などです。町の子どもはそのことをよく理解しています。1つだけ、はっきりしていること、それは、自由表現だと判定されている絵本を真似た描画の流行は多くの人々を私たちが美術教育の新しい動向と呼んでいるものから引き離し、模写することが描画なのだという考えに彼らをしがみつかせているということです。なぜなら、多くの人々は、この美術教育の新しい動向のなかに、少なくとも規律と、そしてセンチメンタルさの欠如を見て取るからです。

　では、この問題を科学的な記録としての描画という別の観点から見てみましょう。ここでもまた、垢抜けした見た目に対する同じ要望を見て取ることができ、ただ素直に科学的ということに反して自然研究、地理と歴史の描画が芸術的であることが期待されるのです。ケネス・リッチモンド氏は最近の著書[訳註11]において芸術的な作品に関する章を次のような言葉で始めています。すなわち、「学校の課題はすべて、それに関する少なくとも芸術的な雰囲気を備えるべきである」。芸術的な雰囲気(touch of art)とはいったい何のことでしょう？　ケネス・リッチモンド氏がその後で科学的な器具が茶色い紙に白いチョークで描かれているのを芸術的な描画だと言及しているときに、彼が芸術的な雰囲気ということで何を意味しているのかがかなりはっきりと分かります。茶色い紙の上の白いチョークによる描画が

他の種類の描画に比べてどうしてずっと芸術的なのかは、いくつかの針仕事が芸術的な針仕事だと言われ、いくつかの陶器が芸術的な陶器だと言われるのはなぜかを説明するのと同じくらい困難なことでしょう。このような芸術的な見た目に対する要望は〔美術教育の〕外の世界で行き渡っている紛い物の芸術的標準の影響によるものです。そうした標準は、何人かの本当の美的なエモーションを備えた芸術家が何とかして自分自身を表現しようとするときに用いる手段についてのかすかな残響なのです。おそらく芸術家を理解しているのは極めて少数であり、多くの人々にできることと言えば、真似をして一般化が可能なものを芸術家の方便のなかに見て取ることです。キュビズムや未来派ということが本当に意味しているものを理解している者、あるいは理解しようとしたことだけでもある者は、千人に一人もいないのです。しかしながら、人々はかなり大胆で目をくらませるような図柄のあるクレトン布[訳註12]のことをとてもキュビズム的だと教えてくれるでしょうし、バーミンガムでは最高に醜悪な映画のことを未来派的だと言っているのです。かくして、その残りのものすべて、鮮明な色彩、明瞭な図柄、ショートカットヘア、ビーズの数珠、彩色家具、青い花瓶、木炭画、あらゆる装身具が芸術的だと呼ばれることになります。それは美的なエモーションが表現されるだろう際のあれこれの局面のことを大雑把に言い表わしているのですが、その精神が尽きてしまえば、あらゆる紛い物の表現と同様に単なる誇張になってしまうのです。そういうわけで、そうした誇張をきっぱりと嫌悪しているがゆえに、多くの芸術家たちはあえて芸術的でないふりをしているのが見られることになります。彼らは平凡な身なりをして、弁護士のようにも見えるものです。

　こうした「芸術的な雰囲気」という考えを洗練させたような偽物の芸術らしきものについて長々と論じてきましたが、それはこうしたものが、正確な模写と精妙さという古い考え以上によき描画にとって大きな障害になると考えられるからです。そういうわけで、今日の学校で制作されている表現豊かな描画の多くは、実際には古臭く、注意深い模写よりもずっと悪いものだと思います。そうした模写は、見栄っ張りであることがずっと少ないがゆえに、

ずっと真摯でした。私が示そうとしたのは、今日広く教えられているような描画が、ある場面では品行方正さの標準を押しつけることによって美的な精神を妨げ、また別の場面ではあらゆるたぐいの紛い物の芸術的な考えを持ち上げることによってこの美的な精神を混乱させ、間違った方向へと導くのはどのようにしてか、ということです。

　私たちは、科学的な目的をもって制作され、子どもの知識の記録であるような描画と、子どものエモーションの表現であり、ささやかな芸術作品であるような描画との違いについて明晰になる必要があります。明晰であればこそ、これら2種類の描画は、互いにまったく独立したものとして、学校においては平行して進んでいくはずです。2つを混同している間は、双方が損なわれてしまい、生気のない表現と出来損ないの図表がもたらされることでしょう。

　ここまでのところ、物事について私があまり楽観的でないように聞こえたことだと思います。私は、子どもたちが間違った芸術の見方をいかにたやすく受け入れてしまうのかについて語ってきました。しかし子どもたちに正しい見方を受け入れさせるのは、ずっと容易いことなのです。それは、彼らが本来持っている見方だからです。だからこそ私は、どんな状況にある学校であれ、そこで教師が生き生きとした美的精神を発見することができると信じています。

　次回の講演では、何らかのかたちで私たち皆が受け入れることを強いられている新しい理論の概要を紹介したいと思います。私たちがそれを受け入れるべく強いられているのは、時代が変わってしまったからです。若者たち自身が変わってしまいました。古い方法は、たとえ私たちがそれを信奉していたとしても、今日では役に立たないものです。しかしそうした方法を捨て去る前に、教師がありがたいことに安心していられた時代、2度と立ち返ることのできないあの頃を最後に簡単に振り返ってみましょう。それは〔スーザン・ワーナーの〕『広い広い世界』訳註13からの一節で、エレン・モンゴメリーが初めて描画の手ほどきを受けるくだりです。

訳註

1　3週にわたって行なわれた連続講義の第2回目。
2　スチュアート・マクドナルドによれば、初等教育に描画試験制度が導入されたのは、1853年教育審議会委員会の勧告による。ほぼときを同じくして、すべての実習生や教師見習い生もまた、「教育審議会委員会の1854年1月の通達により、毎年一つの描画の試験を受けることになった」（中山修一・織田芳人訳、『美術教育の歴史と哲学』、玉川大学出版部、1990年、213、220-1ページ）。リチャードソンがこの講演で言及している「imperial board」については、翻訳では審議会委員会とはせず「当局」とした。
3　Clutton-Brock, A. *The Ultimate Belief*, Constable, 1916 のこと。
4　ビール女史（ドロシア・ビール）がチェルトナム女学校校長に任命されたのは1858年。ビバリー・グラマー・スクールとアブレットについては本書第4章の解説を参照のこと。
5　ショウガを原料とする炭酸飲料でアルコール成分はない。
6　Hartrick, A. S. *Drawing*, [S.I.], Pitman, 1921 のこと。
7　de Boisbaudran, L. *The training of the Memory in Art*, Macmillan, 1911 のこと。
8　Catterson-Smith, R. *Drawing from memory and mind picturing*, Pitman, 1921 のこと。
9　1898年にロンドンで創立された教育機関ペルマン・インスティテュートが開発した短時間で大量の情報を記憶する方法。
10　Mitchell, Peter Ch. *The Pageant of Nature*, Blackie & Son, 1911 のこと。
11　Richmond, K. *The Curriculum*, Constable Ltd., 1919 のこと。
12　クレトンサラサ、綿、麻、レーヨン製の厚手の鮮やかな柄の生地で、椅子カバーやカーテンなどに用いる。
13　Warner, S. *The Wide, Wide World*, Walter Scot, 1850 のこと。当時は「Elizabeth Wetherell」の偽名で出版された。主人公のエレン・モンゴメリーがヴィクトリア時代の教育を受けながら成長していく物語である。日本では、1922年に藤澤古雪によって、1950年には村岡花子によって訳出されている。エザレル著、藤澤古雪訳、『廣い世界』（世界少年文學名作集、第22巻）、精華書院、1922年。エリザベス・ウエザレル著、村岡花子訳、『エレン物語──少女小説』、ひまわり社、1950年。

芸術視学官マリオン・リチャードソン女史「子どもの描画とデザイン」

　ここ数年、〔ロンドン〕評議会[訳註1]管轄の学校における美術教育は大きく変化してきた。**図版 1**（《写生による肖像画》、少女13歳）、**図版 3**（《ろうそくの灯》、少女15歳）、**図版 4**（《野生の馬》、少年8歳半）、**図版 5**（《道をはさんで向かいの商店》、少女13歳）、**図版 6**（《窓辺に座る老女たち》、少女13歳）は、この新たな展開の、そしてこの科目における子どもの取り組みの利点と美点がどのようなものであるかを教えてくれる。

　かつて私たちは子どもに対して箱や瓶、ときには花々や木の枝といった対象を模写するよう教えていた。なぜかといえば次のような思い込み、すなわち芸術とはおおむね何かに似せようとすることであり、そして子どもは単純な事物を観察し再現することから出発し、少しずつもっと難しい事物を描画することを習得していかねばならないという思い込みが広く行き渡っていたからである。子どもが目指すべき到達点として私たちが常に念頭に置いていたのは、成人した芸術家の作品であった。

　私たちはこうした方法を変革してきた。それは部分的には、私たちがもはや芸術というものを、自然界の外観を模写する人間の試みとしてではなく、むしろ根元的な調和に関する自らの実感を表現する人間の試みとして考えるようになったからであり、さらには、子どもが個々独自の仕方で芸術へとアプローチすることを私たちが発見し、また、子どもの技能の出発点は独自のものであって、それは彼らが物事を見たり体験したりする仕方と密接な関係にあることを発見したからである。こうした児童美術の発見が可能になったのは、子どもが学校で子どもらしく振る舞うことを認め、そして学校というものを、子どもが自然体で楽しく生活し活動できる場所へと変えたことによる。今や描画は時間割の中で最も好まれる科目の1つとなったのみならず（活動中の子どもを示す**図版 2**、**7**、**8**を見よ）、子どもの成長と発達が最も確実な科目となった。自由に絵を描いてもよいということが子どもの発達にとってどれほど重要であるかは教師ならみな知っていることであり、そして芸術を通

じて得られた達成感と満足感のゆえに、他の教科での取り組みも改善された子どもを多くの教師が目にしてきたことだろう。

　自由に表現できるということが子どもにとって楽しく喜ばしいというのは容易に理解できるが、しかし子どもがそうやって生み出す粗削りで珍妙な絵がささやかな芸術作品であり、そして子どもは小さな芸術家であるとは容易には認めがたい。ここで私たちには区別が必要である。子どもが制作するすべての絵画作品、あるいは子どもが最も楽しみながら制作した絵画作品でさえ、それらを芸術作品であるなどと考えるのは馬鹿々々しく、感傷的なことである。言うまでもなく、子どもは良い作品と同じくらい悪い作品を作ることがあり、また描画というものを芸術的な目的と同じくらいに芸術的でない目的のために用いることもある。子どもの描画のいくつかは、例えば抑圧された願望の発露以上のものではなかったりするだろう。少女たちが描画する素敵なファッション写真の淑女たち、少年たちが描画するレーシングカーや飛行機は、しばしば「だったらいいな」という絵にすぎない。そうしたものは自分たちを描画せよと強く迫ってくるのかもしれないし、その表現を拒否すべきでもないのだが、しかしそれらは「自己表現」の一形式であって、自己中心的で啓発もされておらず、ある意味で芸術作品では絶対にありえないようなものである。他方で、自然の外観を記録したものだったり、図画を使って事実を要約したものだったりする描画があり、自然研究や地理といった教課においては子どもがそういった描画を用いることが必要とされることもあろう。多くの子どもはこれらのたぐいの速記風の表現を極めて容易に習得し、ときにそれは言葉を使った描写よりも優れている。しかしながら、子どもがそういった描画を用いているとき、彼は科学者として作業しているのであって、芸術家としてではない。とはいえ、以降のページに掲載された絵画作品を制作した子どもがしたような仕方で描画するとき、子どもは芸術家として作業しているのであって、彼が制作するものはささやかな芸術作品なのである。

　このような子どもっぽい制作物と、「本物の」芸術作品とでは、どんな共通点があるのか考えてみよう。第1には、同じ生気と写実性（sense of reality）がある。「なんと生気に満ちていることか！」と、図版4を見た人は

言うかもしれない。そしてその馬が実際にはさほど馬には似ていないことを大人の批評眼で仔細に検討してみたとしても、なおその馬は生き生きとしており、そしてほとんど写真のように正確な再現の多くよりも不思議なことにずっと馬らしいのである。この絵はそれ自身の内側にある生命によって生かされており、何ものかを反映ないし再生することによってではなく、ただ自らに霊感を与えた観念を反映・再生することによって生きている。まさに生命こそが絵全体を活気づけているのである。馬だけではなく、空も、木も、草も、子どもによってはすべてが同じ鮮やかな仕方で感じ取られている。そのことがこの絵を一貫した作品にしており、造形的な統一性という芸術の最上の美徳を、ただし極めて無自覚に、達成しているのである。私たちは、先ほどの馬の批評を全体の評価においては忘れてしまい、さらにはそのときは欠点だとみなそうとしていた事柄でさえ、芸術的な必然性を有していることを発見する。そこで明らかになってくるのは次のことである。すなわち、単一の対象を「正しく」捉えることに子どもの注意を集中させるという古い教育法は、子どもの興味を無視したのみならず、子どもが構成の課題に取り組むことを困難にしたどころか不可能にすらしてしまったのではないだろうか。芸術とは外観の摸倣でもなければ、全体を作り出すために諸部分を自覚的に組み上げることでもない。

　野生馬の絵は、愉快な一例だとはいえ、ここに再録されてもおかしくなかった他の数千点のうちの１つにすぎず、それらの中にもまた、もちろん当然ながらその程度は同方向において小さくはあるものの、世界中の他のすべての事柄から芸術を区別している活気、調和、忘我といった質が見出されるはずである。

　したがって、私たちは芸術を自然なものと結論付けるべきなのだろうか。人間は生まれつき芸術を産出し理解する能力を持って生まれ、そしてこの能力は、価値というものが偽りである物質的な世界で生きることによって失われてしまうのだと結論付けるべきなのだろうか。美術史を学ぶ今日の学生はこうした見方に傾きがちである。彼らは、何か汚れのない無私の人々の芸術に差し向けるのと同じ真面目さと関心でもって児童美術を研究するのである。

今では児童美術が学校において私たちの身近なものとなったことにより、児童美術というものを、芸術的な理解力を欠き、伝統に対してまるで関心を持たない時代における成人の感受性を再教育するための実践的な方法の1つと見る人々も多い。

　では子どもはどのように作業するのだろうか。低学年においては、描画と絵画（drawing and painting）は完全に自発的な活動であり、教師は正しい機会と正しい画材を子どもに提供する以上のことはしない。画材は非常に重要である。というのも、画材が良質で適切なものであれば、それだけで絵を描くこと（to paint）へと子どもを誘ってくれるからだ。子どもが使うのにまさしく最良の（最も高価なものとは違う）画材を用意するための新しい方法と手段が常に求められる。3、4歳の幼い子どもたちはチョークや絵の具や絵筆についてすぐに自分なりの発見をし、例えば「私の馬」、「僕のお父さん」、「模様のあるカーペット」、あるいは「ただの塗りたくり」といった絵やパターンが実際に現われるようになる。このような自由描画はみな、そのような言葉遣い（language）を習ったことのない大人には等しく理解できないものかもしれないが、子ども自身がその作業に取りかかった際の真剣な興味関心と目的意識は、誰でもが理解でき是認できるものである。子どもの取り組みの価値が認められた驚くべき一例としては、〔ロンドンの〕ウェストエンドにある大手企業が、子どもの手になるいくつかのデザインを買い上げ、それを調度用織物としてプリントして販売したことが挙げられる（**図版9**を見よ）。

　この科目を展開させる次の段階について、さらに絵画制作がデザインへ、またデザインが絵画制作へと溢れ出ていく道筋について、ここで詳細にたどることは不可能である。引き続き取り組みの主要動機は子どもの自然な興味関心である。子どもは絵を描くことによって、そして注意深いが出しゃばりではない教師に付き添われることによって、絵を描くことを学ぶ。

　先に私たちは、子どもが非芸術的にも様々な仕方で描画を利用するであろうと語った。年が長じるにつれ、これら別の使用法──とはいえこれらはすべて各分野では紛れもなく正当な使用法なのだが──が、ますます子どもの注意を逸らしがちになる。教師は、子どもがそれらを正しく区別し、自

分固有の技術（art）を損なうことなく発達していくよう支援すべきである。教師が最も成功を収めるのは、子どもが心的なイメージ世界を産み出す力に訴えかけることによってであり、外界の見た目を模写しようと努めるよりも、むしろこのイメージ世界を誠実に記録するよう子どもを訓練することによってである。この、心の眼が「見ること」こそ、子どもが芸術へといたる自然な道なのである。それ以降は、この内的な視覚ないし知覚を参照しながら、子どもはますます身体的な眼の観察にもとづいた描画を意識するようになる。しかし、このときまでに正しい心構えが実現していれば、この心構えこそが物の見方（seeing）の性格を決定付け、そのときすべてのものは単一で統一のとれた印象のしかるべき一部としてしっくりくることだろう。

　以上の簡潔な説明を聞いて、今日の描画の教科において教師は重要な役割を果たしていないと読者が思ってしまったとすれば、それは完全な誤解である。仮にそうだとすれば、ある学校の取り組みは他の学校と比べても大差ないということになろう。見学者が教師のやっていることを常に目の当たりにできるとは限らないだろうが、しかし教師の変化は不可避的に子どもらの取り組みの変化を意味するという事実に変わりはなく、そして私たちはこの事実をこそ、それが暗示しているすべてのこととともに認めねばならない。ほとんど言うまでもないことだが、よい教師は生徒たちに自分の個性や絵の流儀（style of painting）を押しつけることなく指導し鼓舞するすべを知っている。大多数の教師は、専門家というわけではないので、押しつけようにも自分なりの流儀など持っておらず、それが結果としては〔先のよい教師と〕まったく同じことになるだろう。これら非専門的な教師たちは、立派に仕事をこなしており、また新しい方法をとおして、この科目に対する関心が自分自身においても刷新されているのを発見している。

　そうした教師は新しいやり方で絵画作品を注視するようになり、また駅や通り、バスや電車など、おそらくそれまでは行く手をうっとうしく邪魔するくたびれた人々しか見ていなかったところに絵を見るようになる。さらには、今やこれほどまで需要のある再教育課程のおかげで、自ら絵画を実践し始めるかもしれない。こうした新しい展望が子どもらに行き渡り、描画の教科は

彼ら子どもと教師の間の喜びに満ちた共同作業となる。子どもらが何の主題も持っていなかったり、あるいは彼らに指図しながら作業させるために特別な試練を提供したりすることが必要なときはいつでも、教師は自身の体験を分け与え、自身が目にしたものを言葉の絵（word-picture）のように描写することだろう。「電車の座席の隅っこに腰掛けた老女の肖像」、「ロンドンの空を背景にした屋根と煙突」、「食卓を囲む家族」、「道端の小屋につめている夜警」、その見開かれた眼にとっては何であれすべてのことが題材である。そしてこのように主題の範囲が広げられることを通じて、子ども自身も（さらには絵を描くことを遅くに始めた人々やそれまで空想だにしなかった人々でさえ）新鮮な眼で物を見るようになり、キラキラした世界に代わって現実のなかに自分自身の主題を見つけるようになる。

　絵画（painting）を理解するうえで真摯に絵を描くこと（paint）以上に確実な方法はない。芸術家の課題と自らも格闘したことを踏まえながら、少年少女は絵というもの、つまり今では学校によって買い上げられるようなたぐいの絵を理解し始める。本物と紛い物を正しく選び取れるようになる。というのも、彼ら自身にとっては自分の取り組みが真摯かそうでないかは紛れもないことなのだから、そのことがまさに試金石となってくれるからである。とはいえ、この試金石は他の芸術形式を理解することも助けてくれるのだろうか。すでにそうなるだろうという兆しは現われている。本物の理解とは、まさにそれのみがよき趣味と呼ばれるに値するものだが、それは就学期間に期待されるものではない。よき趣味が私たちの間で広く行き渡ることを最も確実にしてくれるのは、今はまだ幼いけれども、芸術を評定するための内面の基準と、そして芸術が人間の霊的な感覚に対して持つ関係についての理解とを、すでにいくばくか獲得した一世代が成長していくことなのである。こうした基礎の上であれば、陶芸、彫刻、刺繍、あるいは建築といった芸術のどんな特殊分野であれ、それらを完璧に評価するために必要な特別訓練を施しても無駄になるということはないだろう。

訳註

1　London County Council（LCC）のこと。

図版1 《写生による肖像画》
　　　13歳の児童

図版3 《ろうそくの灯》写生による描画
　　　15歳の少女

図版5 《道をはさんで向かいの商店》
　　　13歳の少女

第10章　マリオン・リチャードソン　331

図版6《窓辺に座る老女たち》13歳の少女

図版4《野生の馬》8歳半の少年

332

図版2「描画をする児童」

図版7「じゃがいも版をする児童」

第10章　マリオン・リチャードソン　333

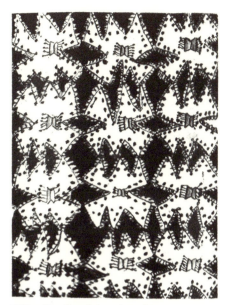

図版9「10歳の少年によるパターン」

図版8「顔料をすりつぶす少年たち」

「マリオン・リチャードソン女史による解説」

　5年前、ロンドン市評議会はカウンティホールで児童画展を開催した。ロンドンの50もの小学校から描画を入手したところ、それらの大半は年少の子どもたちによるものだった。今回の展覧会はロンドンのすべての小学校への招待状による成果であり、選ばれた作品は主として年長の生徒のものである。

　この展覧会の描画は、それらが少なくとも500人の異なる生徒によって描かれたもので、非常に多くの別々の小学校から寄せられたにもかかわらず、共通の特徴を有している。すべての描画は、グループ10[訳註1]におけるもの以外は、間違いなく子どもの描画であり、この子どもらしい特性は誠実さのしるしとしてみなされる。しかし、実に数多くの描画が送られてきたのであり、展示されなかった描画もまた子どもらしいものだった。〔だとすれば〕これらの採否の理由は何だったのだろうか。その答えは、最終選考で落とされたものが多くの点で芸術作品とは言えなかったことにある。

　ここにある描画の非常に多くの目につく欠点を前にして、この大胆な声明を単にわけが分からないと感じる者もいるだろうが、しかし本当のところ、あたかも写真であるかのように見られる限り、どんな芸術作品であれ永遠に理解されないのである。そしてこれらの描画は写真であるかのようには見ることができないのだから、芸術を理解するための第1段階は類似性を見つけようと試みることではなく、啓示を受けた心的状態の表現としてこれを承認することにあるだろう。それゆえ、何もかも、芸術家にとって自らの考えとなる啓発されたヴィジョンにもとづいている。何もかも？　そうだ。何もかもだ。技能、すなわち表現の手段はこの考えが正しくさえあれば見つけることができる。

　芸術家の考えの特質とは何であろうか？　それは、常に視覚にまつわる考えであり、心の目を用いようと肉体の目を用いようと、常に見ることに関与している。芸術家は彼の周りの世界のなかで（つまり生の素材において）関係

性や秩序や調和を——ちょうど音楽家が音の世界でこれらのものを見出すように——発見する。これは意識したり、画策したり、立案したりすることよっては行なわれない。芸術とは意志の成果ではなく——少なくとも子どもにとっては——生まれつき与えられた恩寵であり、世界の中で最も単純で最も自然なものである。人々が誠実かつ自由であればいつでも芸術は湧き出てくるのであって、この展覧会はまさしくこうした事実の証人である。こういうわけで、教師の前であろうとそうでなかろうと、極めて重要なのは子どもの幸福であり、今日の学校は子どもの芸術に最適な場所であるか、あるいは最適な場所であるべきなのだ。教師と子どもとの間に愛へと昂じる関係が存在しなければ、今理解していただいているような子どもの芸術はとうていありえないものなのである。

　いかにしてこの愛がそれ自身を行為へとつなげるのだろうか？　というのも、ここで見られたような作品は一般に考えられているような「自由表現」ではないからだ。そうした作品は単なる無意識な模倣にすぎないようなものであり、そこでは教師自身の想像力に満ちた才覚が非常に重要な役割を果たすような訓練された活動にすぎない。

　この問い、すなわち、誰もが求める問いに対する答えは1つとしてない。それぞれの教師はこの問題に対して自分なりの答えを見つけることになる。そしてまた、学校に足を運んでもらえるならば、新しいメソッドの多様性と柔軟性に衝撃を受けるだろう。1つの本質的要素が明確になる。よい美術教師は常に子どもたちとその描画に大真面目に取り組むだろう。おそらく、何よりも重要なのはこのことであり、そうすることによって子どもに最善を尽くすよう後押しすることができる。子どもは、とくに自己を意識する時期に差しかかると、自らの芸術に価値があると確信するために、そして身の回りに溢れている既製品や中古品を安易に受け入れないよう自制するために大人の権威を必要とする。子どもとの作業が最終的には、教師に広い意味での芸術を理解する鍵を授けてくれるかもしれないと気づくにつれて、この真面目さは文句なく教師のものとなる。

訳註
1　展覧会場は、複数のセクションに分けられた。内訳は以下のとおり——、左側のグループ1では、3歳から7歳半までの幼児学校（Infant School）、グループ2では、7歳半から11歳までの初等教育機関（Junior School）、グループ3と4では、11歳から14歳までの中等教育機関（Senior School）、グループ5と6では、11から15または16歳までの試験によって選出された子どもたちの学校（ロンドン中央学校 Central School）、グループ7と8では、17歳あるいは18歳までの幅広い年齢層（中等教育機関　Secondary School）、グループ9では、公立や私立、その他の学校からの作品が展示された。グループ10は、教員養成大学の学生と教員のセクションだったので、このセクションだけ子ども以外のドローイングが展示されたことになる。また、会場に置かれたパネルの外側では、子どもたち個人が出展したドローイング、同じパネルの内側では伝統的な学校の作品と新設の学校のそれとの比較展示。その他のパネルには20枚ずつ8つのグループに分類されて、子どもの作品がバランスよく展示された。

第 11 章
リチャード・シフ
——社会史のなかの子どものドローイング

解 説

　ここに訳出したのは、1998 年に出版された『児童美術の発見 児童期、プリミティヴィズム、モダニズム論文集（Discovering Child Art: : Essays on Childhood, Primitivism and Modernism）』に収録された論稿、「原始的系統発生から形式主義的個体発生へ ロジャー・フライと子どものドローイング」である。

　著者はアメリカの美術史家でテキサス大学の教授リチャード・シフである。日本での講演経験もあるので、おそらく彼を知る読者も多いと思うが、以下、彼の略歴を紹介する。シフは、ハーバード大学で建築学を学び、1965 年に卒業した後、同大学およびイェール大学大学院で美術史学を学んだ。博士論文は、「印象派の批評、印象派の色彩、そしてセザンヌ（Impressionist Criticism, Impressionist Colour, and Cézanne）」（1973 年、イェール大学に提出）であり、この論文以降大著『セザンヌと印象派の終焉（Cézanne and the End of Impressionism）』（1984）をはじめとして現在にいたるまでずっと、セザンヌ研究の第一人者として知られる。アカデミックな経歴はあまりにも膨大なので専任職に限れば、1971 年にテンプル大学美術学部、1974 年にシカゴ大学人文学部、1978 年にノースカロライナ大学チャペルヒル校、1989 年からテキサス大学で教鞭を執っている。同大学内では、美術・美術史学部の教授とモダニズム研究センターのディレクターを長期間にわたって兼任している。シフの著作は、近現代美術史や批評研究に携わる者にとっては重要であり、原著・翻訳を問わずして読まれている。彼がロバート・S・ネルソンと共同で編んだ『美術史を語る言葉（Critical Terms for Art History）』（co edited, 1996, 2003）は、日本では 2002 年に翻訳が出版され、美術史や美術理論を学ぶ学生や大学院生の読むべきテキストの 1 つとなっている。展覧会カタログでの作家論や作品解説も多数執筆しており、『バーネット・ニューマン カタログ・レゾネ（Barnett Newman: A Catalogue Raisonné）』（co authored, 2004）、『疑念（Doubt）』（2008）、『感覚とデ・クーニングの間（Between Sense and de Kooning）』（2011）、そして『エルスワース・ケリー ニューヨークのドローイング 1954-1962（Ellsworth

Kelly: New York Drawings 1954-1962)』(2014) といったモダニズム関連の研究の一方で、時代に応じたポストモダン的な領域を扱った著作もある。

　さて、すでにお気づきかとは思うが、本章は一篇の論稿としては非常に長大かつ重厚である。この論稿が所収された上述の本の編者、美術史家のジョナサン・ファインバーグによれば、『児童美術の発見』は、「無垢の眼 児童美術とモダンアート（The Innocent Eye: Children's Art and the Modern Artist）』という1997年の展覧会と同名の著作のための「書面によるシンポジウム（written symposium）」として構想されたものである。シフと同じくモダンアートの研究者であるファインバーグは、芸術家たちの児童美術への共通の関心を美術史が無視してきた事実を疑問視し、モダンアートと子どもの絵を並行視する理論やその背景となる思想に着目した。他の寄稿者には、ルドルフ・アルンハイムやE・H・ゴンブリッチの名前もあり、一貫して美術史学的ないし美術批評的視点から児童美術を解釈しようとする点でこの本は従来の児童美術教育論とは一線を画している。そして何より、40ページを超えるシフの論稿は、論文集全体の議論の象徴であり、そこにおける彼の問題提起は本書の執筆動機と大いに重なるものである。

　本稿のタイトルでもある「原始的系統発生から形式主義的個体発生へ」という一見すると美術の世界とは相容れないように見えるフレーズは、シフのここでの議論の屋台骨を形作っている。このフレーズが指し示す2つの概念、すなわち本書の冒頭から繰り返し登場する「進化論」と「プリミティヴィズム」は、本章でもやはり、モダンアートの歴史的必然性と結び付けられる。しかし特筆すべきは、「進化論」とフォーマリズムの関係であろう。美術のフォーマリズムは（数学のフォーマリズムも同じであるが）、フレーム内部の閉じられた「形式」として、20世紀後半以降とくに、批判的に論じられる向きがある。これに対してシフの議論では、フライのフォーマリズムに芸術作品の開かれた形式（発生論的形式）の可能性が感じ取られる。つまり、芸術家個人の作品形式は固定するのではなく、ある法則性にもとづいて変形（進化）していくということである。1977年に1度、アメリカの美術史家デヴィッド・G・テーラーが「芸術家各人の間にはっきりと見ることのできる発生的較差」としてフライの形式に言及しているが、それ以来彼の「形式」の質的起源に関する研究はほとんどみない。こうした発生学的な形式の考え方は、フライよりもむしろハーバート・リード研究において論じられている。

　もう1つ、シフの巧みな戦略として、「画一性」という言葉の使用がある。もちろん児童美術教育も古典的な教育方法をとれば、同じ描き方で同じような絵を作る生徒を大量に輩出することになるが、この言葉は「規格化」や「標準化」の名のもとに「個性」との対立を強いられてきた工芸・デザインの領域にもあてはまる。フライが「プリミティヴ」を「モダンアート」と児童美術の橋渡しとし

て肯定的に利用したのに対して、シフは同一のレシピ（シラバス）によって量産される児童画と機械によって量産される「生気のない」物品を「画一性」の反映として扱う。この問題は、シフが現在もなお注目しているメディウムと身体器官との関わりへと拡大されていく。彼は、機械の代表としてタイプライターを例に挙げ、次のように解説する。「タイプライティングの行為は、ちょうど厳格なアカデミー絵画の手順が画家を単なる道具へと変えたように、書き手－タイピストを単なる道具へと変換したのだ」（388 ページ）。つまり、「手順」や「道具」といった生産工程に機械が介入することによって、その進化は私たちから「系統発生的な」道筋をたどる契機を奪い、結果として「個体発生的な」変化の可能性だけが残ったのだとされる。そこには、作る人も使う人も明かされず、作り方も作られたものもみな均質化されてしまい、1 つの段階のなかでマイナーチェンジを繰り返すだけの標準化と画一性への懸念が読み取れる。

　私たちは、ここで、シフの児童美術への考察が――彼の論文はいつもそれに溢れているのだが――文化批評のレトリックであったことに気づく。そして、そうした懸念は彼の作品研究における身体を介したメディウムへの執着を裏付けるものとなる。

参考文献

Feinberg, J. (ed.) *Discovering Child Art*: *Essays on Childhood, Primitivism and Modernism*, Princeton University Press, 1998.

Nelson, R. S. & Shiff R. (eds.) *Critical Terms for Art History*, University of Chicago Press, 2003；加藤哲弘・鈴木廣之監訳、『美術史を語る言葉：22 の理論と実践』、ブリュッケ、2002 年。

Shiff, R. "Painting, Writing, Handwriting: Roger Fry and Paul Cezanne" an introduction of *Cezanne A Study of his Development*, by Roger Fry, University of Chicago Press, 1989.

Taylor, D. G. "The Aesthetic Theories of Roger Fry Reconsidered," *Journal of Aesthetics and Art Criticism*, 36.1 (Fall 1977).

Thistlewood, D. *Herbert Reed: Formlessness and Form*, Routledge & Kegan Paul, 1984.

リチャード・シフ「原始的系統発生から形式主義的個体発生へ
　　　　——ロジャー・フライと子どものドローイング」

教育の心理学（いくつかの常套句）

　2つのよくある信条とは次のようなものである。〔1つには〕大人になるために、子どもは目や耳で捉えた形成物（configurations）、すなわち言葉とイメージに彼ないし彼女の社会が与える意味を学びながら、道具として用をなすコミュニケーションの様々なモードを習得しなければならない。〔もう1つには〕芸術家になるために、大人は子どものプリミティヴな感覚のモードへと逆戻りしなければならない。2つの要請にはどちらも教育（education）が含まれている。ちょうど子どもが大人のようにふるまうことを身に付けるのと同様に、もはや子どもではない大人の芸術家は子どものように知覚することを身に付けなければならないのだ。こうした信条に応えて、ウィリアム・ジェイムズの『心理学原理』では、日常の視覚と（子どものような）芸術的視覚との間に「フォーマリスト的な」区別を用いて芸術教育を規定している。

　　芸術家の教育は、そこにある記号はもちろん、表象された事物をも見抜くことの学習から全体が成り立っている。目の前の広がりが意味するものが何であれ、芸術家はそれを感じるのと同じようにしてそれを見ることもする——すなわち、線によって画定された色斑の集まりとして見るのである（……）。平均的な人の注意は、色斑の集まりを見すごして、それらの意味へと向けられる。芸術家の注目は、自らの関心のゆえに、色斑の集まりへと引き戻され、それらへと引き留められる[原註1]。

ジェイムズが示唆するには、芸術家は身体性の直接的経験（「感じられるままに」目の前の広がりを見る）における形式に留意しつつ、実際の生活（目の前の広がりが意味するもの）から自由になることができる。そうした直接的感覚

が芸術家のエモーションを引き起こしたり、解き放ったりするのだ。「感じられる」というジェイムズの動詞の曖昧さは、彼が意図しているいないにかかわらず、重要な役割を担わざるをえない。というのも、芸術家が「感じる」ものは、感覚とエモーションの両方であって、外部と内部の双方から生じるためである。

　1890年に初版の、数十年にわたってこの種の研究としては最も幅広く行き渡ったジェイムズの『心理学原理（The Principles of Psychology）』は、芸術のフォーマリズム的な考え方が最も重要だった時代の始まりに登場した。1960年代が示すのは、こうした時代の終焉である。合衆国において、そのときまでに傑出したフォーマリズムのパラダイムとなっていたクレメント・グリーンバーグの著作は、続く数年にわたって、グリーンバーグの見解に対する猛烈な抗議と反発に見舞われることとなった。しかしながら、英国においては、アメリカでも一定の範囲では、グリーンバーグよりもむしろロジャー・フライがフォーマリズム批評の究極の基準とされた[原註2]。フライがヴァシリー・カンディンスキーやアンリ・マティス、そしていくらか若いパブロ・ピカソといった芸術家の世代に属していたという事実は、彼の立場をグリーンバーグから区別した。これら草分けのモダニストたちと同時代人として、1人の画家として、フライがモダニストそれぞれの個人的発展と達成に合わせていく度も立場を修正し直さねばならなかった一方で、フライよりも40年以上も後の1909年に生まれたグリーンバーグは、これらの同じ芸術家集団の手になる仕事をヨーロッパのモダニズムというすでに確立した伝統とみなしたのである。

　フライのフォーマリズムは、当時の他の多くの人々によってと同じく、ジェイムズによって明確にされた問題含みな区別をよりどころとしている。一方では、芸術的視覚の場合のように、少しも先入見のない環境のもとで体験するときに事物が具える仮象や気配があり、他方で、「日常の」、道具として役立つ視覚におけるように、目的を達成するための手段として、あるいは限定された解釈を要するコンテクストの範囲内で考慮されるときにまさしく上述の同じ事物が担う意味がある。フライは、視覚的デザインによって直接伝わ

るエモーションの状態をとりわけ「芸術的」満足と同一視した。他の解釈者たちが主題内容からどのような意味を引き出したとしても、このフォーマリズム批評家にとってテーマや寓意は副次的な問題にすぎなかった。そうした主題の要素は教育された知性を鑑賞者が適用することを、そしてしばしばこれに続いて芸術家か鑑賞者のいずれかの文化的伝統に適した実践的な道徳判断を要請するものだ。その一方で、デザインの諸要素の鑑賞が必要とするのは、細心の注意と美的な感受性より以上でも以下でもない。フォーマリストたちは、それらを美的感覚が希有なエリート文化の産物ではなく生まれながらの人間の能力だと信じていたのだ。フォーマリズムは普遍的で民主的だった。形式に関する感性は、まったく自然なものであるので、子どもの――生まれながらの――特徴だった。

　フォーマリズムの諸原理は、20世紀初期の芸術理論や教育、心理学や社会的発展の多くを形作っている。子どもの芸術と教育に関するフライの様々な議論においてそうであったように、こうした関連分野の関心がどこで1つの一貫性のあるパターンへと収束するにせよ、フォーマリズムの流動的な諸原理は結晶化し、いっそう明瞭となっていった。フォーマリズムは、1909年のフライの基礎をなす「美学に関する試論（An Essay on Aesthetics）」の言わずと知れた主題である。フライは、そこにおいていかにして芸術が出現し、いかにして創造されるのかという問いに関して、子どもの知覚と精神構造への理解を深めた。それを証明する本質的な一例として、フライは子どもを説明に加えた。しかしながら、おそらくより正確に言うならば、フライは、子どもについての既存の像をよりどころとしていた――それはすなわち、偉大なる文化的神話の特定の文学的ないし修辞的な図形と位置を構成しているものとしての子ども、ヨーロッパ社会が自分自身のモダニティとわたりあうことを可能にしていた数多くの概念と構造にとっての凝縮点としての子どもであった。そうした交渉のプロセスは、初期産業革命に始まり、フライの存命中もなお効力を発揮していた。

　フライが1909年の小論のなかで示した中心的な主張の1つについて考察するために、彼の子どもの概念のことはしばらくおいておこう。フライは、

芸術家の視覚がいかにして他者のうちに感情（feelings）を生み出すことができるのかを説明する。

> 芸術家は、純粋な感覚作用から、これらによって引き起こされたエモーションへと移行するとき、それ自体のうちに私たちのエモーションを波立たせるように計画されている自然のフォームを用いる。そして、芸術家はこのフォーム自体が私たちのうちに、私たちの身体的でかつ生理的な本性の根本的な必要性にもとづいて、エモーションを波立たせる状態をもたらすようにして、これらを提示するのである。このエモーショナルな状態は、それゆえ自然のフォームに対する芸術家の態度は、彼がかき立てたいと思うエモーションに応じて限りなく多様である[原註3]。

フォーマリズムの実践に関するフライの初期の考え方によれば、芸術家は、エモーション——彼ないし彼女自身のエモーションばかりでなく、（芸術家以外の）一般の人によっても感じることのできるエモーション——を表現するために線や形態や色彩やテクスチュアなどの視覚的諸要素を操る。このエモーショナルな表現は、それが、受容力のある観察者、すなわち生理学的刺激に対する一般的反応によって「感動させられた」鑑賞者の共感的な参与をよりどころとするからには、コミュニケーションに関わり、おそらく協働的でさえある。フライによれば、芸術作品の形式は、主題のいかなる特殊なコードよりも直接的に、またいっそう多くの人々に伝えられるものである。

この説明によれば、フォーマリズムの実践は、技能の獲得とそれに続く方向を定められた技能の応用を意味している。芸術家は、普遍化を行なっている形式を無意識的にあるいは受動的に見出すのではなく、コンテクストないしフレームの内部で形式的な諸要素を意識的に組織するのである。フライが比較のために引き合いに出す人物の一人である物語作者にとって、フレームを作り出す構造は時間的なものである。物語作者はその始まりと終わりを告知するために1つの話（tale）を提示し、その内部で物語（narrative）や、さ

らには言葉遣いを特殊なリズムへと発展させる。しかしながら、画家は、1つのイメージを包摂しつつ、また四角形のフォーマットをもつ固定された空間の内部にこのイメージの諸部分を組織化しながら物質的にフレームを構築する。これとよく似た仕方で、鑑賞者は心理的に彼らが見るものを「フレーミング」し、そしてこのフレーミングが彼らの反応を規定する。このような「フレーミング」は、まさにその時点で、フォーマリズム風のフレーミングに匹敵している。フライの指摘によれば、人々が「現実の生活」(すなわち、芸術の特権的な領域の外側)における観察に対して応答するのは、彼らの知覚を誘導したり検閲したりするための実践的な関心や特殊な心理的備給を認めることによってである。にぎやかな通りを眺めるとき、人はその内容を公平に読みとることはできず、例えば、「知人に気づき、今朝、彼が非常に落ち込んだように見えるのはなぜだろうかと思う」。この場合、観察者の関心付けられた応答は、見知らぬ人々から友人を識別する心理学的なフレームによって導かれる。しかし、フライは次のように述べる。鏡の任意の境界のなかに映し出されたかのようにして同じ景色を読み解くとき、「私たちは[自分自身を]たやすく抽象し尽くし、移りゆく情景全体を見渡すことができる(……)。鏡のフレームは、その表面を、非常に初歩的な芸術作品へと変え、[その芸術作品はその人自身の]応答行為の欠如によって現実の生活から切り離される[こととなる]」原註4。

　ここで、フライが何にもまして鏡をフレーミングの装置としてみなしていることに注目しよう。鏡は、イメージをその世俗的な文脈から切り離して、このイメージを構想力の自由な遊戯のための絵画的な素材へと変える。鏡は実生活の見慣れた状況を複製しているのではなくて、こうした状況を変形しているのである。あたかも、たとえ最低限であれ、普遍的な芸術や詩作のレヴェルへとそれらを高めているかのように原註5。結果的にフライは、(期待や約束事の心理学的な「フレーム」の内部で)所与のイリュージョニスティックな効果を獲得するアカデミーの芸術家ないし挿絵画家のねらいと、フォーマリズム芸術家の(そこにおいて、特殊な「フレーミング」が実践的な関心を排除するところの)表現的な企てとを対照させるのが常であった。それにもかかわ

らず、フライは2つの目的——エモーショナルな表現とイリュージョニスティックな描写——が互いに排除しあう必要はないと付け加える。この批評家が意図しているのは、表現への注目であって、描写（depiction）を貶めることではない 原註6。

1909年のフライの立場にはフォーマリズムが見られるのだが、しかしフォーマリズムはまだ彼のものではなかった。彼が重視した術語は、「形式（form）」よりもむしろ「エモーション」と「表現」だった 原註7。フライの「美学に関する試論」は、1つの目的、つまりエモーションの表現ないし伝達の手段としてのみ「形式（form）」を提示した。私の知るところでは、「フォーマリズム」という術語をフライが最初に使ったのは、8年後の「子どものドローイング」、美術教育に関する1917年の小論においてである。そこでは、形式と子どもの両方に関するこの批評家のそれまでの考えの多くが、原始の人々（primitive）、すなわち社会的進化の「子ども」である人々に関するフライ自身の考えとを対比させられている 原註8。

フライはすでに、子どものドローイングの実例を、自著「美学に関する試論」の極めて重要なところで用いることによって、それらが芸術と、そして実践的関心を具えた「実生活」と対をなすとされる「想像力に満ちた生活」の精神的かつエモーショナルな参与との間の自然なつながりをあらわにしていると示唆していた。

　　　グラフィック・アートは実生活の模倣というよりもむしろ想像力に満ちた生活の表現であって、これらは、子どもを観察することによって推測できるだろう。子どもは放っておかれたなら、決して（……）「写生する（draw from nature）」ことはなく、彼ら自身の想像力に満ちた生活を作り出している心的イメージを歓びにあふれた自由さと誠実さをもって表現するのである」原註9。

別のところで、フライは次のように指摘している。すなわち、子どものイメジャリーは、彼らが「明確に境界を画定された」表面の内側、すなわちフレー

ムの内側に描くときはいつでも、ますます芸術的ないし「装飾的」になる[原註10]。それゆえ、——フライが、少なくとも「放っておかれた」ときには、極めて自然な存在だと仮定している——子どもは、とくに芸術的な媒材に対して生得的に応答しているように見え、伝統的な四角形のフォーマットに向かうときには、デザインへの関心を伴ないながら表現的に描画するのである。

　このように子どもの芸術的実践が自然で誠実で、フライがカントやドイツ観念論者の芸術論から採用した言葉を使えば「無関心な（disinterested）」、つまり功利主義的な配慮から切り離されていると主張するなかで、この批評家は、子どもの心理学に関する19世紀後半の信条と、これに関連して人間の発達にとっては想像力に満ちた遊戯が重要であるとする理論に追随する[原註11]。切り離された、無関心な芸術表現は、遊戯という活動のように見える。しかし同時に、フライが「美学に関する試論」のなかで示唆したのは、いくらか矛盾するのだが、芸術家は規定された仕方で鑑賞者を感動させるよう意図して形式を操作するということだ（「私たちを感動させるために計算された（……）形式」）。このように芸術活動を思い描くならば、芸術をある目的へと差し向け、ある種の功利主義的な関心を与えることになる。しかし、そうした目的は、フライのとくに晩年の小論においては、この批評家がモダンアートを子どもの美術と関連付けるときにはいつでも急速に薄らいでいく。それはあたかも子どもに関するフライの省察が芸術表現に関する彼の考えの一部となり、芸術表現の無関心性を維持するよう彼を導き、この無関心性を自由な遊戯の問題として留め続けたかのようである。大人ははっきりと自覚された目的をもって行為する。子どもは遊ぶ。芸術家は、大人に似ているのか？　それとも子どもに似ているのか？

　フライの同時代人の間では、彼の批評に認められる非常に多くの様々な関心事——無関心性、エモーショナルな表現、創造的な芸術、子ども、遊戯——の一群は、広く浸透していた（おそらく今日においてもなおそうであろう）。いくつかの異なる学問分野において生み出された著作のなかで、これらの中心的な概念はセットで、そして参照し合いながら登場した。このような連想がもつ常套句的な性格を示す証拠として、19世紀後半のフランスの書評家が

児童心理学における諸研究についてなした観察をみてみよう。「もしも無関心が美的なエモーションの唯一の特徴であるならば、子どもは大人よりもずっと芸術家に近いと言えるかもしれない。そして、確かに子どもは〔大人より〕いっそう多く遊ぶものである」──〔このように〕無関心性、エモーション、芸術、子ども、遊戯〔という言葉が登場するのである〕原註12。この書評家の単純な推論にはある程度の皮肉を嗅ぎ取ることができ、それを遊び心に満ちた表現的な芸術は知的な点では浅薄ではないのかという近代の疑念と関係づけることができる。狂人あるいは社会的倒錯者と似ていなくもない（近代の概念における）子どもは、多くの心理学的な特徴を大人の芸術家と共有しているので、従来の区別がぐらつき、新たな問題が生じたのである。すなわち、表現力に富んだ自由な芸術家は慣習的な社会の要請に対して責任を負うべきだろうか？　結局のところ、それが無関心的な遊戯、無目的な児戯にほかならないならば、個人の芸術的活動が奉仕することができる社会的な目的とは何なのだろうか？

　フライが子どもを、自由な芸術的表現性のためのモデルとして、したがって、芸術家にとってのもう一人の自分（alter ego）を映し出すようなものとして用いたことによって、これら「近代的な」問いに関連する厄介な考察が必要となったのである。というのも、人間の発達の一環として理解されたならば、子どもの「無関心的な」形式的な遊戯が完全には自由ではなく、結局のところ無関心でもないとするのは可能であったからだ。それどころか、そうした遊戯は、子どもから大人への移行を手助けすることにおいてそれ自身の重要で功利主義的な「利益／関心」をもっているかもしれない。なぜなら、対象（objects）や物質（materials）との戯れは大人の知覚能力と運動能力の正常な発達にとって欠かせないはずだからだ。見たところ幼児に持有の片言が、発話に必要な舌と耳の没個性的な訓練となり、幼児の無目的な落書きが目的をもった手の分化を準備するとして、そこには諸々のアナロジーが、成長の初期の段階で容易に見出されうる原註13。発育のコンテクストにおいては、片言と殴り書きが仕事、すなわちより大きな社会組織のために極めて有益となる成長期の子どもの自己陶冶と容易にみなされうる遊戯を成している。とい

うのも、社会は、未熟な子どもが身体的能力を有する大人へと変容することにかかっているからだ。

　想像力豊かな「ヴィジョン」が機能し始めるためには、ちょうど舌と手と同じように、目と精神も訓練を必要とするであろうか？　19世紀後半の心理学者たちは、幼児が徐々にフレームの中の鏡像とこれに対するリアリティとを区別し始めるようになるのを観察している。ある年齢になると、このことは子どもが既述の「現実のイリュージョン」を（フライの形式の同調効果とフレーミングに似た）「理念的なもののイリュージョン」と置き換えることを可能にする。この移行期より前には、無関心的ないし理想的な形式に関する問いは生じえない原註14。フライの同時代人たちにとっては一般的であった、異なる段階という観点からの子どもの精神状態のこうした理解は、芸術のフォーマリズム的な意味と関連ある一連の問いを引き起こす。すなわち美術批評家が認めることができるような仕方で、子どもの生まれもった表現性と精神的解放が最初に明示されるのは、発達段階のいつ頃なのだろうか？　もちろん、出生時ではない。というのも、人間の表現の分化したモードは時宜に適った仕方で、認知的な発育の予定された段階を実現しながら、環境と相互作用する有機体としてのみ現れるからであり、そうした成長は青年期を通じてもなお続くからである原註15。どの時点で、子どもは（幼児ではなく）「子ども」となるのだろうか？　これは、芸術がフレームに入る瞬間なのだろうか？　大人が芸術的だと認める、相対的に個人的なたぐいの表現を発達させるためには、子どもは、養育され、さらにはひょっとすると指導されることも必要なのだろうか原註16？　そうした表現性が子どもを「子ども」たらしめるのだろうか？　あるいはこの表現性を持つことが、成熟した想像力とともに完成する大人の精神状態を実際には構成しているのだろうか？　最後の分析において、フライが子どもの表現性の証拠とみなした身振り、すなわち子どもの「歓びにあふれた自由さと誠実さ」のしるしは、大人の社会生活の厳しさのためのパターン化された訓練、すなわち標準的な人間の社会化の条件のもとで生活するならば、どんな子どもでも実践し繰り返すことのできる訓練を構成しているのかもしれない。それは、標準的な人間が社会での自

らの位置を確立した状態で生活する場合に、いかなる子どもも実践し繰り返すことになろう訓練である。

　そうした考えは、子どもの芸術が生物学的にも文化的にも予めプログラムされているように見せることによって、そこからモダニズムの物語(modernist romance)を排除する。フライが彼と同時代人の子どもの発育に関する経験主義的でかつ統計的な研究に関心があったようには見えないし、そしておそらくは進化論の衝撃によって修正されたであろう普遍的な遺伝子コードが子どもが何歳でどんな風に線を引くようになるのかを決定するかもしれない、という考えをフライは退けた^{原註17}。それどころか、私が示唆したように、フライは文化的な神話に熱中していた。彼の時代の他の多くの人々と同様に、彼は子どもを諸民族の原始の人々と比較した。あたかもラマルク主義的なアナロジーに魅せられたかのように。すなわち、原始の状態で生活している同時代の社会的民族集団が、ちょうど人類全体の歴史の初期段階で生活していたヨーロッパの人々に対応するように。そして、これら原始の人々が世界の諸民族のうちの系統発生的「子ども」であるかに見えるように。そして、ヨーロッパの子どもが個体発生的「原始人」、すなわちそれ自身の種族のうちでは未発達の存在であるかのように。生物学者は、次のようにすでに主張していた。すなわち、ヒト胚と育ち盛りの幼児と子どもは、ホモ・サピエンスの歴史に対応する発達段階を経験し、さらには動物界全体の歴史、つまり、単一の有機体の時間のフレームのなかに圧縮された発生的かつ反応的な変化の数千年を経験する。彼らは「個体発生は系統発生を繰り返す」というスローガンを用いて、このことを「反復」説と呼んだ[原註18]。個体発生論的には——つまり、それ自身の発達においては——人種的に進歩している子どもは、それに先立つ発生論的な進化のすべての段階を、今日の原始的な人々、つまり（多かれ少なかれ）いまだに野生の状態で生活している人々に代表される段階を含めて「反復する」のである[原註19]。

　フライの世代の人々（例えば、ハインリヒ・ヴェルフリン）にとってまったく特徴的なのは、個人の、工房の、国ごとの流派あるいは歴史的な時代の様式と技法を発展的な連続という観点から、分類するということであった。子

どもの芸術家の事例においても同じことを行なうということは、これ以上なく自然なことだった。フライは、子どもを無垢な原始人あるいは文明化されていない「未開人」[原註20]になぞらえたが、それは、洗練を欠いた魅力と、何にでも驚くことのできる能力という根拠にもとづいてだけでなく、子どもと原始の人々が、直接的なヴィジョンの様相を模倣するよりも、むしろ心的なイメージを描くことにこだわっていたからである。

　　［子どもの芸術と］厳密に同じ現象がプリミティヴな芸術で生じる。すなわち、概念のための象徴が、次第に外観との類似性を帯びてくるようになる。しかし、アプローチの仕方は比較的進歩した時代においてさえ依然として同じである。芸術家は視覚上の感覚作用を紙に移し替えようとするのではなく、彼の概念上の習慣によって色付けられた精神的なイメージを表現しようとするのである[原註21]。

　フライは1910年の小論「ブッシュマンの絵画（Bushman Paintings）」でこのことを明言している。アフリカのブッシュマン——すなわち人種的に異なる「プリミティヴな」人々であり、彼らの芸術は、奇妙にもヨーロッパの子どもによって描かれた制作物には見出せない洗練された外観を有していた——は、フライの法則では証明できない例外となった。反復説に興味をもつ人々にとって、アフリカのブッシュマンの知性、社会、そして技術のレヴェルは、ヨーロッパ人の発展よりはるかに以前のものと目される段階に対応するグループの範例となっていた。急速に消えつつあったブッシュマン社会は、人類の発生論的な系統樹の起源とみなされ、そこから近代のヨーロッパ人は最も高度な分枝の1つへと成長したと考えることもできた。他の多くの「未開の」人々とは違って、ブッシュマンがイリュージョニスティックな視覚化において卓越した能力を持っているという明白な証拠に直面して、フライは、ほとんど「プリミティヴ」には見えない、彼らの特殊なたぐいの芸術的プリミティヴさ〔未発達〕について説明する必要があった。アルタミラで発見された旧石器時代の驚くほど細密な描写は比較するに適した素材で

あると彼は主張した。アルタミラ洞窟の画家たちのように、ブッシュマンの芸術家は、実際には、典型的な「プリミティヴな人々」よりも精神的進化においていっそうプリミティヴなレヴェルにあったのである。「彼らは知的な発展の一段階にあったのであって、そこでは概念が知覚に介入するほどには明瞭に把握されておらず、それゆえ網膜上のイメージが精神的なプロセスによってほとんど邪魔されることなく明晰な記憶の絵になっていた」原註22。ブッシュマンの画家は、こうしてまったくの素朴さという条件下で完璧なイリュージョニスティックな描写を応用するたぐいまれな能力を持っていた。

　たいていの場合、フライが「プリミティヴな芸術」という範疇を用いるのは、何であれ、それ自身に固有の発展の初期段階にある個人もしくは社会の産物として知覚された作品に言及するためであり、それはそうした歴史がすでに知られているか、あるいは他の歴史からの類推によって投影されうるのか、には関わらない。プリミティヴな芸術の制作者たちのなかに、フライは、アフリカの黒人と、さらにずっと原始的なブッシュマンといった「未開の」人々を含めている。先に指摘したように、後者の事例はなお、問題を孕んでいる。というのも、ブッシュマンの芸術は、先のごとく「網膜的」もしくはイリュージョニスティックな質を強く示していたからであり、フライは、それを原始的というステレオタイプに適合させることも、またそれを子どもの芸術になぞらえることもできなかったからである。とはいえ、社会的発展に関する進化論の原理に鑑み、フライはこれを「プリミティヴ」と判定せざるをえなかった。その同時代人たちのように、フライはプリミティヴな文化を発達段階にある指標ないし証拠とみなす傾向にあったが、しかしこの文化自身の歴史を考慮することはなかった。このプリミティヴな文化は必ずしも時間のなかで自らの進む道を変えるでも、また別種の文化へと進化するでもない（このような態度は、フライの世代をして部族美術の物品をコンテクストから切り離し、それらを「時代性を欠いた」美的な質のゆえに収集することを可能にした）。フライはまた、「プリミティヴ」ということに、（ヨーロッパ人の）歴史に対して正当な主張を持つとみなされた特定の人々を含めていた。すなわち、現存する近代西洋美術の伝統の多くの創始者たち――エジプト人、アルカイッ

ク期のギリシア人、無名のビザンティン帝国の巨匠たち、そして「イタリアのプリミティヴ」としてまとめて知られている驚くほど独創的な画家の集団（ジョットは最も頻繁に引き合いに出される典型であった）。イタリアの画家たちが世代を重ねながら外観の仮想のイリュージョンを習得していった一方で、「プリミティヴ」な人々は何かずっと純粋に表現的なもの、すなわち、「ドラマティックな誠実さと自然さの魅力」を明らかにしていた^{原註23}。

1913年にフライの知的な協力者であるクライヴ・ベルはプリミティヴ芸術を3つの本質的特質という点から簡潔に定義した。すなわち、「［イリュージョニスティックな］再現の欠如、技術を誇示することの欠如、崇高なほど印象的な形態」^{原註24}。この基準によって、ビザンティンの芸術、ロマネスク芸術、イスラム芸術はプリミティヴなものとして分類されたのである。フライ自身は、中世のイスラム美術の事例を考慮しつつ、「現実の［再現的］形態を芸術家が知らないということが制約とならない新しいドラマティックな表現性」について書いている^{原註25}。この「無知」と「表現性」の組み合わせこそまさに、フライやその他の人々が子どもに見出し称賛したところのものである。「芸術［すなわち「現実の形態」を描写するのに適した一連の技術］を教わり始める前までは［子どもの］大半は多かれ少なかれ芸術家である、ということだ。未開の人々が芸術家であることもまた事実である」^{原註26}。

フライやベルの定式化が革新的だったと示唆するのは間違っていただろう。19世紀後半から20世紀初頭にかけて、子どもとプリミティヴな人々との間の比較が、根拠のない（gratuitousness）性質を仮定するために非常に多くの専門分野で非常に頻繁に見かけられた。そうした美術理論と美術批評に関する連想がもたらす強い影響力は、生物学的な反復を示すために出版された証拠の多くが絵入りであったという事実と、少なくともゆるやかには関連がある。科学的な小冊子のイラストが示していたのは、様々な段階にあるヒト胚がほ乳類や爬虫類、あるいは魚類の胚種とさえ印象深く並置されている様子であった。形式上の類似性が強調されていた。加えて、そこには研究者自身の子どもたちが、霊長類だけではなく、さらには家猫の子どもとよく似たポーズで撮影された印象的な比較（図1）があった^{原註27}。この一見すると進歩

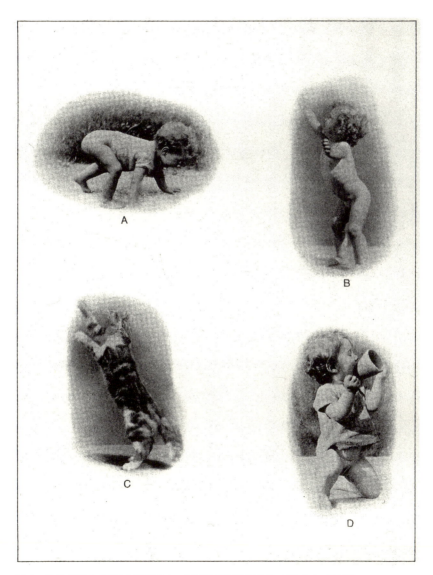

図1　生物学的な反復の例証として人間の乳児と動物の動きとの比較

的なたぐいの科学的な形態学は、手軽に表示されることによって合理的な理解に強く訴えかけたので、美術批評家と教育学者を含む文筆家たちは系統発生的にプリミティヴな大人（未開の人々）と個体発生的にプリミティヴな子どもに関して彼ら自身の無邪気なアナロジーを想定する誘惑に抗えなかった[原註28]。少なくとも、そのような比較は、博識な知織人共同体に属していることを示唆するものであった。植民地主義と結び付いたイデオロギーを帯びる諸要因から成るネットワークが、20世紀初期のプリミティヴなるものについての言説を支えていた。しかし、このことはまた、大衆に対する（しばしば、絵によって促される）知的な誘惑でもあり、またそれに引き続いて起こる知的な流行でもあった。

　プリミティヴな人々の芸術と子どもの芸術との間のアナロジーは、美的価値の予期せぬ判断へと導くときにのみ、議論を引き起こした。このことはフライがアフリカの部族彫刻に関する考えを展開した1920年においても同様であった。フライの主張によれば、アフリカ人が持っているのは「高度に表現豊かな形式を創造する力であり（……）、それは今現在私たち［英国民とヨーロッパ人たち］以上に高度なというばかりでなく、一つの国民としての私たちがかつて用いた以上に高度なのである」[原註29]。かつて、とはどういうことか？　アングロ＝サクソン人が自らのプリミティヴな状態から抜け出して成熟したこと、すなわち汎ヨーロッパ的な中世は、そうした表現性が退化するプロセスであったというのか？　フライがこうした観点から挑発的に否定するのを理解するためには、彼の文化に関する演算に2つの変数を加えなければならなくなる。それはつまり、（すでに話題にしていた）フライの教育に関する考えと、彼の産業に対する態度である[原註30]。

　数多くの根本的な社会に関するテーマがフライの美術批評の大部分を形作っている。つまり、プリミティヴな生産物の卓越性、近代産業化の不幸せな結果、教育心理学の重要性といったものである。こうした関心の形成（configuration）は、決して例外的ではなく、例えば、フライと同時代のアメリカ人、ジョン・デューイにも共有されている。彼は芸術と教育の双方に関していっそう体系的に考える人だった。デューイは、それらの「匿名の芸術

家［たち］が製作している間も生活を営んでいた」という理由から、アフリカの物神崇拝の対象が「役に立つ、あるいは科学技術的な芸術」と同程度に「造形芸術」でもあると信じていた。産業化によって、科学技術的なものと美的なものとが分化し、社会はそのプリミティヴなエモーションの強度を失い、「大半の生産活動は〔本来の生活よりも〕下位に置かれた生活となり、また大半の消費生活は、他人の労働の果実に上積みされた享楽となってしまったのである」原註31。これらは、プリミティヴ美術工芸から近代産業への社会の「系統発生的」発展を嘆く説得力のある根拠であった。

　1901年に、初めて連載した小論のなかで、フライはジョット、すなわちイタリアのプリミティヴに言及している。ラファエッロに対してジョットはあたかもいささか早熟な子どもであったかのように、彼の絵画は完全に近代のイリュージョニズムの技術への移行を示していたのだ。ヨーロッパ美術史を発生学的なパースペクティヴからみれば、系統発生論的に「若い」ジョットは、ラファエッロの世代の人々による大人用の矯正をほとんど必要としなかった。フライはジョットの晩年の作品の大半に認められる「ある種のアルカイズム」の痕跡にもかかわらず、「ラファエッロが改変しなければならなかったものは、ほとんど何もない」と書いた原註32。このプリミティヴな「子ども」は、発生学的にはずっと成熟した彼の子孫から教わることはほとんどなかった。1917年に、「子どものドローイング」の刊行とともに、フライは発生学的なパースペクティヴへとシフトし、新しい分類を提示、実際には、状況を〔分類して〕説明した。すなわち、ジョットは実際にはプリミティヴではなくて、「フォーマリスト」であったのだ原註33。短い小論「子どものドローイング」の1段落のなかで、フライは芸術における伝統的なプリミティヴィズムの意味を設定し直した。大半の批評家にとって、とくに美学的な問題に適用されるプリミティヴの概念は、ジョットと匿名のアフリカの彫刻家のどちらにも適応するに十分なほど柔軟であった。〔しかし〕フライにとって、少なくとも1917年以降、このことはもはやそうでなくなった。美術批評におけるプリミティヴ概念の使用は、社会進化論と「形式」の考察によって、徹底的に限定され、洗練されたのである。

生産者と消費者の教育

「子どものドローイング」におけるフライの議論は、マリオン・リチャードソンの業績に端を発する。リチャードソンはフライの妹のマージュリーの知人であり、英国の工業地域ミッドランズ地方の「ブラックカントリー」にあるダドリー女学校の教師であった。1917年2月に、ロンドンにおいて教育主事の面接で不採用となった後、彼女はオメガ工房に立ち寄った。そこは、フライの装飾芸術とインテリアデザインのアトリエ兼展示場であった。この出会いは、双方の関係者にとって意義深いものとなった。

フライの指導のもとで、彼の多くの友人たち、なかでもとくにヴァネッサ・ベル、ダンカン・グラントが参加して、オメガは1913年6月から事業を展開していた。フライは、大量生産に代わるもの、「日常生活のための事物」という名目で「本物の芸術作品」を提供するために工房を組織した。いくつかの陶磁器や土器の例を除けば、オメガの製品は熟達した職人ないし民間の製造業者に外注して製作され、その後、フライと彼の芸術家仲間によって塗装されるか、あるいは仕上げ処理を施された。彼らは「工場仕上げへと貶める紙ヤスリをかけることによって、彼らの作品の表現的な質を台無しにされ」ないように努めた[原註34]。フライ自らがろくろを回して壺を作ると、ひどく粗野なものが出来上がった。あえてプリミティヴにされたこの率直さを売り物にして、オメガは、あらゆる「表現的な」むら——表面の縁欠け、くぼみ、指跡、のどれもこれも——をそのままにし、型打ちして加工された食器類（図2）を販売したのである。工房の全製品において、フライは「生気のない機械複製の代わりに芸術家の手仕事による直接的な表現に富む質を可能な限り用いる」ことを提案した。そのような表現の兆候は、必ずしも特殊な気分と思考を指し示すものではなく、機械の絶対的な規則性に対する血の通った様々な風合いといった、手それ自体の直接性と自発性を示すものである。フライはオメガの陶磁器の洗練されていない外観を次のように正当化した。

　　［商業生産された］カップや皿は、機械によって生気のない機械的正確さ

第 11 章　リチャード・シフ　357

図2　オメガの製品の例：受皿付きの茶碗、ソース入れ、クリーム入れ（1913-14年頃）

と画一性へと還元された。陶器は本質的には彫刻のようなもので、その表面は、比率と表面の双方に関する芸術家の感受性を直接に表現するべきものだ。オメガの陶器類は芸術家によってろくろで作られている（……）[そして］それゆえ、ほとんどの近代陶器が呈示しないような、こうした表現に富んだ性質を呈示するのである原註35。

　表現に富んだ芸術性は個別化されているが、しかしこれが作者のものである必要はない。すなわち、工房での共同作業という性質に見合うように、フライは彼自身の手になる製品も含めてあらゆるオメガの製品に署名を入れず、匿名であるべきだと主張した。これらの製品はオメガのマークによってのみ、オメガのものと判断できた。オメガの製品は比較的安くなるようデザインされていた。フライは、このようにオメガの集団的生産物を商標を付されるか、さもなければ、匿名の工業製品へのうってつけの対抗馬、すなわち、近代生活を無感覚にさせるほどの「科学的商業主義」に対する防御手段（解毒剤）と考えていた。さらに、匿名性をとおして、フライは、人間の精神的な取組みを最もよく代表していると多くの人が信じている芸術の対抗馬をも顕在化したのである。それがプリミティヴな人々の作品であり、「荒削りな道

図3　9歳の少年による《へび》

具」を持ちつつ「［彼らの］手技の可能性について歓びとともに思案する」「名前のない未開人」の作品であった[原註36]。ヨーロッパ人的な想像力において、匿名性と無私の集団性は、しばしば原始社会を構成する特徴とみなされ、この社会にユートピア的な性質を付与するとみなされていた。

　周知のとおり、子どもは、フライが拡張した「プリミティヴな」感受性の世界の住人であった。学校教師リチャードソンのオメガへの来訪はフライが、彼自身の娘や息子の手になる作品も含め、芸術家たちの（12歳までの）子どものドローイング展（図3）を開始していたまさにそのときであり、とりわけ絶好の機会となったのだ。リチャードソンが彼女の生徒たちのドローイングをフライに見せたとき、フライは即座に会期中の展示に彼らの選抜作品（図4）を加えようと思い立った。それ以上に、国家の美術プログラムの改革へと教育大臣を駆り立てるために、彼らの作例を利用しようとしたのである[原註37]。多くの芸術家と同様に、フライは伝統的な美術教育について極めて批判的であり、「何も教わっていない子どもの作品には芸術的価値がある」が、しかし、「通常の教育は再現やデザインに関する子ども特有の才能を完全に破壊［する］」と主張した[原註38]。フライがとくに注目すべきと

第 11 章　リチャード・シフ　　359

図 4　女学生の描いた《ブラック・カントリーの風景》

考えたのは、リチャードソンの年長の生徒たちが教育を受けていない幼児が描画するときに示す特質の多くを持ち続けているということであった[原註39]。彼らの生まれながらのプリミティヴィズムはこの特質とともに成長することが可能となるのだろうか？　もしそうなら、それは長じて何になるのだろうか？　フライはマージュリーへの手紙のなかで、リチャードソンの仕事に関して次のように結論付けた。「[子どもの芸術は] 本物のプリミティヴアートだ。最も偉大で、もしくは最も純粋なたぐいの芸術というわけではないが、しかし本物の芸術である。それは私たちが今日見出している他のほとんどいかなるものについて言われているより以上のものだ」、「[マリオン・リチャードソンが] 見出したのは、教育の仕方であって、指導法ではない」[原註40]。

　指導することではなく教育すること。一人の批評家としてフライが関心を寄せたのは、機械で製作された量産品（それこそ「今日私たちが見出しているもの」）の効率性のなかに、人の手の有機的な構造と自発性を保持することであり、そのためフライはしばしば産業と相対する芸術について論じたのである。彼は、美術教師の訓練のためだけでなく産業芸術および応用芸術を標榜する公的な学校教育について言及するとき、「サウスケンジントンの原則」

を宿敵として引用するのが常であった[原註41]。ウィリアム・モリスとアーツ・アンド・クラフツ運動は改革の原理を定めており、フライはそれに共感していた（だからといって、フライは必ずしもこれに追随したわけではない）。中心的なテーマは、一つの工房の育成機能をもった社会の内部で、芸術家と職人、創案と制作を統合することにあった[原註42]。エモーショナルな率直さにおいてプリミティヴだとされた、フライが「本物の芸術」と呼ぶものは、（オメガのような）共同体的な作業場であれ、（リチャードソンのような）教師による上からの強制力の行使が最小限に留められている教室であれ、制約のない環境において現われる教育のプロセスによって培われるのだろう。それに対して、多くの公的な指導（teaching）は、商業的な工業生産という限られた目的をひたすら促進し、芸術やデザインや装飾を有用性にもとづいた副次的な用途へと転用するのである[原註43]。教育すること（educating）と指導すること（teaching）との間のフライの区別は、要するに次のようなことであった。教育するとは、道徳的、知的、美的発展が個々人において前進するように導くことであり、指導するとは、単に標準化された技能を伝授することである。

（他の領域と同じように美術においても）欧米の公的な教育は「教育する」ことだけでなく、「指導する」ことも意図されていたので、19世紀の間に教育学的な問題が喫緊の課題となった。すなわち、この公的教育は、産業経済における多種多様な熟練工と「科学的な」専門家といった生涯にわたる役割へと子どもたちを膳立てたのだ[原註44]。ドローイングの指導は、芸術を産業にもたらすとおそらく考えられてきたのだろうが、しかしそうした指導の体系的な性質は芸術を産業へと変質させるおそれがあった。分業化された職業上の肉体的技能は、ほとんど目に見えない創造力と美的鍛賞能力よりも優先して発展させられるものだった。あたかも、予期された異議を相殺するためであるかのように、「手仕事」のためのドローイングにおける19世末から20世紀初頭にかけての高度に体系的なプログラムは、「最も秩序立った課程は最大の自由に値する」と主張した（図5）[原註45]。そのように強制を相殺するために自由をほのめかすことは、伝統的な哲学的議論（最初に秩序なければ革新もない）の焼き直しであった。しかしながら、このことはイデオロギー的

第 11 章　リチャード・シフ　361

図 5　フリーアーム描画を練習する少年たち、1902 年

には芸術に 2 つの相異なる社会的機能を付与することになり、かくして自由な美的選択がどういうわけか規律正しい大量生産産業の「技術 (art)」の一側面とみなされるようになった。どのような製品が生み出されるのだろうか？　おそらく 1 個の消費財は多くの異なる色彩で大量に市場に出されるよう計画される。色の選択は美的な「自由」を意味するものとなり、製品の標準化という押しつけられた必然性を表面的に隠すまやかしとして現れる。

　フライの同時代人たちは、労働者階級につきものの要求として手技を結び付け、有閑階級の特権として美的感受性を結び付けた。フライ自身は、この分断を超越するための創造的な方法を探し求めた。これはフライが、自らの愛好するアフリカ彫刻家たちを「永遠の余暇」から恩恵を受けていると記述したことと無関係ではない[原註 46]。余暇を先住民に割り振ることの差別主義的な含意は無視できない（ただし、余暇が怠惰な時間と同じではない

とはいえ)原註47。しかし、フライはアフリカ人に言及するとき、しばしば特殊な経済問題を念頭に置いていた。この場合、フライが示唆していたのは、人種の比較ではなく、ヨーロッパ社会主義を含む社会組織のありようの比較であった。芸術的創造力のために、フライは自らの社会における余暇の安息所（有益で、有給の雇用からの解放）、すなわち、人間のわずかな労働を補うだけで自然が彼らの基本的な物質的要件をいつでも満たしてくれるがゆえに多くのアフリカ人が享受しているに違いないものを保持したいと思っていた。「幸運な土地にある未開社会においては、純粋に生活必需品が簡単に手に入り、［装飾的な加工品］あるいは芸術作品を長い余暇の時間をかけて創造する機会がほぼすべての社会の構成員に共有されている」原註48。アフリカに対するフライの見方は、幻想であったかもしれないが、この見方によって、フライは社会主義が嘱望するものと原始の幸せな生活とを結び付けたのである。「偉大な国家は、人間の自由を目指している。本質的には、それは余暇のための組織であり、そこから芸術は育つのである」原註49。何ら非難する意図はなしに、フライは芸術家になる人を「分かち合いに貢献せずとも、食べ物や衣服を与えられることを要求する生まれつきのアナーキスト［や］妥協なき人」と特徴付けた原註50。フライ自身は、社会主義者というよりもずっと芸術家であり、アナーキストであった。フライは、社会主義が余暇を提供することに成功すべきだとすれば、たとえ周縁的な副産物としてであるにすぎないとしても芸術家に対して寛容で、その生計を助成する方がよいと主張した原註51。

理念上は、中流階級は生活のためにだけではなく、究極的には余暇を楽しむために働いていたのであるから、労働者階級と有閑階級との間の区別を確定させることはできなかった原註52。教育学者のレトリックがしばしば暗示していたのは、美学は、哲学者にとってそうであったような無関心的な最初の〔対象に関する〕配慮ではなく、それどころかむしろ美学は、産業に従属すべき功利主義的で、商業主義的でさえある〔対象への〕関心であるということだ。芸術の社会的効用を列挙するなかで、ときに純粋に美的なものは、あたかも後知恵のように見られていた。1912年に出版された、どちらかと

言えば典型的な美術教育のプログラムが主張していたのは、ドローイングは「考えるための道具となり（……）初歩的な再現は直接、産業的に、科学的に、美的に重要である」原註53。なぜ、最後とはいえとりたてて美的な意味が獲得されるとしているのだろうか？　しばしば暗示されていたのは、いっそう洗練された趣味によって商業主義の産物を評価するためには美的なものが役立つようになったということだ。芸術品の生産と平行して、趣味そのものもまた大衆教育をとおして広められ、商品化されるようになったのである。

　この点にもっと限定して言えば、産業革命と新興資本家階級の台頭は、美的関心が無関心性のためになすどのような要求にも圧力をかけているとフライは理解していた。（富をステイタスとする）富裕階級が（系統をステイタスとする）貴族階級に取って代わるにつれ、美的なものは、奇妙に強化されたある種の功利主義的な価値を手に入れた。美的なものは、裕福な人々から成るたたき上げの流動的な社会階級にとって名声と社会的地位の象徴として、これまで以上にはっきりと役割を果たした。こうした問題に対するフライの考えは、とくに社会主義と商業化に関する小論のなかで表明されているものだが、ソースティン・ヴェブレンの有名な著作『有閑階級の理論（The Theory of the Leisure Class）』――フライは折にふれてこの著作をとくに取り上げていた――のそれと似ていた原註54。ヴェブレンは、「顕示的消費の価値基準」に注目を促し、それが消費財と芸術作品のどちらにもあてはまるとした。手作業によって贅沢に製造された1個の物品は、ずっと機能的か、あるいは長持ちする機械による同等の物品よりも、持ち主にステイタスを与えることになるだろう。なぜなら、後者は平均的な人間（それゆえ、名声の上では無価値な人間）にも「金銭的に手の届く範囲に」あるという皮肉にも社会的な欠点を持っているからである。そうした状況下で、美学教育はどうなるのだろうか？　ヴェブレンは、先進的な「有閑階級」にとって次のような回答を用意していた。すなわち、「これらの名誉に値する不完全さの形跡を評価することは、育ちのよい人々の目に手作り品が優れた価値と魅力あるものになる根拠であり（……）、商品の観相術とでも呼べるだろうもの［の］訓練を必要とする」原註55。自分自身が有閑階級であるということを自らにおいて保証

するためには、彼らは適切なたぐいの物質的所有物を獲得する必要があった。そして、〔そうした適切な所有物を〕選択するために必要な手段として芸術鑑賞の課程が必要とされたのである。

　それなりのやり方で——おそらく、しぶしぶと——フライのオメガ工房は、生産者にも消費者にも成人の再教育を提供した。オメガは非常に精巧な品々を選んで展示し、個人の装飾的要求に応えつつ、注文に応じて唯一無二の商品を製造した。そして、フライが子どもによるドローイング、すなわち大人になることを目指してなされた個人的な美的表現技術のレッスンの成果を展示したのはまさしくこのオメガ工房でのことであった。オメガ工房のカタログに書かれた彼の短いはしがき (1914) は、将来の客を、「コンゴの黒い未開人」によって作られた対象を通じて経験したような「創造の喜び (joy in creation)」を分かち合うよう誘導し、それが将来の客たちにとってのプリミティヴィズム宣言となった。フライは産業主義の嘆かわしい利潤動機をオメガの美的でエモーショナルな関心と比較した。

> 近代の工場製品は、ほとんど大半が欲得ずくで作られている。その創造性には金儲けの喜び以外の喜びは含まれていない。そのため、それは無関心とは言いがたい歓びを伝達できるだけである (……)。〔しかしオメガの芸術家たちは〕プリミティヴか、あるいは農民のもののような仕事の内発的な新鮮さを維持しようとし、同時に近代の教養人の欲求を満たすとともに、彼らの感情 (feelings) を表現するのである^{原註56}。

あたかも利益よりも美的な歓びを優先させるそれ自身の原則を裏付けるかのように、オメガは何年にもわたって数多くの商業上の取引 (marketing) が成功したにもかかわらず、1920年には倒産していた。

　20世紀初期の子どもの美術教育のための提言は、3つの関心が収斂されることによって、近代社会の美的なるものの複雑な役割を示している。産業のための効率のよいデザインの経済的価値、よき趣味を発揮する社会的かつ個人的優位性（まず、趣味を身につけるためには余暇を過ごさねばならないと認識

した人々が生む象徴価値など)、そして——往々にして、以下のように見えるのだが、最後に——創造力と誠実なエモーショナルな表現に帰属する人間の価値や道徳的な価値である。方程式の〔先述した3つのうち〕第3番目の要素を軽視するように見える次の叙述を見てみよう。「芸術と産業は、実生活のなかでも、教育においても、密接に関わり合っている。産業芸術（industrial arts）という視点を受け入れた学校は、改善された大衆の趣味と改良された製品とを同時にもたらすべきだとされる」[原註57]。もし、産業的な手工業の品質を改善することが最優先の理念であるとすれば、教育もまた「趣味」を改善しようと努力していたのであり、そうすることによってすでに創造的で感覚に訴えるようになった産業が提供しようとし始めていた趣味に溢れた高品質な物品をこそ消費者が望むようにしつつ、生産者の消費者に対する関係を共生的にしようとした[原註58]。しかし、個人的な創造性を擁護しつつ、フライ自らは、過剰な商業主義や巧みに操作された広告、さらに俗物的な富裕階級による文化ならびに社会の不幸な支配と結び付けられた「産業芸術の視点」に抵抗していた[原註59]。

　中流階級による手頃な装飾的対象の消費は、新しい産業経済の重要な特徴である。このことは、手であろうと、機械であろうと、効率よく大量に商品をデザインし生産することのできる芸術家-職人の労働力を必要とした。フライが述べているように、「非常に低価格な物品を大量生産することが（経済的に）だんだんと価値あることとして見出されるようになった」[原註60]。線と色の技術を訓練することをとおして幼年期に身に付けさせられる美的な感性と手技は、大量生産、建築、広告、そして他の多くの発展しつつある分野にとって本質的な機械的かつ技術的な表現という成人の腕前へと結実することが期待された。より高度なレヴェルの公的教育では、産業芸術（industrial arts）の生徒たち（労働者と特定の専門家たち）と造形美術（fine arts）の生徒たち（有閑階級の消費者と少数の未来の芸術家たち）とが区別された。しかしながら、芸術と産業いずれにおいても消費同様、生産を強調するデザインの基本原理がまったく同じ形式的秩序から派生したものであるからには、より幼い子どものための美術教育は普遍的なプログラムであると論理的に推測するこ

とができるだろう。フライは自身と同様にイリュージョニスティックな再現とは正反対の形式的デザインの重要性を主張した、芸術家であり、美術教育者であるアーサー・ウェズリー・ダウの『美術教育の理論と実践（Theory and Practice of Teaching Art）』の導入部で、次のように述べている。「色と形について判断力を行使することが頻繁に求められているのに、実用的な側面から見ても、色と形の良し悪しが分からないままにしておく教育では不十分である」[原註61]。

したがって、最も解きがたい哲学的難題が依然として残っていた。すなわち、年少の子どもたちや初心者への対応の仕方であった。彼らのなかには、画家やその他、エンジニアになる可能性の高い人もいた。彼らは「教育される」（彼らの個人的な発達のなかで育まれる）べきなのか、それとも「指導される」（特殊な問題と課題に関連した技術と技能が提供される）べきなのだろうか？　その点でフライは「対象についてそれ以上でもそれ以下でもない正確な再現という意味でのドローイング」がおそらくすべての子どもに役立つだろう、と示唆している。「特殊な芸術的才能を持つ」皮肉な例外を除けば——それは将来の芸術家以外のあらゆる人に対する美術教育なのである[原註62]。（「子どものドローイング」が書かれた年）1917年に、ポール・セザンヌの例について、フライは考えを巡らせた。「誰であれ皆が生涯にわたって教育を受ける［フライなら「指導される」と言ったであろう］世界においても、芸術家は教育を受けないままであり——他の人々が型にはめられるときに芸術家は成長するのである」[原註63]。

芸術家の成長

フライの「美学に関する試論」、および「ブッシュマンの絵画」と同様に、マリオン・リチャードソンは、子どもが創造した芸術が自身の心的イメージを再現することの歓びから自然に生まれ出ると考えていた。幼児は、想像し創案するという有益な能力をすでに備えている。よい教育は、この潜在力を促進し、これを成人期へと成長するがままにしさえすればよかった。リチャードソンが言うには、彼女の教室では、「決して技能が強調されることがあっ

てはならない。私たちができるのは子どもを励まして、表現の形式をあますところなく（……）発見させてやることだけである。そうすることによって、紙の上の絵は子どもの心のなかにあった絵とますます近いものになっていくだろう」原註64。リチャードソンは、観察されるべき実物のモデルに置き換えて、言葉による景色や対象の説明を提供することによって子どもの心を刺激しようとした。彼女は自分の生徒の「客観的な」ヴィジョンではなく、想像力や主観的な視覚化の能力を刺激した原註65。フライはあたかも視覚的な詩を評価するかのように、彼女の方法を記述している。「リチャードソン女史の最も重要な試みは、こうしたドローイングがほとんどそのまま内的ヴィジョンを描き出すように内的イメージを固定し、そのイメージを暗黙裡に信頼できるという子どもの力を訓練することだと思われる」原註66。

それゆえ、リチャードソンの指導（teaching）は、1つの重要な結果を持っていたが、彼女はそのことを一度も自覚的に理解はしていなかったようである。その結果とはつまり、20世紀初頭の芸術理論と密接に関わる結果である。すなわち、生徒たちは目の前に置かれた紙の上に自分たちの力で新たに出現させたイメージに集中した。すでに確立された手段を用いてこれ以上ないほど正確に動かないモデルを観察し記録することに注力する代わりに、生徒たちは予想もつかないような形態の様相に歓びを見出すのである。完遂するべき課題というよりもむしろ、彼らの〔心的イメージの〕再現は、自己発見ないし自己実現のようなものであると同時に、発見のプロセスであり、「遊び」でさえある。実際、まさしくフライは芸術の個人的な「表現」ということで、このようなことを考えていた。すなわち、1枚の絵を描画することは、想像力の作用に物質的なリアリティを与えることである一方で、形式的秩序の実現は想像力をさらなる表現活動へと駆り立てるだろう。芸術的な表現は主体的なものである。リチャードソンの教室では、芸術的な素晴らしさの基準はそれぞれの子どもの直接的感情の強さのみならず、今まさに生み出されつつある自分自身の唯一無二な作品においてその子どもが知覚することのできる美的な質の特殊性に由来するものであった。この意味において、リチャードソンの生徒たちの行為は、フライが非常に賞賛した同時代人のアンリ・マティ

図6　アンリ・マティス《チューリップを持つ少女》1910年

スの考え方とも共鳴するものであった。

> 私は人生で得られる感情とそれを自分が翻案する方法とを区別することはできない。表現（……）は私の絵の配置の仕方全体のうちにある。立体物によって占められた位置、それらを取りまく空虚な空間、釣合いの関係——それらはすべて役割を持っている（……）。ある一定の大きさの紙を手にしたなら、そこに描かれる私のドローイングはこのフォーマットとの本質的な関係を持つことになる原註67。

マティスにとって——フライの「美学に関する試論」より少し前の1908年〔の『画家のノート』〕に書かれていることだが——芸術は、その表現において常に無媒介的なものであり、生きられた瞬間の感情と手にした素材とに特化したものである。マティスのドローイング《チューリップを持つ少女》（図6）において、彼は与えられた矩形の個別性に応えつつ、色濃く再現された頭の

位置（それは縦軸の下の方では描線がほとんどないのとは対照的である）と同様に、腕の輪郭線を繰り返し修正している。物質的な規格が表現的な再現の諸々の局面を呼び起こしている。

　マティスの実践例は、子どもとプリミティヴに関するフライの初期の議論の１つの原因となり、「子どものドローイング」展の伏線となった。以下はフライが組織したポスト印象派絵画の画期的な２つの展覧会（1910、1912年）のうち最初のもののカタログの序文である。すなわち、マティスによる「線の抽象的な調和の探求とリズム［の探求］」が持つ根本的な広がりを観察しつつ、フライによれば、この画家が「形象から自然のあらゆる外観を剥奪した。彼の絵の一般的な効果は、プリミティヴな、おそらくは（……）野蛮でさえある、芸術への回帰の効果である」と書いたのである[原註68]。フライが「回帰」ということに言及しているとすれば、フライは、彼の時代精神のなかで、マティスの芸術的個体発生は美術史の系統発生を──ただし、順序は逆であるが──繰り返していると補足することもできたであろう（このことはあまりにも彼の読者には容易だったので、この批評家は決して定式化しようとは試みなかったのである）。

　この「ポスト印象派」の小論において、ほかのところと同様に、フライはプリミティヴ芸術を子どもの芸術になぞらえている。というのも、２つはともに感情の面で表現豊かな心的イメージの再現を目指していたからだ。彼ら（プリミティヴな人々と子どもたち）の表現性は、同一種類の発達、すなわち近代の子どもに限って言えば産業経済の倫理的かつ美的な帰結に結び付けられるような技術的かつ知的な進歩によって次第に脅かされようとしていた。フライの主張によれば、無関心的な表現の育成はたいてい、市場に適した技能の訓練によってイリュージョニスティックな再現へと歪められてしまう。そうした状況への抵抗は、市場における数多くの安易な成功の機会が常に誘惑となるのに抗って、社会の献身的な芸術家によって始められた。フライの思考は、プリミティヴから子どもへと移行し、再び戻ってくる。

　　プリミティヴな芸術家の作品のように、子どもが描いた絵はしばしば、

飛び抜けて表現豊かである。しかし、子どもたちを歓ばせているのは、人の目を欺かせるくらい対象そのものを似せて描画する技術を1歩ずつ獲得しているのを自覚することにある（……）［類比的に］プリミティヴ芸術の発展において（……）単なる再現の技能が増大しつつ蓄積され、デザインの表現性を破壊し始めると、一般大衆の大部分が賞賛し続けているにもかかわらず、［本当の］芸術家は不安にかられるという時点が訪れる（……）。［それに応じて］彼は（……）再現する能力を、デザイン全体の表現性へと意識的に従わせたくなる^{原註69}。

ここにおいて、フライはよきプリミティヴ（おそらくジョットの作品）を想定している。よきプリミティヴはみずからの増大してゆく再現の技能に抵抗し、彼の最初の関心と実践としての形式的デザインへと回帰する。近代のポスト印象派のようにふるまいながら、このよきプリミティヴは、「［彼の］絵の配置全体」（マティス）、「彼のデザイン全体の表現性」（フライ）を発展させ実現するために再現的な細部を犠牲にするのである。

　以上が、1910年時点のフライのフォーマリズムの本質であり、それは道徳的な寓意と系統発生上の大団円のように構成された。すでに示唆したように、フライが「子どものドローイング」を執筆する1917年までに、ジョットはよき人種のプリミティヴ（知的かつ社会的発達の初歩的レヴェルにある子どものような）でも、よきイタリア美術のプリミティヴ（進んだ西洋文化にあってなお無垢な始祖）でもなく、それどころかマティスの早生まれのヴァージョン、よきフォーマリストとなっていた。フライは次のように書く。「さしあたり、私はプリミティヴという言葉に対して時間的な一時期というよりもむしろ、私たちがプリミティヴと呼ぶそれらの時期にしばしば生じる特殊な心理的態度を当てはめたい（……）。チマブーエもジョットもプリミティヴとはみなさない」。初期イタリアの画家のほとんどが今や排除された、このプリミティヴな「心理的態度」とは何だったのだろうか？　本物のプリミティヴは子どもに似ているとフライは暗示する。そして「出来事と対象によって強く心を動かされ（……）その芸術は出来事と対象における自らの内なる驚

きと歓びの直接的な表現なのである」[原註70]。

　確かに、進化論的系統図の中では彼らが「子ども」のように見えるという事実によって、プリミティヴな人々を驚きと結び付けられるかもしれない。もっと具体的に言えば、プリミティヴな精神性に関する理論によれば、集中した驚きの反応は、手近な対象がプリミティヴな人々の欲求を満たすという事実に由来している。つまり、日常的に目にするありふれた事物が、それとはかけ離れた目的のための道具的な手段として役立つよりもむしろ、直接的な満足を与えるのである。そこから、プリミティヴな人々、そしてまた子どもの精霊信仰的で物神崇拝的なものとしての性格付けが出てくるのであり、最も平凡な事物が、彼らの幻想的な生活を活気付け、この生活が当然のことながら要求することに見合った性質を持つことになる[原註71]。プリミティヴな人々や子どもは身近な事物に彼らの感情的な関心を備給してしまうので、(フライが暗示したように)彼らは無自覚で無反省的で無計画なままなのだ。そして、こうした心地よい精神状態から、彼らは美しく「リズミカルな形式」を持つ自発的秩序を産出する。フライが美的無関心と密接な関わりがあるとみなしたのは、そうした一心不乱の気晴らしと没入であり、それ自身に固有の不都合を引き起こすのである。事物における精霊信仰的で物神崇拝的な歓びは、プリミティヴの芸術家と子どもの芸術家の特徴であるが、この歓びは、熟練した自然主義的なイリュージョンのあからさまな魔法、すなわちアカデミーの芸術家が慣習的な訓練を受けるや否や創造するようになるたぐいの再現から彼らが影響を受けやすくさせるのである。1910年のこの考えをいたく気に入ったので、フライは1917年にいくぶん違った色合いでこれを定式化している。

　　子どもの芸術は、プリミティヴな種族、すなわち現代の黒人美術のように、外部からの影響に著しく翻弄される。ほとんど無意識に最も美しく最も趣味のよい作品を作り出す土着の民族は、西洋近代産業主義の最も下劣な製品の悪しきコピーを作り出すことなどに見向きもしない。したがって彼らの作品はいかなる明晰な自己意識の原理から生じたのでもない[原註72]。

フライの議論が、子どもとプリミティヴとの間で行ったり来たりしながら、一方がいつも決まって他方を引き合いに出すという悪循環に陥っていることに注目しよう。両者の特徴は、文化、歴史、進化論的発展のなかで自らがどのような位置を占めているかに関する近代ヨーロッパ人の感覚によって刺激された投影だとみなされるべきだ。芸術家としての能力において、プリミティヴと子どもは、似たような誘惑と心理的な弱さ——実際には、影響力と権威を容易に受け入れてしまうことによって破滅させられるのである。抑止的な影響と抑圧的な権威は、フライ自身の自由主義的な傾向の敵でもあった。したがって、自己表現的な芸術家の観点、すなわちフライ自身の観点からすれば、モダニストの「再現への無関心性」（マティスの絵画的な自由度と結び付けられるべきもの）は、子どものドローイングに対する共感的評価へと引き戻すのと同じくらいにプリミティヴな芸術と装飾に対する共感的評価へと鑑賞者を引き戻していたように思われる[原註73]。しかし、フライは、子どもとプリミティヴとの間の真の違いを発見していた。プリミティヴな人々が彼らのプリミティヴな精神性を引き留めるのに対して、子どもはフォーマリストへと成長することができるのだ。このことは、フライが「子どものドローイング」のなかで「フォーマリスト」という名称を導入していることからも推測でき、そこにおいてこの名称は決定的な区別の可能性を印付けているのである。「［プリミティヴと同様に］フォーマリストは、諸々の出来事と対象の観照によって激しく心を動かされるのかもしれないが、」——不可欠な資質として——「彼の表現が当のエモーションとはまったく無関係になり、形式に魅了された感情によって支配される特定の瞬間が訪れる」[原註74]。定義によれば、フォーマリストの「形式に魅了された感情」は、出来事ないし対象の特殊な性格——たとえそれがどのような功利的、象徴的ないし心理学的な重要性を持っているとしても——と関連する諸々のエモーションが生じないようにするか、またはそうしたエモーションに取って代わるものとされる。

マティスが「表現は私の絵の配置の仕方全体において［発達する］」と主張

するとき、彼がもうすでに暗示していたのは、――そう考えられるように何の気なしに――そうした「フォーマリスト」のモードは、それが詳細な表現と「魅了する感情」を調整するとともに、一定の超然とした態度を生み出すということだ。マティスとフライが擁護したような芸術的な絵画を作り出すことは、驚きを生み出した最初の状況からの、あるいは歓びを生み出した外的対象からの距離を必要とする。芸術作品とその対象は――生きているモデルであれ、物神的な人工物であれ、想像力による作り事であれ――最初から切り分けねばならないのである。絵画それ自体を用いて直接的感情を実感し、そして表現しようと努めながら、芸術家はどんな具体的な、すなわち人間との親密な関係を具えた日常の事物との「プリミティヴな」、関係からも切り離される。既存の「リアルな」環境に参与する代わりに、芸術家は再現に巻き込まれるようになる。ここでは、「再現」は、芸術家の架空の構築物でもあり、絵画の構築された形式でもあって、それらはともにそれ自身の特殊な物質性を前提とする。

フォーマリストの態度が実際に何を包含しているのかを理解するために、私たちは驚きとエモーションの１つの場所からもう１つの場所への転移、すなわち表象された物理的対象ないしモデル（あるいはその心的な代替物）から、それ自身の生起しつつある形式のうちにある物質的な芸術作品への転移を想像しなければならない。最終的に、この知覚的で心理的な転移が、次第になじみのものになり、望ましいと認められるようになるにつれ、それは進化論的な事実としての性質を帯びるようになるが、これはもはや芸術家や批評家、あるいは学者の意見において偶発的に現れるものではなく、不可避的かつ必然的なものとして現れるのである。この転移は、人間社会の系統発生的継承の一断片、および芸術の不可逆的な歴史の広く認められた特徴となる。

フライは、想像力豊かな注意と美的な感受性の方向転換が心理学的にも歴史的にも決定的だとみなしていたように見える。すなわち、人間の芸術文化はこれ以外の仕方では進化しようがなかったということである。こうした理解は、フライのいう「フォーマリストの」芸術家たちをして、個人的なエモーションを目的としているにもかかわらず、極めて自由に彼らの媒材に専念さ

せた。(外的対象の精霊信仰（animism）にではなく）創造された形式に据えられた表現とともに、媒材の取扱いがそれ自身の目的となり、つまりは、芸術にとっての新しい技能と新しい「対象」となりえたのである。このことを支持するのを特徴とする批評的立場に加えて、とりわけその意味合いが個人を超えて拡大するときには、この種のフォーマリストの実践はしばしば「モダニズム的」と呼ばれてきた。1つの分かりやすいケースは、ウィリアム・サイツの批評であり、彼は 1953 年に抽象表現主義芸術に関して、形式の行使をとおして進んでいく文化一般の進化というものを着想した。

> 画家や彫刻家の素材や技術的プロセスや構造への感情移入は、人格全体を象徴する働きである（……）。連続的に変化し、予測不可能で、強制されることのない創造上の経験が、文化的方向付けを表わしているだけではなく、表現上の文化的価値を生み出しているのである[原註75]。

モダニストとしてのサイツにとって、マティスやリチャードソンの生徒にとってと同様に、芸術は認識的かつ文化的なフィードバック回路となった。形式的手段は表現を手助けするが、しかしそれ以上に、感じられ表現されるべきものを活気付け、おそらくは決定付けさえする。媒材は、まさしくその同じ媒材をとおして自らを表現する人間の主観性を形作る。媒材に潜在する自由は人間の主観性に潜在する自由である。

フォーマリストの態度を〔以上のように〕特定したうえで、まだ続きがある。近代社会内部の創造力豊かな個人は、才能ある子どもから実践を伴なうフォーマリズムの芸術家へと成長し、その個体発生的な発展は、精霊信仰と物神崇拝から抽象化され表現的である象徴主義（言話的でも絵画的でもある）への精神構造の系統発生的順序を裏打ちするかに見えるかもしれない。そのような進化を前提とすれば、20 世紀美術に固有の歴史は、純粋な抽象というものをフィードバックのための最大の能力を備えた表現モードとして、したがって自立した発展的前進として特権化する歴史だとみなされうる。抽象は芸術家に対して最も直接的かつ自由に応答し、そしてその見返りに、（フ

ライも考えたような）大量生産的な産業経済の要請を含む外的環境には最も少なく依存するのである。そこから「モダニスト」にとって抽象は、固有の文化の発見と行使を容易にするものである。美術史家たちが形式と媒材の重要性にしっかりと注目するならば、フライとグリーンバーグの実践は、どちらも複雑な社会的価値付けによって深く満たされており、道の途中では多くの点で異なっているにもかかわらず、相前後して抽象芸術へと向かっているように見える 原註76。

フライのプリミティヴな人々とフォーマリストの間の区別は、驚くような仕方で、アカデミーの芸術家の地位の転落を浮き彫りにする。本物のプリミティヴな人々は彼ら自身の驚きと注意のフォーマリズム的な転移を達成するのに必要な自己意識をおそらくは欠いているので、物理的な事物が何をなそうと、驚きとともに、あるいは実践的な仕方で、反応し続け、超然とした孤立のうちに事物のフォームに参与することに失敗し続ける。フライによれば、プリミティヴな人々の「近代的子孫」は、（すでに想像がつくだろうように）フォーマリストではなくアカデミーの画家になる。というのも、アカデミーの画家は、それと特定できる事物を再現することに囚われ続けているからである 原註77。プリミティヴな物神崇拝者と同じように、アカデミーの画家は、心理的に切り離された純粋性のうちに、つまり対象を働かせたり、これを所有したりするということから独立に、形式を見ることが決してない。とはいえ、アカデミーの画家は、堕落したプリミティヴということでない限りは、プリミティヴではありえない。というのはつまり、アカデミーの画家は、魔法のごときイリュージョニスティックな再現を操るようになったのだから、プリミティヴな驚きのあらゆる可能性を喪失してしまう。かくして精神的に中途半端な状態にあって、彼は驚きと形式の両方を失う。アカデミーの画家の経験は、厳密に科学技術と化し、型どおりのものにさえなる。彼は前もって割り当てられた生産主義的機能に諸々の技能を適応することしか教わらないのである。フライの説明によれば、子どもは、もしも彼らが大人になっても表現性を維持してさえいれば、こうした訓練を積んだプロの芸術家よりも巧みに事を運ぶ可能性をもつ。「私たちの自意識過剰な近代文明において」

生活する個人は、自己を意識しない「プリミティヴな態度（……）驚きと衝撃、対象を観察する際の親密さと鮮明さ、プリミティヴな芸術の思いがけない特質」など維持できるとは期待できない[原註78]。それでもなお、成長させ続けることができるのは、形式に対する情熱なのである[原註79]。

「子どものドローイング」が暗示しているのは、あらゆる個人が——形式に情熱を抱き、形式をとおして表現し、形式によって心を動かされる——よきフォーマリストへと成長していく、そして「教育される」可能性をもっているということである。フライは、その次の小論「芸術を教える（Teaching Art）」(1919) のなかで、主張を明確化する。

> 文明人にとって芸術家になることはいっそう難しい（……）。［たとえ］彼の芸術は未開の人々や子どもの芸術よりも完全に豊かで完璧となる〔とはいえ〕。それゆえ、美術指導の問題は、人類が積み重ねてきた経験を子どもも同様に受け取るときに、ヴィジョンに対する個人的な反応をいかにして保持し発展させるかということにあるのだろう。少なくとも彼らのうちのほんの一握りは、子どもの芸術家の状態から文明化した芸術家の状態へと移行することができる[原註80]。

フライが評価するところでは、教育者マリオン・リチャードソンは、いかにして発育期の子どもをこの気高い移行へと導けるかを知っていた。

手の退化

> 左手にまつわる「不器用」が何であれ、それは進化した文化にとってなくてはならないものである。左手は、人類の崇敬すべき過去に、すなわち、人類が過剰な器用さを身に付けていなかった時代に、私たちを触れさせてくれる[原註81]。

ある複製銅版画家（大量生産の芸術家）の息子であったアンリ・フォシヨンは、

退行的な、しかし有益な左手と人類の系統発生的な歴史とを上記のように結び付けた。それが他にどんな意味を示していたにせよ、フォシヨンが発言を公にしたときには——1936年、フライが亡くなって2年後、オメガ工房が閉鎖して16年後——癖の強い（idiosyncratic）芸術的手仕事が、完全に技術的進化を遂げた文化に対する抵抗を象徴するようになっていた[原註82]。右手が物知りで器用なうえに、機械を操作すると同時に機械と張り合えるとすれば、左手はプリミティヴで子どものようなままであり、一見したところ、いっそう表現豊かな印付け（marking）のモードを留めているように見える。左手の先祖返りした文化的価値は大歓迎だったのだ。

　フライの科学技術に対する態度の一側面については、まだ検討の余地がある。確かに、彼より若い同時代人のなかには、技術的な問題を最も重要だとみなしていた者もいるだろう。子ども時代の表現性の消失というフライのテーマが壮大な科学技術の問題を比喩で表わしたにすぎなかった——つまり、この問題のための換喩的転移ないし置換として提示していたにすぎなかった——可能性はある。地球規模の社会変化の複雑な状況、すなわちこの変容は産業化と結びついていた。労働、余暇、階級形成といった幅広いマルキシストの術語を用いて、クレメント・グリーンバーグはこの問題を彼の批評的価値付けのための歴史的な根拠であると認識していた。「プロレタリアートとプチブルジョワは、（……）都市の伝統文化の楽しみ（enjoyment）のために必要な余暇と快適さを得られなかった（……）［彼らのために作り出されたキッチュにおいては］産業主義の方式が手工芸に取って代わるのである」[原註83]。おそらく、フライにとってこの問題は、限定的に、つまり幼児期の発達段階の数年間に折りたたまれた歴史において考えたなら、いっそう扱いやすかったように見える。大量生産と大量消費の経済をもたらした増大する機械化がもつ社会的かつ心理学的な効果は、幼児にドローイングを指導するための戦略を検討するなかで何らかのかたちで注意を引くようになっただろう。

　フライが産業化社会の子どもたちに関して考えていたことを思い出そう。つまり、子どもたちが経験したのは、組織化された状態へと進化する社会のなかで生きる先住民の運命だった。洗練された構造とイリュージョニス

ティックな表現力のある描写の技術への注目が、子どもにおいて増大し続け、例えば、対象への単純な触れ合いと取扱いのような、あるいは、色と線から成る形式的調和の直接的な観察と反復のような、経験のプリミティヴな形式のうちに生じる驚くべき歓びに次第に取って代わっていった。こうした無媒介的で自己目的的な経験は、「未開人（the savage）」を系統発生的なプリミティヴに位置づけ、子どもを個体発生的なプリミティヴに位置づけた。たいていの子どもは、一定の技術を身に付けると、功利主義的な群衆に加わるために芸術的無秩序や書き癖（idiosyncrasy）を破棄してしまっていた。フライの近代社会においては、フェリシテ主義／俗物根性の金権政治家（plutocrats）たちが経済を支配するがごとく文化的局面をも支配し、そして機械の完璧さが手技の感受性を封じ込めた。自然のままのプリミティヴな社会とこれに対応する心理学が、ある意味で産業社会の疾病に対して理想的な解毒剤であったとすれば、訓練を受けていない子どもはこの望ましい「プリミティヴな態度」の最後の痕跡を体現していた。

　上述のアナロジーを拡大することは、さらにもう 1 つの「最後の痕跡」、すなわち、単なる痕跡器官へとは絶対に退化してほしくないとフライが願った身体器官を発見することである。言うまでもなく、それは手だった。フライが高く評価したものの多くは、感覚作用や興奮、熱中のゆえに小刻みに震える手に集中した。おそらく、彼のエモーショナルなフォーマリズムは、私たち自身の観点からすれば当然だと思われるものに対する鈍重で無駄な抵抗にしか見えないだろう。〔すでに〕手から機械へと移行した私たちポスト産業主義者のテクノロジーは、その機械からさらにマイクロチップへと移行したにすぎなかった。ある意味で、フライは最も個人的な工房の実践を賞賛することによって未来に抵抗していた。彼に先立つジョン・ラスキンや彼より後のマルティン・ハイデガーと同じように、フライは、手が作り出す形態（forms）と同じくらい手の働きに対して情熱を抱いた。彼は、芸術家個人の筆触を「ハンドライティング」と呼び、それは、自己表現的となりうる刻印（mark-making）である一方、さらに外界のヴィジョンをも分かち持っていた原註84。

　「ハンドライティング」という術語は、文字を形にすること（筆跡）、描写

を形にすること（ドローイングないし絵画）との間の対照を含んでいた。このようなアナロジーは、二重に適切だった。第 1 に、画家特有の筆致を表わすフランス語「エクリチュール」（まさしく「文字どおりに」ライティングとハンドライティングの双方）の使用に対応するとフライが考えた英単語の用法がますます一般的になっていった[原註85]。第 2 に、フライによる視覚芸術へのこの語の拡張は、専門的な筆跡学者（ペンの用法を識別し分析するのを専門としている人、鑑定家のような人）の間でのみならず、手によるライティングの造形芸術を保持しようと努めていたフライの仲間たちの間にも浸透していた「ハンドライティング」の考えとに合致していた[原註86]。フライの子どもの頃には機械で動作するタイプライターが発達していたにもかかわらず、彼はそれなしに育った。そして、フライの社会では長い間、ペン習字が純粋美術と実用的な技術の両方で続けられてきた。

　おそらく、実践的かつ審美的なものとしてのハンドライティングの芸術／技術は、「手技（craft）」と示される方が相応しい。そのことを、桂冠詩人ローレンス・ロバート・ブリッジェスは、彼の 1926 年の小論「イングリッシュ・ハンドライティング（English Handwriting）」で示している。ブリッジェスは、読みやすさ（実用性）、速度（経済性）、そして美（審美性）の必要性を考慮しながら、近代の筆記体において的確な指導を推進しようとした[原註87]。20 世紀前半に、手一切についての人間の力学、すなわち、ハンドライティングの心理学と生理学の両方に関する非常に詳細な研究と同じように、手を訓練するにあたって、上述の 3 つ〔実用性、経済性、審美性〕の考慮の両立性をめぐる大規模な論争があった[原註88]。

　筆記体は「草書体（running hand）」であり、速度を考えてデザインされている。ブリッジェスは、フォーマリストによって考え出されたであろうドローイングの技術とのアナロジーを示唆するかたちで、筆記体の手技について論じた。彼は、筆記体が必要とする、ある種の自発的で無意識な創造性を惹起した。隣の文字とつながっているそれぞれの文字は、この「偶然の環境（chance environment）」と特殊性（マティスを思い出せば、新しいフォーマットへとイメージを移し替えることを望まずに、1 枚の紙、あるいは 1 枚のカンヴァス

の表面にもとづいた寸法へと彼の手と手の形象を調整していた)、要するに、1つの単語に隣接する情況に適応して、手で再形成したり、調整したりされねばならなかった^{原註89}。ブリッジェスは、生物学的進化の言説から借りてきた語句——「偶然の環境」、「情況への適応」——を用いて、ハンドライティングの状況を記述している。これらの言説を借用した後、彼は後者の語句を引用符のなかに入れた。「この『情況への適応』は、独創性を誘発し、そしてこのような次第で、いかなる筆記体でも備える(……)個性と美の主要な原因なのである」^{原註90}。言い換えれば、筆記体の使用は——速度のために発達させられ、それゆえ筆記産業の経済のために発達させられた——個別性と美しさを、しかし何の気なしに、無意識にもたらす。ここでは、「情況への適応」の必然的なパターンが、おそらく、やむをえず規則化する学習効果にもかかわらず、形式に対する感性や自発的な創意工夫する能力を失うことなく(おそらく高められることさえなく)大人へと成長する近代の子どもの場合と同様に、幸福な進化論的結果をもたらすのだ。

　ブリッジェスは、自意識が強い手によっては、十分読みやすくはあれ、美しく書くことは難しいと気づいた。そこで彼は「偶然の［諸］見本(chance specimen [s])」を例に挙げて彼の研究を示すことにしたのである。彼が友人たちに見本となるハンドライティングをいくつか提供してもらい、多くの場合、友人たちの意識的に長々と続けられた提出物の代わりにたまたま添付されたメモを公開した(図7)。1つの実例の審美性(aesthetics)はその言語的なメッセージ、すなわち実利的な要素とは無関係に判断されねばならない(ちょうど絵画の形式的進化が描写(depiction)を無視しなければならなかったように)。このために、ブリッジェスはフライの「美学に関する試論」のフォーマリズムを彷彿とさせる道具を提案した。「他の検討とは無関係にこうした美の性質をそれのみで考察したいと思うなら、鏡に映ったライティングを見るのがよいだろう。反転して見られることによって、言葉はその意味へと注意を逸らされることなく純粋な形式として現れる」。鏡のあるなしに関わらず、形式の評価は手に負えなかったので、ブリッジェスは「私たちの批評家の手に」事態をゆだねた^{原註91}。彼が協力を求めたのは、専門家でかつ旧友のロ

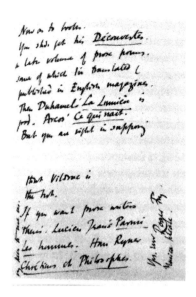

図7　ロジャー・フライの手になる筆記

ジャー・フライだった。

　フライは「芸術的解説」を提供し、ブリッジェスが引き合いに出したまさしく無意識の自発性に言及した。筆記体の筆跡は文字の一つひとつと合字が「つづり字の偶然がそれらの文字を設置するところの変化する情況に」適応するいっそう大きな可能性を持っていたという理由から、フライは、ブロック体かカリグラフィックな手書きかのいずれにせよ、〔筆記体の筆跡が〕美的に優れていることを見出した。美は「諸要素の修正によってリズミカルなフレーズを創造する無意識のヴァリエーション」のうちに生まれる。ここにおいて、形式に関する諸々の術語が一点に定まるかのように、フライの「リズミカルな」という言い回しは、ハンドライティングの産物のことであり、意味するもの(シニフィアン)に属するのであって、意味されたもの(シニフィエ)ではない。それは、一連の視覚的な印付けとそれらに付随した運動感覚と触覚の作用なのであって、一定の意味上の、または詩的なまとまりを形成しながら、耳に聞こえるように、あるいは想像できるように、言葉へと集結される一連の不連続な文字ではな

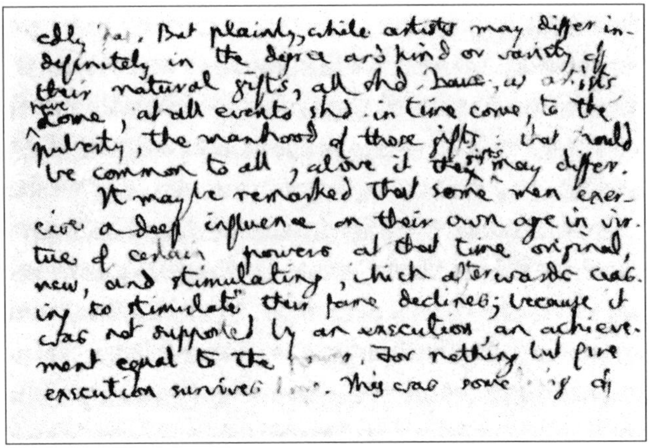
edly, &c. But plainly, while artists may differ in-
definitely in the degree and kind or variety of
their natural gifts, all shd. have, as artists
come, at all events shd. in time come, to the
puberty, the manhood of those gifts: that would
be common to all, above it they may differ.
It may be remarked that some men exer-
cise a deep influence on their own age in vir-
tue of certain powers at that time original,
new, and stimulating, which afterwards ceas-
ing to stimulate their fame declines; because it
was not supported by an execution, an achieve-
ment equal to the power. For nothing but fine
execution survives long. This was some

図8　G・M・ホプキンスの手になる筆記

い。書き手は個々の文字を形成することへの実利的な関心から「解き放たれ」て、これを「もはや意識していない」ときにのみ、「いっそう有機的でいっそう豊かなリズミカルな組段を生じ」させる（**図8**）原註92。この自由は、ハンドライティングの美を創造する。フライと同じように、マリオン・リチャードソンは、1935年に出版した自身の手になる指導手引書のなかで、「手や腕のひたすら気軽で［自然な］運動を用いる［ということの］自由な筆記体（cursive writing）」を提唱した。彼女が望んでいたのは「［子どもが］ますます自分本来の何ものかへと成長するように敏速で単純な草書体（running hand）（……）が成長するように教えること。すなわち、［子どもが］無意識に書く［ようになる］こと」であった原註93。

そうした技術を伴なうことで書き方／筆記形式（the form of writing）は、とくに個人的な書き手にとって、外的な模倣基準に従っていたというよりはむしろ、身体とその感覚から得られたように見えるだろう。リチャードソンとフライのどちらもこのことを想定していたように、ハンドライティングの手技（craft）はこれを実践する人とともに高められ、自己実現の手段となるだろう。このようにして、ハンドライティングのいくぶん秘められた社会的、

さらには政治的な価値とは、フライの評価において、次のようなものとなる。すなわち、ハンドライティングとは、「平均的な人々が慣習的に従事してきたグラフィック・アートにおける唯一の訓練であり（……）文字とはこれら平均的な人々が芸術家と同じ確実性と無意識の自由とともに形作ったものであり、その芸術家の方はこの確実性と無意識の自由をひとり他の形式との関連で獲得するのである」。美的なものの個別化と民主化を示しつつ、ハンドライティングはあらゆる人のための技術となった。なぜなら、「平均的な」人々は、それを意識することなく（少なくとも通常は、見本を提供するよう頼まれない限りは）、ハンドライティングを実践するからであり、この手技によって「徐々に練り上げられた美的な好みを無意識な手の習慣へと移行できるようになる」のである原註94。フライは、——子どものように平均的な人々でさえ——芸術的な適性を持つ者にとっては目の自然な取捨選択、すなわち特定の形同士の関係への目の無自覚な関心がそのまま手に特徴的なリズムにあふれる筆記体へと転換すると示唆している。

　リチャードソンに関して注目すべきことの1つは、彼女が「平均的な」子どもたちをうまく指導できた、ということである。その子どもたちは、特権的な家庭環境も特殊な才能も持ち合わせていなかった原註95。社会的で心理学的な好条件下なら、美的な卓越性は3つのパフォーマンスの領域で認めることができ、それらの領域のうちの2つは極めて「平均的」である。すなわち、子どものドローイングと大人のハンドライティングであり、その一方で例外的なのは、芸術家のフォーマリズムという領域だった。ハンドライティングに関するフライの考えは彼の絵画観と一致する。ちょうど草書体（cursive）が、先入観で作り上げられ、堅苦しく慣習化された一連の形態（個々の文字）を再現する必要性を超越するときにのみ、美的に表現豊かになるように、絵画は特定の対象の再現ないし慣習的な描写に対するどんな実践的な関心も考慮しないときにのみエモーションに関して力強いフォーマリズムへと発展する。リチャードソンの教育技法には、ドローイングを学ぶ生徒たちに何ら特殊な視覚モデルも押しつけないという強みがあった。大人において自分のハンドライティングに書き癖（idiosyncrasy）が行き渡るだろうように、子どもたち

は、想像力に富む好みから無意識的に作業するようになる。これらの検討の政治的な訴求力は、それらが教育ないし指導の広く行き渡った寓意的な意味を転倒することにある。その意味とはつまり、調教、訓練、支配のかたちをした社会化としての教育——例えば、従順さのように、産業主義者の特性は、植民地化されたプリミティヴな人々と労働者階級の子どものいずれにおいても育成したいと思うような性質である。リチャードソンによって与えられたような訓練の場合、その目的は（等しく共通した寓意）手を拘束することではなくむしろ手を自由にすることであって、型にはめることよりもむしろ可能にすることである。そうした指導は、自然のプリミティヴな表現性を（一つの事例においてはドローイングの、他の事例においては読むことのできるハンドライティングの）スキルへと変えたにもかかわらず、支配ないし組織の象徴、あるいは産業経済にとっての組織化された社会化の比喩とはもはや考えられてはいない。

　ハンドライティングは、その科学（筆跡学）とある種のテクノロジー（ペンマンシップ）とを有する。フライは手に対する関心から、必然的に手の道具のことを真剣に考えるようになった。驚くことではないが、あたかも大量産業主義の代わりにプリミティヴな経済を支援するかのように、彼はより単純で古い道具の表現性を好んだ。ブリッジェスに書いたフライ自身の手紙を例に出して、フライは近代の万年筆で手紙を書くことに不満を覚えていた。「汚らわしい道具。クイル（羽ペン）で、あるいは少なくとも羽ペンの特性の一部を保っているペンでなければ、人並みに書くことしかできない」[原註96]。フライ自身が認めたとおり、万年筆の利点は、便利さと効率のよさにあった。それらはフライが承認した特徴である[原註97]。万年筆の欠点はその規則性とその単調な幅である、と習字教師のアルフレッド・フェアバンクによってはっきりと述べられている[原註98]。万年筆は、機械のように、手をそれ自身が機能するわざとらしい複雑さと自発的な不規則性から遠ざけているように見える。万年筆によって書き方は節約されるが、無機的で、それゆえ視覚的表現と触覚的表現に制限されてしまった。

　しかしながら、どのようなペンも、著者を特徴付けるであろう物理的な奇

抜さと限界を記録してくれる紙へと十分に手を近づけさせる。文字同士の組み合わせすべてが起こりうるわけではないので、特定パターンの不規則性をよく知ることや、言語学的文脈を解釈することによって、個人特有のハンドライティングは解読することができる。ブリッジェス自身が論じたのは、機械で打つことに対して手で書くことが、個々の文字、すなわち標準化された表象コードの不連続な記号を完全には区別することを前提とはしていない、ということであった。多くの草書体において、"n"と"u"は、そっくりに見え、明らかに実用的ではなかった。その一方で、原則的に、機械的な筆記体活字は、そうした筆跡学的な曖昧さも過剰さも一切排除していた。

　学者たちは、しばしば、タイプライターを機械時代の最も典型的な道具の1つとみなしてきた。というのも、おそらくタイプライターは作者や写本家がどのように手を用いたのかを示す指示記号、あるいはそれへと遡るための痕跡をあまりにも消し去ってしまうからである（しかしながら、カメラのように、この筆記器具はそれ自身の物理的な同一性をいまだ指示しており、それによってこの器具についてもその使用者、もしくは所有者を結び付けることはできる）。マスコミュニケーションにとってのタイプライターの利点は、それが——創造的な合字、個々の飾り書き、サイズと余白の不規則性といった——特定の表現豊かな書き癖を排除することにあり、仮にそういうもの〔物理的な同一性の印〕があったとしても、それは意識的に意図されたテキストの意味とはほとんど無関係であろう原註99。〔メッセージの〕形式に干渉したり付け足しをしたりすることなしに文意を表象することにおいて、タイプで打ったメッセージは子どものドローイングやプリミティヴなデザインのアンチテーゼとなる。とはいえ、次のように主張することもできよう。つまり、批評家と学者がしばしば子どもの美術とプリミティヴな美術の双方に見出す普遍的な原理は、タイプまで打ったメッセージと同様にこれらの意味を伝えるという実践をますます社会的に役立ち、個性を区別することなどないものへと限定するのだ、と。当然ながら、肝心なのは比較の文脈である。フライの推論によれば、子どもはフォーマリストの画家ほどは表現豊かではないが、タイピストよりは表現豊かである。この違いが最も明白になるのは次のことを考慮す

るときである。すなわち、タイプで打ったメッセージには、子どもの矯正されていない印付けがあたかも文化的な定義と自然な秩序の双方によるかのようにして示している、あの誠実さの慣習的な視覚記号がまさに欠けている。このゆえに、今日においてもなお根強い信条とは、個人的な手紙のやり取りは、レーザー印刷は言わずもがな、決してタイプライターで打っていいものではない、というものである[原註100]。ダダイズムあるいは具体詩による機械の転覆でなければ、タイプすることに個人的な表現が現れるとしても、それはまさしく言語的に表現されるのであって、図画的にではない。もちろん、タイプライターの製造業者は、様々なタイプフェースを有するモデルを提供し、それによって、個人的な自己同一性と「趣味」を表現したいという——あるいは実際には獲得したいという——顧客の要求へと訴えた。産業は「表現」に価値を置く社会にたやすく順応することができるのだ。

「ハンドライティングに関する考察（Reflections on Handwriting）」と同年、1926年の小論「芸術と商業（Art and Commerce）」のなかで、フライはプリミティヴな道具に対立する近代的な機械による仕事に関する自らの考えを確立した。「［機械類の］効果とは、大凡（おおよそ）という雰囲気を理念的正確さに代えることである。機械が参入する場合はいつでも、創り手の神経質な震えが消失する」。フライは、執拗にこの議論を展開し、陶工のろくろでさえ、手技を規則化することによって一定の創造的な感受性を排除してしまう、古代以来の単純な機械なのだと主張した。壺の縦断面や、その輪郭ないし側面は、手触りと判断力がそのまま伝わってくるような表現を維持していたにもかかわらず、横断面は、変化のない完全な円となった。こうした機械化への動きは悪い前兆であった。というのも、それは「あらゆる二流の日用品のなかで」プリミティヴィズム的な「手製の製作物」の価値を引き下げる動きでもあったからだ。フライによれば、そうした手仕事は、「人間が備える潜在的な美的価値を高めるための」伝統的で、無言の手段であった[原註101]。ときには、「平均的な」人々にとって近代の実用的な生活を表現豊かにさせる唯一の手段がハンドライティングであるように見えた。万年筆、とりわけタイプライターに警戒しよう。

1932年、フライは、ジョセフ・エドウィン・バートンによるモダンアートとデザインの通説に反応を示した。他の多くの人々と同様、バートンは機械生産において発展しつつある「個性」については楽観的であった[原註102]。フライは自らのオメガ工房の商業的失敗を、機械加工商品によって支配された時代のなかで、手技を近代化するために取り組まれた「あまりにも時代に先んじた」企図であったと嘆いた。「日用必需品」に充てがわれた、表現豊かな手仕事に対する彼のよく知られた要請とともに、フライは陶工のろくろが手の歴史、すなわちその社会的系統発生に及ぼしたやや有害な影響の例を繰り返した[原註103]。フライは、技巧（mechanism）が完全に欠落した最もプリミティヴな陶器（彼自身の手になる陶器の生硬さを思い出そう）を容認した。ちょうど、それらが表現豊かで誠実でありさえすれば、すなわち教え込まれた技術を厳正に、あるいは機械的に適用することができなくても、彼がリチャードソンの生徒たちの手になる芸術的には平均的なドローイングを評価したように。彼の評価は、芸術におけるのと同様に、生活においても、おそらく道徳的な原理へと翻訳できるかもしれない。すなわち、完成されているよりも誠実である方がよいのである。フライは、手と道具、または身体と機械の、有機的なあるいは自動的でさえある統合を必ずしも恐れてはいなかった──そのような状態が芸術家と職人の両者の興味を惹かないことがあるだろうか？　彼は先進工業国の経済のバランスが心をもたない機械的な手段の方へと傾いてしまうだろうといっそう特別な懸念を募らせていた。すなわち、これまで以上にいっそう効率的な機械は、それが果たしたように、感性豊かな身体を補完し結合するのではなくむしろこれに取って代わることになるだろう。そうなると、人間の実行能力は、マティスのフォーマリズムの実践が例証した美的なフィードバックのようなものによっては特徴付けられなくなるだろう、と。

　バートンの楽観主義を受け入れつつ、フライは、〔そこに〕とくに技術的で功利主義的な美学が応用されていることに注目した。バートンは対象が効率的かつ完璧に機能しさえすれば、美を獲得できると考えていた。フライの読者は、バートンが荒削りな壺よりも機械で加工した壺を、羽ペンよりも万年

筆を、知的な挑発よりも確かな証拠を好んでいたと（正確であれ、不正確であれ）想像するに任されていた。自らの反論において、フライはバートンが挙げた美しい近代デザインの例が「速度を獲得するために作られた」すべての機械類——機関車、自動車、大洋航路船——であったことを見て取った。そうした機械類の機能を表現した流線型に美的な快を感じることに異議を唱える者はいないのだから、これらの事例は例外とみなされるべきだろう。ちょうど、誰の眼にもすばやくて力強いヒョウの方が豚よりも、どちらの動物も完璧に機能しているにもかかわらず、美しく見えるように。これと関わりの深いハンドライティングへのフライの関心を引き合いに出すまでもなく、フライの自動車と大洋航路船に対する反証はとくに意義深かった。すなわち、「タイプライターの見事な文章を、称賛の目でじっとみつめることがあるだろうか？」。彼の非難めいた答えは、美学と技術とを識別しようとしたものだった。「もし私たちがこの上なく複雑な機能に適用［されてきた］そのメカニズムについていくばくかを知っていたならばそういうこともあるのかもしれないが、これは純粋に知的な称賛なのであって、断じて感性的な称賛ではないだろう」。確かに、タイプライター（とくに流線型を身にまとうより以前は）は、フライが日常生活の活動から、すなわち書くことから美的な感受性を除去した機械類の１つとみなしていたので、美的な驚きをほとんど抱かせることはなかった。万年筆のように、だがさらに飛躍的に大きな効果をもつタイプライターは、手のリズムと筆運びを規則化することで、手をそれにふさわしい形作る (figuration) 方法から遠ざけた。こうした書く機械を操作するにあたって、フライが主張できたのは唯一以下のことだけであった。「そこには感受性と機械仕掛けとの間の実質的な対立がある（……）。機械による大量生産［いかに完成しているとはいえ］は、それだけなら有益な芸術的成果を私たちに供給することはないだろう」原註104。例によって、フライは「誠実な」、「表現豊かな」、個別の実行能力を大量の等価物から識別する。彼にとって、この置き換えが喪失を意味するのは、加工品はもはや生産者を映し出すことはないし、生産工程もまた既存の概念に何らかのものを加えるというものではないからである。タイプライティングの行為は、ちょうど厳格なアカデミー絵

画の手順が画家を単なる道具へと変えたように、書き手ータイピストを単なる道具へと変換したのだ。

　フライが怖れていたのは、成長しつつある個人における特定の個体発生的変化を誇張し促進するものとして示されていた機械技術の進化が、社会に逆戻りできない系統発生的変化をもたらしているということだったように見える。もちろん、歴史を通じて、各世代の大人たちは、自身の子ども時代の表現性をある程度まで喪失してしまっていたことは否定できず、フライもこのことを認めた。しかし、彼のロマン主義的モダニストの立場は、この喪失が、産業経済期においてかつてないほど深刻かつ決定的だと主張していた。平均的な市民は、1936 年にフォシヨンが述べたように、「人類の崇敬すべき過去に、すなわち、人類が過剰な器用さを身に付けていなかった時代に自分自身を触れさせ」たままにするのと同じくらい、個人的な表現のための手段を見つけることがますます困難になっているのに気づいた。大人の労働者や専門家にとって、横暴なテクノロジーのない、この「過去」は、個人の幼児期でもあり近代社会のプリミティヴな先史時代でもある。壮大な政治的、あるいは社会的理論を持たずに、フライは、子どもの教育、すなわちハンドライティングのような単純な手技の実習や解放された芸術的な感受性の称賛をとおして、この感受性が見出せる場所においてはどこでも、近代の社会的な病を治療しようと試みた。彼は、次のように書く。「感受性は、多様性、複数性、偶然性、予測不可能性に対する私たちの要求に応えてくれる」原註105。

　社会的変化の歴史と平行する美的発展、あるいはおそらくは美的退行に伴ないつつフライや彼の同時代の人々が想定していたような美的な感受性の問題を通じて、彼は社会的かつ政治的な批評を形作ったのだ。フライが作品の形式分析を実践したとき、創造者によって意識的に規定されたのではない、芸術家と鑑賞者のいずれにも生じるであろう理念的で唯一無二な秩序を彼は探求した。フライの永続的な攻撃の真の標的は、テクノロジーでも機械でもなく標準化であり、規則の強制を起源とする規則性であった。いかにも、これが、フライの教えることと教育することとの区別の実態であった。すなわち、一方は標準化をもたらし、もう一方は個性を育てるのである。

いささか自由擁護者のように、フライは、子どもが感じるままに、つまり「出来事と対象によって（……）心を動かされる」がままに（物差しも直定規も使わずに）自律的に描かせることで子どもを「教育」しようとしたのだろう 原註106。大人へと成長するにつれ、フォーマリスト芸術家の自由を経験する人は少なくなってしまうとしても、平均的な人々はなお、少なくとも、草書体をリズミカルに、そして表現豊かな手で書く可能性があったのだ。そうした実践――つまり経済的な不器用さ――を後押しする限りにおいて、フライはわずかばかりの控えめな社会工学を試みたのである。

原註

　　子どもの芸術に関するロジャー・フライの考えの多方面に及ぶ背景を明確にするために、子どもと教育に関する英米の（そして、それほどではないにせよフランスの）雑誌を引き合いに出して、フライが得られた学術的かつ批判的な研究を求めた。英国と合衆国では、一連の同じ問題が議論されていた。そして関連雑誌の多くは2つの国で刊行されていた。フライは、少しの間（1906〜7年）、ニューヨークのメトロポリタン美術館に絵画部門の学芸員として従事しており、合衆国とは職業上強いつながりを持っていた。イタリアルネサンス絵画の鑑定家であったにもかかわらず、彼はフランスのモダンアートを擁護した人物として知られるようになった。彼はフランス語に堪能だったのでしばしばフランスに旅行し、そこに住んだこともあった。彼はドイツの学者や批評家とも交流をもっていたが、ドイツ語では苦労していた。この小論の調査では、専門家の助力を得た。カティ・シーゲルに感謝したい。翻訳は、特に断りのない限り私自身のものである。

1　William James, *The Principles of Psychology*, 3 vols. (Cambridge, Mass., 1981 [1890]), 2: 874-75 (original emphasis). ジェイムズは、鋭敏な観察を付け足した。すなわち、本質的な対象とそのしるしないし見かけとの間に決定的な相異が生じるに違いない。というのも、対象のリアリティはその見かけ――例えば「標準的な」状況下で見られた対象――の特殊な事例以外の何ものでもないからである。

2　Cf. Herbert Read, "Farewell to Formalism," *Art News* 51 (June-August 1952): 36-39. リードにとってフォーマリズム美術批評の代表例はロジャー・フライであり、フォーマリズム美術史家の代表例は、フライと同時代のハインリヒ・ヴェルフリンであった。個別の視覚要素に関するフォーマリズム分析の代わりにリードは「造形イメージ」の全体的経験を「言語の芸術」に照らして翻訳しようした「象徴的解釈」を擁護した (38)。フライの著作が芸術に「古典的」フォーマリズムの手法の広く受け入れられたモデルを提供したにもかかわらず、彼は決してこの栄光にあずかる唯一の人物ではない。ヴェルフリンに美術史家アロイス・リーグル、理論家コンラート・

フィードラー、そしてフィードラーの協力者である彫刻家で理論家のアドルフ・フォン・ヒルデブラントが重要な創始者としてしばしば言及されている。研究者たちもまた概してジョン・ラスキン（Ruskin, *Elements of Drawing*, 1857; 内藤史朗訳、『ラスキンの芸術教育――描画への招待』、明治図書出版、2000 年）とシャルル・ボードレール（Baudelaire, "Le peinture de la vie moderne," 1863; 阿部良雄訳、「現代生活の画家」、『ボードレール批評 2』、筑摩書房、1999 年）を引き合いに出す。というのも、彼らは再現描写の意義から独立した色と形の関係を知覚するための芸術家の子どものような能力を重視するからである（終わりのない議論は「無垢の眼」に対する信仰をもたらしたが、この概念をラスキンもボードレールも手放しで認めているわけではない）。ステファヌ・マラルメ、フランスの象徴詩やモーリス・ドニの美術批評はフォーマリズムの諸原理にとってもう少し直接的な源泉を示している（フライはドニの 1907 年のセザンヌに関するエッセイを翻訳し、あるとき、彼自身の作品の大半を「その原理の精巧さ」と呼んだ。Roger Fry, "The Double Nature of Painting" [1933], ed. and trans. Pamela Diamond, Apollo 89 [May 1969]: 365）。フォーマリズムの展開については、Edgar Wind, *Art and Anarchy* (New York, 1965); 高階秀爾訳、『芸術と狂気』、岩波書店、1965 年、Michael Podro, *The Manifold in Perception* (Oxford, 1972)、あるいは Philippe Junod, *Transparence et opacité* (Lausanne, 1976)、あるいは Margaret Olin, *Forms of Representation in Aloïs Riegl's Theory of Art* (University Park, Pa., 1992)。それから社会学的な問題に重点を置いた初期の批評としては、M. M. Bakhtin and P. N. Medvedev, *The Formal Method in Literary Scholarship*, trans. Albert J. Wehrle (Cambridge, Mass., 1985 [1928], esp. 41-53); 佐々木寛訳、「文芸学の形式的方法」、『ミハイル・バフチン全著作 第 2 巻』、水声社、2005 年がある。絵画の「フォーマリズム」はさておき、この「フォーマリズム」という術語は、20 世紀初頭のロシア文学理論（Victor Erlich, *Russian Formalism* [New Haven, 1981]）や、I・A・リチャーズの著作を起源とする英米圏の「ニュー・クリティシズム」と結びつけられることが多い。フライのフォーマリズム批評の実践を取り巻く問題については、Jacqueline V. Falkenheim, *Roger Fry and the Beginnings of Formalist Art Criticism* (Ann Arbor, 1980)、Richard Shiff, *Cézanne and the End of Impressionism* (Chicago, 1984, 55-69, 142-61)、また Shiff, "Painting, Writing, Handwriting: Roger Fry, and Paul Cézanne" in Roger Fry, *Cézanne: A Study of His Development* (Chicago, 1989), xi-xxvi〔フライの同著に関しては、邦訳が出版されているが、シフの解説ではなく二見史郎氏の解説が掲載されている。辻井忠男訳、『セザンヌ論』、みすず書房、1990 年〕、Mark Roskill, *Klee, Kandinsky, and the Thought of Their Time* (Urbana, Ill., 1992), 1-27、あるいは Christopher Reed, *A Roger Fry Reader* (Chicago, 1996) がある。

3　Roger Fry, "An Essay in Aesthetics" [1909], *Vision and Design* (New York, 1956 [1920]), 37-38.

4　Fry, "An Essay in Aesthetics," 19-20. 同様に、クレメント・グリーンバーグも「対象の実用的な意味を活用する」か、「それらの見かけを堪能する」かの選択に注目し

ている。彼にとってこの差異（フライにとっても同様に以後論じられる）は、産業化の結果とブルジョワ社会の台頭と関係がある（"Towards a Newer Laocoon"［1940］, *Clement Greenberg: Collected Essays and Criticism*, ed. John O'Brian, 4vols.［Chicago, 1986-93］, 1:27）〔藤枝晃雄編訳、「新しいラオコオンに向けて」、『グリーンバーグ批評選集』、勁草書房、2005 年〕。心理学的なフレームと物理的な絵のフレームのよく知られているアナロジーと比量的な相互作用については、Gregory Bateson, "A Theory of Play and Fantasy"（1954-55）, *Steps to an Ecology of Mind*（New York, 1972）, 177-93〔佐藤良明訳、「遊びとファンタジーの理論」、『精神の生態学』、新思索社、2000 年〕。

5 「絵画」の条件については、後年のクレメント・グリーンバーグと比較せよ。それは、額に入れられた、あるいは物質的に区切られた表面によって必要最小限度に満たされうるものである、「枠張りの、あるいはタックスの打ってある（何も描かれていない）カンヴァスは、すでに一枚の絵として存在する──必ずしも成功した絵としてではないにせよ」（"After Abstract Expressionism"［1962］, *Collected Essays*, 4: 131-32）。

6 Fry, "An Essay in Aesthetics," 38. 絵画形式の自律性に関しては、Roger Fry, "The Allied Artists," *The Nation* 13（2 August 1913）: 677（「カンディンスキーの風景画と彼の抽象的な視覚的記号」の双方に見出せるエモーショナルな表現について）、あるいは "Mr. MacColl and Drawing," *Burlington Magazine* 35（August 1919）: 85、"Retrospect"［1920］, *Vision and Design*, 294-96（形式的な表現性に対するフライの注目とクライヴ・ベルのそれとを比較して）, 300-302、*The Artist and Psycho-Analysis*（London, 1924）, 16、"Some Questions in Aesthetics," *Transformations*（Garden City, N. Y., 1956［1926］）, 27-31。フライの晩年の著作は、「美的理解にとって特有である」諸々のエモーションとともに「実生活によってかき立てられた」エモーションを誘発するときに、ほとんどすべての芸術作品は、抽象デザインの諸要素とともに迫真性とイリュージョンの要素を併せ持っていたことを強調している（Roger Fry, "An Early Introduction"［1921］, in *Stéphane Mallarmé, Poems*, trans. Roger Fry, ed. Charles Mauron［London, 1936］, 295; 柏倉康夫訳、「マラルメ詩集への初期論文」、『ユリイカ』、青土社、1994 年、34-42）。さらに次を参照、Roger Fry, *Henri-Matisse*（London, 1930）、あるいは、Fry, "The Double Nature of Painting," 365-66。フォーマリズム理論の転回については、Christopher Reed, "Through Formalism: Feminism and Virginia Woolf's Relation to Bloomsbury Aesthetics," *Twentieth Century Literature* 38（Spring 1992）: 23-25。フライの経歴の各時期における彼の考え方の評価については、Reed, *A Roger Fry Reader*。

7 まだ初期の段階において、フライのアヴィニョンの《ピエタ》の分析は、フォームを通じて伝えられるエモーショナルな表現という術語で芸術を評価したがる彼の傾向を示す。Roger Fry, "The Exhibition of French Primitives, Part II," *Burlington Magazine* 5（July 1904）: 379. しかしながら、〔後年の〕フライ自身の推測によると、ジョットに関する 1901 年の小論にはこうした初期のフォーマリズムがほとんど見られなかった。1920 年の再版に、フライは序文を加えた。「私たちにとっての［ジョットの］フォームの価値は、純粋なフォームに対する私たちの反応［とは対照的な］ドラマティックなア

イデアの承認と密接な関係を持つ」と、いかなる含意も否定している（"Giotto"［1901］, *Vision and Design*, 131）。

8 Roger Fry, "Children's Drawings," *Burlington Magazine* 30 (June 1917): 225-31. ジャクリーヌ・V・ファルケンハイムは、フライが「formalist」という術語を使用したのはおそらくこの小論においてであっただろう、と私に教えてくれた。彼女は自著『Roger Fry and the Beginnings of Formalist Art Criticism』のなかでその問いに答えてはいなかったのだが。もちろん、「formalist」という術語の使用は「formalism」理論を構成するであろう一連の概念の使用を指し示している。

9 Fry, "An Essay in Aesthetics," 20. 以下を参照、Karl Groos, *The Play of Man*, trans. Elizabeth L. Baldwin (New York, 1901; orig. German ed., 1899), 316、「［子どもは］自然にもとづいて描画することを嫌う（……）子どもの手本は、一般に心的イメージである」。

10 Roger Fry, "Bushman Paintings," *Burlington Magazine* 16 (March 1910): 335 n. 3.

11 フライの「無関心性」という術語の使用に関しては、彼の "An Essay in Aesthetics," 29; "The Artist in the Great State," in Frances Evelyn Warwick et al., eds., *Socialism and the Great State* (New York, 1912), 253、あるいは、*The Artist and Psycho-Analysis*, 18（「The Artist in the Great State」は、『Vision and Design』に収録された「Art and Socialism」(55-78) としてこの再版の方がよく知られている。フライはこれに新しく数パラグラフを書き加えている［70-73］)。さらに以下を参照、Roger Fry, "The New Movement in Art in its Relation to Life," *Burlington Magazine* 31 (October 1917): 167（「日常生活がヴィジョンに課すのは芸術的なヴィジョンを諸価値から完全に分離させることである」）。

12 Francis Paulhan, "L'art chez l'enfant," *Revue philosophique* 28 (1889): 601. 人間の遊びに関する理論は、フリードリヒ・シラー、そしてより直接的にはハーバート・スペンサーに由来する。19 から 20 世紀の転換期頃では、影響力のあるアメリカの進化論者であり、教育心理学者の G・スタンリー・ホールによって同様に推進された。

13 Karl Groos, *The Play of Animals*, trans. Elizabeth L. Baldwin (New York, 1898; orig. German ed., 1896), 7.「最も重要な初歩的な遊びの形式は（……）［無関心的な］模倣による反復ではなくて、むしろ準備的な取り組みである」。Groos, *The Play of Man*, 31-32――「子どもの最初の声を出す練習は叫ぶことにある（……）。叫ぶことよりも重要なのは、子どもの片言（意味のない音を発すること）であり、おしゃべり（ペチャクチャしゃべること）であり、腹鳴（のどを鳴らすこと）である（……）。この遊びに満ちた練習なくしては、子どもは自分の声を習得することはできないのである」。Marion Richardson, *Writing and Writing Patterns, Teacher's Book* (London, 1935), 3 ――「子どもの殴り書き［とその］リズミカルなパターンの運動は、ハンドライティングのための生得的な準備である。ちょうど片言のおしゃべりが演説のための生得的な準備であるのと同様に」。さらに以下を参照、Marion Richardson, *Art and the Child* (London, 1948), 55. リチャードソンの仕事に関する議論は、このテクストの流れを汲んでいる。

14 Bernard Perez, "L'art chez l'enfant: Le dessin," *Revue philosophique* 25 (1888): 281〔本書第 3 章〕. 発達段階の初期に関するペレの主著、『Les trois premières

années de l'enfant』(1878, Paris) は、広く引用され、英訳が入手できる。彼の「理念的なもののイリュージョン」はフライのフレームを構築する超然とした形式に対応するのみならず、ラカンの「想像界」の段階にも対応する。以下を見よ——、Jacques Lacan, "The Mirror Stage as Formative of the Function of the I as Revealed in Psychoanalytic Experience" [1949]、"The Function and Field of Speech and Language in Psychoanalysis" [1953]〔新宮一成訳、『精神分析における話と言語活動の機能と領野』、弘文堂、2015 年〕、*Écrits: A Selection*, trans. Alan Sheridan (New York, 1977), 1-7, 30-113〔宮本忠雄他訳、『エクリ』、弘文堂、1972-81 年〕。言語を習得することによって、子どもはラカンの「象徴界」の段階へと入り、意味作用の主体となる。そして同様に、意図や備給や欲望の対象のネットワークによって構築された、フライの「実践的な生活」の世界に入るのである。

15　この理論の大胆な解説は以下を見よ——、Jean Piaget, *Biology and Knowledge*, trans. Beatrix Walsh (Chicago, 1971), 21-23。ピアジェの態度は 1920 年代に行なわれた彼の研究から生じた。

16　標準的な人間の表現モードの生物学的発展に対する育成に関しては以下を参照、Roger Shattuck, *The Forbidden Experiment: The Story of the Wild Boy of Aveyron* (New York, 1980)。「禁じられた実験 (forbidden experiment)」は、「文化と個体の遺伝からはかけ離れた人間の本性のようなものがある」かどうかを決定するために子どもから養育される機会を奪うことになろう (41)。

17　統計的な研究の例としては、R. B. Ballard, "What London Children Like to Draw," *Journal of Experimental Pedagogy and Training College Record* 1 (1911-12): 185-97。

18　以下を参照、James Mark Baldwin, *Mental Development in the Child and the Race* (New York, 1968 [1894]), 1-33。個体発生的「反復」は、本質的にドイツの進化論者エルンスト・ヘッケルを連想させる。反復説は、生物学者によって極めて強烈に想像力に訴えかけさせられ、だが結論に到達することなく、徐々に棄却された。最終的にはナチズムによって流用されたことにより、政治的に受け入れることができなくなってしまった。フライの生きた時代の、人種的差異の理論や子どもの発育と初等教育への反復説の影響に関しては、Stephen Jay Gould, *Ontogeny and Phylogeny* (Cambridge, Mass. 1977), 126-55〔仁木帝都・渡辺政隆訳、『個体発生と系統発生』、工作舎、1987 年〕を見よ。生物学者の間で反復説がたどった運命についての評価は、Nicolas Rasmussen, "The Decline of Recapitulationism in Early Twentieth Century Biology: Disciplinary Conflict and Consensus on the Battleground of Theory," *Journal of the History of Biology* 24 (Spring 1991): 51-89。

　　哲学者や心理学者や人類学者が子どもの芸術と原始美術との間のアナロジーを導き出した。そうした比較検討は、たいていの場合、プリミティヴな人々の作品の価値に関して曖昧であることが特徴的であった。この曖昧さは、アフリカや西半球をヨーロッパが文化的、経済的に植民地化するという文脈に組み込まれねばならなかった (この問題の意味に関しては、Homi. K. Bhabha, "The Other Question -- The Stereotype and Colonial Discourse," *Screen* 24［November-December 1983］: 18-36 における広範囲の分析、あるいは、Abdul R. JanMohamed, "The Economy of Manichean Allegory: The Function of Racial Difference in Colonialist Literature," *Critical Inquiry* 12［Autumn 1985: 59-87］）。子どものメンタリティと先住民のメンタリティとの間の比較検討は、意識的にせよ、そうでないにせよ、ヨーロッパ人側のパターナリズム（家父長主義）を正当化するために行なわれた。新ラマルク主義的進化論が蔓延したことにより、有色人種は、白色人種と同程度には進化することができなかった「子どものような」種族とみなされた。以下を見よ——、Peter J. Bowler, *Evolution: The History of an Idea* (Berkeley, 1984), 282-88. 幼児のように、有色人種は時間がくれば仕事をしなければならないという規律をもたないので、近代産業には不釣り合いだと判断されたのである（David Muschinske, "The Nonwhite as Child: G. Stanley Hall on the Education of Nonwhite Peoples," *Journal of the History of the Behavioral Sciences* 13［1977］: 331）。それにもかかわらず、子どもの自由と自発性に憧れる人々にとって、こうしたプリミティヴな人々の特徴は、魅力的な局面を有していた。20 世紀初頭における子どもとプリミティヴな人々との間のアナロジーについての問題含みな性質は、ジェイムズ・サリーによって導かれた結論の曖昧さに認められる。Sully, *Study of Childhood* (New York, 1903［1895］), 385.「子どもの芸術は独立したものであって、訓練を受けていない大人の野蛮な芸術にすぐさま分類されてはならない。大人として、後者は、小さな子ども以上に知識と技術的素質を有している。そして、これらの優位性の点は、例えば、アフリカ人やその他の人種によって上手に動物の形態が描写されることのうちに示されている。それと同時に、間違いないと思うのは、これらの差異を考慮に入れても、子どものドローイングに見出せる多くの特性は、無教育の未開人のドローイングのなかにも見出せるということである」。曖昧さに関する同様の表現としては、Groos, *The Play of Man*, 317 を見よ。

19　以下を参照、G. Stanley Hall et al., *Aspects of Child Life and Education* (Boston, 1907), ix——「その特性が成人男性ないし成人女性を特徴づける以前から存在しているという意味では、子どもは大人よりも古い」〔岸本弘・岸本紀子訳、『子どもの心理と教育』、明治図書出版、1968 年〕。ホールは、彼の小論の一つを記録として書いている。「書き手にとっては、牧歌的な反復のように見える［子どもの遊びにおける］自発的な発達」(vi)。

20　フライが「primitive」と同義的に使用したところの「savage」という術語は、文盲の人々に言及するとき、物質的文明がまだ十分発達しておらず進化論的社会発展の初期段階にあるということを暗示している。しかし、これは必ずしも攻撃性や暴力、それから道徳的な劣等のことではない。人間に当てはめるならば、フライの用いた「primitive」は、フランス語の（Claude Lévi-Strauss, *La pensée sauvage* における）「sauvage」に匹敵し、それは動物に使われるのと同じ術語——獰猛な、野蛮な、野生の、飼い慣らされていない——を排除するわけではない（例えばこれらの術語はジョン・デューイも用いている。John Dewey, "Interpretation of Savage Mind," *The Psychological Review* 9［May 1902］: 217-30）。これに反して、今日の読者は、この還元主義的な排除を、例えば

現代のマリアナ・トーゴヴニックのような私たちの同時代人がフライの言語に眉をひそめたのを連想するだろう——「[彼の]術語『savages』は、それ自体が雄弁に語っている。野生の意味に[アフリカ人の]芸術家に特有の感性を奇妙にも符合させているのである」(Mariana Torgovnick, *Gone Primitive: Savage Intellects, Modern Lives* [Chicago, 1990], 90)。トーゴヴニックの読解は、素朴になのか故意になのか文脈から外れている。それはフライの時代の単語のニュアンスの特徴を無視している。私たちよりも人種差別的であったともなかったとも、そう簡単には証明できない。

21　Fry, "Bushman Paintings," 334. 以下を参照、Roger Fry, *Last Lectures* [1933-34] (London, 1939), 51-52。モーリス・ドニもまた内的なイメージによって導かれたとしてプリミティヴな人々の再現を特徴づけている (Maurice Denis, "De la gaucherie des primitifs" [1904], *Théories, 1890-1910: Du symbolisme et de Gauguin vers un nouvel ordre classique* [Paris, 1920], 174-77)。ドニはセザンヌに関する自著の註で議論に言及している。これは、フライが翻訳して『Burlington Magazine』に掲載した。同雑誌に「Bushman Paintings」が掲載される1ヵ月前のことであった(Maurice Denis, "Cézanne, II," *Burlington Magazine* 16 [February 1910]: 275)。

22　Fry, "Bushman Paintings," 337. フライの小論は、ヘレン・トング女史の『ブッシュマンの絵画』(M. Helen Tongue, *Bushman Paintings* (Oxford, 1909))に掲載された模写についての解説である。子どもの芸術と同様に発達段階の初期を特徴づける再現の概念的な特性に関して、フライは大家エマーヌエル・レーヴィを引用した。レーヴィは、プリミティヴのイメージと子どもの「内的イメージ」を「便利な説明のための創作」として用いている。「見た目には、リアリティのある絵画」の「変成」版としてむしろ意味ありげに規定した (Emanuel Loewy, *The Rendering of Nature in Early Greek Art*, trans. John Fothergill [London, 1907; orig. German ed., 1900] 18 〔細井雄介訳、『初期ギリシア芸術における自然再現』、2007年、中央公論美術出版〕。そのような正常な網膜の絵は、大人のヨーロッパ人によってすでに適切に「知覚的」だとみなされている、いかなる描写様式にも対応すべきものだったように見える。だが、ヨーロッパ人の内的イメージがヨーロッパ人自身の、そしてそれ以外の人々の知覚に及ぼす影響の可能性については追究されぬままだった。フライ自身はブッシュマンの絵画を「網膜的」だと認めており、これを印象派による当時の試みに関連するとみなしたのである。「ヴィジョンのあの超−プリミティヴな直接性へと回帰すること(……) 概念化されない芸術へと回帰」。フライは同時代の画家たちが「ヨーロッパ民族の初期の芸術家のように[彼らが]『形式について考える(*think* form)』」のか、あるいはブッシュマンのようにただ『形態を見る(*see* form)』」のか[という彼らの前に迫られた]選択」をせねばならないのだと結論づけた (338; フライによる強調)〔本書288ページ〕。これはおそらくは、フライが今までにないほど無垢の眼の理論へと近づいていたということなのかもしれない。美術史の流れのなかで心的イメージと現実のヴィジョンをめぐる議論の重要性に関しては、E・H・ゴンブリッチの著作を参照せよ——E. H. Gombrich, *Art and Illusion* (Princeton, 1961), 9-30〔二見史郎・谷川渥・横山勝彦訳『棒馬考

イメージの読解』勁草書房、1994 年〕。心的イメージと現実のヴィジョンを対立させる理論に関する簡潔な批判については、以下を見よ——Rudolf Arnheim, *Art and Visual Perception* (Berkeley, 1974), 164-67〔波多野完治・関計夫訳、『美術と視覚：美と創造の心理学』、美術出版社、1963 年〕。ここでもまた、おそらくは、ウィリアム・ジェイムズが参照されている（上記の註 1 を見よ）。アルンハイムの追随者による子どものドローイングに関する最新の詳細な分析に関しては、Claire Golomb, *The Child's Creation of a Pictorial World* (Berkeley, 1992)。地方文化の標準、および教育のパターンを、「プリミティヴ」と産業化された社会のいずれにおいても児童美術には多かれ少なかれイリュージョンが見出されるということと関連付けた最近の人類学研究は、再現描写へと向かういかなる普遍的な発達の意味も払拭する。すなわち、「再現描写とは子どものお絵かき（picture making）の必然的な結果ではない」(Alexander Alland, Jr., *Playing with Form: Children Learn to Draw in Six Cultures* [New York, 1983], 16)。

23 Fry, "Retrospect," 300.

24 Clive Bell, "Post-Impressionism and Aesthetics," *Burlington Magazine* 12 (January 1913): 228.

25 Roger Fry, "The Munich Exhibition of Mohammedan Art I," *Burlington Magazine* 17 (August 1910): 284.

26 Roger Fry, "Teaching Art," *Atheneum* 93 (12 September 1919): 887〔本書 302 ページ〕。（フォームにとって有益となる）まっとうな再現のもつ子どものようなナイーヴさと表現的な「無知」は、厳密には、フライ以前の他の批評家たちと同様に彼がセザンヌにおいて賞讃したものでもある (Fry, *Cézanne: A Study of His Development*, 46)。例えばフェリシアン・ファーガスは、「自然の前で［セザンヌは］一人の子どもになった（……）。彼の裸体画は決してアカデミーの伝統にもとづくスケッチではない（……）。なんて［素晴らしい］無知なんだ！」(Félicien Fagus, "Quarante tableaux de Cézanne," *La revue blanche* 20 [1 September 1899]: 627)。

27 (S. S. Buckman, "Human Babies" [1899]からの）猫の例については、グールドの『個体発生と系統発生』の挿図から借用した (Gould, *Ontogeny and Phylogeny*, 138)。

28 2 つの典型的な例、すなわち「並外れた感受性をつ芸術家と教養人、ならびに未開の人々と子どもだけは、形式の意義を非常に敏感に感じるので、彼らはものの見方を知っている」(Clive Bell, *Art* [New York, 1958 (1913)], 62)。「幼児期において、子どもは、未開の人々のように動物や人間の形態を描きがちである」(Laura L. Plaisted, *Handwork and its Place in Early Education* [Oxford, 1913], 120)。プレイステッドの教育プログラムが示しているのは、ジョン・デューイによって部分的にもたらされた生物学的反復説の影響である。彼女の以下の章を見よ——, "Reproduction of Primitive Industries," 133-40.

29 Fry, "Negro Sculpture" [1920], *Vision and Design*, 100. 後になって、フライは、ヨーロッパ人とは不釣り合いなアフリカ人の彫刻家たちの強烈なスピリチュアリズムのために、「いくつかの形態とリズムにおいて」、すなわち表現的な美的抽象において、「自

ずと姿を現す内的生命のエネルギー」を一心に追求するようになったのだと主張した（"Negro Art"［1933］, *Last Lectures*, 76）。フライはしばしば美的な欠陥があると言って英国民を糾弾した。「国民全体として［私たちは］、私たちのエモーション、とくに私たちの美的なエモーションを、無分別に扱う習慣がある」（Roger Fry, "The French Group," in *Second Post Impressionist Exhibition*, exh. cat.［London, Grafton Galleries, 1912］, 17）。彼と同時代の多くの人々のように、フライは、アフリカやオセアニアからの民族の物品、そしてヨーロッパ農民の陶器の様々な例などの「プリミティヴな」芸術を収集した。例えば以下を見よ——、Christopher Reed, "The Fry Collection at the Courtauld Institute Galleries," *Burlington Magazine* 132（November 1990）: 772。

30　3つの変数が階級関係に関するフライの考え方となろう。これらが、産業化と富裕階級（金権主義）に関する彼の議論のなかで暗示されている。フライが（「あらゆる芸術のうちで生活と最も親密に結びついている」）中世の英国陶器の卓越さに言及したとき、最近の例である低下した質を「人々の文化とルネサンスの産物である上流階級の人々との間の深遠な分裂」に起因すると考えた（"The Art of Pottery in England," *Burlington Magazine* 24［March 1914］: 330, 335）。

31　John Dewey, *Art as Experience*（New York, 1934）, 26-27〔栗田修訳、『経験としての芸術』、晃洋書房、2010 年〕. デューイは、フライのより［フォーマリズム的な］点をいくつか論じている（86-90）。

32　Fry, "Giotto," 173-74.

33　Fry, "Children's Drawings"［1917］, 226〔本書 292-3 ページ〕. 同様に、上述の註 7 を参照のこと。

34　Roger Fry, *Omega Workshops Ltd, Artist Decorators*, Catalogue（London, n. d.［1914］）, 3-4. オメガにおける家具の製法とその「色塗りと仕上げの装飾」との間の労働分配に関しては、Anonymous［Roger Fry］, *Omega Workshops Ltd, Artist Decorators*, prospectus（London, n.d.［1913］）, n.p.［3］。フライが著者かどうか、これらのテキストがいつ書かれたのかは以下を見よ——、Judith Collins, *The Omega Workshops*（Chicago,1984）, 53, 97-98. イザベル・アンスコムは、そのカタログの刊行年について 1914 年ではなく 1915 年頃と定めている（*Omega and after: Bloomsbury and the Decorative Arts*［London, 1981］, 170）。

35　Fry, Omega Workshops prospectus, 3、あるいは、Omega Workshops Catalogue, 10。同様に以下を見よ——、Carol Hogben et al., *Brilish Art and Design 1900-1960*, exh. cat., Victoria and Albert Museum（London, 1983）, 57、Collins, *The Omega Workshops*, 99-101. フライの生きた時代は、批評家や理論家が美的な対象と実利的な対象、個別化された対象と日常的な対象、洗練された対象と生硬な対象の典型として、繰り返し壺を用いた（フライの自著「イギリスの陶芸美術（English Pottery）」を参照せよ）。というのも、一方では、壺は（フライの）エモーショナルな関心と実践的な関心の領域の間の乖離を 1 個の対象のうちに顕示していたからである。他方では、この明白な矛盾を越えて（あるいは内部に）横たわっているものを理解する機会を提供したから

である。この問題の簡潔な説明は（ゲオルグ・ジンメル［1911］とエルンスト・ブロッホ［1918］によって発展させられたようなポットの相対立する概念という点で）、例えば以下を見よ——、Theodor W. Adorno, "The Handle, the Pol and Early Experience" ［1965］, *Notes to Literature*, ed. Rolf Tiedemann, trans. Shierry Weber Nicholsen, 2vols. (New York, 1991-92), 2: 211-19. アドルノは、結果的に「美学が美化となる」と論じ、有益性と美のアンチテーゼを維持したからという理由でジンメルを批判する（214）。この非難は、おそらく理論家としてのフライにも当てはまるものだろう。オメガの実践においては、この非難を逃れようとしていたにもかかわらず。

36　以下を見よ、Fry, "Negro Sculpture," 100（「名前のない未開人」）、あるいは、Omega Workshops catalogue, 3（「生硬な道具……」）、10（「科学的な商業主義」）。

37　フライによる彼の娘、パメラ・フライへの手紙（1917年3月7日）、友人の妻でユナミスト〔一体主義とは20世紀初頭にフランスのジュール・ロマンを中心に興った文学思潮であり、群衆の存在のなかに個人を越えた一体の生命を認めようとするある種の社会的神秘主義〕の詩人ローズ・ヴィルドラックへの手紙（1917年4月4日）、マージュリー・フライへの手紙（1917年5月2日、または3日）のなかで、これに関連する出来事に言及している。彼は、これらに先行して、芸術家シモン・ビュシィへの手紙（1913年12月28日）のなかで子どものドローイング展を行ないたいと述べていた。フライによるマリオン・リチャードソンの生徒たちの作品展の後で、フライは1919年に彼らの第2回作品展を同様にオメガで開いた（ヴァネッサ・ベルへの手紙、1919年2月22日）。以下を見よ——、Denys Sutton, ed., *Letters of Roger Fry*, 2vols. (New York,1972), 2: 376, 405-6, 108, 409-10, 447, あるいは、Virginia Woolf, *Roger Fry: A Biography* (London, 1940), 206、Collins, *The Omega Workshops*, 111-45, 170. コリンズは、パメラへの手紙のなかで、フライがリチャードソンの生徒の作品と芸術家の子どもの作品とを区別していたという興味深い指摘をしている(145)。驚くべきことに、リチャードソンの生徒たちは「決して［成熟した］芸術家にはならない」のだという。リチャードソン自身はフライとの交流について詳しくは述べていない（Art and the Child, 30-32）。オメガにおけるフライとの最初の出会いを思い出して、リチャードソンは、すでに展示中のドローイングが「若くて才気あふれた子どもの手になるものだ。その一方、ダドリーのドローイングはあらゆる年齢層の平凡な子どもたちによって描かれたものだ。私の勇気は満ちあふれると同時に哀微した」と書いている（31）。フライの側では、リチャードソンの生徒のことを「黒煙にすすけた町の下層中流階級の両親の極めて平均的な子ども」と記述している（"Children's Drawings," *Burlington Magazine* 44［January1924］: 36）。リチャードソンのダドリーの生徒たちは下層中流階級であっただけでなく、少女たちだったとも記述されている。とはいえフライもリチャードソンも、美術教育がジェンダーによって差別化を助長することにも阻止することにも関心がなかったように見える。このことは、一方の性に特定されがちな職業的で専門的な目的とは無関係に、繰り返し美術教育を行ないたいというフライの要望ならびにリチャードソンの要望とも一致していた。しかしながら、教育ジャーナルでは性差の言外の意味について詳細に検討さ

れている。以下を見よ──、Cyril Burt and Robert C. Moore, "The Mental Differences between the Sexes," *Journal of Experimental Pedagogy and Training College Record* 1（1911-12）: 273-84, 355-88。

38　Fry, "Children's Drawings"［1917］, 225〔本書291ページ〕. 以下を参照、Fry, "Teaching Art," 887〔本書299-300ページ〕、および、"Art and the State"［1924］, *Transformations*, 61──「平均的な子どもは、並はずれたデザインの創作力をもっており、平均的な大人はこれを一切もっていない（……）。これら二つの状況の間には美術指導として知られるプロセスが存在する。これは偶然の関係か否か？」慣習的な指導の破壊性に関する（フォーマリストたちによる）同じような考え方としては、以下を見よ──、Wassily Kandinsky, "On the Problem of Form," *The Blue Reiter Almanac*, trans. Henning Falkenstein (New York, 1971; orig. German ed., 1912), 174〔岡田素之・相澤正己訳、「フォルムの問題について」、『青騎士』、白水社、2007年〕、あるいは、Adolf [von] Hildebrand, *The Problem of Form*, trans. Max Meyer and Robert Morris Ogden (New York, 1907; orig. German ed., 1893), 121-22。

39　Richardson, *Art and the Child*, 32を参照。同様に以下を見よ──、Roger Fry, *Exhibition of Sketches by M. Larionow and drawings by the girls of the Dudley High School* (London, Omega Workshops Ltd., 1919), n.p.（「［リチャードソンの生徒が］卒業を迎える16、7歳にいたるまで［表現性が］消失していないのが明白だった」）、Roger Fry, "Children's Drawings at the County Hall," *New Statesman and Nation*, 24 June 1933, 844-45。

40　Letter to Margery Fry, 2 or 3 May 1917, *Letters of Roger Fry*, 2: 410（強調はフライによる）．以下を参照、Fry, "Teaching Art," 887（「美術教師は、まったく何も教える（teach）ことできないとしても（……）、生まれながらの知覚能力や視覚化の能力を育む（educate）ことならできるのだろうか」〔本書301ページ〕）、あるいは、"Children's drawings"（1924）, 36（［リチャードソンは］指導法ではなくて、創作意欲をかき立てる方法を見出したのだ）。

41　Fry, "Children's Drawings"［1924］, 36.

42　以下を参照、Fry, Omega workshops prospectus, 1。(後のヴィクトリア＆アルバート美術館)「サウスケンジントン」コレクションの創設と使用、およびロイヤル・カレッジ・オブ・アートやその前身の機関におけるデザイナーや美術教師の訓練をめぐる政策協議の歴史に関しては、以下を見よ──、Stuart Macdonald, *The History and Philosophy of Art Education* (London, 1970)〔中山修一・織田芳人訳、『美術教育の歴史と哲学』、玉川大学出版部、1990年〕、あるいは、Hogben, *British Art and Design 1900-1960*, xiii-xvi, Peter Stansky, *Redesigning the World: William Morris, the 1880s, and Arts and Crafts* (Princeton, 1985), 21-29、あるいは、Christopher Fraylint, *The Royal College of Art* (London, 1987)。論争の一例としては、フライの旧友Ｃ・Ｒ・アシュビーの著作を参照のこと、*Should We Stop Teaching Art* (London, 1911)。主要な問題は、歴史的なモデルがどのような役割を担うべきか、そしてドローイングにおける体系的な教育がどの

ように実施されるべきかというものだった。アシュビーは、教師たちに「子どもに自分自身の表現方法を創作させる」よう求めた（6）。アーツ・アンド・クラフツ運動とオメガに関しては、さらに以下を見よ——、S. K. Tillyard, *The Impact of Modernism 1900-1920: Early Modernism and The Arts and Crafts Movement in Edwardian England* (London, 1988), 47-70。

43　John Ruskin, "*A Joy for Ever*" [1880], in E. T. Cook and Alexander Wedderburn, eds., *The Works of John Ruskin*, 39 vols. (London, 1903-10), 16: 121 〔宇井丑之助・宇井邦夫訳、『芸術経済論：永遠の歓び』、巖松堂出版、1998年〕——「人々が何を互いに教えあったとしても、彼らは単に共通の産業として、それを評価するだろうし、それを評価すべきなのである」。

44　「美術（fine arts）」と「産業芸術（industrial arts）」の訓練に関する相対的なメリットに対する20世紀初頭の考え方の簡潔な説明としては、以下を見よ——、William G. Whitford, *An Introduction to Art Education* (New York, 1929)。教室での自由な表現や技術の獲得を推進するか否かという（おそらくは間違った）問いについては、以下を見よ——、John Dewey, "Individuality and Experience" [1926], in Albert C. Barnes, ed., *Art and Education* (Merion, pa., 1954), 32-40。

45　Joseph Vaughan, *Nelson's New Drawing Course: Drawing, Design, and Manual Occupations, Stage 1* (London, 1902), 46.

46　Fry, "Negro Sculpture," 102. ヘンリー・バルフォアが、ヘレン・トングの『*Bushman Paintings*』の序文で（10ページ）、ブッシュマン芸術家の余暇の必要性について言及しているのを参照。

47　プリミティヴな「重労働を継続する力」を評価することの不適切さに関しては、以下を参照、Dewey, "Interpretation of Savage Mind," 225-26。

48　Roger Fry, *Art and Commerce* (London, 1926), 9.

49　Fry, "The Artist in the Great State," 271.「偉大な国家（The Great State）」の意味については、以下を参照、H. G. Wells, "The Past and the Great State," in Warwick, et al., eds., *Socialism and the Great State*, 32 ——「私たちは社会制度の理念を（……）その見通しと関心において世界中の（……）集団思想と目的をもった市民の間で普遍的に理解されている大いなる個人の自由のシステムを表現するために、偉大な国家という術語を提案する」。

50　Roger Fry, "Art in a Socialism," *Burlington Magazine* 29 (April 1916): 36-37. アナーキズムに関するフライの言及は、ピーター・クロポトキンの著作を連想させる。とくに、*La conquête du pain* (Paris, 1892) は、1906年および1913年のロンドン版では「conquest of bread」として表記された。クロポトキンは、1886年から1917年にかけてロンドンに住んでおり、社会的な目的をもったラスキンとウィリアム・モリスの美術教育を賛美していた。フライのように、彼は物資的欲求のない平等主義社会の育成のうちに、余暇の可能性と芸術の発展を結びつけたのである。以下を見よ——、P. Kropotkin, *The Conquest of Bread* (London, 1906), 153-54〔幸徳秋水訳、『麺麭の略取』、岩波書店、

1960 年〕。私は、フライにおけるクロポトキンのアナーキズムへのどんな直接的な言及も知らない。フライの主張は、社会のなかに献身的な「プロ」芸術家のための場所を築くことに極めて重点が置かれている。対してクロポトキンの関心は、あらゆる市民によって芸術家の実践を促進することである（とはいうものの、本稿の後半で論じられているハンドライティングへのフライの態度からも分かるように、このことはフライの関心の1つであった）。

51　Fry, "The Artist in the Great State," 251, 269-72. 政治的には、一人のクェーカー教徒として育てられたフライは、個人主義者で、（フライ自身による広い意味において）アナーキストで、平等主義者であり、そして国際主義者であった。とくに第1次世界大戦の政治とその影響を考慮すると、彼はあらゆるナショナリズムに反発していた。「ヨーロッパ文明の完全な沈没を除けば、今現在、ナショナリズムの悪循環はきりがないように見える」(Letter to Robert Bridges, 4 March 1921, *Letters of Roger Fry*, 2: 504)。

52　以下を参照、Wells, "The Past and the Great State," 37——「偉大な国家にはいかなる特殊な労働者階級もない」。

53　Walter Sargent, *Fine and Industrial Arts in Elementary Schools* (Boston, 1912), 5, 7.

54　以下を参照、Fry, "The Artist in the Great State," 261-66、Fry, *Art and Commerce*, 8-9（ヴェブレンが引用されている）、あるいは、Roger Fry, "Higher Commercialism in Art," *Nation and Atheneum* 42 (19 November 1927): 276-77、あるいは、Roger Fry, "Art of Painting and Sculpture," in William Rose, ed., *An Outline of Modern Knowledge* (London,1931), 913-14（ヴェブレンが引用されている）。同様に以下も見よ——、Fry, "Culture and Snobbism" [1926], *Transformations*, 74-88（両者ともに芸術に美的に関わっていない、文化的保守層と流行を追うスノッブという相対立するグループに関して、芸術の社会的象徴性を論じている）。

55　Thorstein Veblen, *The Theory of the Leisure Class* (New York, 1912 [1899], 159-60)〔高哲男訳、『有閑階級の理論』、筑摩書房、1998 年〕。消費者の趣味の行使を特徴づけようとした以下の本と比較せよ。例えば、Margaret H. Bulley, *Have You Good Taste? A Guide to the Appreciation of the Lesser Arts* (London, 1933)。バリーはフライとマリオン・リチャードソン両者の友人であった。

56　Fry, Omega Workshops catalogue, 3-4.

57　Leon Loyal Winslow, *Art and Industrial Arts: A Handbook for Elementary Teachers* (Albany, 1922), 10.

58　著者ウェズリー・ダウは、「日常で使用される事物において（……）より美しいフォームを要求する大多数」を導くために、美術教育を擁護する（*The Theory and Practice of Teaching Art* [New York, 1912 (1908)], 1 [original emphasis]）。

59　Fry, "The Artist in the Great State," 251-72.

60　Fry, *Art and Commerce*, 16.

61　Dow, *The Theory and Practice of Teaching Art*, 1.

62　Fry, "Art and the State," 61-62.

63　Roger Fry, " 'Paul Cézanne' by Ambroise Volard: Paris, 1915", *Burlington Magazine* 31 (August 1917): 52-53.

64　Richardson, *Art and The Child*, 58. 以下を参照、Walter Sargent and Elizabeth E. Miller, *How Children Learn to Draw* (Boston, 1916), 244-45 ――「［小さな子どもは］頭から描いていく。彼らの目の前の一個の対象によって部分的にのみ影響される。教師と同じように、子どもの想像力にもとづいて描かせてやることが初めて私たちの習慣となったとき、おそらくそれは私たちの側の原理というよりもむしろ避けられない物事に対する服従という事態であった（……）。より年長の子どもの場合、それは異なる。彼らの知覚は彼らが現実の外観といささかも合致しないどんな表象も認めない段階まで発達していた」。もちろん、これはフライが遺憾に思っていたことである。

65　Richardson, *Art and The Child*, 14-17, 41.

66　Fry, "Children's Drawings" [1917], 231〔本書 296 ページ〕.

67．Henri Matisse, "Notes d'un peinture" [1908], *Ecrits et Propos sur l'art*, ed. Dominique Fourcade (Paris, 1972), 42-43〔二見史郎訳、『マティス・画家のノート』、みすず書房、1978 年〕. マティスの叙述のコンテクストに関しては以下を見よ――、Roger Benjamin, *Matisse's "Notes of a Painter": Criticism, Theory, and Context, 1891-1908* (Ann Arbor, 1987)。とくに私はマティスを重視しながら、以下においてマティスの考えとフライの考えを対照させて論じている――"Imitation of Mattise," Caroline Turner and Roger Benjamin, eds., *Matisse* (Brisbane, 1995), 41-51。

68　Anonymous [Roger Fry and Desmond MacCarthy], "The Post-Impressionists," *Manet and the Post-Impressionists*, exh. cat., Grafton Galleries (London, 1910), 11. フライは、マティスの芸術について最初多少の疑いを抱いていたが、1911 年までに次のように発言するようになる。「私は今、完全にマティス主義者になった」。以下を見よ――、フライの Letter to Simon Bussy, 22 May 1911, *Letter of Roger Fry*, 1: 348。ビュシィはフライとマティスの共通の友人であった。

69　Fry and MacCarthy, "The Post-Impressionists," 12. クレメント・グリーンバーグによるウィレム・デ・クーニングの分析にこの影響を見出すことができる。「それが技能として感じさせる限りは熟慮の末の［画家の］意志の放棄が見られる」("Review of an Exhibition of Willem de Kooning" [1948], *Collected Essays*, 2: 229)。

70　Fry, "Children's Drawings" [1917], 226〔本書 292-3 ページ〕. 彼の文章は完全に首尾一貫しているというわけではないが、フライはプリミティヴな芸術から、フォーマリズムを特徴づけるある種の意識的な表現的意図を必ずしも排除したわけではなかった。「［プリミティヴ彫刻の］歪められた特徴は決して偶然ではない。それらは鑑賞者に対して特有の影響を生み出すよう設計されている」("The Arts of Painting and the Sculpture" [1931], 919)。

71　Dewey, "Interpretation of Savage Mind," 222、あるいは、Lucien Lévy-Bruhl, *How Natives Think*, trans. Lilien A. Clare (London, 1926; orig. French ed., 1910), 36。 子どもに見出せる精霊信仰と物神崇拝の態度に関しては以下を見よ――、G. Harold

Ellis, "Fetichism [sic] in Children," *Pedagogical Seminary* 9 (June 1902): 205-20。

72 Fry, "Children's Drawings" [1917], 226〔本書 295-6 ページ〕.「ほんの少し熱中して私たちの安っぽいイリュージョニスティックな芸術を受け入れる」。アフリカの芸術家については以下を参照、Fry, "Negro Sculpture," 103。

73 Fry, "The New Movement in Art in Its Relation to Life," 167.

74 Fry, "Children's Drawings" [1917], 226〔293 ページ〕. フライの評価体系にとっては「フォーマリスト」の定義が決定的な重要性を持っているにもかかわらず、この「フォーマリスト」という言葉自体はす彼の批評言語の中軸とはならなかったのであり、それは「プリミティヴ」がすでに重要な批評言語となっていた、また「センシビリティ」が後にそうなったのとは異なる。

75 William Seitz, "Spirit, Time and 'Abstract Expressionism,'" *Magazine of Art* 46 (February 1953): 86-87 (original emphasis).「強制されない (uncoerced)」という術語にまつわるサイツの含みは、当時の冷戦政策に対する感性を示唆している。以下を参照、Meyer Schapiro, "The Liberating Quality of Avant-garde Art," *Art News* 56 (Summer 1957): 36-42。

76 抽象芸術の発展に関するグリーンバーグの発言、すなわち「アヴァンギャルドの詩人、あるいは芸術家は（……）芸術や文学それ自体の規律とプロセスを模倣するようになる（……）」。彼の注目は、日常の経験の主題内容［フライが言うだろうように、子ども時代の「対象に見出せる驚きと歓喜」］から離れて、詩人ないし芸術家は自らの手技のメディウムへ注意を向けるようになる」(Avant-Garde and Kitsch [1939], *Collected Essays*, 1: 8-9〔藤枝晃雄編訳、「アヴァンギャルドとキッチュ」、『グリーンバーグ批評選集』、勁草書房、2005 年〕)。ドゥワイト・マクドナルドによれば、グリーンバーグの「アヴァンギャルドとキッチュ」は、プロレタリアートのような「先住民」がピカソに影響されるのではなく、装飾的な絵はがきに影響されるという観察から展開しているとされる。あるいは以下を見よ——、Diana Trilling, "A Interview with Dwight Macdonald," in William Phillips, ed., *Partisan Review: The 50th Anniversary Edition* (New York, 1985), 319。グリーンバーグはエモーショナルな表現に対してフライのような根本的な懸念を抱いていなかった。フライは、抽象の社会的意義に関してグリーンバーグのようにはっきりと明言しなかった。抽象は芸術においてブルジョワ的リアリズムの異化効果に抵抗した。グリーンバーグが、ブルジョワジー（言うまでもなくプリミティヴないしプロレタリアート）は、いつも抽象よりもイリュージョニズムを望むと論じるとき、育ち盛りの子どもに関するフライの（個体発生論的）解釈、すなわち、熟練され標準化された再現描写という市場での報酬のために癖の強い表現が漸進的に放棄されるという産業主義を映し出す人間の姿をした鏡を、系統発生的マルキシズムの術語で効果的に再公式化している（以下を参照、Greenberg, "Towards a New Laocoon," *Collected Essays*, 1: 23-38）。モダニズムの実践にとってのメディウムの重要性に関連する問題としては以下を見よ——、Richard Shiff, "Performing an Appearance: On the Surface of Abstract Expressionism," in Michael Auping, ed., *Abstract Expressionism: The*

Critical Developments (New York, 1987), 94-123。

77　Fry, "Children's Drawings" [1917], 226〔本書 293 ページ参照〕. 知識が豊富で自覚的なフォーマリストと、粗野で無自覚なプリミティヴな人々といった区別にとっての最大の例外は、フライが最も注目した近代の巨匠、セザンヌである。セザンヌは、意識的にそうしようとしたのではなしに、最も効果的な形式的構造を獲得できたように見える。以下を参照、Fry and MacCarthy, "The Post-Impressionists," 10（ちなみに、このエッセイのなかでフライはある程度の自意識の可能性を例外的にプリミティヴな人々に認めている、ということに注目せよ）。あるいは、Fry, *Cézanne : A Study of His Development*, 27, 46, 51, 56, 63、または、Shiff, *Cézanne and the End of Impressionism*, 142-52、さらに、Shiff, "Performing an Appearance," 106-9。

78　Fry, "Children's Drawings" [1917], 226〔本書 293 ページ〕.

79　いかにして形式的な関係に対する情熱的な応答が作動し、芸術家が感じるのかということを記述しようとしたフライの試みの 1 つについては、以下のフライの論文を参照、"The Artist's Vision" [1919], *Vision and Design*, 51-52。

80　Fry, "Teaching Art," 887-88〔本書 302 ページ〕. 子どもが「人類の蓄積した経験を受け入れること」へのフライの言及は、個体発生が系統発生を反復する仕方を表わしている。フライは、オメガのカタログの序において、同年の少し早い時期（1919 年 2 月）に、極めて凝縮したかたちで「芸術を教えること」の基本的な議論を示していた――、*Exhibition of Sketches by M. Larionow and drawings by the girls of the Dudley High School*。

81　Henri Focillon, "In Praise of Hands" [1936], trans. S. L. Faison, Jr., in *The Life of Forms in Art*, trans. Charles Beecher Hogan and George Kubler (New York, 1948), 67〔杉本秀太郎訳、「手に捧げる」、『形の生命』、平凡社、2009 年〕。

82　20 世紀の最初の 10 年間、ヨーロッパやアメリカでは、前－科学技術文化のかなりの部分が機械技術に取って代えられておらず、それはしばしば想像されるよりも遅かった。以下を見よ――、Albert Borgmann, *Technology and the Character of Contemporary Life* (Chicago, 1984), 40-48。ジークフリード・ギーディオンは、彼の戦後観から大戦間、すなわち 1918 年から 1939 年を「完全な機械化の時代」としていた（*Mechanization Takes Command* [Oxford, 1948], 41-44）。1930 年代までの、「手の美学」対「機械」についてのフォションの考えは、まったく慣習的であった。ラスキンの崇拝者である、19 世紀の芸術理論家で教育者のエルネスト・シェノーは、「不完全さは［手仕事に］個別性――言ってみれば、魂――を与えるのに役立つ。機械の生産品は、生気が無く冷たい。人の仕事はその人本人と同じように生きている」（*The Education of the Artist*, trans. Clara Bell [London, 1886; orig. French ed., 1880], 257）。

83　Greenberg, "Avant-Garde and Kitsch," *Collected Essays*, 1: 12-13、さらに以下を参照、"The Plight of Our Culture" (1953), *Collected Essays*, 3: 122-52。

84　例えば以下を見よ――、Fry, "Giotto," 175、あるいは、*Cézanne: A Study of His Development*, 44。フライは、純然たる「表現」だけでなく、絵画の商業化と結び付いた反復技術の「腕前」を議論するために、「筆跡」という語を用いた（"Higher

85　Roger Fry, "Words Wanted in Connexion with Art," in Logan Pearsall Smith, *S. P. E. [Society for Pure English] Tract No. XXXI, Needed Words* (Oxford, 1928), 331.「手に捧げる」の第1段落で、フォシヨンはまさにその文章を書きつつあった彼自身の手について考察した。彼は「écriture」の3つの感覚（ライティング、ハンドライティング、表現に富む印付け）についてそれとなく指摘している。人の手が、「1つの形、1つの輪郭、そしてライティングそれ自体における1つのスタイル」を思考に課す（*Vie des formes suivi de Eloge de la main* [Paris, 1970], 103）。

86　フライの時代、筆跡学の研究は非常に幅広かった。以下を参照、Ludwig Klages, *Handschrift und Charakter* (Leipzig, 1917)、あるいは、Robert Saudek, *The Psychology of Handwriting* (London, 1925)。

87　Robert Bridges, "English Handwriting," in *S. P. E. Tract No. XXIII, English Handwriting* (Oxford, 1926), 71-76. ハンドライティングは、ブリッジェスの妻の職業上の関心であった。以下を見よ——、M. Monica Bridges, *A New Handwriting for Teachers* (Oxford, 1898)。

88　例えば以下を見よ——、M. Bridges, *A New Handwriting for Teachers*、Saudek, *The Psychology of Handwriting*, 56-126。さらにカリグラフィについては、Edward Johnston, *Writing and Illuminating, and Lettering* (London, 1906)。タイプライティングの生理学研究は、同じ精神で行なわれた。例えば以下を見よ——、William Frederick Book, "The Psychology of Skill with Special Reference to Its Acquisition in Typewriting" [1908], in Howard Gardner and Judith Kreiger Gardner, eds., *The Psychology of Skill: Three Studies* (New York, 1973), 7-188。

89　Matisse, "Notes d'un peintre," 43. 同様に、通常の印刷された文章における句読点のために用いられるイレギュラーなタイポグラフィーの形式的な効果、あるいはひとたびその慣習的な機能とは切り離されたときの最も一般的な文字の効果に関するカンディンスキーの指摘も見よ（"On the Problem of Form," 165-68）。

90　Bridges, "English Handwriting," 74. 同様に以下も見よ——、Robert Bridges, "General Remarks," in *S. P. E. Tract No. XXVIII, English Handwriting* (Oxford, 1927), 228-29。

91　Bridges, "English Handwriting," 75-77.

92　Roger Fry, "Reflections on Handwriting," in *S. P. E. Tract No. XXIII, English Handwriting* (Oxford, 1926), 86-88. フライの様々な文章において、彼が「無意識な」ものと「自己を意識しないもの」とを体系的に区別していた素振りは見出せない（フロイトの精神分析に関するフライの見解については、以下を参照、The Artist and Psycho-Analysis）。ブリッジェスが提供した見本の1つを、フライは、ジェラルド・マンレイ・ホプキンスのものとみなしている。そこでは、「他の文字との相対的な位置に応じて、文字形式が非常に自由に変化している」（90）——明らかに芸術的な自由の事例である（図8）。芸術的判断の形成において、フライは「私たちがハンドライティン

グから獲得し、リズムの問題に限定するところのそうした［筆跡学の］文字制度を排除するのが困難であることを認めている」(Letter to Robert Bridges, 20 January 1926, *Letters of Roger Fry*, 2: 590)。

93 Richardson, *Writing and Writing Patterns, Teacher's Book*, 3, 16-17.
94 Fry, "Reflections on Handwriting," 91.
95 Richardson, *Art and the Child*, 31; Fry, "Children's Drawings"［1924］, 36.
96 Fry, Letter to Robert Bridges, 18 December 1925, *Letter of Roger Fry*, 2: 588. フライはまた尖筆型万年筆の使用について言及している。それは、万年筆よりも便利だが、しかし好みに合わなかった。後の世代においては、流行遅れの羽ペンによって、洗練された万年筆と量産されたボールペンとの間に弁別的な区別が生じた。以下を見よ——、Roland Barthes, "An Almost Obsessive Relation to Writing Instruments"［1973］, in *The Grain of the Voice: Interviews 1962-1980*, trans. Linda Coverdale (New York, 1985), 178。バルトは、ペンを概して自律的な創造力と、そしてタイプライターを商業的指向性と結び付けた (179)。また、彼はこの問題を広範な歴史的視野から考察した。「手を使って書くこと（手動筆記）は、長い非人間的な期間（古代と中世の期間）を経て、ルネサンス、近代の始まりにおいて個別化され始めた。しかし今日では（……）書くことの個性は徐々に消失している」。あるいは、Roland Barthes, "That Old Thing, Art…," in *The Responsibility of Forms*, trans. Richard Howard (New York, 1985), 201。
97 Fry, Letter to Robert Bridges, 20 January 1926, *Letter of Roger Fry*, 2: 590. 技術経済の近代的意味に対するカンディンスキーの同時代の引用と比較せよ。「様々なエッチングのうちの1つ、ドライポイントは、今日では好んで用いられている。というのも、ドライポイントが、几帳面さという鋭敏な特徴を有しているからである」(Wassily Kandinsky, *Point and Line to Plane*, trans. Howard Dearsyne and Hilla Rebay［New York, 1947; org. German ed., 1926］, 48)〔西田秀穂訳『点・線・面 抽象芸術の基礎』、美術出版社、2000年〕。
98 Alfred J. Fairbank, "Penmanship," in *S. P. E. Tract No. XXVIII, English Handwriting*, 242.
99 Bridges, "English Handwriting," 73-74、あるいは、"General Remarks," 227-29。テクノロジーの進歩によって、タイプライターは徐々に「表現」を低下させていった。純粋に機械的なモデルはオペレーターのタッチの違いを記録する一方で、後の電気モデルは、直接的な物理的圧力に応じてではなくむしろ、計測器の予定設定に応じて調節させながら、そうした要素を規則化する。そして最近の電子モデルは、さらに物性から引き離されている。
100 タイプライターに対するマルティン・ハイデガーの態度と比較せよ。これは共通のアカデミックな主題となった。例えば以下を見よ——、Friedrich Kittler, "Gramophone, Film, Typewriter," trans. Dorothea von Mucke, *October* 41 (Summer 1987): 113-14、あるいは、Jacques Derrida, "*Geshlecht* II: Heidegger's Hand," in John Sallis, ed., *Deconstruction and Philosophy: The Texts of Jacques Derrida* (Chicago, 1987), 178-80、

Michael E. Zimmerman, *Heidegger's Confrontation with Modernity: Technology, Politics, Art* (Bloomington, Ind., 1990), 205-6。ハイデガーの関連するテキストは、『パルメニデス』——「人間それ自体が、手によって『行動する』(……)。タイプライターが最初に支配した時代にはまだ、タイプライターで打った手紙は礼儀に背くものとみなされた(……)。機械によって書くことは(……)筆跡を腹蔵し、したがってまた性格を腹蔵する(……)。タイプライター〔で打ったものにおいては〕はすべての人間が同じように見える」(*Parmenides* [1942-43], trans. André Schuwer and Richard Rojcewicz [Bloomington, Ind., 1992], 80-81〔北嶋美雪、湯本和男、アルフレッド・グッツオーニ訳、『パルメニデス』、創文社、1999 年〕)。そうした叙述は、人間存在の基本的状況から近代社会の疎外までをめぐるハイデガーの考察にとって幅広い寓意的な意味を持つ——「手書きにおいてこそ、人間への有の関連、つまり語は有るものそれ自身へ書き入れられる(……)。タイプライターには語の領域へのメカニズムの侵入がある(……)。〔タイプライターは〕人間から、手の本質的地位を奪い取るのだが、その際人間がこうした奪い取りをしかるべく経験することもなく、またここではすでに人間の本質への有の関連の一つの変遷が生起したのだということを認識することもない」(85)。

101　Fry, *Art and Commerce*, 17-18. あるいは、Fry, "The Artist in the Great State," 268 ——「破滅的な(……)装飾、表現能力のなかに存在する総価値が、機械類によってあらゆる点で等しく急増する、いわゆる改良」。

102　以下を参照、J. E. Barton, *Purpose and Admiration: A Lay Study of the Visual Arts* (London, 1932), 222-23 ——「ある種の個性、確かに感性豊かな個性は、近代の機械デザインと近代の文明化された外観のこうした融合を知らせてくれる。工芸と美術の領域への機械装置の進入許可によって、私たちは用心せざるをえなくなる」。

103　Roger Fry, "Sensibility versus Mechanism," *The Listener*, 6 April 1932, 497-98.

104　Ibid.

105　Fry, "Sensibility" [1933], *Last Lectures*, 28.

106　以下を参照、Fry, "Children's Drawing" [1917], 226〔本書 293 ページ〕。

あとがき

　翻訳選集というかたちで実現した本書が計画された背景には、平成24年度から26年度まで同テーマのプロジェクトにおいて、英国の近代美術教育、とりわけ造形・描画教育の展開を、個別の教育実践ではなく、その方法論を支えていた理論的テキストからたどり、現代にも及ぶ西洋の自然観の転換と照合しつつ美学的に検証した経緯がある。今回の翻訳では、英国に留まらず、同時代の他の欧米諸国の資料を加えることで、産業革命以降の西洋近代社会において、子どもの美術教育の変革への要請が同時発生的に、広範囲にわたって起こっていたことが跡づけられたのではないかと考える。
　西洋近代を象徴するこうした要請が、とりわけ美術教育の領域で顕在化したのは、本書で繰り返し述べられているように、私たちの認知システムにとって重要な二つの領域、すなわち対象を把握し操作するための精神的な能力と身体的な能力とが、何より美術の領域においては並行して訓練されるからであろう。他方、マクルーハンの『メディア論』で指摘されたように、科学技術の発展はこの認知のシステムにも大きく関与し、人間社会の変質をも招く。それゆえ、「美術において何をどのように教えるのか」という方法論も、言葉の広い意味でのメディアの飛躍が見られるたびに見直されねばならないはずである。ところが児童美術教育においては、これまで「どのように」の方法論ばかりが検討され、「何を」という目的に関わる問題は棚上げされたままであった。例えば今日、私たちの主要なメディアと産業構造が製造業的なものからサービス業的なものへと変化したことを考慮すれば、児童美術教育が明確な自覚もなしに、やがてメディウム重視の美術制作からアメリア・アレナスが提唱したようなコミュニケーション重視の鑑賞教育へ、さらには「コミュニケーション・デザイン」や「ソーシャル・デザイン」といった言葉が指し示すような領域へとシフトしていくことも十分に予想されよう。しかし、そのように変化した教育が何を目指して何を教えるべきなのかは、いまだ明確にはなっていない。

近代の児童美術教育において、基礎となったのは単純なドローイングであったが、それは幼児がクレヨンを握れるようになる時期から始まると言っても過言ではなかった。こうした狭い意味でのメディウムに関しても、現代ではタブレット PC の普及によって、子どもはクレヨンを握る前にタッチパネルをスワイプできるようになる。しかし、紙媒体ではなくタブレット上でお絵描きする子どもが増えるにつれ、おそらく子どもにとっての色と形とは、触知可能な物体としてではなく、何度でも上書き可能な亡霊のようなものとして認識されるようになるのかもしれない。

　そうした状況下で、「美術において何をどのように教えるのか」。この問いに対する答えが、子どもの内発的な創造性の育成や精神的・身体的な認知システムの鍛錬というだけでは片付けられないということは、はしがきで示したとおりである。私たちは再び子どもの「美術」教育について根本から考え直す時期を迎えているのかもしれない。

　本書の翻訳作業は、コッラード・リッチを加藤磨珠枝と山本樹、ベルナール・ペレを島本英明、ジョン・ティリット、ジェイムズ・サリー、トーマス・アブレット、そしてフランチェスカ・ウィルソンを前田茂、エリザベス・スーザン・ブロウとフランツ・チゼックを立野良介、エベニーザー・クック、ロジャー・フライ、マリオン・リチャードソン、そしてリチャード・シフを要が担当した。序文は要が『跡見学園女子大学文学部紀要』第 51 号に投稿した論文をもとに要と前田が執筆した。さらに全体の用語と表現の統一は要と前田が行なったとはいえ、本書はイタリア語、フランス語、ドイツ語、英語と多言語かつ時期も異なる原典を扱わねばならなかったため、訳語をむりに統一することはせず、それぞれの訳者の用語・表現を残しているところも多い。また、註の表記などは全編を通じておおまかに統一したが、とくに第 11 章シフの註に関しては、記号や引用、書誌情報などが複雑だったため、他の章とは統一しなかった。

　本書は、平成 24 年度から 26 年度日本学術振興会科学研究費補助金基盤研究 C「英国における児童美術教育の成立と自然観の変容」（代表：要真理子）

の成果をさらに発展させ、既述のとおり、英国以外の諸外国の状況をも視野に含めている。訳書という性格もあって紹介できなかったが、同時代の日本の児童美術教育も当然ながら西欧からの影響を大きく受けている。こうした受容の問題は平成28年度跡見学園女子大学特別研究助成を受けて調査を行ない、平成28年に第10回国際デザイン学・デザイン史学会で研究発表を行なった。本書の刊行にあたっては、同特別研究助成費を一部使用している。また、本書の意図に理解を示し、出版に向けて編者らを後押ししてくださった東信堂社長、下田勝司氏には心よりお礼申し上げる。最後に、タイトなスケジュールのなかで、翻訳を快く引き受けてくれた訳者諸氏には感謝の意を表わしたい。

要 真理子／前田 茂

人名索引

(頁に付す n は、本文註から拾ったもの)

【ア行】

アーノルド , マシュー
　(Matthew Arnold, 1822-1888) …… 296, 298n
アシュビー , C・R
　(C. R. Ashbee, 1863-1942) ………… 400n-1n
アドルノ , テオドール・W
　(Theodor W. Adorno, 1903-1969) …… 399n
アブレット , トーマス・R
　(Thomas R. Ablett, 1848-1945) ………… 20,
　………………… 118-141, 174, 313-5, 323n
アミーチス , エドモンド・デ
　(Edmondo De Amicis, 1846-1908) ……… 81n
アルンハイム , ルドルフ
　(Rudolf Arnheim, 1904-2007) …… 338, 397n
アンドレー , リヒャルト
　(Richard Andree, 1835-1912) ………… 231,
　　　　　　　　　　　　　　　　237n-8n
ヴァグナー , オットー
　(Otto Wagner, 1841-1918) ………………… 242
ヴァザーリ , ジョルジョ
　(Giorgio Vasari, 1511-1574) ………………… ii
ヴァン・ダイク , アンソニー
　(Anthony van Dyck, 1599-1641) ………… 292
ヴィーギ , コリオラノ
　(Coriolano Vighi, 1846-1905) ……………… 50
ヴィオラ , ヴィルヘルム
　(Wilhelm Viola, ?-?) ………………… 242-5
ウィルソン , フランチェスカ
　(Francesca Mary Wilson, 1888-1981) …… 17,
　　　　　　　　　　　　243-5, 252-274

ウィルダースピン , サミュエル
　(Samuel Wilderspin, 1791-1866) …………… 8
ヴィルドラック , ローズ
　(Rose Vildrac, 1878-1966) ………………… 399n
ウィンズロウ , レオン・ロイヤル
　(Leon Loyal Winslow, 1886-1965) ……… 402n
ヴィント , エドガール
　(Edgar Wind, 1900-1971) ………………… 391n
ヴェブレン , ソースタイン
　(Thorstein Veblen, 1857-1929) …… 363, 402n
ウェルズ , H・G
　(H. G. Wells, 1866-1946) ………… 401n, 402n
ヴェルフリン , ハインリヒ
　(Heinrich Wölfflin, 1864-1945) …… 349, 390n
ヴェントゥーリ , アドルフォ
　(Adolfo Venturi, 1856-1941) ……………… 50
ヴォーン , ジョセフ
　(Joseph Vaughan, ?-?) ………………… 401n
ウッチェッロ , パオロ
　(Paolo Uccello, 1397-1475) ……………… 292
ウッド , J・G
　(John George Wood, 1827-1889) ………… 81n
ウルフ , ヴァージニア
　(Virginia Woolf, 1882-1941) ……… 168, 275,
　　　　　　　　　　　　　　　289n, 399n
ウルフ , レナード
　(Leonard Sidney Woolf, 1880-1969) …… 289n
ヴント , ヴィルヘルム
　(Wilhelm Wundt, 1832-1920) ……… 13, 208
エマーソン , R・ワルド
　(Ralph Waldo Emerson, 1803-1882) …… 164

エルダー , アレクサンダー
　　(Alexander Elder, 1790-1876) ………………26
オーウェン , ロバート
　　(Robert Owen, 1771-1858) …8, 10, 12, 21n
オースティン , ジェイン
　　(Jane Austen, 1775-1817) …………………309
オリヴァー , ダニエル
　　(Daniel Oliver, 1830-1916) …………178, 179
オルブリッヒ , ヨゼフ
　　(Joseph Olbrich, 1867-1908) ………………242

【カ行】

カスティ , G・B
　　(Giovanni Battista Casti, 1724-1803) ………49
カタソン=スミス , ロバート
　　(Robert Catterson-Smith, 1853-1938) …119, 305, 315, 323n
カンディンスキー , ヴァシリー
　　(Wassily Kandinsky, 1866-1944) …………341, 392n, 400n, 406n-7n
カント , イマヌエル
　　(Immanuel Kant, 1724-1804) ………12, 142
ギーディオン , ジークフリート
　　(Sigfried Giedion, 1888-1968) ……………405n
キャヴァルケイゼル , G・B
　　(Giovanni Battista Cavalcaselle, 1819-1897)
　　………………………………………………26, 45n
キャロル , ルイス（チャールズ・ドジソン）
　　(Charles Lutwidge Dodgson, a.k.a. Lewis Carroll, 1832-1898) ………………23, 120
ギュイヨー , J=M
　　(Jean-Marie Guyau, 1854-1888) …………222
ギル , エリック
　　(Eric Gill, 1882-1940) ………………………277
キングスリー , チャールズ
　　(Charles Kingsley, 1819-1875) ……………167
グールド , スティーヴン・J
　　(Stephen Jay Gould, 1941-2002) ………394n, 397n
クック , エベニーザー
　　(Ebenezer Cooke, 1837-1913) ………15, 19, 21n, 143, 167-206, 208-9, 228, 231-2, 237n
クック , トーマス
　　(Thomas Cook, 1808-1892) …………………24
クラーゲス , ルートヴィヒ
　　(Ludwig Klages, 1872-1956) ………………406n
クラウス=ベルテ , マリア
　　(Maria Kraus-Boelté, 1836-1918) …………143
グラッドストン , ウィリアム・E
　　(Wiliam Ewart Gradstone, 1809-1898) …61, 62
クラットン=ブロック , アーサー
　　(Arthur Clutton-Brock, 1868-1924) ……312, 323n
グラント , ダンカン
　　(Duncan Grant, 1885-1978) ………………356
グリーンバーグ , クレメント
　　(Clement Greenberg, 1909-1994) ………341, 375, 377, 391n-2n, 403n-5n
クリムト , グスタフ
　　(Gustav Klimt, 1862-1918) ………242-3, 258
グレイ , マリア
　　(Maria Georgina Grey, 1816-1906) ………169
クレイン , ウォルター
　　(Walter Crane, 1845-1915) …………178, 201
クロウ , ジョセフ・アーチャー
　　(Joseph Archer Crowe, 1825-1896) …26, 45n
グロース , カール
　　(Karl Groos, 1861-1946) …………393n, 395n
グロッセ , エルンスト
　　(Ernst Grosse, 1862-1927) ………………236n
クロポトキン , P・A
　　(Pjotr Alexejewitsch Kropotkin, 1842-1921)
　　…………………………………………………401n-2n

ゲイキー, ジェイムズ
　(James Geikie, 1839-1915) ……… 58, 80n
ケインズ, J・M
　(John Maynard Keynes, 1883-1946) …… 275
ゲーテ, J・W・v
　(J. W.v. Goethe, 1749-1832) ……… 143, 158, 164, 179, 194
ゲッツェ, カール
　(Karl Götze, 1865-1947) ………………… 243
ケリー, ジェラルド
　(Gerald Kelly, 1879-1972) ……………… 121
ケルシェンシュタイナー, ゲオルク
　(Georg Kerschensteiner, 1854-1932) …… 197, 205, 206n
ゲンツマー, アルフレッド
　(Alfred Genzmer, 1851-1912) …………… 62
コウル, ヘンリー
　(Henry Cole, 1808-1882) …4, 6-8, 20n, 25n
ゴーギャン, ポール
　(Paul Gauguin, 1848-1903) …………… 11, 275
ゴッホ, ヴィンセント・ヴァン
　(Vincent van Gogh, 1853-1890) ………… 275
コレッジョ
　(Antonio Allegri da Correggio, c.1489-1534) ……………………………………………… 71
ゴンブリッチ, エルンスト
　(Ernst H. Gombrich, 1909-2001) ……… 338, 396n

【サ行】

サイツ, ウィリアム
　(William Seitz, 1914-1974) ……… 374, 404n
サリー, ジェイムズ
　(James Sully, 1842-1923) …… 11, 13-5, 21n, 47, 89, 168, 207-241, 395n
サンド, ジョルジュ
　(George Sand, 1804-1876) …………… 99, 115

ジェイムズ, ウィリアム
　(William James, 1842-1910) ………… 13, 208, 340-1, 390n, 397n
シェノー, エルネスト
　(Ernest Chesneau, 1833-1890) ………… 405n
ジェンティーレ, ジョヴァンニ
　(Giovanni Gentile, 1875-1944) …………… 48
ジギスムント, ベルトルト
　(Berthold August Richard Sigismund, 1819-1864) ……………………………………… 97
シフ, リチャード
　(Richard Shiff, 1943-) ……… 12, 21n, 90, 209, 275, 337-408
シャピロ, メイヤー
　(Meyer Schapiro, 1904-1996) ………… 404n
シャフハウゼン, ヘルマン
　(Hermann Schaaffhausen, 1816-1893) …… 62
シャルパンティエ, オーギュスタン
　(Augustin Charpentier, 1852-1916) ……… 62
ジャン・パウル（フリードリヒ・リヒター）
　(Johann Paul Friedrich Richter, a.k.a. Jean Paul, 1763-1825) ……………… 149, 151, 166n
シュタイネン, カール・フォン・デン
　(Karl von den Steinen, 1855-1929) …… 231, 235, 236n-7n
シュタプファー, フィリップ・アルベルト
　(Philipp Albert Stapfer, 1766-1840) …… 196n
ジョット
　(Giotto di Bondone, c.1267-1337) ……… 79, 292, 355, 370, 392n
ジョン, オーガスタス
　(Augustus Edwin John, 1878-1961) …… 294
ジョンストン, エドワード
　(Edward Johnston, 1872-1944) ……305, 406n
シラー, フリードリヒ
　(J. C. Friedrich von Schiller, 1759-1805) ……………………………………………… 3, 393n

シン，ミリセント・ワッシュバーン
　　(Milicent Washburn Shinn, 1858-1940)
　　　　　　　　　　　　228, 236n-7n
ジンメル，ゲオルク
　　(Georg Simmel, 1858-1918) ………… 399n
スヴェーデンボリ，エマヌエル
　　(Emanuel Swedenborg, 1688-1772) …… 164
スクールクラフト，ヘンリー
　　(Henry Rowe Schoolcraft, 1793-1864) … 57,
　　　　　　　80n, 106, 117n, 234, 237n-8n
スコット，ウォルター
　　(Walter Scott, 1771-1832) …………… 39, 45n
スタンラン，アレクサンドル
　　(Alexandre Steinlen, 1859-1923) ……… 295
スティーヴン，ジェイムズ・F
　　(James Fitzjames Stephen, 1829-1894)
　　　　　　　　　　　　　　　　167-8
スティーヴン，レズリー
　　(Leslie Stephen, 1832-1904) …… 25, 168, 208
スティーヴンスン，R・L
　　(Robert Louis Stevenson, 1850-1894) … 219,
　　　　　　　　　　　　　　222, 236n
スペンサー，ハーバート
　　(Herbert Spencer, 1820-1903) …… 10-1, 21n,
　　　　　　　　　　　　168, 207, 276, 393n
スミス，ジョージ・マレイ
　　(George Murray Smith, 1824-1901) …… 26
セザンヌ，ポール
　　(Paul Cézanne, 1839-1906) … 275, 337, 366,
　　　　　　　　　　　　391n, 396n-7n, 405n

【タ行】

ダーウィン，チャールズ
　　(Charles Robert Darwin, 1809-1882) …… 72,
　　　　　　　81n, 91, 93, 168, 209, 276
ターナー，J・M・W
　　(Joseph Mallord William Turner, 1775-1851)
　　　　　　　　　　　　　　　　31, 36
ダウ，A・W
　　(Arthur Wesley Dow, 1857-1922) …… 15, 19,
　　　　　　　　　　　　　　366, 402n
チェゼルデン，ウィリアム
　　(William Cheselden, 1688-1752) ………… 95
チゼック，フランツ
　　(Franz Cižek, 1865-1946) ………… 16-7, 19,
　　　　　　　　　　　　　242-74, 313
チマブーエ
　　(Cimabue, c.1240-1302) ………… 79, 292, 370
ツッカロ，タッデオ
　　(Taddeo Zuccaro, 1529-1566) …………… 79
デ・クーニング，ウィレム
　　(Willem de Kooning, 1904-1997) ……… 403n
ティーデマン，ディートリヒ
　　(Dietrich Tiedemann, 1748-1803) ……… 150
ディケンズ，チャールズ
　　(Charles Dickens, 1812-1870) ………… 24-5
ティツィアーノ
　　(Tiziano Vecellio, c.1490-1576) ……… 253-4
ディドロ，ドニ
　　(Denis Diderot, 1713-1784) ……………… 116
ティリット，R・セント・ジョン
　　(Richard St John Tyrwhitt, 1827-1895) …… 8,
　　　　　　　　　　　　　　　　23-45
テーヌ，イポリット
　　(Hippolyte Taine, 1828-1893)
　　　　　　　　　　　　　91, 95, 117n
デュ・ボワ＝レーモン，E
　　(Emil du Bois-Raymond, 1818-1896) …… 208
デューイ，ジョン
　　(John Dewey, 1859-1952) ……… 13, 15, 21n,
　　　　　　143, 354, 395n, 397n-8n, 401n, 403n
デューラー，アルブレヒト
　　(Albrecht Dürer, 1471-1528) …………… 253
テンプル，アリス

(Alice Temple, 1871-1946) ……… 143
ド・ソシュール , アルベルティーヌ・N
　　(Albertine Necker de Saussure, 1766-1841)
　　……………………………………… 149, 165n
ド・ボアボードラン , F・ルコック
　　(François Lecoq de Boisbaudran, 1838-1912)
　　…………………………………… 315, 323n
ド・ポーチュガル , アデーレ
　　(Adele de Portugall, 1818-1910) ………… 169
トーゴヴニック , マリアナ
　　(Marianna Torgovnick, 1949-) …… 277, 396n
トスキ , G・B
　　(Giovan Battista Toschi, 1848-1934) …… 81n
ドニ , モーリス
　　(Maurice Denis, 1870-1943) ……… 391n, 396n
ドレ , ギュスターヴ
　　(Gustave Doré, 1832-1883) ……………… 100
トング , ヘレン
　　(Helen Tongue, ?-?) ………… 280-1, 283, 288,
　　　　　　　　　　　　　　289n, 290n, 396n, 401n

【ナ行】

ネルッチ , ゲラルド
　　(Gherardo Nerucci, 1828-1906) …………… 81n
ノルデンショルド , アドルフ・E
　　(Adolf Erik Nordenskiöld, 1832-1901) … 81n

【ハ行】

ハートリック , アーチボルド・S
　　(Archibold Standish Hartrick, 1864-1950)
　　…………………………………… 315, 323n
バートン , ジョセフ・E
　　(Joseph Edwin Barton, 1875-1959) …… 387-8,
　　　　　　　　　　　　　　　　　　　　408n
バーバ , ホミ・K
　　(Homi K. Bhabha, 1949-) ……………… 394n
バーンズ , アール

　　(Earl Barnes, 1861-1935) …… 46, 48, 169, 199
ハイデガー , マルティン
　　(Martin Heidegger, 1889-1976) ………… 378,
　　　　　　　　　　　　　　　　　　407n-8n
バックマン , シドニー・S
　　(Sydney Savory Buckman , 1860-1929)
　　…………………………………………… 397n
パッシー , ジャック・ジョセフ
　　(Jacques Joseph Passy, 1864-1898) …… 237n
バフチン , ミハイル・M
　　(Mikhail Mikhailovich Bakhtin, 1895-1975)
　　…………………………………………… 391n
ハリス , ウィリアム・トーリー
　　(William Torrey Harris, 1835-1909) … 142-3
ハリス , ジョージ
　　(George Harris, 1809-1890) …………… 289n
ハリソン , エリザベス
　　(Elizabeth Harrison, 1849-1927) ………… 143
バルト , ロラン
　　(Roland Barthes, 1915-1980) …………… 407n
バルフォア , ヘンリー
　　(Henry Balfour, 1863-1939) …… 283, 289n,
　　　　　　　　　　　　　　　　　　　　401n
ハント , ホルマン
　　(Wiliam Holman Hunt, 1827-1910) …… 40,
　　　　　　　　　　　　　　　　　　　　　42
ピアジェ , ジャン
　　(Jean Piaget, 1896-1980) ……………… 394n
ビアズリー , オーブリー
　　(Aubrey Vincent Beardsley, 1872-1898)
　　……………………………………………… 258
ビール , ドロシア
　　(Dorothea Beale, 1831-1906) ……… 313, 323n
ピエロ・デッラ・フランチェスカ
　　(Piero della Francesca, 1412-1492) ……… 292
ピカソ , パブロ
　　(Pablo Picasso, 1881-1973) ……… 341, 404n

ピザーノ, ニコラ
  (Nicola Pisano, 1220-1284) ·················· 28
ピット・リヴァーズ, オーガスタス
  (Augustus Pitt Rivers, 1827-1900) ········ 209, 230, 235, 237n-8n
ヒューズ, トマス
  (Thomas Hughes, 1822-1896) ··············· 167
ビュシィ, シモン
  (Simon Bussy, 1870-1954) ··········· 399n, 403n
ヒル, パティ・スミス
  (Patty Smith Hill, 1868-1946) ··············· 143
ヒルデブラント, アドルフ・フォン
  (Adolf von Hildebrand, 1847-1921) ···· 391n, 400n
ファーガス, フェリシアン
  (Félicien Fagus, 1872-1933) ················· 397n
フィードラー, コンラート
  (Konrad Fiedler, 1847-1895) ············390n-1n
フィッシャー, ジョセフ
  (Joseph Fisher, 1795-1890) ······················ 27
フーケ, ジャン
  (Jean Fouquet, c.1420-c.1481) ··············· 292
プール, レジナルド・S
  (Reginald Stuart Poole, 1832-1895) ········ 184
フェアバンク, アルフレッド
  (Alfred John Fairbank, 1895-1982) ········ 384, 407n
フォション, アンリ
  (Henri Focillon, 1881-1943) ······· 376-7, 389, 405n-6n
フォラン, ジャン=ルイ
  (Jean-Louis Forain, 1852-1931) ············· 295
フラ・アンジェリコ
  (Fra Angelico, c.1395-1455) ·················· 292
フラ・バルトロメオ
  (Fra Bartolomeo, 1472-1517) ················ 292
フライ, パメラ
  (Agnes Pamela Fry, 1902-1985) ············· 399n
フライ, マージュリー
  (Sara Margery Fry, 1874-1958) ······ 305, 356, 359, 399n-400n
フライ, ロジャー
  (Roger Eliot Fry, 1866-1934) ········ 12, 16, 19, 21n, 275-305, 338, 341-52, 354-390, 390n-407n
プライヤー, ウィリアム
  (William Thierry Preyer, 1841-1897) ······· 14, 62, 91, 93, 97, 117n, 146, 151, 165n-6n, 228, 236n-7n
ブリー, マーガレット・H
  (Margaret Hattersley Bulley, 1882-?) ····· 402n
ブリーク, ドロシア・F
  (Dorothea Frances Bleek, 1873-1948) ···· 288, 289n
ブリッジス, モニカ
  (Monica Bridges, 1863-1949) ··············· 406n
ブリッジス, ロバート
  (Robert Seymour Bridges, 1844-1930)
  ······················ 379-81, 384-5, 402n, 406n-7n
ブレイク, ウィリアム
  (William Blake, 1757-1827) ······················ 31
プレイステッド, ローラ
  (Laura L. Plaisted, ?-?) ·························· 397n
フレーベル, フリードリヒ
  (Friedrich Wilhelm August Fröbel, 1782-1852) ··············3, 8, 12-3, 15, 142-4, 150, 153-5, 159-65, 166n, 168-9, 173-5, 180, 182, 186, 195, 196n
フロイト, ジームクント
  (Sigmund Freud, 1856-1939) ··············· 406n
ブロウ, スーザン
  (Susan Elizabeth Blow, 1843-1916) ······· 12-3, 142-66, 169
ブロッホ, エルンスト

(Ernst Bloch, 1885-1977) ……………399n
ベイトソン，グレゴリー
　　(Gregory Bateson, 1904-1980) …………392n
ヘイドン，ベンジャミン
　　(Benjamin Haydon, 1786-1846) ……………5
ベイン，アレクサンダー
　　(Alexander Bain, 1818-1903) ………207-8
ペスタロッチ，J・H
　　(Johann Heinrich Pestalozzi, 1746-1827)
　　…………… 3, 8, 10, 12-3, 163, 168-9, 173-6,
　　　　　　　195, 196n, 197, 199, 205n
ヘッケル，エルンスト
　　(Ernst Haeckel, 1834-1919) ……………394n
ヘッド，ヘンリー
　　(Henry Head, 1861-1940) …………286, 289n
ベル，ヴァネッサ
　　(Vanessa Bell, 1879-1961) …… 168, 208, 356,
　　　　　　　　　　　　　　　　399n
ベル，クェンティン
　　(Quentin Bell, 1910-1996) ……………5, 20n
ベル，クライヴ
　　(Clive Bell, 1881-1964) …… 352, 392n, 397n
ペルジーノ
　　(Pergino, c.1448-1523) ……………………79
ベルッツィ，ラファエーレ
　　(Raffaele Beluzzi, 1839-1903) ……………50
ヘルムホルツ，H・v
　　(Hermann Ludwig Ferdinand von Helmholtz,
　　1821-1894) ………………………………208
ペレ，ベルナール
　　(Bernard Pérez, 1836-1903) …… 14, 47, 81n,
　　　　　89-117, 166n, 167, 211, 215, 230, 233,
　　　　　　　　　　　　　236n, 393n
ポインター，エドワード
　　(Edward Poynter, 1836-1919) ………8-9, 196n
ボーウェン，ヘンリー・コートープ
　　(Henry Courthope Bowen, 1848-1909)

…………………………………170, 186, 196n
ボードレール，シャルル
　　(Charles Baudelaire, 1821-1867) ………391n
ボーノ，G・B
　　(G. B. Bono, ?-?) ………………………62-3, 81n
ホール，G・スタンリー
　　(Granville Stanley Hall, 1844-1924) …… 143,
　　　　　　148, 152, 165n-6n, 237n, 393n, 395n
ボールドウィン，ジェイムズ・M
　　(James Mark Baldwin, 1861-1934)
　　………………………………………236n-7n, 394n
ホガース，ウィリアム
　　(William Hogarth, 1697-1764) ……………187
ボッティチェッリ
　　(Sandro Botticelli, 1445-1510) ……………99
ホフマン，ヨゼフ
　　(Josef Hoffmann, 1870-1956) …………242-3
ポロック，フレデリック
　　(Frederick Pollock, 1845-1937) ………91, 97,
　　　　　　　　　　　　　　　　　　117n

【マ行】

マーシャル，H・R
　　(Henry Rutgers Marshall, 1852-1927) ‥236n
マクドナルド，アレクサンダー
　　(Alexander MacDonald, 1839-1921) ‥26-7
マグナス，ヒューゴ
　　(Hugo Magnus, 1842-1907) ……………61-2
マザッチオ
　　(Masaccio, 1401-1428) ……………………79
マッカーシー，ディズモンド
　　(Desmond MacCarthy, 1877-1952) ……403n,
　　　　　　　　　　　　　　　　　　405n
マティス，アンリ
　　(Henri Matisse, 1869-1954) ………… 11, 341,
　　　　　　367-70, 372-4, 379, 387, 403n, 406n
マラルメ，ステファヌ

(Stéphane Mallarmé, 1842-1898) 391n
マリーノ, G・B
　(Giovan Battista Marino, 1569-1625) 49
マルクス, カール
　(Karl Heinrich Marx, 1818-1883) 10, 21n
マレイ, ギルバート
　(Gilbert Murray, 1866-1957) 256
マンセル, アルバート
　(Albert Munsell, 1858-1918) 15
マンテガッツァ, パオロ
　(Paolo Mantegazza, 1831-1910) 70, 81n
ミークルジョン, アレクサンダー
　(Alexander Meiklejohn, 1872-1964) 181
ミケランジェロ
　(Michelangelo Buonarroti, 1475-1864)
　.............................. ii, 27-8, 35, 171, 196n
ミッチェル, チャルマーズ
　(Peter Charlmers Mitchell, 1864-1945)
　... 319, 323n
ミル, ジョン・スチュアート
　(John Stuart Mill, 1806-1873) 207
メドヴェージェフ, P・N
　(Pavel Nikolaevich Medvedev, 1892-1938)
　.. 391n
モーザー, コロマン
　(Koloman Moser, 1868-1918) 243
モーリス, F・デニソン
　(John Frederick Denison Maurice, 1805-
　1872) 164, 167
モリス, ウィリアム
　(William Morris, 1834-1896) 313, 360,
　　　　　　　　　　　　　　　　　　 401n
モントルソリ, G・A
　(Giovanni Angelo Montorsoli, 1507-1563)
　.. 79

【ヤ行】

ユゴー, ヴィクトル
　(Victor Hugo, 1802-1885) 96, 151
ユング, カール
　(Carl Gustav Jung, 1875-1961) 16

【ラ行】

ラカン, ジャック
　(Jacques Lacan, 1901-1981) 90, 394n
ラスキン, ジョン
　(John Ruskin, 1819-1900) .... ii, 13, 23-6,
　　　30, 32, 41, 43-5, 45n, 118, 123, 141n,
　　　167-8, 171, 194, 196n, 197-200, 204-5,
　　　306, 313-4, 378, 391n, 401n, 405n
ラディチェ, G・L
　(Giuseppe Lombardo Radice, 1879-1938)
　.. 48
ラファエッロ
　(Raffaello Santi, 1483-1520) 27, 71, 355
ラボック, ジョン
　(John Lubbock, 1834-1913) 58, 80n
ランカスター, ジョセフ
　(Joseph Lancaster, 1778-1838) 8
ランドルト, エドムント
　(Edmund Landolt, 1846-1926) 62
ランブール兄弟
　(Freres Limbourg, 14世紀後半-15世紀初
　頭) 292
ランプレヒト, カール
　(Karl Lamprecht, 1856-1915) 46, 48
リーグル, アロイス
　(Alois Riegl, 1858-1905) 390n
リード, ハーバート
　(Herbert Read, 1893-1968) 15-8, 21n-2n,
　　　　　　118, 242, 304, 306, 338, 390n
リチャーズ, I・A
　(Ivor Armstrong Richards, 1893-1979)

.... 391n

リチャードソン , マリオン
 (Marion Richardson, 1892-1956) 16-8,
  21n, 119, 277, 296, 298, 298n, 301-2,
  304-336, 356, 358-60, 366-7, 374, 376,
  382-4, 387, 393n, 399n, 400n, 402n-3n,
  407n

リッチ , コッラード
 (Corrado Ricci, 1858-1934) 14, 46-89,
  117n, 229, 237n

リッチモンド , ケネス
 (William Kenneth Richmond, 1910-1990)
 .... 320, 323n

リッピ , フィリッポ
 (Filippo Lippi, c.1405-1469) 79

リボー , テオデュール
 (Theodule Armand Ribot, 1839-1916) 89

ルイーニ , ベルナルディーノ
 (Bernardino Luini, c.1482-1532) 96

ルソー , ジャン=ジャック
 (Jean-Jacques Rousseau, 1712-1778) 3, 8,
  20n, 163

レイク , C・H
 (Charles Henry Lake, ?-?) 168, 198-200,
  206n

レイトン , フレデリック
 (Frederic Leighton, 1830-1896) 120

レヴィ=ストロース , クロード
 (Claude Lévi-Strauss, 1908-2009) 395n

レヴィ=ブリュール , L
 (Lucien Lévy-Bruhl, 1857-1939) 403n

レーヴィ , エマーヌエル
 (Emanuel Löwy, 1857-1938) 278-9,
  288n-9n, 396n

レオナルド・ダ・ヴィンチ
 (Leonardo da Vinci, 1452-1519) 71, 99,
  117, 117n, 292

レッドグレイヴ , リチャード
 (Richard Redgrave, 1804-1888) 4, 6-9, 18,
  20n, 25n

レノルズ , ジョシュア
 (Joshua Reynolds, 1723-1792) 4

ローウェンフェルド , ヴィクター
 (Victor Lowenfeld, 1903-1960) 15-6

ロゼッティ , D・G
 (Dante Gabriel Rossetti, 1828-1882) ... 197-8

ロッツェ , ヘルマン
 (Rudolf Hermann Lotze, 1817-1881) 207

ロラン , マノン (ロラン夫人)
 (Manon Roland, 1754-1793) 99

ロンブローゾ , パオラ
 (Paola Lombroso, 1871-1954) 236n

ワーズワース , ウィリアム
 (William Wordsworth, 1770-1850) 163-4

ワーナー , スーザン
 (Susan Warner a.k.a. Elizabeth Wetherell,
  1819-1885) 322, 323n

大澤三之助
 (Sannosuke Ozawa, 1867-1945) 19

森有礼
 (Arinori Mori, 1847-1889) 11

訳者紹介（訳者50音順）

加藤磨珠枝（かとう　ますえ）
　立教大学文学部教授。東京藝術大学大学院美術研究科博士後期課程芸術学専攻修了、博士（美術）。専門は、西洋中世美術史、美術批評。近著に *Yoshitomo Nara: Drawings 1984-2013*, Blum & Poe (2014)、『西洋美術の歴史2 キリスト教美術の誕生とビザンティン世界』（共著）中央公論新社（2016）。

島本　英明（しまもと　ひであき）
　パリ・ナンテール大学大学院美術史学研究科修士課程在学。大阪大学大学院文学研究科博士後期課程芸術学専攻単位取得退学。2007年より2015年まで、ポーラ美術館学芸員。専門は、フランス近現代美術史、日仏交流史。

立野　良介（たつの　りょうすけ）
　同志社大学嘱託講師、成安造形大学非常勤講師。大阪大学大学院文学研究科博士後期課程芸術学専攻修了、博士（文学）。専門は、環境美学、現代ドイツ美学。訳書に『堀典子──生涯と作品』（ヨハン・コンラート・エバーライン著）求龍堂（2006）。

山本　樹（やまもと　いつき）
　東京藝術大学大学院美術研究科博士後期課程芸術学専攻在籍。2016年10月よりボローニャ大学大学院修士課程視覚芸術専攻（美術史）に留学中。専門は、16～17世紀イタリア美術史。

監訳者

要　真理子（かなめ　まりこ）
跡見学園女子大学文学部准教授。大阪大学大学院文学研究科博士後期課程芸術学専攻修了、博士（文学）。専門は、英国モダニズム、美術批評研究。主著に『ロジャー・フライの批評理論　知性と感受性の間で』東信堂（2005）。

前田　茂（まえだ　しげる）
京都精華大学人文学部教授。大阪大学大学院人文学研究科博士課程後期課程芸術学専攻修了、博士（文学）。専門は、映画論、イメージ文化論。訳書に『イメージと意味の本　記号を読み解くトレーニングブック』フィルムアート社（2013）。

Children's Drawings and Their Education : selected writings

西洋児童美術教育の思想：ドローイングは豊かな感性と創造性を育むか？

2017年5月25日　初　版第1刷発行　　　　　　　　　　〔検印省略〕

＊定価はカバーに表示してあります。

監訳者 © 要真理子・前田茂　　発行者 下田勝司　　　　印刷・製本／中央精版印刷株式会社

東京都文京区向丘 1-20-6　郵便振替 00110-6-37828
〒113-0023　TEL 03-3818-5521（代）　FAX 03-3818-5514

発行所　株式会社　東信堂

Published by TOSHINDO PUBLISHING CO., LTD.
1-20-6, Mukougaoka, Bunkyo-ku, Tokyo, 113-0023 Japan
E-Mail : tk203444@fsinet.or.jp　http://www.toshindo-pub.com

ISBN978-4-7989-1428-2　C3037　©KANAME Mariko・MAEDA Shigeru

東信堂

書名	著者・訳者	価格
オックスフォード キリスト教美術・建築事典	P&L・マレー著 中森義宗監訳	三〇〇〇〇円
イタリア・ルネサンス事典	J・R・ヘイル編 中森義宗監訳	七八〇〇円
美術史の辞典	P・デューロ他 中森義宗・清水忠訳	三六〇〇円
涙と眼の文化史――中世ヨーロッパの標章と恋愛思想	徳井淑子	三五〇〇円
青を着る人びと	伊藤亜紀	三六〇〇円
社会表象としての服飾――近代フランスにおける異性装の研究	新實五穂	
書に想い 時代を讀む	河田悌一	一八〇〇円
日本人画工 牧野義雄――平治ロンドン日記	ますこ・ひろしげ	五四〇〇円
美を究め美に遊ぶ――芸術と社会のあわい	荻江中野厚光佳志編著	二八〇〇円
バロックの魅力	小穴晶子編	二六〇〇円
新版 ジャクソン・ポロック	藤枝晃雄	二六〇〇円
西洋児童美術教育の思想――ドローイングは豊かな感性と創造性を育むか?	要真理子監訳 前田茂監訳	三六〇〇円
ロジャー・フライの批評理論――知性と感受性の間で	要真理子	四二〇〇円
レオノール・フィニー――新しい種 境界を侵犯する	尾形希和子	二八〇〇円
【世界美術双書】		
バルビゾン派	井出洋一郎	二〇〇〇円
キリスト教シンボル図典	中森義宗	二三〇〇円
パルテノンとギリシア陶器	関隆志	二三〇〇円
中国の版画――唐代から清代まで	小林宏光	二三〇〇円
象徴主義――モダニズムへの警鐘	中村隆夫	二三〇〇円
中国の仏教美術――後漢代から元代まで	久野美樹	二三〇〇円
セザンヌとその時代	浅野春男	二三〇〇円
日本の南画	武田光一	二三〇〇円
画家とふるさと	小林忠	二三〇〇円
ドイツの国民記念碑 一八一三―一九一三年	大原まゆみ	二三〇〇円
日本・アジア美術探索	永井信一	二三〇〇円
インド、チョーラ朝の美術	袋井由布子	二三〇〇円
古代ギリシアのブロンズ彫刻	羽田康一	二三〇〇円

〒113-0023 東京都文京区向丘1-20-6
TEL 03-3818-5521 FAX 03-3818-5514 振替 00110-6-37828
Email tk203444@fsinet.or.jp URL:http://www.toshindo-pub.com/

※定価：表示価格（本体）＋税

東信堂

芸術体験の転移効果——最新の科学が明らかにした人間形成の真実	C・リッテルマイヤー著 遠藤孝夫訳	二〇〇〇円
ハーバード・プロジェクト・ゼロの芸術認知理論とその実践——内なる知性とクリエイティビティを育むハワード・ガードナーの教育戦略	池内慈朗	六五〇〇円
協同と表現のワークショップ〔第2版〕——学びのための環境のデザイン	編集代表 茂木一司	二四〇〇円
演劇教育の理論と実践の研究	広瀬綾子	三八〇〇円
自由ヴァルドルフ学校の演劇教育	川野洋	三六〇〇円
ネットワーク美学の誕生——「下からの綜合」の世界へ向けて	竹沢尚一郎編著	二八〇〇円
ミュージアムと負の記憶——戦争・公害・疾病・災害：人類の負の記憶をどう展示するか	浅野和生	二三八一円
サンタクロースの島——地中海岸ビザンティン遺跡発掘記	K・M・ジャクソン著 牛渡淳訳	二六〇〇円
アメリカ映画における子どものイメージ——社会文化的分析	森元孝	一六〇〇円
福永武彦論——「純粋記憶」の生成とボードレール	西岡亜紀	三二〇〇円
『ユリシーズ』の詩学	金井嘉彦	三二〇〇円
心身の合一——ベルクソン哲学からキリスト教へ・亀裂の弁証法	中村弓子	四八〇〇円
石原慎太郎の社会現象学	森元孝	四八〇〇円
石原慎太郎とは？——戦士か、文士か	森元孝	一六〇〇円
三島由紀夫の沈黙——その死と江藤淳・石原慎太郎	伊藤勝彦	二五〇〇円
芸術は何を超えていくのか？——創られたイメージを超えて	沼野充義編	一八〇〇円
芸術の生まれる場	木下直之編	二〇〇〇円
文学・芸術は何のためにあるのか？	岡田暁生編	二〇〇〇円
日本の社会参加仏教——法音寺と立正佼成会の社会活動と社会倫理	ランジャナ・ムコパディヤーヤ	四七六二円
現代タイにおける仏教運動——タンマガーイ式瞑想とタイ社会の変容	矢野秀武	五六〇〇円
サンヴァラ系密教の諸相——行者・聖地・身体・時間・死生	杉木恒彦	五八〇〇円

〒113-0023 東京都文京区向丘1-20-6
TEL 03-3818-5521 FAX 03-3818-5514 振替 00110-6-37828
Email tk203444@fsinet.or.jp URL:http://www.toshindo-pub.com/
※定価：表示価格（本体）＋税

東信堂

感情と意味世界――経験のエレメント――体の感覚と物象の知覚・質と空間規定	松永澄夫	二八〇〇円
価値・意味・秩序――もう一つの哲学概論：哲学が考えるべきこと	松永澄夫	四六〇〇円
哲学史を読むⅠ・Ⅱ	松永澄夫	各三八〇〇円
メンデルスゾーンの形而上学――また一つの哲学史	藤井良彦	四二〇〇円
概念と個別性――スピノザ哲学研究	朝倉友海	三八〇〇円
〈現われ〉とその秩序――メーヌ・ド・ビラン研究	村松正隆	三八〇〇円
省みることの哲学――ジャン・ナベール研究	越門勝彦	三二〇〇円
ミシェル・フーコー――批判的実証主義と主体性の哲学	手塚博	三二〇〇円
メルロ＝ポンティとレヴィナス――他者への覚醒	屋良朝彦	三八〇〇円
堕天使の倫理――スピノザとサド	佐藤拓司	二八〇〇円
画像と知覚の哲学――現象学と分析哲学からの接近	清塚邦彦編著 小熊正久	二九〇〇円
《哲学への誘い――新しい形を求めて 全5巻》		
自己	松永澄夫	三二〇〇円
世界経験の枠組み	松永澄夫編	三二〇〇円
社会の中の哲学	松永澄夫編	三二〇〇円
哲学の振る舞い	松永澄夫編	三〇〇〇円
哲学の立ち位置	松永澄夫編	三二〇〇円
食を料理する――哲学的考察	松永澄夫	二八〇〇円
言葉の力（音の経験・言葉の力第Ⅰ部）	松永澄夫	二五〇〇円
音の経験（音の経験・言葉の力第Ⅱ部）――言葉はどのようにして可能となるのか	松永澄夫	二八〇〇円
言葉は社会を動かすか	松永澄夫編	三二〇〇円
言葉の働く場所	高橋克弘編	三二〇〇円
言葉の歓び・哀しみ	松永澄夫編	三二〇〇円
環境安全という価値は…	村瀬鋼編	二〇〇〇円
環境設計の思想	松永澄夫編	三二〇〇円
環境文化と政策	鈴木泉編	三二〇〇円

〒113-0023 東京都文京区向丘1-20-6
TEL 03-3818-5521 FAX 03-3818-5514 振替 00110-6-37828
Email tk203444@fsinet.or.jp URL:http://www.toshindo-pub.com/

※定価：表示価格（本体）＋税

東信堂

書名	著者・訳者	価格
責任という原理――科学技術文明のための倫理学の試み（新装版）	ハンス・ヨナス著／加藤尚武監訳	四八〇〇円
主観性の復権――心身問題から『責任という原理』へ	H・ヨナス／盛永・木下・馬渕・山本訳	二〇〇〇円
ハンス・ヨナス「回想記」	H・ヨナス／宇佐美・滝口訳	四六〇〇円
生命の神聖性説批判	H・クーゼ著／飯田・石川・小野谷・片桐・水野訳	四六〇〇円
生命科学とバイオセキュリティ――デュアルユース・ジレンマとその対応	四ノ宮成祥編著	二四〇〇円
医学の歴史	河原直人編著	二七〇〇円
安楽死法：ベネルクス３国の比較と資料	盛永審一郎監修	四六〇〇円
死の質――エンド・オブ・ライフケア世界ランキング	加奈江恵・飯田亘之訳	二三〇〇円
バイオエシックス入門［第３版］	丸祐一・小笠原・野平編訳	二三八一円
バイオエシックスの展望	浦井・井上・悦田・知宏晶夫編	三三〇〇円
生命の淵――バイオシックスの歴史・哲学・課題	松坂香々・大林雅之編著	二〇〇〇円
今問い直す脳死と臓器移植［第２版］	澤田愛子	二〇〇〇円
キリスト教から見た生命と死の医療倫理	浜口吉隆	二三八一円
動物実験の生命倫理――個体倫理から分子倫理へ	大上泰弘	四〇〇〇円
医療・看護倫理の要点	水野俊誠	二〇〇〇円
テクノシステム時代の人間の責任と良心	山本・盛永訳	三五〇〇円
原子力と倫理――原子力時代の自己理解	Th・レンク／小笠原・野平編	一八〇〇円
科学の公的責任――科学者と私たちに問われていること	小笠原・野平リット訳	一八〇〇円
歴史と責任――科学者は歴史にどう責任をとるか	小笠原・野平リット編訳	一八〇〇円
〔ジョルダーノ・ブルーノ著作集〕より		
カンデライオ	加藤守通訳	三二〇〇円
原因・原理・一者について	加藤守通訳	三二〇〇円
傲れる野獣の追放	加藤守通訳	四八〇〇円
英雄的狂気	加藤守通訳	三六〇〇円
ロバのカバラ	加藤守通訳	三六〇〇円
――ジョルダーノ・ブルーノにおける文学と哲学	N・オルディネ／加藤守通監訳	三六〇〇円

〒113-0023　東京都文京区向丘1-20-6
TEL 03-3818-5521　FAX 03-3818-5514　振替 00110-6-37828
Email tk203444@fsinet.or.jp　URL:http://www.toshindo-pub.com/

※定価：表示価格（本体）＋税

東信堂

放送大学に学んで —未来を拓く学びの軌跡	放送大学中国・四国ブロック学習センター編	二〇〇〇円
ソーシャルキャピタルと生涯学習	J・フィールド 矢野裕俊監訳	二五〇〇円
NPOの公共性と生涯学習のガバナンス	高橋満	二八〇〇円
コミュニティワークの教育的実践	高橋満	二〇〇〇円
学級規模と指導方法の社会学—実態と教育効果	山崎博敏	三二〇〇円
高等専修学校における適応と進路—後期中等教育のセーフティネット	伊藤秀樹	四六〇〇円
「夢追い」型進路形成の功罪—高校改革の社会学	荒川葉	二八〇〇円
進路形成に対する「在り方生き方指導」の功罪—高校進路指導の社会学	望月由起	三六〇〇円
教育から職業へのトランジション—若者の就労と進路職業選択の社会学	山内乾史編著	二六〇〇円
教育と不平等の社会理論—再生産論をこえて	小内透	三二〇〇円
マナーと作法の社会学	加野芳正編著	二四〇〇円
マナーと作法の人間学	矢野智司編著	二〇〇〇円
〈シリーズ 日本の教育を問いなおす〉	西村和雄・大森不二雄 倉元直樹・木村拓也編	二四〇〇円
拡大する社会格差に挑む教育	西村和雄・大森不二雄 倉元直樹・木村拓也編	二四〇〇円
混迷する評価の時代—教育評価を根底から問う		二四〇〇円
教育における評価とモラル		二四〇〇円
《大転換期と教育社会構造：地域社会変革の学習社会論的考察》	戸瀬和信雄之編	
第1巻 教育社会史—日本とイタリアと	小林甫	七八〇〇円
第2巻 現代的教養Ⅰ—生活者生涯学習の地域的展開	小林甫	六八〇〇円
第3巻 現代的教養Ⅱ—技術者生涯学習の生成と展望	小林甫	六八〇〇円
第3巻 学習力変革—地域自治と社会構築	小林甫	近刊
第4巻 社会共生力—東アジアと成人学習	小林甫	近刊

〒113-0023 東京都文京区向丘1-20-6
TEL 03-3818-5521 FAX03-3818-5514 振替 00110-6-37828
Email tk203444@fsinet.or.jp URL:http://www.toshindo-pub.com/

※定価：表示価格（本体）＋税